Guttentag'sche Sammlung
Nr. 103. Deutscher Reichsgesetze. Nr. 103.
Textausgaben mit Anmerkungen.

Das Reichsviehseuchengesetz

vom 26. Juni 1909

nebst Ausführungsvorschriften

sowie

Preußisches Ausführungsgesetz vom 25. Juli 1911

nebst Ausführungsanweisungen.

Textausgabe

mit Einleitung, Anmerkungen und Sachregister

von

Dr. jur. W. v. Hippel,
Kgl. Landrat.

Zweite Auflage.

Berlin 1913.
J. Guttentag, Verlagsbuchhandlung,
G. m. b. H.

Inhaltsverzeichnis.

Abkürzungen.

ABAG. = Ausführungsbestimmungen zum Preußischen Ausführungsgesetz.
AG. = Preußisches Ausführungsgesetz vom 25. Juli 1911.
Begr. = Amtliche Begründung zum Gesetzentwurf.
BAVG. = Ausführungsvorschrift des Bundesrats.
Denkschrift = Amtliche Denkschrift des Kaiserlichen Gesundheitsamts.
G. = Gesetz.
KomBer. = Kommissionsbericht.
StenBer. = Stenographische Berichte des Reichstags.
V. = Verordnung.
VG. = Viehseuchengesetz für das Deutsche Reich v. 26. Juni 1909.
VAVG. = Viehseuchenpolizeiliche Anordnung v. 1. Mai 1912.

Einleitung*).

Die langjährigen Erfahrungen auf dem Gebiete der Veterinärpolizei hatten die Abänderungs- und Ergänzungsbedürftigkeit des bisherigen Rechtszustandes ergeben. Während der Geltung des Viehseuchengesetzes vom $\frac{\text{23. Juni 1880}}{\text{1. Mai 1894}}$ waren einzelne Seuchen mit Erfolg bekämpft; die Lungenseuche des Rindviehs ist zurzeit vollständig getilgt, die Schafpocken treten nur noch selten auf und sind regelmäßig binnen kurzem unterdrückt, und die Erkrankungen an Rotz sind erheblich zurückgegangen. (In Preußen waren von 10000 Pferden an Rotz erkrankt: 1876—1884: 9,35, 1885—1894: 3,41, 1895—1904: 1,36.) Dagegen hatten Schafräude und Milzbrand keine wesentliche Verringerung erfahren, bei der Bekämpfung der Schweinekrankheiten sind geringe Erfolge erzielt, und gegen die Maul- und Klauenseuche hatten sich die bisherigen Maßnahmen als unzureichend erwiesen. Deshalb und mit Rücksicht auf die erhebliche Steigerung der Viehhaltung und den rasch wachsenden Austausch von Vieh zwischen den entferntesten Teilen des Reiches, welcher auch die Gefahr der gegenseitigen Ansteckung und Seuchenverschleppung wachsen läßt, war eine Verschärfung des geltenden Rechts zur Abwehr geboten. Ferner hatte die Erfahrung die Un-

*) Vgl. hierzu und im folgenden die Drucksachen des Reichstags.

zulänglichkeit der bisherigen Bestimmungen gegenüber einer Reihe von Seuchen gezeigt, welche erst im Laufe der Jahre mehr in den Vordergrund getreten sind, nämlich der Geflügelkrankheiten, der Schweineseuchen und der Rindertuberkulose.

Von diesen Gesichtspunkten aus ist die Neuregelung der Viehseuchenbekämpfung erfolgt.

Im ersten Abschnitt des neuen Gesetzes, der die Abwehr der Einschleppung aus dem Auslande behandelt, ist eine Lücke des früheren Gesetzes dadurch ausgefüllt, daß das Einfuhrverbot, welches bisher auf erkrankte lebende Tiere beschränkt war, auf verdächtige Tiere, und zwar nicht nur auf seuchenverdächtige, sondern auch auf ansteckungsverdächtige Tiere, auf Seuchenkadaver und auf sonstige Träger von Ansteckungsstoffen (Futter, Streu, Dünger, getragene Kleider, Lumpen, Geschirrteile, Stallgeräte u. dgl.) ausgedehnt wird. Die Beschränkung der Einfuhr und die Revision und Kontrolle der Viehbestände ist künftig nicht nur, „wenn in dem Ausland eine übertragbare Seuche der Haustiere in einem für den inländischen Viehbestand bedrohlichen Umfange herrscht", sondern ganz allgemein zulässig. Sie richtet sich hauptsächlich gegen den Grenzschmuggel. Die Tragweite dieser Änderung ist eine erhebliche; sie gibt den Seuchenbehörden freie Hand in der Bemessung und Regelung der Vieheinfuhr.

Der zweite Abschnitt, der sich mit der Seuchenbekämpfung im Inlande befaßt, erweitert sowohl den Kreis der zur Anzeige verpflichteten Personen, als auch die Zahl der der Anzeigepflicht unterliegenden Viehseuchen. Nicht nur dem Viehbesitzer und seinem Vertreter liegt hinfort die Pflicht zur Anzeige von dem

Ausbruch einer Seuche ob, sondern auch unter gewissen Voraussetzungen dem Hirten, Schäfer, Schweizer, Sennen, dem Begleiter eines Viehtransportes und dem Besitzer der Gehöfte, Stallungen, Koppeln und Weideflächen, in denen das Vieh steht, ferner den Tierärzten, Kastrierern, Fleischbeschauern und Trichinenbeschauern, Schlächtern und Abdeckern. Um die Anzeigepflicht in solchen Gegenden zu erleichtern, in denen die Polizeibehörde schwer zu erreichen ist (z. B. in den Bergen), kann die Landesregierung bequemer zugängliche Stellen mit der Annahme der Meldung betrauen.

Die Anzeigepflicht erstreckt sich außer auf bereits früher anzeigepflichtige Krankheiten (Milzbrand, Tollwut, Rotz, Maul- und Klauenseuche, Lungenseuche, Pockenseuche, Beschälseuche und Bläschenausschlag, Räude) künftig auch auf Schweineseuche, sofern sie mit erheblichen Störungen des Allgemeinbefindens verbunden ist, auf Schweinepest, Rotlauf der Schweine einschließlich des Nesselfiebers, Geflügelcholera und Hühnerpest, und auf äußerlich erkennbare Tuberkulose des Rindviehs, sofern sie sich in der Lunge in vorgeschrittenem Zustande befindet oder Euter, Gebärmutter oder Darm ergriffen hat. Der Reichskanzler ist befugt, die Anzeigepflicht auch für andere Seuchen einzuführen und für einzelne Seuchen widerruflich aufzuheben. Auf Grund dieser Bestimmung ist die Anzeigepflicht vorübergehend ausgedehnt auf die Gehirn-Rückenmarkentzündung (Bornasche Krankheit) der Pferde für die Provinz Sachsen und das Königreich Sachsen, auf die als Influenza der Pferde bezeichneten Krankheiten für die Provinz Ostpreußen und für das Königreich Sachsen, auf die Druse der Pferde für die Provinz Ostpreußen und auf den ansteckenden Scheidenkatarrh der Rinder für das Herzogtum Sachsen-Altenburg.

Eine Beschleunigung des Verfahrens und des ersten behördlichen Einschreitens durch Erweiterung der Befugnisse und Pflichten der Polizeibehörden und beamteten Tierärzte ist mit besonderen Vorschriften angestrebt. Kranke und verdächtige Tiere sind sofort zu isolieren und zu überwachen, in eiligen Fällen kann schon der Tierarzt dringliche Maßnahmen (z. B. Ausfuhrverbot von Milch, Dünger usw.) anordnen. Wenn nach dem Gutachten des beamteten Tierarztes über den Ausbruch einer Seuche nur mittels Tötung oder mittels Impf- oder Blutprobe Gewißheit zu erlangen ist, so können diese Maßregeln von der Polizeibehörde angeordnet werden. Um eine Einwandfreiheit der behördlichen Anordnungen zu gewährleisten, sieht das Gesetz ausdrücklich eine Regelung der Form der behördlichen seuchenpolizeilichen Anordnungen vor.

Dem Viehbesitzer ist allgemein das Recht eingeräumt, das Gutachten eines andern Tierarztes einzuholen, gleichviel, ob dieser bei der amtlichen Untersuchung zugegen ist oder nicht. — Die tierärztliche Beaufsichtigung ist auf die Viehhöfe und Schlachthöfe ausgedehnt, kann aber auch ausgedehnt werden auf die zu Handelszwecken zusammengebrachten Viehbestände, auf die zu Zuchtzwecken aufgestellten männlichen Zuchttiere, auf Tierschauen, Gastställe, Abdeckereien und gewerbliche Viehmästereien.

Von wesentlicher Bedeutung sind die neuen Schutzmaßregeln gegen Seuchengefahr im allgemeinen. Während nach dem früheren Gesetz Schutzmaßregeln nur „im Falle der Seuchengefahr und für deren Dauer“ angeordnet werden konnten, also mehr repressiver Art waren, werden jetzt der Veterinärpolizei auch präventive Befugnisse, unabhängig von dem Vorhandensein einer besonderen Seuchengefahr, eingeräumt. Es sind weitgreifende, dauernde Maßnahmen vorgesehen, um die Seuchengefahr so schleunig wie möglich zu erkennen, um ihrem Ursprunge mit Sicherheit nachgehen zu können, um ferner die häufigsten Quellen einer Seuchenübertragung nachhaltig zu verstopfen und endlich die Unschädlichmachung von Seuchenkeimen mindestens an den gefährlichsten Stellen zu sichern.

Für den Fall einer besonderen Seuchengefahr sind erheblich verschärfte Maßregeln vorgesehen, so namentlich Beschränkungen des Personenverkehrs in verseuchten oder bedrohten Räumlichkeiten, erweiterte Zulassung von Zwangsimpfungen und einer tierärztlichen Behandlung erkrankter oder verdächtiger Tiere und Erweiterung des bisher weitaus am besten bewährten Tilgungsmittels für Viehseuchen, nämlich der polizeilichen Anordnung der Tötung kranker und verdächtiger Viehbestände, auf Maul- und Klauenseuche, Geflügelseuchen und die schweren Formen der Tuberkulose. Neben diesen allgemeinen Bestimmungen des Gesetzes sind für die einzelnen Seuchen besondere Vorschriften angeordnet.

Die besonderen Vorschriften für Viehhöfe und Schlachthöfe enthalten insofern eine Verschärfung, als die sofortige Schlachtung kranker oder verdächtiger Tiere in dringenden Fällen auch ohne vorherige Benachrichtigung des Besitzers oder seines Vertreters angeordnet werden kann.

Einschneidende neue Bestimmungen bedeuten die Vorschriften über Entschädigungen für Viehverluste.

Danach ist eine Entschädigung zu gewähren: 1. für Tiere, die auf polizeiliche Anordnung getötet oder nach dieser Anordnung an derjenigen Krankheit gefallen sind, die zu der Anordnung Veranlassung gegeben hat; 2. für Tiere, die nach rechtzeitig erstatteter Anzeige an Rotz oder Lungenseuche gefallen sind, wenn die Voraussetzungen gegeben waren, unter denen die polizeiliche Anordnung der Tötung erfolgen muß; 3. für Tiere, von denen anzunehmen ist, daß sie infolge einer polizeilich angeordneten Impfung eingegangen sind; 4. für Rinder und Pferde, die an Milzbrand oder Rauschbrand gefallen sind oder an denen nach dem Tode eine dieser Krankheiten festgestellt worden ist. Die Entschädigungen für Tiere, die auf polizeiliche Anordnung getötet worden sind, müssen zum Teil aus Staatsmitteln bestritten werden, im übrigen bleiben die Bestimmungen darüber, von wem die Entschädigung zu gewähren und wie sie aufzubringen ist und wie die Entschädigung im einzelnen Falle zu ermitteln und festzustellen ist, den Einzelstaaten überlassen. Für auf polizeiliche Anordnung getötete Tiere ist die staatliche Entschädigung zu leisten: a) in vollem Umfange zum gemeinen Wert, wenn die Tiere nicht mit Seuche behaftet waren, derentwegen die Tötung angeordnet worden ist; b) mindestens zur Hälfte, wenn sie mit Maul- und Klauenseuche behaftet waren; c) mindestens zu einem Drittel, wenn sie mit Tuberkulose behaftet waren. Bezüglich der übrigen Entschädigung sind die Landesregierungen befugt, zu bestimmen, daß die Entschädigungen durch Beiträge der Besitzer der betreffenden Tiergattungen nach näherer Anordnung aufgebracht werden. Der Entschädigung wird der gemeine Wert des Tieres zugrunde gelegt, und zwar, abgesehen von der Tuberkulose, ohne Rücksicht auf den Minderwert, den das Tier dadurch erlitten hat, daß es von der Seuche ergriffen oder der Impfung unterworfen worden ist. Die Entschädigung beträgt bei den mit Roß behafteten Tieren drei Viertel, bei den mit Milzbrand, Rauschbrand, Lungenseuche oder Tuberkulose behafteten Tieren vier Fünftel, im übrigen die volle Höhe des gemeinen Wertes. Einzeln sind die Fälle vorgesehen, in denen wegen Verschuldens des Tierhalters keine Entschädigung gewährt wird. (In Preußen ist unterdessen durch Ausf.-Gesetz die Frage der Entschädigungen auch weiter landesgesetzlich geregelt.)

Der 3. Abschnitt des Gesetzes enthält die Strafvorschriften. Das frühere Viehseuchengesetz bedrohte Zuwiderhandlungen gegen die Vorschriften des Gesetzes und gegen die auf Grund des Gesetzes erlassenen Anordnungen, ohne Unterschied, ob dem Täter Vorsatz oder lediglich Fahrlässigkeit zur Last fiel, mit Geldstrafe oder Haft, „sofern nicht nach den bestehenden gesetzlichen Bestimmungen eine höhere Strafe verwirkt ist". Für wissentliche Verletzungen bestand die schärfere Strafvorschrift in § 328 des Strafgesetzbuches. Das jetzige Gesetz regelt die Strafbestimmungen erschöpfend, so daß für das Gebiet des Viehseuchengesetzes der § 328 außer Betracht bleibt.

Für alle vorsätzlichen Zuwiderhandlungen ist die Gefängnisstrafe grundsätzlich zwar beibehalten worden, im Falle mildernder Umstände kann aber lediglich Geldstrafe eintreten, die andrerseits zusätzlich auch neben der Freiheitsstrafe verhängt werden darf. Für Zuwiderhandlungen gegen gewisse Anordnungen, bei denen es sich nicht um die Bekämpfung einer dringenderen Seuchengefahr handelt, sowie für alle Fahrlässigkeitsverfehlungen sind Übertretungsstrafen vorgesehen. Die Bestimmungen über Einziehung verbotswidrig eingeführter Tiere und Produkte, die in dem bisherigen Gesetz verstreut waren, sind zusammengefaßt und ergänzt worden. Als Höchststrafe sind zwei Jahre Gefängnis oder eine Geldstrafe bis zu 3000 M. festgesetzt, für die oben erwähnten leichten Fälle ist eine Geldstrafe bis zu 150 M. oder Haft für ausreichend befunden.

In den Schlußbestimmungen des 4. Abschnitts ist angeordnet, daß eine Anzeige über das Vorhandensein, den Ab- und Zugang oder über Ortsveränderungen von Tieren vorgeschrieben werden kann und daß der Bundesrat und die Landesregierungen zum Erlaß von Ausführungsbestimmungen ermächtigt sind. Vor dem Erlasse solcher Bestimmungen sollen Vertretungen der beteiligten Berufsstände gehört werden.

Das neue Viehseuchengesetz ist nicht ohne langwierige Verhandlungen und heftige Kämpfe in der Kommission und im Plenum des Reichstages zustande gekommen. Am meisten umstritten waren folgende Punkte:

Von seiten des Reichstags wurde die Einsetzung einer Berufungsinstanz, zusammengesetzt aus Landwirten, Händlern und Schlächtern, verlangt, von der Regierung jedoch als unannehmbar bezeichnet, weil eine Sachverständigenkommission, die in Beschwerdefällen vor der Entscheidung gehört werden solle, eine die Schnelligkeit, Sicherheit und Energie der veterinärbehördlichen Maßnahmen schädigende Wirkung ausüben würde. Bei der ausschlaggebenden Bedeutung, die gerade den genannten Eigenschaften für die Wirksamkeit der veterinären Anordnungen zukommt, sei eine solche Berufungsinstanz mit einer kraftvollen Veterinärpolizei unvereinbar. Demgegenüber wurde von verschiedenen Rednern ausgeführt, die Beratungen und Beschlüsse der Laienkommission sollten keine aufschiebende Wirkung haben, sondern vorzugsweise die gemachten Erfahrungen für zukünftige Fälle verwerten, sie sollten nicht der Veterinärpolizei bei ihren pflichtgemäßen Maßnahmen in den Arm fallen, sondern nur gutachtlich gehört werden. Es würde wesentlich zur Beruhigung der durch strenge Maßregeln hart betroffenen Tierhalter beitragen, wenn sie wüßten, daß eben diese Maßregeln von der „Vertrauenskommission", die am Sitze einer jeden Verwaltungsbehörde zu bilden wäre, nachgeprüft würden. Da die Regierungsvertreter trotzdem erklärten, der Gesetzentwurf werde bei Einfügung dieser von allen Seiten des Reichstags geforderten Kommission zurückgezogen werden, wurde eine Einigung dahin erzielt, daß folgende Resolution zur Annahme gelangte:

Den Herrn Reichskanzler zu ersuchen, auf die verbündeten Regierungen dahin einzuwirken, daß, sobald gegen die Anwendung veterinärpolizeilicher Maßregeln im Inlande gleichartige Beschwerden in größerer Zahl einlaufen, Vertretungen der beteiligten Berufsstände darüber gehört werden, in welcher Weise den Beschwerden abzuhelfen ist.

Einen weiteren Streitpunkt bildete die Aufbringung der durch die Seuchenbekämpfung entstehenden Verwaltungskosten. Nach der Vorlage sollte die Bestimmung über Aufbringung der Kosten des Verfahrens den Einzelstaaten überlassen bleiben. Grundsätzlich lehnte die Regierung die Übernahme dieser Kosten auf das Reich ab, weil die Seuchenbekämpfung zwar der Allgemeinheit zugute komme, in erster Reihe aber im Interesse der Tierhalter liege. Dieser Standpunkt wurde sowohl in der Kommission als auch im Plenum des Reichstages lebhaft bekämpft, und es wurde besonders hervorgehoben, daß es kein wirksameres Mittel gegen Übergriffe der Tierärzte gebe, als wenn dem Reich oder den Einzelstaaten die Kosten zur Last fielen, und zwar sei es, da den Einzelstaaten die Durchführung des Gesetzes obliegen werde, am zweckmäßigsten, wenn die Einzelstaaten auch die Kosten trügen. Die Bundesratsvertreter blieben jedoch dabei, daß dem Verlangen keinesfalls stattzugeben sei; die sächlichen Ausgaben, z. B. für die Absperrung, die Desinfektion, Überwachung der Märkte, Viehhöfe usw., müßten von den Nächstbeteiligten getragen werden, schon im Interesse einer wirtschaftlichen Begrenzung der Ausgaben, die in Frage gestellt würde, wenn alles auf Kosten der Staatskasse geschähe. Die Kosten der Veterinärverwaltung würden schon jetzt im wesentlichen aus der Staatskasse bestritten, und daran solle auch künftig nichts geändert werden. Da die Regierung auf diesem Standpunkte beharrte, wurde die Forderung der Kostenübernahme durch den Staat fallen gelassen.

Einen Streitpunkt bildete schließlich die Frage der Entschädigung für auf polizeiliche Anordnung getötete Tiere. Das neue Gesetz dehnt die Entschädigung auf Maul- und Klauenseuche und Tuberkulose aus und überläßt, wie oben erwähnt, den Einzelstaaten die Bestimmung darüber, von wem die Entschädigung zu gewähren und wie sie aufzubringen ist und wie die Entschädigung im einzelnen Falle zu ermitteln und festzustellen ist. Die Kommission verlangte, daß der Staat mindestens die Hälfte der Entschädigungen übernehmen und daß ein Reichsversicherungsgesetz die Aufbringung der anderen

Hälfte durch die Tierhalter regeln solle. Beide Forderungen wurden seitens der Regierungen als unerfüllbar bezeichnet.

Der Versuch, allein die Schlachtviehversicherung reichsgesetzlich zu ordnen, sei auf unüberwindliche Schwierigkeiten gestoßen; die Viehversicherung ganz allgemein durch Reichsgesetz zu regeln, sei aber völlig aussichtslos und es müsse den Landesregierungen überlassen bleiben, den Verhältnissen entsprechend damit vorzugehen. Was die Entschädigung betreffe, sei der Antrag, solche vollständig aus öffentlichen Mitteln zu gewähren, unannehmbar; das einzige Zugeständnis, zu welchem sich die Regierung verstehen könne, sei die Erhöhung der Entschädigung für tuberkulöse kranke Tiere, die auf polizeiliche Anordnung getötet werden, von der ursprünglich ins Auge gefaßten Quote von einem Viertel des Wertes auf ein Drittel. Von der Tötung von Schweinen und Geflügel sehe die Regierung ab, nachdem nähere Erwägungen ergeben hätten, daß dieser Verzicht veterinär unbedenklich sei. Mit diesem Zugeständnis begnügte sich die Kommission und das Plenum des Reichstags gab dem ganzen Gesetz trotz der Bedenken, besonders hinsichtlich der vorerwähnten drei Punkte, seine Zustimmung in der Überzeugung, daß weitere Konzessionen nicht zu erreichen seien, das Reichsgesetz im ganzen aber einen erheblichen Fortschritt in der Bekämpfung der Tierseuchen gewährleiste.

Als ein solcher ist das Reichsgesetz in der Tat anzuerkennen.

Es ist der Niederschlag langjähriger Erfahrungen und gewährt als deren Ergebnis den Behörden besonders weitreichende Befugnisse, die ihnen zwar mit den privatwirtschaftlich tief eingreifenden Wirkungen hohe Verantwortung auferlegen, andererseits aber auch die Mittel in die Hand geben, unsere Viehhaltung nachdrücklicher als bisher vor den Seuchen des Auslandes zu schützen und Seuchenherde im Inlande schneller, als es früher möglich war, unschädlich zu machen.

In solchem Sinne dürfen an das Inkrafttreten des Gesetzes berechtigte Hoffnungen geknüpft werden.

Zusammenstellung der Abänderungen des bisherigen Rechtszustandes durch das Viehseuchengesetz.

§ 1. Das nachstehende Gesetz regelt das Verfahren zur **Bekämpfung** übertragbarer Viehseuchen, mit Ausnahme der Rinderpest.

Vieh im Sinne dieses Gesetzes sind alle nutzbaren Haustiere einschließlich der Hunde, der Katzen und des Geflügels.

Schlachtvieh im Sinne dieses Gesetzes ist Vieh, von dem anzunehmen ist, daß es behufs Verwendung des Fleisches zum Genusse für Menschen alsbald geschlachtet werden soll.

Als verdächtige Tiere gelten im Sinne dieses Gesetzes:

Tiere, an denen sich Erscheinungen zeigen, die den Ausbruch einer übertragbaren Seuche befürchten lassen (der Seuche verdächtige Tiere);

Tiere, an denen sich solche Erscheinungen zwar nicht zeigen, rücksichtlich deren jedoch die Vermutung vorliegt, daß sie den Ansteckungsstoff aufgenommen haben (der Ansteckung verdächtige Tiere).

§ 2. Die Anordnung und die **Durchführung der Bekämpfungsmaßregeln** liegen den Landesregierungen und deren Organen ob.

Die Mitwirkung der Tierärzte, die vom Staate angestellt sind oder deren Anstellung vom Staate bestätigt ist (beamtete Tierärzte), richtet sich nach den Vorschriften dieses Gesetzes. An Stelle der beamteten Tierärzte können im Falle ihrer Behinderung oder aus sonstigen Gründen andere approbierte Tierärzte zugezogen werden. Diese sind innerhalb des ihnen erteilten Auftrags befugt und verpflichtet, alle Amtsverrichtungen wahrzunehmen, die in diesem Gesetze den beamteten Tierärzten übertragen sind.

Die näheren Bestimmungen über das Verfahren, über **die Form, von deren Beobachtung die Gültigkeit der auf Grund dieses Gesetzes zu erlassenden Anordnungen abhängt,** über die Zuständigkeit der Behörden und Beamten und über die Bestreitung der durch das Verfahren entstehenden Kosten sind von den Einzelstaaten **mit der Maßgabe zu treffen, daß gegen die Anordnungen der Polizeibehörden zur Bekämpfung der Viehseuchen im Inlande (§§ 9ff.) ein Beschwerdeverfahren zuzulassen ist.**

§ 3. Rücksichtlich der **eigenen Viehbestände** der Militärverwaltung, **in den Remontedepots nur rücksichtlich der eigenen Pferdebestände,** bleiben die Maßregeln zur Ermittlung und Unterdrückung von Seuchen, soweit davon nur das Eigentum dieser Verwaltung betroffen wird, den Militärbehörden überlassen.

Die gleichen Befugnisse haben das Kaiserliche Gesundheitsamt und diejenigen zur wissenschaftlichen Erforschung übertragbarer Krankheiten bestimmten staatlichen Anstalten, bei denen ein Tierarzt angestellt ist, rücksichtlich aller eigenen Viehbestände.

Ferner können

1. den Vorständen der landesherrlichen und Staatsgestüte,

2. **den Vorständen der tierärztlichen Lehranstalten und der zu diesen gehörigen Institute,**
3. **mit Zustimmung des Reichskanzlers den Vorständen anderer Anstalten von ähnlicher Art wie die im Abs. 2 und im Abs. 3 Nr. 2 bezeichneten**

von den Landesregierungen die gleichen Befugnisse rücksichtlich aller dort aufgestellten Viehbestände übertragen werden.

In den Fällen der Abs. 1 bis 3 finden die ferneren Bestimmungen dieses Gesetzes sinngemäße Anwendung, **in den Fällen des Abs. 2 und des Abs. 3 Nr. 2, 3 jedoch nur mit den Einschränkungen, die sich aus dem Zwecke der wissenschaftlichen Arbeiten ergeben.**

Die Militärbehörden haben die Polizeibehörden der **Stand-, Unterkunfts-** und Marschorte von dem Auftreten eines Seuchenverdachts und von dem Ausbruch einer Seuche, **sowie bei Seuchenausbrüchen in nicht kasernenmäßig untergebrachten Viehbeständen auch von den getroffenen Schutzmaßregeln,** sofort zu benachrichtigen und von dem Verlaufe sowie dem Erlöschen der Seuche in Kenntnis zu setzen.

Die Pflicht der Benachrichtigung der Polizeibehörden vom Verdacht, Ausbruch, Verlauf und Erlöschen einer Seuche liegt auch den im Abs. 2 genannten Anstalten und den nach Abs. 3 mit selbständigen Befugnissen versehenen Vorständen ob, falls die Seuche oder der Seuchenverdacht nicht das Ergebnis wissenschaftlicher Versuche ist, die zu den Aufgaben der Anstalten und Institute gehören.

§ 4. Dem Reichskanzler liegt ob, die Ausführung dieses Gesetzes und der auf Grund desselben erlassenen Anordnungen zu überwachen.

Tritt die Seuche in einem für den inländischen Viehbestand bedrohlichen Umfang im Ausland auf, so hat der Reichskanzler die Regierungen der beteiligten Bundesstaaten zur Anordnung und einheitlichen Durchführung der nach Maßgabe dieses Gesetzes erforderlichen Abwehrmaßregeln zu veranlassen.

Tritt die Seuche in einer solchen Gegend des Reichsgebiets oder in einer solchen Ausdehnung auf, daß von den zu ergreifenden Maßregeln notwendig die Gebiete mehrerer Bundesstaaten betroffen werden müssen, so hat der Reichskanzler oder ein von ihm bestellter Reichskommissar für Herstellung und Erhaltung der Einheit in den seitens der Landesbehörden zu treffenden oder getroffenen Maßregeln zu sorgen und zu diesem Behufe das Erforderliche anzuordnen, nötigenfalls auch die Behörden der beteiligten Bundesstaaten unmittelbar mit Weisungen zu versehen.

§ 5. Die Behörden der Bundesstaaten sind verpflichtet, sich bei der Bekämpfung der Viehseuchen gegenseitig zu unterstützen.

I. Abwehr der Einschleppung aus dem Auslande.

§ 6. Die Einfuhr von Tieren, die an einer übertragbaren Seuche leiden, und **von verdächtigen Tieren (§ 1 Abs. 4) sowie von Erzeugnissen solcher Tiere** ist verboten. **Dasselbe gilt für die Kadaver und Teile von Tieren, die an einer übertragbaren Seuche gefallen sind oder zur Zeit des Todes an einer solchen gelitten haben oder seuchenverdächtig gewesen sind, endlich für Gegenstände jeder Art, von denen nach**

den Umständen des Falles anzunehmen ist, daß sie Träger des Ansteckungsstoffes sind.

§ 7. Zum Schutze gegen die Gefahr der Einschleppung von übertragbaren Seuchen der Haustiere aus dem Auslande kann die Einfuhr lebender oder toter Tiere, tierischer Erzeugnisse oder Rohstoffe sowie von Gegenständen, die Träger des Ansteckungsstoffs sein können, allgemein oder für bestimmte Grenzstrecken verboten oder beschränkt werden.

Zu demselben Zweck kann der Verkehr mit Tieren im Grenzbezirke solchen Bestimmungen unterworfen werden, die geeignet sind, im Falle der Einschleppung einer Weiterverbreitung der Seuche vorzubeugen. Die Bestimmungen sind, soweit erforderlich, auch auf tierische Erzeugnisse und Rohstoffe sowie auf solche Gegenstände auszudehnen, die Träger von Ansteckungsstoffen sein können. Auch kann für die Grenzbezirke eine Revision des vorhandenen Viehbestandes und eine regelmäßige Kontrolle über den Ab- und Zugang von Vieh angeordnet werden.

Die nach Abs. 2 zulässigen Bestimmungen können nur getroffen werden, wenn und solange gegenüber dem angrenzenden Ausland Einfuhrverbote oder Beschränkungen gemäß Abs. 1 angeordnet sind.

§ 8. Von dem Erlasse, der Aufhebung oder Veränderung **einer der im § 7 bezeichneten Anordnungen** ist unverzüglich dem Reichskanzler Mitteilung zu machen.

Die verfügten **Verbote und Beschränkungen** sind ohne Verzug öffentlich bekannt zu machen.

II. Bekämpfung von Viehseuchen im Inlande.

1. Allgemeine Vorschriften.

a) Anzeigepflicht.

§ 9. Bricht eine Seuche aus, auf die sich die Anzeigepflicht erstreckt (§ 10), oder zeigen sich Erscheinungen, die den Ausbruch einer solchen Seuche befürchten lassen, **so hat der Besitzer des betroffenen Viehes unverzüglich der Polizeibehörde oder einer anderen von der Landesregierung zu bezeichnenden Stelle** Anzeige zu machen, auch die **kranken und verdächtigen** Tiere von Orten, an denen die Gefahr der Ansteckung fremder Tiere besteht, fernzuhalten.

Die gleichen Pflichten hat, wer in Vertretung des Besitzers der Wirtschaft vorsteht, **wer mit der Aufsicht über Vieh an Stelle des Besitzers beauftragt ist, wer als Hirt, Schäfer, Schweizer, Senne entweder Vieh von mehreren Besitzern oder solches Vieh eines Besitzers, das sich seit mehr als vierundzwanzig Stunden außerhalb der Feldmark des Wirtschaftsbetriebs des Besitzers befindet, in Obhut hat,** ferner für die auf dem Transporte befindlichen Tiere deren Begleiter und für die in fremdem Gewahrsam befindlichen Tiere der Besitzer der betreffenden Gehöfte, Stallungen, Koppeln oder Weideflächen.

Zur **unverzüglichen** Anzeige sind auch die Tierärzte und alle Personen verpflichtet, die sich mit der Ausübung der Tierheilkunde **oder gewerbsmäßig mit der Kastration von Tieren** beschäftigen, ingleichen die Fleischbeschauer **einschließlich der Trichinenschauer, ferner die Personen, die das Schlächtergewerbe betreiben sowie solche,** die sich gewerbsmäßig mit der Bearbeitung, Verwertung oder Beseitigung **geschlachteter, getöteter oder verendeter Tiere** oder tierischer Bestandteile beschäftigen, wenn sie, bevor ein polizeiliches Einschreiten stattgefunden hat, von dem Ausbruch **einer der Anzeigepflicht unterliegenden Seuche** (§ 10) oder von Erscheinungen, **die den Ausbruch einer solchen Seuche befürchten lassen,** Kenntnis erhalten.

§ 10. Seuchen, auf die sich die Anzeigepflicht erstreckt, sind:

1. Milzbrand, **Rauschbrand, Wild- und Rinderseuche;**
2. Tollwut;
3. Rotz;
4. Maul- und Klauenseuche;
5. Lungenseuche des Rindviehs;
6. Pockenseuche der Schafe;
7. Beschälseuche der Pferde, Bläschenausschlag der Pferde und des Rindviehs;
8. Räude der **Einhufer** und der Schafe;
9. **Schweineseuche, sofern sie mit erheblichen Störungen des Allgemeinbefindens der erkrankten Tiere verbunden ist, und Schweinepest;**
10. **Rotlauf der Schweine einschließlich des Nesselfiebers (Backsteinblattern);**
11. **Geflügelcholera und Hühnerpest;**
12. **äußerlich erkennbare Tuberkulose des Rindviehs, sofern sie sich in der Lunge in vorgeschrittenem Zustande befindet oder Euter, Gebärmutter oder Darm ergriffen hat.**

Der Reichskanzler ist befugt, die Anzeigepflicht auch für andere Seuchen einzuführen **und für einzelne Seuchen widerruflich aufzuheben.**

b) Ermittlung der Seuchenausbrüche.

§ 11. Ist eine Anzeige erfolgt (§§ 9, 10) oder der Ausbruch einer Seuche oder der Verdacht eines Seuchenausbruchs **sonst zur Kenntnis der Polizeibehörde gelangt, so hat diese** sofort den beamteten Tierarzt zuzuziehen (vgl. jedoch § 14) **und inzwischen dafür zu sorgen, daß die kranken und, abgesehen von der Tuberkulose (§ 10 Abs. 1 Nr. 12), auch die verdächtigen Tiere mit Tieren aus anderen Ställen nicht in Berührung kommen.** Der **beamtete** Tierarzt hat die Art, den Stand und die Ursachen der Krankheit zu **ermitteln** und sein Gutachten darüber abzugeben, ob durch den Befund der Ausbruch der Seuche festgestellt oder der Verdacht eines Seuchenausbruchs begründet ist und **welche besonderen Maßregeln zur Bekämpfung der Seuche erforderlich erscheinen.**

In eiligen Fällen kann der **beamtete Tierarzt** schon vor polizeilichem Einschreiten die sofortige vorläufige Einsperrung und Absonderung der erkrankten und verdächtigen Tiere, nötigenfalls auch deren Bewachung **sowie nach Vorschrift der Landesregierungen sonstige dringliche Maßnahmen zur Verhütung der Weiterverbreitung der Seuche anordnen.** Die getroffenen vorläufigen Anordnungen sind dem Besitzer der Tiere oder dessen Vertreter entweder zu Protokoll oder durch schriftliche Verfügung zu eröffnen, auch ist davon der Polizeibehörde **unverzüglich** Anzeige zu machen.

Auf Ersuchen des **beamteten** Tierarztes hat der Vorsteher des Seuchenorts für die vorläufige Bewachung der erkrankten **und verdächtigen** Tiere **sowie für die Durchführung der dringlichen Maßregeln zu sorgen.**

§ 12. Wenn über den Ausbruch einer Seuche nach dem Gutachten des beamteten Tierarztes nur **mittels**

Tötung und Zerlegung eines verdächtigen Tieres **oder nur mittels Impf- oder Blutprobe** Gewißheit zu erlangen ist, **so können diese Maßregeln** von der Polizeibehörde angeordnet werden.

§ 13. Auf die gutachtliche Erklärung des beamteten Tierarztes, daß der Ausbruch der Seuche festgestellt sei, oder daß der begründete Verdacht eines Seuchenausbruchs vorliege, hat die Polizeibehörde **die erforderlichen Schutzmaßregeln nach diesem Gesetz** und **den zu dessen Ausführung erlassenen Vorschriften** (§ 79) zu treffen und wirksam durchzuführen.

§ 14. Ist der Ausbruch der Maul- und Klauenseuche, des **Bläschenausschlags der Pferde oder des Rindviehs, des Rotlaufs der Schweine, der Geflügelcholera oder der Hühnerpest (§ 10 Abs. 1 Nr. 4, 7, 10, 11)** durch das Gutachten des beamteten Tierarztes festgestellt, so kann die Polizeibehörde auf die Anzeige neuer Seuchenausbrüche in dem Seuchenorte selbst oder in **unmittelbar angrenzenden Ortschaften** sofort die erforderlichen Schutzmaßregeln anordnen, ohne daß es einer nochmaligen Zuziehung des beamteten Tierarztes bedarf. **Dieser ist jedoch durch die Polizeibehörde von jedem weiteren Seuchenfalle zu benachrichtigen.**

Das Gleiche kann für die Schweineseuche (§ 10 Abs. 1 Nr. 9) und für diejenigen Seuchen, auf die gemäß § 10 Abs. 2 die Anzeigepflicht ausgedehnt worden ist, von den Landesregierungen bestimmt werden.

§ 15. In allen Fällen, in denen dem beamteten Tierarzte die Feststellung des Krankheitszustandes eines verdächtigen Tieres obliegt, ist es dem Besitzer unbenommmen, **das Gutachten eines anderen appro-**

bierten Tierarztes einzuholen. Die Anordnung und die Ausführung der Schutzmaßregeln werden hierdurch nicht aufgehalten. **Bei Ermittlung einer Seuche durch Zerlegung eines Tieres sind aber die für die Feststellung der Seuche erforderlichen Teile aufzubewahren, falls der Besitzer oder dessen Vertreter bei Mitteilung des amtstierärztlichen Befundes sofort erklärt, daß er das Gutachten eines anderen approbierten Tierarztes einzuholen beabsichtigt. Die Aufbewahrung hat unter sicherem Verschluß oder unter Überwachung auf Kosten des Besitzers so zu geschehen, daß eine Verschleppung von Krankheitskeimen nach Möglichkeit vermieden wird.**

Die vorgesetzte Behörde hat im Falle erheblicher Meinungsverschiedenheit zwischen dem beamteten Tierarzt und dem von dem Besitzer zugezogenen approbierten Tierarzt über den Ausbruch oder Verdacht einer Seuche, oder wenn aus sonstigen Gründen erhebliche Zweifel über die Richtigkeit der Angaben des beamteten Tierarztes obwalten, sofort ein tierärztliches Obergutachten einzuziehen und dementsprechend das Verfahren zu regeln.

§ 16. Alle Viehmärkte sowie die **Viehhöfe und Schlachthöfe einschließlich der öffentlichen** Schlachthäuser sind durch beamtete Tierärzte zu **beaufsichtigen.**

Jahr- und Wochenmärkte, auf denen Vieh nur in geringem Umfange gehandelt wird, können von den Landesregierungen ausnahmsweise von der Beaufsichtigung befreit werden.

Die Beaufsichtigung kann auf die **zu Handelszwecken oder zum öffentlichen Verkaufe** zusammengebrachten Viehbestände, auf die zu Zuchtzwecken öffentlich aufgestellten männlichen Zuchttiere, auf öffentliche Tierschauen, auf die durch obrigkeitliche Anordnung veranlaßten Zusammenziehungen von Vieh, auf private Schlachthäuser und Gastställe, **auf Ställe und Betriebe** von Viehhändlern und **Abdeckern** sowie auf **gewerbliche Viehmästereien** ausgedehnt werden.

c) Schutzmaßregeln gegen Seuchengefahr.

§ 17. Zum Schutze gegen die ständige Gefährdung der Viehbestände durch Viehseuchen können folgende Maßnahmen angeordnet werden:

1. **Amtstierärztliche oder tierärztliche Untersuchung von Vieh vor dem Verladen und vor oder nach dem Entladen im Eisenbahn- und Schiffsverkehre;**
2. **Verbot oder Beschränkung des Treibens von Vieh, das sich im Besitze von Viehhändlern befindet, auf öffentlichen Wegen und des Treibens von Vieh auf dem Wege zum oder vom Markte sowie Beschränkung des Treibens von Wanderherden;**
3. **Beibringung von Ursprungs- und Gesundheitszeugnissen für das im Besitze von Viehhändlern befindliche und für das auf Märkte oder öffentliche Tierschauen gebrachte Vieh;**
4. **Führung von Kontrollbüchern durch die Viehhändler und Kennzeichnung von Vieh;**
5. **Regelung der Einrichtung und des Betriebs von Molkereien, insbesondere für Sammelmolkereien das Verbot der Abgabe oder der sonstigen Verwertung von Magermilch und anderen Milchrückständen, sofern nicht vorher eine Erhitzung bis zu einem bestimmten Wärmegrad und für eine bestimmte Zeitdauer stattgefunden hat;**
6. **Verbot des Umherziehens mit Zuchthengsten zum Decken von Stuten und Beschränkung des Handels**

mit Vieh, der ohne vorgängige Bestellung entweder außerhalb des Gemeindebezirkes der gewerblichen Niederlassung des Händlers oder ohne Begründung einer solchen stattfindet;

7. Überwachung der beim Bergwerks- und Schiffahrtsbetrieb und der beim Gewerbebetrieb im Umherziehen benutzten Zugtiere;
8. Bezeichnung der Hunde durch Halsbänder mit Namen und Wohnort oder Wohnung des Besitzers;
9. Einführung von Deckregistern für Pferde und Rindvieh;
10. Herstellung von undurchlässigem Boden auf Viehladestellen für den öffentlichen Verkehr;
11. Reinigung und Desinfektion der zur Beförderung von Vieh, tierischen Erzeugnissen oder tierischen Rohstoffen dienenden Fahrzeuge mit Einschluß von Schiffen sowie der bei einer solchen Beförderung benutzten Behältnisse und Gerätschaften und der Ladeplätze;
12. Regelung der Einrichtung und des Betriebs von Viehausstellungen, Viehmärkten, Viehhöfen, Schlachthöfen und gewerblichen Schlachtstätten, insbesondere auch räumliche Trennung der Viehhöfe von den Schlachthöfen, Anlegung getrennter Zu- und Abfuhrwege für Viehmärkte, Viehhöfe und Schlachthöfe sowie Verbot des Abtriebs von Vieh von Schlachtviehmärkten zu anderen Zwecken als zur Schlachtung oder zum Auftrieb auf andere Schlachtviehmärkte;
13. Regelung der Einrichtung und des Betriebs von Gastställen und Ställen von Viehhändlern;

14. **Regelung der Einrichtung und des Betriebs von Abdeckereien einschließlich der Anlagen zur gewerbsmäßigen Beseitigung oder Verarbeitung von Kadavern und tierischen Teilen;**
15. **Regelung der Beseitigung oder der Reinigung von Abwässern und Abfällen in Gerbereien, Fell- und Häutehandlungen;**
16. **Regelung des Verkehrs mit Viehseuchenerregern und ihrer Aufbewahrung sowie Bestimmung der Vorsichtsmaßregeln, die bei der Ausführung wissenschaftlicher Arbeiten mit solchen Erregern zu beobachten sind;**
17. **Regelung der Herstellung und Verwendung von Impfstoffen, die zum Schutze gegen Viehseuchen oder zu deren Heilung bestimmt sind;**
18. **Regelung des Gewerbebetriebs der Viehkastrierer.**

§ 18. Zum Schutze gegen eine besondere Seuchengefahr und für deren Dauer können unter Berücksichtigung der beteiligten **Wirtschafts-** und Verkehrsinteressen die **nachstehenden Maßregeln (§§ 19 bis 30)** angeordnet werden.

§ 19. 1. Absonderung, Bewachung oder polizeiliche Beobachtung der an der Seuche erkrankten, der verdächtigen und **der für die Seuche empfänglichen** Tiere.

Beschränkungen des Personenverkehrs innerhalb der Räumlichkeiten (Gehöft, Stall, Standort, Hofraum, Weidefläche, Viehausstellung, Marktplatz usw.), in denen sich derartige Tiere befinden, und auf öffentlichen Wegen.

Für Räumlichkeiten, in denen sich nicht kranke oder verdächtige, sondern nur für die Seuche empfängliche

Tiere befinden, und auf öffentlichen Wegen darf die Beschränkung des Personenverkehrs nur angeordnet werden, soweit sie in diesem Gesetz ausdrücklich vorgesehen ist.

Der Besitzer eines der Absonderung oder polizeilichen Beobachtung unterworfenen Tieres ist verpflichtet, solche Einrichtungen zu treffen, daß das Tier für die Dauer der Absonderung oder Beobachtung die ihm bestimmte Räumlichkeit nicht verlassen kann und außer aller Berührung und Gemeinschaft mit anderen Tieren bleibt. Auch **dürfen die Kadaver abgesonderter, bewachter oder polizeilich beobachteter Tiere nicht ohne polizeiliche Genehmigung geöffnet oder beseitigt werden.**

§ 20. 2. Beschränkungen der Benutzung, der Verwertung oder des Transports kranker oder verdächtiger Tiere, **ihrer Kadaver**, der von ihnen stammenden **Erzeugnisse** oder solcher Gegenstände, die mit kranken oder verdächtigen Tieren oder **ihren Kadavern** in Berührung gekommen oder sonst geeignet sind, die Seuche zu verschleppen.

Beschränkungen des Transports und der Benutzung der für die Seuche empfänglichen und solcher Tiere, die geeignet sind, die Seuche zu verschleppen.

Verbot oder Beschränkung des Handels mit Tieren, der ohne vorgängige Bestellung entweder außerhalb des Gemeindebezirkes der gewerblichen Niederlassung des Händlers oder ohne Begründung einer solchen stattfindet.

§ 21. Verbot des gemeinschaftlichen Weideganges von Tieren aus den **Viehbeständen verschiedener Besitzer** und der Benutzung bestimmter Weideflächen, ferner der gemeinschaftlichen Benutzung von Brunnen, Tränken und Schwemmen und des Verkehrs mit seuchenkranken oder verdächtigen Tieren auf öffentlichen oder gemeinschaftlichen Straßen und Triften.

Verbot des freien Umherlaufens der **Haustiere mit Ausnahme der Katzen, und des Geflügels.**

§ 22. 4. Sperre des Stalles oder sonstigen Standorts seuchenkranker oder verdächtiger Tiere, des Gehöfts, des Ortes, **der Weidefläche,** der Feldmark oder eines ohne Rücksicht auf Feldmarkgrenzen bestimmten, tunlichst eng zu bemessenden Gebiets gegen den Verkehr mit Tieren und mit solchen Gegenständen, die Träger des Ansteckungsstoffs sein können.

Die Sperre der Feldmark oder **eines über die Feldmark hinausgehenden Gebiets** darf erst dann verfügt werden, wenn der Ausbruch der Seuche durch das Gutachten des beamteten Tierarztes festgestellt ist und wenn die Seuche ihrer Beschaffenheit nach eine größere und allgemeinere Gefahr einschließt.

Die Sperre kann auf einzelne Straßen oder Teile des Ortes oder der Feldmark beschränkt werden.

Die Sperre eines Stalles oder sonstigen Standorts, eines Gehöfts oder **einer Weidefläche** verpflichtet den Besitzer, **die zur wirksamen Durchführung der Sperre vorgeschriebenen Einrichtungen zu treffen.**

§ 23. 5. Impfung **der für die Seuche empfänglichen Tiere,** tierärztliche Behandlung der erkrankten und **der verdächtigen Tiere** sowie Beschränkungen in der Befugnis zur Vornahme von Heilversuchen.

§ 24. 6. Tötung der an der Seuche erkrankten oder verdächtigen Tiere.

Die Tötung darf nur in den Fällen angeordnet werden, die in diesem Gesetz ausdrücklich vorgesehen sind.

Die Vorschrift unverzüglicher Tötung der an einer Seuche erkrankten oder verdächtigen Tiere findet, wo sie in diesem Gesetz enthalten ist, keine Anwendung auf Tiere, die einer der Staatsaufsicht unterworfenen höheren Lehranstalt übergeben sind, um dort für deren Zwecke verwendet zu werden, **ferner auf Tiere, die unter staatlicher Aufsicht für die Erforschung oder Bekämpfung von Seuchen benutzt werden.**

§ 25. 7. **Tötung von Tieren**, die bestimmten Verkehrs- oder Nutzungsbeschränkungen oder der Absperrung unterworfen sind und in verbotswidriger Benutzung oder außerhalb der ihnen angewiesenen Räumlichkeit oder an Orten betroffen werden, zu denen der Zutritt verboten ist.

§ 26. 8. Unschädliche Beseitigung der Kadaver **oder Kadaverteile** (Fleisch, Häute, **Blut**, Eingeweide, Hörner, Klauen usw.), der Streu, des Düngers oder anderer Abfälle **von kranken** oder verdächtigen Tieren.

§ 27. 9. **Reinigung und Desinfektion der Ställe, Standorte, Ladestellen, Marktplätze und Wege, die von kranken oder verdächtigen oder von zusammengebrachten und für die Seuche empfänglichen Tieren benutzt sind.**

Reinigung und Desinfektion oder, falls diese Maßnahmen sich nicht wirksam durchführen lassen, unschädliche Beseitigung des Düngers, der Streu- und Futtervorräte, der Gerätschaften, Kleidungsstücke und sonstigen Gegenstände, die mit kranken oder verdächtigen Tieren in Berührung gekommen sind oder

von denen sonst anzunehmen ist, daß sie Ansteckungsstoffe enthalten.

Erforderlichenfalls auch Reinigung und Desinfektion von Tieren, die Träger des Ansteckungsstoffs sein können, und von Personen, die mit kranken oder verdächtigen Tieren in Berührung gekommen sind.

Die Durchführung dieser Maßregeln **erfolgt unter Beobachtung etwaiger Anordnungen** des beamteten Tierarztes und unter polizeilicher Überwachung.

§ 28. 10. Einstellung **oder Beschränkung** der Viehmärkte, **der Jahr- und Wochenmärkte, der Körungen, Viehversteigerungen** und öffentlichen Tierschauen. **Viehversteigerungen auf dem eigenen nicht gesperrten Gehöfte des Besitzers können nur dann verboten werden, wenn Tiere zum Verkaufe kommen, die sich weniger als drei Monate im Besitze des Versteigerers befinden.**

§ 29. 11. **Amtstierärztliche oder** tierärztliche Untersuchung der am Seuchenort oder in dessen Umgegend vorhandenen, **für die Seuche empfänglichen Tiere.**

§ 30. 12. **Öffentliche Bekanntmachung des Ausbruchs der Seuche. Ist diese Bekanntmachung erfolgt, so muß auch das Erlöschen der Seuche unverzüglich öffentlich bekannt gemacht werden.**

2. Besondere Vorschriften für einzelne Seuchen.

§ 31. Bei den nachbenannten Seuchen greifen folgende besonderen Vorschriften **mit der Maßgabe Platz, daß außerdem alle nach den sonstigen Vorschriften dieses Gesetzes zulässigen Maßregeln angeordnet werden können.**

a) Milzbrand, **Rauschbrand, Wild- und Rinderseuche.**

§ 32. Tiere, die an Milzbrand oder Rauschbrand erkrankt oder einer **dieser Seuchen** verdächtig sind, dürfen nicht geschlachtet werden.

§ 33. Die Vornahme blutiger Operationen an Tieren, **die an Milzbrand oder Rauschbrand erkrankt oder einer dieser Seuchen verdächtig sind,** ist nur approbierten Tierärzten gestattet.

Eine Öffnung des Kadavers darf ohne polizeiliche Erlaubnis nur von approbierten Tierärzten vorgenommen werden.

§ 34. Die Kadaver gefallener oder getöteter Tiere, **die mit Milzbrand oder Rauschbrand behaftet waren oder bei denen der Verdacht einer dieser Seuchen vorliegt,** müssen sofort **nach Anweisung des beamteten Tierarztes** unschädlich gemacht werden. **Bis dahin ist für eine Aufbewahrung Sorge zu tragen, durch die eine Verschleppung von Krankheitskeimen nach Möglichkeit vermieden wird.**

Das Abhäuten der Kadaver ist verboten. Jedoch kann das Abhäuten von Rauschbrandkadavern unter ausreichenden Vorsichtsmaßregeln gestattet werden.

Die gleichen Vorschriften finden beim Ausbruche des Milzbrandes **oder Rauschbrandes** unter Wildständen auf **das gefallene oder getötete** Wild Anwendung.

§ 35. Die Vorschriften der §§ 32 bis 34 können auf die Wild- und Rinderseuche ausgedehnt werden.

b) Tollwut.

§ 36. Hunde oder sonstige Haustiere, die der Seuche verdächtig sind, müssen von dem Besitzer oder demjenigen, unter dessen Aufsicht sie stehen, sofort gegetötet oder bis zu polizeilichem Einschreiten in einem sicheren Behältnis eingesperrt werden.

§ 37. Vor polizeilichem Einschreiten dürfen bei wutkranken oder der Seuche verdächtigen Tieren keinerlei Heilversuche angestellt werden.

§ 38. Das Schlachten wutkranker oder der Seuche verdächtiger Tiere und jeder Verkauf oder Verbrauch einzelner Teile, der Milch oder sonstiger Erzeugnisse solcher Tiere sind verboten.

§ 39. Für Tiere, bei denen die Tollwut festgestellt ist, ist die sofortige Tötung **polizeilich** anzuordnen, für Hunde und Katzen **auch dann, wenn das tierärztliche Gutachten nur auf Verdacht der Seuche lautet. Wenn ein der Seuche verdächtiger Hund oder eine der Seuche verdächtige Katze einen Menschen gebissen hat, so kann das Tier eingesperrt und bis zur Bestätigung oder Beseitigung des Verdachts polizeilich beobachtet werden.**

Für Hunde und Katzen, von denen anzunehmen ist, **daß sie mit wutkranken Tieren oder der Seuche verdächtigen Hunden oder Katzen (Abs. 1) in Berührung gekommen sind,** ist **gleichfalls die** sofortige **Tötung polizeilich anzuordnen. Andere Tiere sind unter der gleichen Voraussetzung** sofort **der polizeilichen Beobachtung zu unterstellen. Auch kann für Hunde statt der Tötung** ausnahmsweise eine mindestens **dreimonatige Einsperrung** gestattet werden, **falls sie** nach dem Ermessen der Polizeibehörde mit genügender Sicherheit durchzuführen ist und der Besitzer des Hundes die daraus und aus der polizeilichen Überwachung erwachsenden Lasten trägt.

§ 40. Ist ein wutkranker oder der Seuche verdächtiger Hund frei umhergelaufen, so muß für die Dauer der Gefahr die Festlegung aller in dem gefährdeten Bezirke vorhandenen Hunde polizeilich angeordnet werden. Der Festlegung ist das Führen der mit einem sicheren Maulkorbe versehenen Hunde an der Leine gleich zu erachten. **Auch kann für mindergefährdete Bezirksteile zugelassen werden, daß die Hunde entweder ohne Maulkorb an der Leine geführt werden oder mit Maulkorb unter gewissenhafter Überwachung frei laufen dürfen.** Es **kann** angeordnet werden, daß Hunde, die diesen Vorschriften zuwider umherlaufend betroffen werden, **sofort zu töten sind.**

§ 41. Die Kadaver der gefallenen oder getöteten wutkranken oder der Seuche verdächtigen Tiere müssen sofort unschädlich gemacht werden.

Das Abhäuten **solcher Kadaver** ist verboten.

c) Rotz.

§ 42. Sobald der Rotz bei Tieren festgestellt ist, muß deren unverzügliche Tötung angeordnet werden.

§ 43. Verdächtige Tiere unterliegen der Absonderung und polizeilichen Beobachtung mit den nach Lage des Falles erforderlichen Verkehrs- und Nutzungsbeschränkungen oder der Sperre (§§ 19 bis 22).

Das Schlachten rotzkranker oder der Seuche verdächtiger Tiere ist verboten.

§ 44. Die Tötung verdächtiger Tiere muß von der Polizeibehörde angeordnet werden,

wenn von dem beamteten Tierarzte der Ausbruch der Rotzkrankheit auf Grund der vorliegenden Anzeichen für wahrscheinlich erklärt wird oder wenn durch anderweite, den Vorschriften dieses Gesetzes entsprechende Maßregeln ein wirksamer Schutz gegen die Verbreitung der Seuche nach Lage des Falles nicht erzielt werden kann;

sie darf außerdem angeordnet werden,

wenn die beschleunigte Unterdrückung der Seuche im öffentlichen Interesse erforderlich ist.

§ 45. Die Kadaver gefallener oder getöteter rotzkranker **oder der Seuche verdächtiger Tiere** müssen sofort **nach Anweisung des beamteten Tierarztes** unschädlich beseitigt werden. **Bis dahin ist für eine Aufbewahrung Sorge zu tragen, durch die eine Verschleppung von Krankheitskeimen nach Möglichkeit vermieden wird.**

Das Abhäuten **solcher Kadaver** ist verboten.

§ 46. Die Polizeibehörde hat von jedem ersten Seuchenverdacht und von jedem ersten Seuchenausbruch in einer Ortschaft sowie von dem Verlauf und von dem Erlöschen der Seuche dem Generalkommando desjenigen Armeekorps **sowie dem Vorstande desjenigen landesherrlichen oder Staatsgestüts,** in dessen Bezirke der Seuchenort liegt, sofort schriftlich Mitteilung zu machen. Ist der Seuchenort **ein Truppenstandort,** so ist die Mitteilung **auch** dem Gouverneur, Kommandanten oder Garnisonältesten zu machen.

d) Maul- und Klauenseuche.

§ 47. Für einen verseuchten Ort oder einen bestimmten gefährdeten Bezirk kann der Verkehr von Personen auch in Räumlichkeiten (Gehöft, Stall, Standort, Hofraum, Weidefläche, Viehausstellung, Markt-

platz usw.), in denen sich für die Seuche empfängliche Tiere befinden, beschränkt oder insoweit ausgeschlossen werden, als er nicht zur Wartung und Pflege des Viehes sowie zur Einbringung der Ernte erforderlich ist.

Innerhalb eines gefährdeten Bezirkes dürfen, unbeschadet der nach den allgemeinen Vorschriften zulässigen Beschränkungen des Verkehrs mit Tieren, öffentliche Wege vorübergehend gegen den Verkehr auch von Personen gesperrt werden, wenn dadurch die Benutzung von Tieren, die einer Sperre (§ 22) unterliegen, zur Feldarbeit oder der Auftrieb solcher Tiere auf die Weide ermöglicht oder erleichtert wird.

§ 48. Das Weggeben **roher** Milch aus Sammelmolkereien und **die sonstige Verwertung solcher Milch können** in Zeiten der Seuchengefahr und für deren Dauer verboten werden.

Ist der Ausbruch der Maul= und Klauenseuche festgestellt, so **muß** das Weggeben von Milch aus dem Seuchengehöft an die Bedingung **der vorherigen Erhitzung bis zu einem bestimmten Wärmegrad und für eine bestimmte Zeitdauer geknüpft werden. Kann eine wirksame Erhitzung nicht gewährleistet werden, so ist das Weggeben von Milch aus dem Seuchengehöfte zu verbieten. Für die Abgabe von Milch an Sammelmolkereien, in denen eine wirksame Erhitzung der gesamten Milch gewährleistet ist, können Ausnahmen zugelassen werden.**

Für Gehöfte, in denen die Seuche nicht herrscht, die jedoch in einem Sperrgebiete (§ 22) liegen, können die nach Abs. 2 zulässigen Anordnungen getroffen werden.

§ 49. Wenn die Maul- und Klauenseuche in einer sonst seuchenfreien Gegend nur vereinzelt herrscht, so kann die Tötung der seuchenkranken und der verdächtigen Tiere angeordnet werden, sofern anzunehmen ist, daß die Seuche dadurch getilgt werden kann.

e) Lungenseuche des Rindviehs.

§ 50. Die Vorschrift des § 47 Abs. 2 findet sinngemäße Anwendung.

§ 51. Die Polizeibehörde hat die Tötung der nach dem Gutachten des beamteten Tierarztes an der Lungenseuche erkrankten Tiere anzuordnen und kann auch die Tötung verdächtiger Tiere anordnen.

Außer in dem Falle polizeilicher Anordnung darf eine Lungenseuche-Impfung nicht vorgenommen werden.

f) Pockenseuche der Schafe.

§ 52. Die Vorschrift des § 47 Abs. 2 findet sinngemäße Anwendung.

§ 53. Ist die Pockenseuche in einer Schafherde festgestellt, so muß die Impfung aller zurzeit noch seuchenfreien Stücke der Herde angeordnet werden.

Auf den Antrag des Besitzers der Herde oder seines Vertreters kann für die Vornahme der Impfung eine Frist gewährt werden, wenn nach dem Gutachten des beamteten Tierarztes die sofortige Impfung nicht zweckmäßig ist.

Auch kann auf den Antrag des Besitzers oder seines Vertreters von der Anwendung der Impfung ganz Abstand genommen werden, sofern die Abschlachtung der noch seuchenfreien Stücke der Herde innerhalb 10 Tagen nach Feststellung des Seuchenausbruchs gesichert ist.

§ 54. Gewinnt die Seuche eine größere Ausdehnung oder ist nach den örtlichen Verhältnissen die Gefahr einer Verschleppung der Seuche in die benachbarten Schafherden nicht auszuschließen, so kann die Impfung der von der Seuche bedrohten Herden und aller in demselben Orte befindlichen Schafe polizeilich angeordnet werden.

§ 55. Die geimpften Schafe sind rücksichtlich der polizeilichen Schutzmaßregeln den pockenkranken gleich zu behandeln.

§ 56. Außer in dem Falle polizeilicher Anordnung (§§ 53, 54) darf eine Pockenimpfung der Schafe nicht vorgenommen werden.

g) Beschälseuche der Pferde und Bläschenausschlag der Pferde und des Rindviehs.

§ 57. Pferde, die an der Beschälseuche, und Pferde oder Rindviehstücke, die an dem Bläschenausschlage der Geschlechtsteile leiden, **sowie Tiere der genannten Arten, die einer dieser Seuchen oder der Ansteckung verdächtig sind**, dürfen so lange nicht zur Begattung zugelassen werden, als nicht durch den beamteten Tierarzt die vollständige Heilung und Unverdächtigkeit der Tiere festgestellt ist.

§ 58. Tritt die Beschälseuche in einem Bezirk in größerer Ausdehnung auf, so kann die Zulassung der Pferde zur Begattung für die Dauer der Gefahr allgemein von einer vorgängigen Untersuchung durch den beamteten Tierarzt abhängig gemacht werden.

h) Räude **der Einhufer** und der Schafe.

§ 59. Wird die **Räude** bei **Einhufern** (sarcoptes- oder dermatocoptes-Räude) oder Schafen (dermatocoptes-Räude) festgestellt, so kann der Besitzer angehalten werden, die räudekranken **und verdächtigen Tiere und die Schafherden, in denen die Räude herrscht,** sofort dem Heilverfahren eines approbierten Tierarztes zu unterwerfen, **sofern** er nicht die Tötung der Tiere vorzieht.

Bei Schafherden, in denen die Räude herrscht, soll die Auswahl des Heilverfahrens dem Besitzer auf dessen Verlangen zunächst überlassen werden. Wird durch das vom Besitzer gewählte Heilverfahren die Räude nicht binnen drei Monaten nach ihrer Feststellung getilgt, so kann die Polizeibehörde die Anwendung eines bestimmten Heilverfahrens vorschreiben.

i) Rotlauf der Schweine einschließlich des Nesselfiebers (Backsteinblattern).

§ 60. Gewinnt der Rotlauf der Schweine eine größere Ausdehnung, so kann die Impfung der gefährdeten Schweinebestände eines Gehöfts, einer Ortschaft oder eines größeren Bezirkes angeordnet werden.

Den Landesregierungen bleibt die Bestimmung überlassen, ob und unter welchen Bedingungen eine Schutzimpfung in anderen Fällen polizeilich angeordnet werden darf.

k) Tuberkulose des Rindviehs (§ 10 Abs. 1 Nr. 12).

§ 61. Die Tötung von Tieren, bei denen das Vorhandensein der Tuberkulose im Sinne des § 10 Abs. 1 Nr. 12 festgestellt oder in hohem Grade wahrscheinlich ist, kann polizeilich angeordnet werden.

Wird die Tötung nicht angeordnet oder wird sie aufgeschoben, so sind gegen die Weiterverbreitung der Krankheit Schutzmaßregeln zu erlassen (§§ 19, 20, 27); insbesondere ist die Kennzeichnung der Tiere anzuordnen.

Die Milch von Kühen, bei denen das Vorhandensein der Tuberkulose im Sinne des § 10 Abs. 1 Nr. 12 festgestellt oder in hohem Grade wahrscheinlich ist, darf nicht weggegeben oder verwertet werden, bevor sie bis zu einem bestimmten Wärmegrad und für eine bestimmte Zeitdauer erhitzt worden ist.

Die Milch der mit Eutertuberkulose behafteten Kühe darf auch nach dem Erhitzen weder als Nahrungsmittel für Menschen weggegeben noch zur Herstellung von Molkereierzeugnissen verwendet werden.

3. Besondere Vorschriften für Viehhöfe und Schlachthöfe einschließlich öffentlicher Schlachthäuser.

§ 62. Auf die **Viehhöfe und Schlachthöfe einschließlich der öffentlichen Schlachthäuser** und auf das daselbst aufgestellte Vieh finden die vorstehenden Bestimmungen dieses Gesetzes mit den Änderungen Anwendung, die sich aus den nachfolgenden besonderen Vorschriften ergeben.

§ 63. Wird unter dem daselbst aufgestellten Vieh der Ausbruch einer übertragbaren Seuche ermittelt oder zeigen sich bei solchem Vieh Erscheinungen, die nach dem Gutachten des beamteten Tierarztes den Ausbruch einer solchen Seuche befürchten lassen, so sind die erkrankten und alle verdächtigen Tiere sofort in polizeiliche Verwahrung zu nehmen und von jeder Berührung mit den übrigen auszuschließen.

§ 64. Nach Feststellung des Seuchenausbruchs können Viehhöfe und Schlachthöfe einschließlich der öffentlichen Schlachthäuser ganz **oder teilweise** für die Dauer der Seuchengefahr gegen den Abtrieb der für die Seuche empfänglichen Tiere gesperrt werden.

§ 65. Soweit Schlachtvieh in Frage kommt und die Art der Krankheit es gestattet (vgl. §§ 32, **35**, 38, **43 Abs.** 2), kann der Besitzer der erkrankten oder verdächtigen Tiere oder sein Vertreter angehalten werden, die sofortige Schlachtung unter Aufsicht des beamteten Tierarztes in den dazu bestimmten Räumen vorzunehmen.

Die Schlachtung kann in dringenden Fällen **auch ohne vorherige Benachrichtigung des Besitzers oder seines Vertreters vorgenommen** und auf alles andere in der betreffenden Räumlichkeit vorhandene, für die Seuche empfängliche Schlachtvieh ausgedehnt werden. **Den Besitzern der so geschlachteten Tiere ist unverzüglich von der Schlachtung Mitteilung zu machen.**

4. Entschädigung für Viehverluste.

§ 66. Vorbehaltlich der in diesem Gesetze bezeichneten Ausnahmen ist eine Entschädigung zu gewähren:

1. für Tiere, die auf polizeiliche Anordnung **getötet** oder nach dieser Anordnung **an derjenigen Krankheit gefallen sind, die zu der Anordnung Veranlassung gegeben hat;**
2. **für Tiere, die nach rechtzeitig erstatteter Anzeige an Rotz oder Lungenseuche gefallen sind, wenn die Voraussetzungen gegeben waren, unter denen die polizeiliche Anordnung der Tötung erfolgen muß;**

3. **für Tiere, von denen anzunehmen ist, daß sie infolge einer polizeilich angeordneten Impfung eingegangen sind;**
4. **für Rinder und Pferde, die an Milzbrand oder Rauschbrand gefallen sind oder an denen nach dem Tode eine dieser Krankheiten festgestellt worden ist.**

§ 67. Die Bestimmungen darüber:

1. von wem die Entschädigung zu gewähren und wie sie aufzubringen ist,
2. wie die Entschädigung im einzelnen Falle zu ermitteln und festzustellen ist,

sind von den Einzelstaaten zu treffen, **jedoch mit der Maßgabe, daß die Entschädigungen für Tiere, die auf polizeiliche Anordnung getötet worden sind, aus Staatsmitteln bestritten werden müssen:**

a) **in vollem Umfange, wenn die Tiere nicht mit der Seuche behaftet waren, derentwegen die Tötung angeordnet worden ist,**
b) **mindestens zur Hälfte, wenn sie mit Maul- und Klauenseuche behaftet waren,**
c) **mindestens zu einem Drittel, wenn sie mit Tuberkulose (§ 10 Abs. 1 Nr. 12) behaftet waren,**

und wenn in den Fällen zu b und c die Tötung wegen der dort genannten Seuche erfolgt ist.

Mit diesen Maßgaben bleiben die in dieser Hinsicht in den Einzelstaaten bestehenden Vorschriften unberührt. **Mit der gleichen Einschränkung** und insoweit solche Vorschriften nicht entgegenstehen, sind die Landesregierungen befugt, zu bestimmen, daß die Entschädigungen bis zum Eintritt einer anderweiten landesverfassungsmäßigen Regelung durch Beiträge der Besitzer **der betreffenden Tiergattungen** nach Maßgabe der über die Verteilung und Erhebung der Beiträge von der Landesregierung zu treffenden näheren Anordnung aufgebracht werden.

In allen Fällen sollen jedoch die Vorschriften der §§ 68 bis 73 dieses Gesetzes dabei maßgebend sein.

§ 68. Der Entschädigung wird der gemeine Wert des Tieres zugrunde gelegt, **und zwar, abgesehen von der Tuberkulose (§ 10 Abs. 1 Nr. 12)**, ohne Rücksicht auf den Minderwert, den das Tier dadurch erlitten hat, daß es von der Seuche ergriffen oder der Impfung unterworfen worden ist. Die Entschädigung beträgt bei den mit **Rotz** behafteten Tieren drei Viertel, bei den mit **Milzbrand, Rauschbrand, Lungenseuche oder Tuberkulose (§ 10 Abs. 1 Nr. 12) behafteten Tieren vier Fünftel, im übrigen die volle Höhe des in der angegebenen Weise berechneten Wertes.**

Auf die zu leistende Entschädigung werden angerechnet:

1. die aus Privatverträgen zahlbare Versicherungssumme, **und zwar bei Rotz zu drei Viertel, bei Milzbrand, Rauschbrand, Lungenseuche und Tuberkulose (§ 10 Abs. 1 Nr. 12) zu vier Fünftel, in allen anderen Fällen zum vollen Betrage;**
2. der Wert derjenigen Teile des getöteten Tieres, welche dem Besitzer nach Maßgabe der polizeilichen Anordnungen zur Verfügung bleiben.

§ 69. Die zu leistende Entschädigung wird, sofern ein anderer Berechtigter nicht bekannt ist, demjenigen gezahlt, in dessen Gewahrsam oder Obhut sich das Tier zur Zeit **des Todes** befand.

Mit dieser Zahlung ist jeder Entschädigungsanspruch Dritter erloschen.

§ 70. Keine Entschädigung wird gewährt:

1. für Tiere, die dem Reiche, den Einzelstaaten oder zu den landesherrlichen Gestüten gehören;
2. für Tiere, die der Vorschrift des § 6 zuwider in das Reichsgebiet eingeführt sind;
3. für Tiere, **die innerhalb einer bestimmten Frist vor der Feststellung der Seuche** in das Reichsgebiet **eingeführt sind,** wenn nicht der Nachweis erbracht wird, daß ihre Ansteckung erst nach der Einführung in das Reichsgebiet stattgefunden hat. **Diese Frist beträgt bei Milzbrand, Rauschbrand und bei Maul- und Klauenseuche 14 Tage, bei Rotz 90 Tage,** bei Lungenseuche 180 Tage und bei **Tuberkulose (§ 10 Abs. 1 Nr. 12) 270 Tage.**

§ 71. Durch Landesrecht kann die Entschädigung versagt werden:

1. für Tiere, die an einer ihrer Art oder dem Grade nach unheilbaren und unbedingt tödlichen Krankheit **gelitten haben, es sei denn, daß diese Krankheit bestanden hat in Milzbrand, Rauschbrand, Rotz, Lungenseuche, Maul- und Klauenseuche oder Tuberkulose (§ 10 Abs. 1 Nr. 12), oder daß das Tier an einer infolge polizeilich angeordneter Impfung aufgetretenen Krankheit verendet ist;**
2. für das in **Viehhöfen oder in Schlachthöfen einschließlich der öffentlichen Schlachthäuser** aufgestellte Schlachtvieh;

3. für Hunde und Katzen, die aus Anlaß der Tollwut getötet sind (§§ 12, 36, 39, 40).

§ 72. Der Anspruch auf Entschädigung fällt weg:

1. wenn der Besitzer der Tiere oder der Vorsteher der Wirtschaft, der die Tiere angehören, **oder der mit der Aufsicht über die Tiere an Stelle des Besitzers Beauftragte** vorsätzlich oder fahrlässig **den Vorschriften der §§ 9, 10 zuwider die ihm obliegende Anzeige unterläßt oder länger als vierundzwanzig Stunden, nachdem er von der anzuzeigenden Tatsache Kenntnis erhalten hat, verzögert, es sei denn, daß die Anzeige von einem anderen Verpflichteten rechtzeitig gemacht worden ist;**
2. wenn der Besitzer eines der Tiere mit der Seuche behaftet gekauft oder durch ein anderes Rechtsgeschäft unter Lebenden erworben hat und von diesem kranken Zustande beim Erwerbe des Tieres Kenntnis hatte;
3. im Falle des § 25, oder wenn dem Besitzer oder dessen Vertreter die Nichtbefolgung oder Übertretung der angeordneten Schutzmaßregeln zur Abwehr der Seuchengefahr zur Last fällt.

§ 73. Wenn zur Bestreitung der Entschädigungen Beiträge nach Maßgabe des vorhandenen **Tierbestandes** erhoben werden, dürfen diese Beiträge für Tiere, die dem Reiche, den Einzelstaaten oder zu den landesherrlichen Gestüten gehören, und im Falle des § 71 Nr. 2 für das **in Viehhöfen oder in Schlachthöfen einschließlich öffentlicher Schlachthäuser** aufgestellte Schlachtvieh nicht beansprucht werden.

III. Strafvorschriften.

§ 74. Mit Gefängnis bis zu zwei Jahren oder mit Geldstrafe von fünfzehn bis zu dreitausend Mark wird bestraft:

1. **wer vorsätzlich den Vorschriften der §§** 6, 32 **bis** 34, 36 **bis** 38, 41, **des §** 43 **Abs.** 2, **des §** 45, **des §** 51 **Abs.** 2, **der §§** 56, 57, **des §** 61 **Abs.** 3, 4 **zuwiderhandelt;**
2. wer **vorsätzlich den Vorschriften** der §§ 9, 10 zuwider die **ihm obliegende** Anzeige unterläßt oder länger als vierundzwanzig Stunden, **nachdem er von der anzuzeigenden Tatsache Kenntnis erhalten hat**, verzögert oder es unterläßt, die **kranken und die verdächtigen** Tiere von Orten, an denen die Gefahr der Ansteckung fremder Tiere besteht, fernzuhalten; **die Strafverfolgung wegen unterlassener oder verzögerter Anzeige tritt nicht ein, wenn die Anzeige von einem anderen Verpflichteten rechtzeitig gemacht worden ist;**
3. **wer vorsätzlich den auf Grund des §** 7 **Abs.** 1, **des §** 11 **Abs.** 1, 2, **der §§** 19 **bis** 23, 26 **bis** 28, 35, 39, 40, **des §** 43 **Abs.** 1, **der §§** 47, 48, 58, 59, **des §** 61 **Abs.** 2, **der §§** 63, 64, 78 **von der zuständigen Behörde oder dem beamteten Tierarzte getroffenen Anordnungen zuwiderhandelt;**
4. **wer vorsätzlich die gemäß §** 17 **Nr.** 4, **§** 61 **Abs. 2 angebrachten Kennzeichen unbefugterweise beseitigt oder verändert;**
5. **wer vorsätzlich Kadaver, die auf polizeiliche Anordnung vergraben sind, oder Teile von solchen unbefugterweise ausgräbt oder wer vorsätzlich**

Kadaver, die auf polizeiliche Anordnung vergraben waren, oder Teile von solchen unbefugterweise an andere überläßt oder an sich bringt.

Neben der Gefängnisstrafe kann auf Geldstrafe bis zu eintausendfünfhundert Mark erkannt werden.

§ 75. Mit Geldstrafe von zehn bis einhundertfünfzig Mark oder mit Haft nicht unter einer Woche wird bestraft, wer den im § 74 Abs. 1 Nr. 1, 2 bezeichneten Vorschriften aus Fahrlässigkeit zuwiderhandelt.

Eine Bestrafung wegen fahrlässiger Verzögerung der in den §§ 9, 10 vorgeschriebenen Anzeige findet nur statt, wenn die Anzeige länger als vierundzwanzig Stunden nach erhaltener Kenntnis von der anzuzeigenden Tatsache verzögert worden ist. Die Strafverfolgung wegen fahrlässiger Unterlassung oder Verzögerung der Anzeige tritt nicht ein, wenn die Anzeige von einem anderen Verpflichteten rechtzeitig gemacht worden ist.

§ 76. Mit Geldstrafe bis zu einhundertfünfzig Mark oder mit Haft wird bestraft:

1. wer außer den Fällen des § 74 Abs. 1 Nr. 3 den auf Grund dieses Gesetzes getroffenen Anordnungen zuwiderhandelt;
2. wer eine der im § 74 Abs. 1 Nr. 4, 5 bezeichneten Handlungen aus Fahrlässigkeit begeht.

§ 77. Im Falle der Zuwiderhandlung gegen die Vorschriften des § 6 oder gegen die auf Grund des § 7 Abs. 1 getroffenen Anordnungen ist neben der Strafe auf die Einziehung der verbotswidrig eingeführten Tiere, Kadaver und Teile von Tieren, tierischen Erzeugnisse und Rohstoffe sowie der Gegenstände, die Träger des Ansteckungsstoffs sein können, zu erkennen, ohne Unterschied, ob sie dem Verurteilten gehören oder nicht.

Ist die Verfolgung oder Verurteilung einer bestimmten Person nicht ausführbar, so kann auf die Einziehung selbständig erkannt werden.

IV. Schlußbestimmungen.

§ 78. Zur wirksamen Ausführung der in den §§ 7, 16, 17, 19 bis 29 bezeichneten Maßregeln kann eine Anzeige über das Vorhandensein, den Ab= und Zugang oder über Ortsveränderungen von Tieren oder über die in den §§ 16 und 17 aufgeführten Betriebe, Unternehmungen und Veranstaltungen vorgeschrieben werden.

§ 79. Die näheren Vorschriften über die Anwendung und Ausführung der nach den §§ 16 bis 30 zuläßigen Maßregeln erläßt der Bundesrat unter Berücksichtigung der in den §§ 32 bis 65 gegebenen besonderen Bestimmungen. Das Gleiche gilt für die nach § 78 zuläßigen Maßregeln, soweit sie sich auf die vorstehend bezeichneten Paragraphen beziehen.

Weitergehende Vorschriften über die Anwendung und Ausführung der im Abs. 1 bezeichneten Bestimmungen können die obersten Landesbehörden oder mit deren Ermächtigung die höheren Polizeibehörden innerhalb der Schranken dieses Gesetzes anordnen.

Vor dem Erlasse der im Abs. 1 bezeichneten Vorschriften und vor der Entscheidung der obersten Landesbehörden über solche nach Abs. 2 zuläßige weitergehende Vorschriften, die auf Grund der §§ 16, 17 ergehen, sind Vertretungen der beteiligten Berufsstände zu hören.

Bei Gefahr im Verzuge kann die vorherige Anhörung unterbleiben; die Anhörung muß alsdann aber sobald als möglich nachgeholt werden. Welche Vertretungen zu hören sind, wird im Falle des Abs. 1 vom Bundesrat, im Falle des Abs. 2 von den obersten Landesbehörden bestimmt. Die Gültigkeit der Vorschriften hängt von der vorgeschriebenen Anhörung nicht ab.

§ 80. Beschwerden des Besitzers gegen Anordnungen, die auf Grund der §§ 7, 11 bis 15, 18 bis 65, des § 78, soweit dieser sich auf die vorstehend bezeichneten Paragraphen bezieht, oder der dazu erlassenen Ausführungsbestimmungen getroffen sind, haben keine aufschiebende Wirkung.

Beschwerden gegen Anordnungen auf Grund anderer Bestimmungen haben nur dann aufschiebende Wirkung, wenn die Ausführung ohne Nachteil für das Gemeinwohl ausgesetzt bleiben kann.

§ 81. Das Gesetz, betreffend die Beseitigung von Ansteckungsstoffen bei Viehbeförderungen auf Eisenbahnen, vom 25. Februar 1876 (Reichs-Gesetzbl. S. 163) wird durch das gegenwärtige Gesetz nicht berührt.

§ 82. Der Zeitpunkt des Inkrafttretens dieses Gesetzes wird durch Kaiserliche Verordnung mit Zustimmung des Bundesrats bestimmt.

Mit demselben Zeitpunkte tritt das Gesetz vom $\frac{\text{23. Juni 1880}}{\text{1. Mai 1894}}$, betreffend die Abwehr und Unterdrückung von Viehseuchen (Reichs-Gesetzbl. 1894 S. 409), außer Kraft[1]).

[1]) Vgl. StenBer. des Reichstags.

Viehseuchengesetz.

Vom 26. Juni 1909 (RGBl. S. 519).

§ 1. Das nachstehende Gesetz regelt[1]) das Verfahren zur Bekämpfung übertragbarer Viehseuchen, mit Ausnahme der Rinderpest[2]).

Vieh im Sinne dieses Gesetzes sind alle nutzbaren[3]) Haustiere einschließlich der Hunde, der Katzen und des Geflügels.

Schlachtvieh[4]) im Sinne dieses Gesetzes ist Vieh, von dem anzunehmen ist, daß es behufs Verwendung des Fleisches zum Genusse für Menschen alsbald geschlachtet werden soll.

Als verdächtige Tiere[5]) gelten im Sinne dieses Gesetzes:

Tiere, an denen sich Erscheinungen zeigen, die den Ausbruch einer übertragbaren Seuche befürchten lassen, (der Seuche verdächtige Tiere);

Tiere, an denen sich solche Erscheinungen zwar nicht zeigen, rücksichtlich deren jedoch die Vermutung vorliegt, daß sie den Ansteckungsstoff aufgenommen haben (der Ansteckung verdächtige Tiere).

[1]) Diese Regelung (einschl. der Ausführungsbestimmungen und -gesetze) ist eine erschöpfende, kann also über den reichsgesetzlichen Rahmen hinaus nicht noch erweitert werden.

[2]) Die Bekämpfung der Rinderpest ist geregelt durch G. v. 7. April 1869 (RGBl. S. 105) u. G. v. 21. Mai 1878 (RGBl. S. 95). Dazu Instruktion v. 9. Juni 1873 (RGBl. S. 147) und MinErl. v. 17. Juni 1891 (ZentrBl. S. 147).

[3]) Also nicht Luxustiere wie Ziervögel, gezähmtes Wild. — Bezüglich des Wildes vgl. § 34. — Nicht aufgenommen in das Gesetz ist Bekämpfung der Faulbrut der Bienen, weil die Natur dieser Seuche noch nicht hinlänglich geklärt ist.

[4]) Die Begriffsbestimmung von „Schlachtvieh" deckt sich nicht mit der in § 2 der Kais. Verordnung, betr. die Hauptmängel und Gewährsfristen beim Viehhandel, vom 27. März 1899. Dort sind unter Schlachtvieh solche Tiere verstanden, die alsbald geschlachtet werden und bestimmt sind, als Nahrungsmittel für Menschen zu dienen. Diese schärfere Fassung paßt nicht für die Zwecke des polizeilichen Verfahrens. Eine zweifelsfreie Feststellung, welcher Bestimmung das Vieh zugeführt werden soll, würde sich in der für veterinärpolizeiliche Anordnungen zu Gebote stehenden Zeit nicht immer erreichen lassen. Die Beteiligten würden unbequemen Maßnahmen mit der Behauptung zu entgehen suchen, daß sie das Vieh nicht zum Schlachten, sondern als Nutzvieh bestimmt hätten. Dem soll durch die Fassung des Gesetzes vorgebeugt werden. — Gleichgültig ist, ob das Vieh sich in schlachtreifem Zustand befindet oder nicht.

[5]) Diese Bestimmung beschränkt sich also nicht auf „Vieh", sondern umfaßt ganz allgemein alle Tiere.

§ 2. Die Anordnung und die Durchführung der Bekämpfungsmaßregeln liegen den Landesregierungen und deren Organen[1]) ob[2]).

Die Mitwirkung der Tierärzte, die vom Staate angestellt sind oder deren Anstellung vom Staate bestätigt ist (beamtete Tierärzte), richtet sich nach den Vorschriften dieses Gesetzes. An Stelle der beamteten Tierärzte können im Falle ihrer Behinderung oder aus sonstigen Gründen andere approbierte Tierärzte zugezogen werden. Diese sind innerhalb des ihnen erteilten Auftrags befugt und verpflichtet, alle Amtsverrichtungen wahrzunehmen, die in diesem Gesetze den beamteten Tierärzten übertragen sind.

Die näheren Bestimmungen über das Verfahren, über die Form, von deren Beobachtung die Gültigkeit der auf Grund dieses Gesetzes zu erlassenden Anordnungen abhängt[3]), über die Zuständigkeit der Behörden und Beamten und über die Bestreitung der durch das Verfahren entstehenden Kosten[4]) sind von den Einzelstaaten mit der Maßgabe zu treffen, daß gegen die Anordnungen der Polizeibehörden zur Bekämpfung der Viehseuchen im Inlande (§§ 9 ff.) ein Beschwerdeverfahren zuzulassen ist[5]).

[1]) Für Preußen sind Organe der Landwirtschaftsminister, die Regierungspräsidenten, Landräte und Ortspolizeibehörden. Vgl. AG. § 1. — Die etwaige Bestellung besonderer Seuchenkommissare ist dem Landesrecht überlassen.

[2]) Über die in der Reichstagskommission beantragten Sachverständigenkommissionen vgl. in der Einleitung S. 15.

[3]) Über die Anordnungen vgl. für Preußen AG. §§ 2, 3.

[4]) Die beantragte Zuweisung der Kosten des Verfahrens auf die Staatskasse der Einzelstaaten wurde abgelehnt und die Regelung der Frage dem Landesrecht überlassen. Für Preußen vgl. AG. §§ 24—28.

[5]) Also nicht Verwaltungsstreitverfahren, wie sonst bei polizeilichen Verfügungen. — Für Preußen vgl. über Rechtsmittel AG. § 4.

§ 3. Rücksichtlich der eigenen Viehbestände[1])[2]) der Militärverwaltung, in den Remontedepots nur rücksichtlich der eigenen Pferdebestände, bleiben die Maßregeln zur Ermittlung und Unterdrückung von Seuchen, soweit davon nur das Eigentum dieser Verwaltung betroffen wird, den Militärbehörden überlassen.

Die gleichen Befugnisse haben das Kaiserliche Gesundheitsamt und diejenigen zur wissenschaftlichen Erforschung übertragbarer Krankheiten bestimmten staatlichen Anstalten, bei denen ein Tierarzt angestellt ist, rücksichtlich aller eigenen Viehbestände[3]).

Ferner können

1. den Vorständen der landesherrlichen und Staatsgestüte,
2. den Vorständen der tierärztlichen Lehranstalten und der zu diesen gehörigen Institute,
3. mit Zustimmung des Reichskanzlers den Vorständen anderer Anstalten von ähnlicher Art wie die im Abs. 2 und Abs. 3 Nr. 2 bezeichneten[4])

von den Landesregierungen die gleichen Befugnisse rücksichtlich aller dort aufgestellten Viehbestände übertragen werden.

In den Fällen der Abs. 1 bis 3 finden die ferneren Bestimmungen dieses Gesetzes sinngemäße Anwendung, in den Fällen des Abs. 2 und des Abs. 3 Nr. 2, 3 jedoch nur mit den Einschränkungen, die sich aus dem Zwecke der wissenschaftlichen Arbeiten ergeben.

Die Militärbehörden haben die Polizeibehörden der Stand-, Unterkunfts- und Marschorte von dem Auftreten eines Seuchenverdachts und von dem Ausbruch einer Seuche, sowie bei Seuchenausbrüchen in nicht kasernenmäßig untergebrachten Viehbeständen auch von den getroffenen Schutzmaßregeln, sofort zu benachrichtigen und von dem Verlaufe sowie dem Erlöschen der Seuche in Kenntnis zu setzen[5]).

Die Pflicht der Benachrichtigung der Polizeibehörden vom Verdacht, Ausbruch, Verlauf und Erlöschen einer

Seuche liegt auch den im Abs. 2 genannten Anstalten und den nach Abs. 3 mit selbständigen Befugnissen versehenen Vorständen ob, falls die Seuche oder der Seuchenverdacht nicht das Ergebnis wissenschaftlicher Versuche ist, die zu den Aufgaben der Anstalten und Institute gehören.

¹) Viehbestände umfaßt auch die Kriegshunde und Militärtauben.

²) Die Befugnisse beziehen sich nur auf die eigenen Viehbestände der Militärverwaltung, während die eigenen Pferde der Offiziere usw. nicht unter § 3 Abs. 1 fallen, gleichviel ob sie in privaten oder in Truppenstallungen untergebracht sind. Eine Übertragung der veterinärpolizeilichen Befugnisse auch hinsichtlich dieser Pferde wäre im Wege des § 2 Abs. 2 zu verfolgen. Da jedoch bei der Unterbringung von Militärpferden auf dem Marsch und im Manöver die Pferde der Zivilbevölkerung von Seuchenausbrüchen bei jenen Pferden stark in Mitleidenschaft gezogen werden, wird es notwendig sein, daß die ordentlichen beamteten Tierärzte wenigstens in diesen Fällen nicht völlig ausgeschaltet werden, sondern daß ihre Zuziehung zum Zwecke der Begutachtung in Gemeinschaft mit den Militärveterinären durch Vermittlung der Polizeibehörde erfolgt.

³) Die Ausnahme ist gemacht mit Rücksicht auf die besonders sachverständige veterinärpolizeiliche Leitung solcher Institute.

⁴) z. B. staatlich geleitete oder beaufsichtigte Impfstoffgewinnungsanstalten u. dgl.

⁵) Über die Benachrichtigung von Militärbehörden vgl. § 46.

§ 4. Dem Reichskanzler liegt ob, die Ausführung dieses Gesetzes und der auf Grund desselben erlassenen Anordnungen zu überwachen.

Tritt die Seuche in einem für den inländischen Viehbestand bedrohlichen Umfang im Ausland auf, so hat der Reichskanzler die Regierungen der beteiligten Bundesstaaten zur Anordnung und einheitlichen Durchführung der nach Maßgabe dieses Gesetzes erforderlichen Abwehrmaßregeln zu veranlassen.

Tritt die Seuche in einer solchen Gegend des Reichsgebiets oder in einer solchen Ausdehnung auf, daß von den zu ergreifenden Maßregeln notwendig die Gebiete mehrerer Bundesstaaten betroffen werden müssen, so hat der Reichskanzler oder ein von ihm bestellter Reichskommissar für Herstellung und Erhaltung der Einheit in den seitens der Landesbehörden zu treffenden oder getroffenen Maßregeln zu sorgen und zu diesem Behufe das Erforderliche anzuordnen, nötigenfalls auch die Behörden der beteiligten Bundesstaaten unmittelbar mit Weisungen zu versehen.

§ 5. Die Behörden der Bundesstaaten sind verpflichtet, sich bei der Bekämpfung der Viehseuchen gegenseitig zu unterstützen[1].

[1]) Zwischen sämtlichen deutschen Bundesregierungen sind Grundsätze für die veterinärpolizeiliche Überwachung des aus dem Auslande eingeführten Geflügels vereinbart worden. Die Maßregel ist dadurch notwendig geworden, daß in den für die Geflügelausfuhr nach Deutschland in Betracht kommenden Ländern übertragbare Geflügelseuchen — Geflügelcholera und Hühnerpest — herrschen, die den inländischen Geflügelbestand bedrohen. Lebendes Geflügel darf aus dem Auslande nur an den von den Regierungspräsidenten der Grenzbezirke bestimmten Übergangsstellen eingelassen werden. Diese Einfuhr darf auf bestimmte Tage und Tagesstunden beschränkt werden. Alle

Geflügelsendungen sind an den Einlaßstellen einer amtstierärztlichen Untersuchung zu unterwerfen. Die mit der Eisenbahn in ganzen Wagenladungen eingehenden Geflügelsendungen müssen auf der Grenzstation eisenbahnamtlich unter Bleiverschluß genommen werden, der am Entladeort nur unter polizeilicher Überwachung gelöst werden darf. Bei der Entladung oder, wenn es sich um Stückgutsendungen handelt, vor der Auslieferung ist das Geflügel abermals amtstierärztlich zu untersuchen. Wird dabei Geflügelcholera oder Hühnerpest festgestellt, so ist nach den für die Bekämpfung dieser Seuche im Inlande maßgebenden Vorschriften zu verfahren. Auf Transporte von weniger als 100 Stück und auf Geflügel, das im Post- und Reisegepäckverkehr oder über See aus dem Auslande eingeht, sowie auf den Durchgangsverkehr finden diese Bestimmungen keine Anwendung.

I. Abwehr der Einschleppung aus dem Auslande.

§ 6. Die Einfuhr von Tieren, die an einer übertragbaren Seuche leiden, und von verdächtigen[1]) Tieren[2]) (§ 1 Abs. 4) sowie von Erzeugnissen solcher Tiere ist verboten. Dasselbe gilt für die Kadaver und Teile von Tieren, die an einer übertragbaren Seuche gefallen sind oder zur Zeit des Todes an einer solchen gelitten haben oder seuchenverdächtig gewesen sind, endlich für Gegenstände jeder Art, von denen nach den Umständen des Falles anzunehmen ist, daß sie Träger des Ansteckungsstoffs sind[3])[4]).

[1]) Das bisherige Recht wird durch diesen Paragraphen darin geändert, daß er das jetzt nur für kranke Tiere geltende Einfuhrverbot auch auf verdächtige Tiere, auf Kadaver und Teile von Tieren und auf Gegenstände jeder Art ausdehnt, „von denen nach den Umständen des Falles anzunehmen

ist, daß sie Träger des Ansteckungsstoffs sind", und zwar ganz allgemein, nicht nur wie bisher, wenn in dem Auslande eine Seuche in bedrohlichem Umfange herrscht. Diese Erweiterung ist namentlich auch deshalb wichtig, weil sie nicht nur die Grenzbehörden zum sofortigen Einschreiten auf Grund des Gesetzes selbst befähigt, sondern auch die bisher fehlende Möglichkeit einer strafrechtlichen Verfolgung der Importeure, denen bei der Einfuhr Vorsatz oder Fahrlässigkeit zur Last zu legen ist, gibt und überdies die gesetzliche Grundlage für eine strafrechtliche Einziehung der verbotswidrig eingeführten verdächtigen Tiere, Kadaver, Gegenstände schafft (Begr. S. 30).

²) Unter verdächtigen Tieren sind nicht nur seuchen-, sondern auch ansteckungsverdächtige Tiere zu verstehen. Vgl. § 1.

³) Solche Gegenstände sind u. a. namentlich Futter, Streu, Dünger, getragene Kleider, Lumpen, Geschirrteile, Stallgeräte.

⁴) Ob die gesetzlichen Voraussetzungen für das Einfuhrverbot vorliegen, entscheidet die Grenzbehörde; erforderlich für deren Vorgehen ist der Nachweis bestimmter Tatumstände für die gefährliche Eigenschaft der Gegenstände. — Über die Zuständigkeit für Anordnungen aus § 7 vgl. dort Anm. 1.

§ 7. Zum Schutze gegen die Gefahr der Einschleppung von übertragbaren Seuchen der Haustiere aus dem Auslande kann die Einfuhr lebender oder toter Tiere, tierischer Erzeugnisse oder Rohstoffe sowie von Gegenständen, die Träger des Ansteckungsstoffs sein können, allgemein oder für bestimmte Grenzstrecken verboten oder beschränkt werden [1] [2] [3].

Zu demselben Zwecke kann der Verkehr mit Tieren [4]) im Grenzbezirke solchen Bestimmungen unterworfen werden, die geignet sind, im Falle der Einschleppung einer Weiterverbreitung der Seuche vorzubeugen. Die Bestimmungen sind, soweit erforderlich, auch auf tierische Erzeugnisse[5]) und Rohstoffe sowie auf solche Gegenstände auszudehnen, die Träger von Ansteckungsstoffen sein können. Auch kann für die Grenzbezirke eine Revision des vorhandenen Viehbestandes und eine regelmäßige Kontrolle über den Ab- und Zugang von Vieh angeordnet werden[6]).

Die nach Abs. 2 zulässigen Bestimmungen können nur getroffen werden, wenn und solange gegenüber dem angrenzenden Ausland Einfuhrverbote und Beschränkungen gemäß Abs. 1 angeordnet sind[7]).

[1]) Für Preußen sind die Anordnungen zu erlassen durch den Minister, der die Befugnis in bestimmten Fällen den unteren Behörden übertragen kann. Vgl. AG. § 2. — Verschieden von diesen allgemeinen Einfuhrbeschränkungen, welche nur die höheren Behörden vornehmen können, ist das Verfahren aus § 6 bei Abwehr von schädlicher Einfuhr im Einzelfall; für dieses ist zuständig die Grenzbehörde.

[2]) Form usw. der Anordnungen regelt für Preußen AG. § 3.

[3]) Die erweiterten Bestimmungen richten sich hauptsächlich gegen den Schmuggel; sie sollen nicht erst, wie bisher, bei Ausbruch von Seuche im Ausland in Kraft treten, sondern dauernd wirksam sein.

[4]) Statt „Haustiere" ist „Tiere" gesetzt, weil nicht lediglich Haustiere von auf Vieh übertragbaren Krankheiten befallen werden, z. B. Milzbrand unter dem Wildstand.

[5]) Z. B. Milch, Wolle, Federn, Dünger.

[6]) Im Gegensatz zu dem früheren Gesetz (§ 8), welches nur die „durch die Seuche gefährdeten Tiere" berücksichtigte, ist die Kontrolle über Zu- und Abgang ganz allgemein für Vieh zugelassen.

[7]) Zur Verhütung der Ein- und Durchfuhr von seuchenkranken und verdächtigen Tieren aus dem Auslande müssen zurzeit alle auf dem Land- oder Seewege zur Ein- oder Durchfuhr gelangenden Pferde, Esel, Maultiere und Maulesel, Wiederkäuer und Schweine, zum Teil auch das Geflügel, an der Grenze bzw. im Einfuhrhafen durch beamtete Tierärzte einer sorgfältigen Untersuchung hinsichtlich ihres Gesundheitszustandes unterworfen werden. Zur Erleichterung der Untersuchung ist die Einfuhr auf bestimmte Grenzzollstellen beschränkt. Alle Tiere, welche mit einer ansteckenden Krankheit behaftet oder einer solchen verdächtig befunden werden, sowie Tiere, welche mit kranken oder verdächtigen zusammen befördert worden oder sonst in Berührung gekommen sind, werden von der Einfuhr ausgeschlossen. Ausnahmen bestehen für den kleinen Grenzverkehr. — Die auf dem Seewege zur Einfuhr gelangenden und nach erfolgter tierärztlicher Untersuchung an Bord des Transportschiffes zur Landung zugelassenen Wiederkäuer und Schweine werden in besonders hierzu errichteten Anstalten zu Apenrade, Bahrenfeld, Flensburg, Kiel, Rostock, Lübeck gegen eine von den Einbringern zu entrichtende Gebühr einer Quarantäne von vier Wochen unterworfen. Für dänisches Vieh ist die Quarantänefrist auf zehn Tage herabgesetzt. Ausnahmen können für Zuchttiere, abgerichtete Tiere und nach zoologischen Gärten, Wildparks oder ähnlichen Anlagen bestimmte Tiere von den Zentralbehörden der beteiligten Bundesstaaten zugelassen werden. — Die Kontrolle des vom Auslande eingeführten Fleisches ist durch das Gesetz, betreffend die Schlachtvieh- und Fleischbeschau vom 3. Juni 1900 nebst Ausführungsbestimmungen geregelt (Denkschr. S. 7).

§ 8. Von dem Erlasse, der Aufhebung oder Veränderung einer der im § 7 bezeichneten Anordnungen ist unverzüglich dem Reichskanzler Mitteilung zu machen.

Die verfügten Verbote und Beschränkungen sind ohne Verzug öffentlich bekannt zu machen.

II. Bekämpfung von Viehseuchen im Inlande.

1. Allgemeine Vorschriften.

a) Anzeigepflicht.

§ 9. Bricht eine Seuche aus, auf die sich die Anzeigepflicht erstreckt (§ 10), oder zeigen sich Erscheinungen, die den Ausbruch einer solchen Seuche befürchten lassen, so hat der Besitzer des betroffenen Viehes unverzüglich[1]) der Polizeibehörde oder einer anderen von der Landesregierung zu bezeichnenden Stelle[2]) Anzeige zu machen, auch die kranken und verdächtigen Tiere von Orten, an denen die Gefahr der Ansteckung fremder Tiere besteht, fernzuhalten[3]).

Die gleichen Pflichten hat, wer in Vertretung des Besitzers der Wirtschaft vorsteht, wer mit der Aufsicht über Vieh an Stelle des Besitzers beauftragt ist, wer als Hirt, Schäfer, Schweizer, Senne entweder Vieh von mehreren Besitzern oder solches Vieh eines Besitzers, das sich seit mehr als vierundzwanzig Stunden außerhalb der Feldmark des Wirtschaftsbetriebs des Besitzers befindet, in Obhut hat[4]), ferner für die auf dem Transporte befindlichen Tiere deren Begleiter und für die in fremdem Gewahrsam befindlichen Tiere der Besitzer der betreffenden Gehöfte, Stallungen, Koppeln oder Weideflächen.

Zur unverzüglichen Anzeige sind auch die Tierärzte und alle Personen verpflichtet, die sich mit der Ausübung der Tierheilkunde oder gewerbsmäßig mit der Kastration von Tieren beschäftigen, ingleichen die Fleischbeschauer einschließlich der Trichinenschauer, ferner die Personen, die das Schlächtergewerbe betreiben[5]) sowie solche, die sich gewerbsmäßig mit der Bearbeitung, Verwertung oder Beseitigung geschlachteter, getöteter oder verendeter Tiere oder tierischer Bestandteile beschäftigen, wenn sie, bevor ein polizeiliches Einschreiten stattgefunden hat, von dem Ausbruch einer der Anzeigepflicht unterliegenden Seuche (§ 10) oder von Erscheinungen, die den Ausbruch einer solchen Seuche befürchten lassen, Kenntnis erhalten.

[1]) „Unverzüglich" statt „sofort" soll eine Milderung der bisherigen Bestimmung bezwecken, so daß im Einzelfall auf besondere Umstände, die das Ausbleiben sofortiger Anzeige als nicht schuldhaft erscheinen lassen, Rücksicht genommen werden kann. Für die strafrechtliche Beurteilung einer Verzögerung ist übrigens § 74 Abs. 1 Nr. 2 maßgebend, wo für die Erstattung der Anzeige eine äußerste Frist von 24 Stunden vorgesehen ist.

[2]) Um die Anzeigepflicht in solchen Gegenden zu erleichtern, in denen die Polizeibehörde nur nach Zurücklegung größerer Entfernungen zu erreichen ist (z. B. in den Bergen), soll die Landesregierung befugt sein, bequemer zu erreichende Stellen mit der Annahme der Meldung zu betrauen. Selbstverständlich haben diese Stellen die Meldung ohne Verzug an die Polizeibehörde weiter zu geben.

[3]) Ohne daß dazu besondere behördliche Anordnung erginge.

[4]) Von den Hirten usw. sind also anzeigepflichtig geworden nur die, die mit dem Vieh auswärts sind oder Sammelherden unter sich haben; dagegen ist nicht anzeigepflichtig der Hirt usw., der Vieh eines Besitzers innerhalb dessen Feldmark in Obhut hat.

[5]) Trifft die Schlächter namentlich bei Hausschlachtungen,

die beschaufrei sind, bei denen also eine Zuziehung eines Beschauers, der sonst die Anzeige zu machen hätte, nicht erfolgt.

§ 10. Seuchen, auf die sich die Anzeigepflicht erstreckt, sind:

1. Milzbrand, Rauschbrand [1]), Wild- und Rinderseuche [2])
2. Tollwut;
3. Rotz;
4. Maul- und Klauenseuche;
5. Lungenseuche des Rindviehs;
6. Pockenseuche der Schafe;
7. Beschälseuche der Pferde, Bläschenausschlag der Pferde und des Rindviehs;
8. Räude der Einhufer und der Schafe;
9. Schweineseuche, sofern sie mit erheblichen Störungen des Allgemeinbefindens der erkrankten Tiere verbunden ist [3]), und Schweinepest;
10. Rotlauf der Schweine einschließlich des Nesselfiebers [4]) (Backsteinblattern);
11. Geflügelcholera und Hühnerpest;
12. äußerlich erkennbare Tuberkulose des Rindviehs, sofern sie sich in der Lunge in vorgeschrittenem Zustande befindet oder Euter, Gebärmutter oder Darm ergriffen hat [5]).

Der Reichskanzler ist befugt, die Anzeigepflicht auch für andere Seuchen einzuführen und für einzelne Seuchen widerruflich aufzuheben.

[1]) Rauschbrand ist eine vom Milzbrand verschiedene Seuche, die jedoch die gleichen veterinärpolizeilichen Maßnahmen wie diese erfordert.

[2]) Vgl. § 32 Anm. 1.

[3]) Die Schweineseuche tritt in zahlreichen Beständen so milde auf, daß sie nur noch Husten, im übrigen aber keine

allgemeinen Störungen, namentlich keine Beeinträchtigung der Mastfähigkeit verursacht. Gegen diese Form der Schweineseuche mit veterinärpolizeilichen Maßnahmen vorzugehen, war kein dringlicher Anlaß gegeben, daher ist die Anzeigepflicht beschränkt auf den Fall „erheblicher Störung des Allgemeinbefindens".

[4]) Das Nesselfieber der Schweine erfordert dieselbe Behandlung wie der Rotlauf, da es sich um die gleiche Krankheit handelt. Ein Unterschied besteht nur hinsichtlich des Sitzes der Krankheitskeime. Beide Krankheiten sind durch Impfung erfolgreich zu bekämpfen.

[5]) Gegenwärtig werden nahezu bei einem Fünftel der geschlachteten Rinder tuberkulöse Veränderungen festgestellt. Eine Ausdehnung der Bekämpfung auf alle tuberkulösen Tiere würde daher in die wirtschaftlichen Verhältnisse allzu tief eingreifen und mit zu großen Verlusten für das Volksvermögen verbunden sein. Für die Beseitigung der dringendsten Gefahren genügt die Bekämpfung der gefährlichsten Form.

[6]) Die Anzeigepflicht ist durch den Reichskanzler ausgedehnt noch auf folgende Seuchen:

1. Die Gehirnrückenmarkentzündung (Bornasche Krankheit) der Pferde für die preußische Provinz Sachsen durch Bekanntmachung vom 12. November 1896 (RGBl. S. 713) und für das Königreich Sachsen durch Bekanntmachung vom 8. Dezember 1904 (RGBl. S. 450);
2. die als Influenza der Pferde bezeichneten Krankheiten (Pferdestaupe, Brust- und Rotlaufseuche) für die Provinz Ostpreußen durch Bekanntmachung vom 3. September 1898 (RGBl. S. 1036) und für das Königreich Sachsen durch Bekanntmachung vom 8. Dezember 1904 (RGBl. S. 450);
3. die Seuche der Pferde für die Provinz Ostpreußen durch Bekanntmachung vom 7. April 1905 (RGBl. S. 233);
4. den ansteckenden Scheidenkatarrh der Rinder für das Herzogtum Sachsen-Altenburg durch Bekanntmachung vom 28. Juni 1904 (RGBl. S. 252).

b) Ermittlung der Seuchenausbrüche.

§ 11. Ist eine Anzeige erfolgt (§§ 9, 10) oder der Ausbruch einer Seuche oder der Verdacht eines Seuchenausbruchs sonst zur Kenntnis der Polizeibehörde gelangt, so hat diese sofort den beamteten Tierarzt zuzuziehen (vgl. jedoch § 14) und inzwischen dafür zu sorgen, daß die kranken und, abgesehen von der Tuberkulose (§ 10 Abs. 1 Nr. 12), auch die verdächtigen Tiere mit Tieren aus anderen Ställen nicht in Berührung kommen. Der beamtete Tierarzt hat die Art, den Stand und die Ursachen der Krankheit zu ermitteln und sein Gutachten darüber abzugeben, ob durch den Befund der Ausbruch der Seuche festgestellt oder der Verdacht eines Seuchenausbruchs begründet ist und welche besonderen Maßregeln zur Bekämpfung der Seuche erforderlich erscheinen.

In eiligen Fällen kann der beamtete Tierarzt[1]) schon vor polizeilichem Einschreiten die sofortige vorläufige Einsperrung und Absonderung der erkrankten und verdächtigen Tiere, nötigenfalls auch deren Bewachung sowie nach Vorschrift der Landesregierungen sonstige dringliche Maßnahmen zur Verhütung der Weiterverbreitung der Seuche anordnen. Die getroffenen vorläufigen Anordnungen sind dem Besitzer der Tiere oder dessen Vertreter entweder zu Protokoll oder durch schriftliche Verfügung zu eröffnen, auch ist davon der Polizeibehörde unverzüglich Anzeige zu machen.

Auf Ersuchen des beamteten Tierarztes hat der Vorsteher des Seuchenorts für die vorläufige Bewachung der erkrankten und verdächtigen Tiere sowie für die Durchführung der dringlichen Maßregeln zu sorgen[2]).

[1]) Auch Privattierärzte im Falle des § 2 Abs. 2 (vgl. KomBer. S. 22).

²) In eiligen Fällen konnte der Tierarzt auch bisher schon die vorläufige Einsperrung und Absonderung, nötigenfalls auch Bewachung der verdächtigen Tiere anordnen. Diese Befugnis ist jetzt dahin erweitert, daß er auch sonstige dringliche Maßnahmen, z. B. Ausfuhrverbot von Milch, Dünger usw. anordnen kann. Diese Maßnahmen sind im einzelnen von der Landesgesetzgebung zu regeln.

§ 12. Wenn über den Ausbruch einer Seuche nach dem Gutachten des beamteten Tierarztes nur mittels Tötung und Zerlegung eines verdächtigen Tieres oder nur mittels Impf- oder Blutprobe Gewißheit zu erlangen ist, so können diese Maßregeln von der Polizeibehörde angeordnet werden.

¹) In zweifelhaften Fällen muß außer der mikroskopischen Untersuchung die Züchtung der Krankheitserreger in Reinkulturen, in anderen der Tierversuch, d. h. die Impfung kleiner Versuchstiere mit dem verdächtigen Materiale vorgenommen werden. Die Impfung erfolgt durch Einspritzung von Bakterien aus einer Reinkultur unter die Haut, in die Blutbahn oder Bauchhöhle der Versuchstiere. — Die Einspritzung der Stoffwechselprodukte derjenigen Bakterien, die die Krankheit erzeugen, unter die Haut der verdächtigen Tiere, hat sich als ein nahezu sicheres Erkennungsmittel bei bestimmten Krankheiten (Rotz, Milzbrand, Tuberkulose) bewährt (Denkschrift S. 13).

§ 13. Auf die gutachtliche Erklärung des beamteten Tierarztes, daß der Ausbruch der Seuche festgestellt sei, oder daß der begründete Verdacht eines Seuchenausbruchs vorliege, hat die Polizeibehörde die erforderlichen Schutzmaßregeln nach diesem Gesetz und den zu dessen Ausführung erlassenen Vorschriften (§ 79) zu treffen und wirksam durchzuführen.

§ 14. Ist der Ausbruch der Maul- und Klauenseuche, des Bläschenausschlags der Pferde oder des Rindviehs, des Rotlaufs der Schweine, der Geflügelcholera oder der Hühnerpest (§ 10 Abs. 1 Nr. 4, 7, 10, 11) durch das Gutachten des beamteten Tierarztes festgestellt, so kann die Polizeibehörde auf die Anzeige neuer Seuchenausbrüche in dem Seuchenorte selbst oder in unmittelbar angrenzenden Ortschaften[1]) sofort die erforderlichen Schutzmaßregeln anordnen, ohne daß es einer nochmaligen Zuziehung des beamteten Tierarztes bedarf. Dieser ist jedoch durch die Polizeibehörde von jedem weiteren Seuchenfalle zu benachrichtigen.

Das Gleiche kann für die Schweineseuche (§ 10 Abs. 1 Nr. 9) und für diejenigen Seuchen, auf die gemäß § 10 Abs. 2 die Anzeigepflicht ausgedehnt werden ist, von den Landesregierungen bestimmt werden.

[1]) Statt des bisherigen Ausdrucks „Umgegend".

§ 15. In allen Fällen, in denen dem beamteten Tierarzte die Feststellung des Krankheitszustandes eines verdächtigen Tieres obliegt, ist es dem Besitzer unbenommen, das Gutachten eines anderen approbierten Tierarztes einzuholen[1]). Die Anordnung und die Ausführung der Schutzmaßregeln werden hierdurch nicht aufgehalten. Bei Ermittlung einer Seuche durch Zerlegung eines Tieres sind aber die für die Feststellung der Seuche erforderlichen Teile aufzubewahren, falls der Besitzer oder dessen Vertreter bei Mitteilung des amtstierärztlichen Befundes sofort erklärt, daß er das Gutachten eines anderen approbierten Tierarztes einzuholen beabsichtigt. Die Aufbewahrung hat unter sicherem Verschluß oder unter Überwachung auf Kosten des Besitzers so zu geschehen, daß eine Verschleppung von Krankheitskeimen nach Möglichkeit vermieden wird.

Die vorgesetzte Behörde hat im Falle erheblicher Meinungsverschiedenheit zwischen dem beamteten Tierarzt und dem von dem Besitzer zugezogenen approbierten Tierarzt über den Ausbruch oder Verdacht einer Seuche, oder wenn aus sonstigen Gründen erhebliche Zweifel über die Richtigkeit der Angaben des beamteten Tierarztes obwalten, sofort ein tierärztliches Obergutachten einzuziehen und dementsprechend das Verfahren zu regeln.

[1]) Die Zuziehung eines Tierarztes durch den Tierbesitzer kann in jedem Zeitpunkt des veterinärpolizeilichen Verfahrens erfolgen.

§ 16. Alle Viehmärkte[1]) sowie die Viehhöfe und Schlachthöfe einschließlich der öffentlichen Schlachthäuser sind durch beamtete Tierärzte zu beaufsichtigen.

Jahr- und Wochenmärkte, auf denen Vieh nur in geringem Umfange gehandelt wird, können von den Landesregierungen ausnahmsweise von der Beaufsichtigung befreit werden.

Die Beaufsichtigung kann auf die zu Handelszwecken oder zum öffentlichen Verkaufe zusammengebrachten Viehbestände, auf die zu Zuchtzwecken öffentlich aufgestellten männlichen Zuchtiere auf öffentlichen Tierschauen, auf die durch obrigkeitliche Anordnung veranlaßten Zusammenziehungen von Vieh, auf private Schlachthäuser und Gastställe, auf Ställe und Betriebe von Viehhändlern und Abdeckern sowie auf gewerbliche[2]) Viehmästereien ausgedehnt werden[3]).

[1]) Dazu gehören gemäß § 1 auch die Pferdemärkte.

[2]) Mästung im landwirtschaftlichen Betrieb stellt einen

Nebenbetrieb der Landwirtschaft dar und wird nicht von § 16 mitbetroffen.

[3]) In Preußen fallen die Kosten dem Unternehmer zu AG. § 25.

c) Schutzmaßregeln gegen Seuchengefahr.

§ 17. Zum Schutze gegen die ständige Gefährdung der Viehbestände durch Viehseuchen können folgende Maßnahmen angeordnet werden[1]):

1. Amtstierärztliche oder tierärztliche Untersuchung von Vieh vor dem Verladen und vor oder nach dem Entladen im Eisenbahn oder Schiffsverkehre[2]);
2. Verbot oder Beschränkung des Treibens von Vieh, das sich im Besitze von Viehhändlern befindet, auf öffentlichen Wegen und des Treibens von Vieh auf dem Wege zum oder vom Markte sowie Beschränkung des Treibens von Wanderherden[3])[4]);
3. Beibringung von Ursprungs- und Gesundheitszeugnissen für das im Besitze von Viehhändlern befindliche und für das auf Märkte oder öffentliche Tierschauen gebrachte Vieh;
4. Führung von Kontrollbüchern durch die Viehändler und Kennzeichnung von Vieh[5]);
5. Regelung der Einrichtung und des Betriebs von Molkereien, insbesondere für Sammelmolkereien das Verbot der Abgabe oder der sonstigen Verwertung von Magermilch und anderen Milchrückständen[6]), sofern nicht vorher eine Erhitzung bis zu einem bestimmten Wärmegrad und für eine bestimmte Zeitdauer stattgefunden hat[7]);
6. Verbot des Umherziehens mit Zuchthengsten zum Decken von Stuten und Beschränkung des Handels

mit Vieh, der ohne vorgängige Bestellung entweder außerhalb des Gemeindebezirkes der gewerblichen Niederlassung des Händlers oder ohne Begründung einer solchen stattfindet[8])[9]);

7. Überwachung der beim Bergwerks- oder Schiffahrtsbetrieb und der beim Gewerbebetrieb im Umherziehen benutzten Zugtiere[10])[11]);
8. Bezeichnung der Hunde durch Halsbänder mit Namen und Wohnort oder Wohnung des Besitzers[12]);
9. Einführung von Deckregistern für Pferde und Rindvieh[13]);
10. Herstellung von undurchlässigem Boden auf Viehladestellen für den öffentlichen Verkehr[13]);
11. Reinigung und Desinfektion der zur Beförderung von Vieh, tierischen Erzeugnissen oder tierischen Rohstoffen dienenden Fahrzeugen mit Einschluß von Schiffen sowie der bei einer solchen Beförderung benutzten Behältnisse und Gerätschaften und der Ladeplätze[14]);
12. Regelung der Einrichtung und des Betriebs von Viehausstellungen, Viehmärkten, Viehhöfen, Schlachthöfen und gewerblichen Schlachtstätten, insbesondere auch räumliche Trennung der Viehhöfe von den Schlachthöfen, Anlegung getrennter Zu- und Abfuhrwege für Viehmärkte, Viehhöfe und Schlachthöfe sowie Verbot des Abtriebs von Vieh von Schlachtviehmärkten zu anderen Zwecken als zur Schlachtung oder zum Auftrieb auf andere Schlachtviehmärkte[15]);
13. Regelung der Einrichtung und des Betriebs von Gastställen und Ställen von Viehhändlern;
14. Regelung der Einrichtung und des Betriebs von Abdeckereien einschließlich der Anlagen zur gewerbs-

mäßigen Beseitigung oder Verarbeitung von Kadavern und tierischen Teilen;

15. Regelung der Beseitigung oder der Reinigung von Abwässern und Abfällen in Gerbereien, Fell- und Häutehandlungen;

16. Regelung des Verkehrs mit Viehseuchenerregern[16]) und ihrer Aufbewahrung sowie Bestimmung der Vorsichtsmaßregeln, die bei der Ausführung wissenschaftlicher Arbeiten mit solchen Erregern zu beobachten sind;

17. Regelung der Herstellung und Verwendung von Impfstoffen, die znm Schutze gegen Viehseuchen oder zu deren Heilung bestimmt sind[17]);

18. Regelung des Gewerbebetiebs der Viehkastrierer[18]).

[1]) Die Zulässigkeit der Maßnahmen ist nicht, wie früher auf den „Fall der Seuchengefahr und für die Dauer derselben beschränkt," sondern als allgemeine festgesetzt; es handelt sich also um dauernde Maßnahmen, die aus §§ 17 ff. getroffen werden können.

[2]) Durch die Kontrolle aller Viehtransporte, also nicht nur der Transporte in bestimmten Bezirken, soll dem Abschub von Vieh aus Seuchengegenden vorgebeugt werden.

[3]) Treibverbot also zulassen a) bei Händlervieh, b) für öffentliche Wege, c) für Marktwege; Treibbeschränkung zulässig für die Fälle a—c und außerdem für Wanderherden.

[4]) Wanderherden sind solche, die meist aus zahlreichen Beständen verschiedener Besitzer zusammengesetzt zum Zweck des Aufsuchens von Weideflächen über mehrere Feldmarken hinweggeführt werden.

[5]) Das Anbringen bestimmter nicht entfernbarer Kennzeichen erleichtert das Ermitteln der Herkunft von krankem und verdächtigem Vieh. — Wegen der Grenzbezirke vgl. § 7 Abs. 2.

[6]) Zu den Milchrückständen gehört auch Zentrifugenschlamm.

[7]) Die Dauer der erforderlichen Erhitzung hängt von deren Höhe ab. Im allgemeinen wird angenommen, daß Milch auf einer Wärme von 60° 20 Minuten, von 70° 10 Minuten, von 80° 5 Minuten, von 90° 2 Minuten, bei höherer Temperatur noch kürzer zu erhitzen ist. Für die mit den neueren Erhitzern (Hochdruck- und Regenerativerhitzern) arbeitenden Molkereien genügt die Erhitzung der Milch im kontinuierlichen Betrieb auf 90°. — Bei rascher Erhitzung der Milch auf 90° unter fortwährender starker Bewegung und bei sofortiger tiefer Abkühlung bleibt die weitere Ausnutzung der Milch möglich (Denkschrift S. 19).

[8]) Während § 17 allgemein eine Beschränkung des Handels im Umherziehen gestattet, ist weitergehend in § 20 Abs. 3 ein Verbot dieses Handels als ständige Maßregel vorgesehen, dieses aber dann nur beim Vorhandensein einer besonderen Seuchengefahr (§ 18).

[9]) „Handel im Umherziehen" ist auch der von Händlern mit fester Niederlassung, sobald er außerhalb derselben betrieben wird.

[10]) Die beschränkten Räumlichkeiten für die Unterbringung von Zugvieh in Bergwerken tragen ungemein zur raschen Verbreitung einer eingeschleppten Seuche (Rotz) bei. — Ebenso bedürfen die Pferde der Hausierer und die Treidelpferde einer besonderen Überwachung.

[11]) Über Kosten vgl. für Preußen AG. § 25.

[12]) Bei tollwutkranken Hunden, die bekanntlich die Neigung zu weitem Umherschweifen haben, wird die Feststellung des Herkunftsortes durch Halsbänder wesentlich erleichtert.

[13]) Von besonderer Bedeutung bei öffentlich zu Zuchtzwecken aufgestellten männlichen Tieren, die nach eigener Ansteckung eine rasche Verbreitung der Seuche vermitteln. Bei Feststellung einer Seuche an solchen Zuchttieren ist es häufig

nicht möglich, diejenigen weiblichen Tiere zu ermitteln, die ihnen innerhalb einer bestimmten Frist zugeführt sind. Durch Einführung von Deckregistern soll diesem Übelstande vorgebeugt werden.

[13]) Erforderlich für eine wirksame Desinfektion.

[14]) Das Gesetz vom 25. Februar 1876, betreffend die Beseitigung von Ansteckungsstoffen bei Viehbeförderungen auf Eisenbahnen (RGBl. S. 163) verpflichtet, die Eisenbahnverwaltungen zur Desinfektion und durch Bekanntmachung des Reichskanzlers vom 17. Juli 1904 (RGBl. S. 317) ist diese Vorschrift auch auf den Transport von Geflügel ausgedehnt. Hierüber hinaus sieht § 17 Desinfektion vor für Schiffe, ferner für die zur Beförderung von tierischen Rohstoffen, Abfällen und Erzeugnissen benutzten Wagen und für die Behältnisse für Tiere (Kisten, Käfige, Körbe u. dgl.), sowie die bei der Beförderung benutzten Gerätschaften, die nicht der Eisenbahnverwaltung gehören.

[15]) Bedeutung kommt der räumlichen Trennung der Viehhöfe von den Schlachthöfen sowie der Anlegung getrennter Zu- und Abfuhrwege für Viehmärkte, Viehhöfe und Schlachthöfe insofern zu, als dadurch der Übertragung von Seuchen nach weiteren Bezirken vorgebeugt werden soll. Ebenso vermindert die Trennung der Zu- und Abfuhrwege die Ansteckungsgelegenheit, weil sie eine Vermischung des ausgehenden mit dem eingehenden Vieh vermeidbar macht.

[16]) In den Vorschriften über das Arbeiten und den Verkehr mit Krankheitserregern vom 4. Mai 1904 (RGBl. S. 159) sind zwar bereits Bestimmungen getroffen, die sich auf Erreger von Tierkrankheiten erstrecken, soweit solche auf Menschen übertragbar sind oder der Anzeigepflicht unterliegen. Diese Bestimmungen haben jedoch nicht durchweg den Bedürfnissen der veterinärpolizeilichen Praxis genügt. Es soll deshalb die erforderliche Ergänzung der vorerwähnten Bekanntmachung ermöglicht werden.

[17]) Diese Bestimmung gilt in erster Reihe für Impf-

stoffe mit lebenden Seuchenerregern, durch deren unvorsichtige und unsachgemäße Anwendung die Seuche unmittelbar verschleppt werden kann. Aber auch Impfstoffe, denen eine solche unmittelbare Gefährlichkeit nicht innewohnt, können mittelbar zur Seuchenverbreitung beitragen, wenn ihre Herstellung nicht gehörig kontrolliert wird. Nicht minder unheilbare Folgen kann die Verwendung an sich wirksamer Impfstoffe in technisch fehlerhafter Weise oder in ungeeigneten Fällen, z. B. ohne vorherige genügende Prüfung des Gesundheitszustandes der zu impfenden Tiere haben.

[18]) Da die Tätigkeit der Kastrierer in der Vornahme blutiger Eingriffe an Tieren besteht, liegt die Gefahr der Seuchenübertragung nahe, sofern nicht Messer und Geräte peinlich sauber gehalten und nach jedesmaligem Gebrauche gehörig desinfiziert werden.

§ 18. Zum Schutze gegen eine besondere [1]) [2]) Seuchengefahr und für deren Dauer können unter Berücksichtigung der beteiligten Wirtschafts- und Verkehrsinteressen die nachstehenden Maßregeln (§§ 19 bis 30) angeordnet werden.

[1]) Während die Maßnahmen aus § 17 als regelmäßige für die Dauer in Aussicht genommen sind, regelt § 18 den verstärkten Schutz bei besonderer Seuchengefahr. Dabei soll aber das Vorhandensein einer „besonderen Gefahr" nicht etwa von der Feststellung eines Seuchenfalls oder -verdachts in dem betreffenden Bezirk abhängig sein, sondern es soll auch schon die Bedrohung eines Bezirks durch eine Seucheneinschleppungsgefahr von anderswoher zur Erfüllung der Voraussetzung des § 18 genügen, und ob eine besondere Seuchengefahr gegeben ist, entscheidet das freie Ermessen der Polizeibehörden.

[2]) Vgl. Anm. 1 zu § 17.

§ 19. 1. Absonderung, Bewachung oder polizeiliche Beobachtung der an der Seuche erkrankten, der verdächtigen und der für die Seuche empfänglichen[1]) Tiere.

Beschränkungen des Personenverkehrs innerhalb der Räumlichkeiten (Gehöft[2]), Stall, Standort, Hofraum, Weidefläche, Viehausstellung, Marktplatz usw.), in denen sich derartige Tiere befinden, und auf öffentlichen Wegen.

Für Räumlichkeiten, in denen sich nicht kranke oder verdächtige, sondern nur für die Seuche empfängliche Tiere befinden, und auf öffentlichen Wegen darf die Beschränkung des Personenverkehrs nur angeordnet werden, soweit sie in diesem Gesetz ausdrücklich vorgesehen ist[3]).

Der Besitzer eines der Absonderung oder polizeilichen Beobachtung unterworfenen Tieres ist verpflichtet[4]), solche Einrichtungen zu treffen, daß das Tier für die Dauer der Absonderung oder Beobachtung die ihm bestimmte Räumlichkeit nicht verlassen kann und außer aller Berührung und Gemeinschaft mit anderen Tieren bleibt. Auch dürfen die Kadaver abgesonderter, bewachter oder polizeilich beobachteter Tiere nicht ohne polizeiliche Genehmigung geöffnet oder beseitigt werden[5]).

[1]) Als für die Seuche empfängliche Tiere sind solche anzusehen, die auf natürlichem Wege (im Gegensatz zu Impfung) den Ansteckungsstoff aufnehmen und an der Seuche erkranken können, nicht aber solche, die zwar als Zwischenträger des Ansteckungsstoffs die Seuche verschleppen können, jedoch nicht selbst von ihr befallen werden.

[2]) Das Wort „Gehöft" ist aufgenommen, um klarzustellen, daß die Beschränkungen des Personenverkehrs sich auf das ganze Seuchengehöft erstrecken können.

[3]) Ausdrücklich vorgesehen ist die Beschränkung nur bei der Maul- und Klauenseuche (§ 47).

[4]) Bisher war der Besitzer nur verpflichtet, „auf Erfordern“ die nötigen Einrichtungen zur Absonderung erkrankter und verdächtiger Tiere zu treffen, während nunmehr dem Besitzer die unmittelbare Verantwortlichkeit auferlegt ist. Daneben bleibt es Pflicht des beamteten Tierarztes und der Polizeibehörde, den Besitzer zu den nach Lage des Falles erscheinenden Einrichtungen anzuhalten.

[5]) Zur zuverlässigen Feststellung des Krankheitszustandes und dementsprechender Fürsorge für eine Unschädlichmachung etwaiger Ansteckungsstoffe ist die Aufbewahrung der Kadaver häufig erforderlich.

§ 20. 2. Beschränkungen der Benutzung[1]), der Verwertung oder des Transports kranker oder verdächtiger Tiere, ihrer Kadaver, der von ihnen stammenden Erzeugnisse oder solcher Gegenstände, die mit kranken oder verdächtigen Tieren oder ihren Kadavern in Berührung gekommen oder sonst geeignet sind, die Seuche zu verschleppen.

Beschränkungen des Transports und der Benutzung der für die Seuche empfänglichen und solcher Tiere, die geeignet sind, die Seuche zu verschleppen.

Verbot oder Beschränkung des Handels mit Tieren, der ohne vorgängige Bestellung entweder außerhalb des Gemeindebezirkes der gewerblichen Niederlassung des Händlers oder ohne Begründung einer solchen stattfindet[2]).

[1]) Z. B. eines Stiers zum Decken fremder Kühe.

[2]) Vgl. Anm. 9 zu § 17.

§ 21. 3. Verbot des gemeinschaftlichen Weideganges von Tieren aus den Viehbeständen verschiedener Besitzer und der Benutzung bestimmter Weideflächen, ferner der gemeinschaftlichen Benutzung von Brunnen, Tränken und

Schwemmen und des Verkehrs mit seuchenkranken oder verdächtigen Tieren auf öffentlichen oder gemeinschaftlichen Straßen und Triften.

Verbot des freien Umherlaufens der Haustiere mit Ausnahme der Katzen und des Geflügels.

§ 22. 4. Sperre[1]) des Stalles oder sonstigen Standorts seuchenkranker oder verdächtiger Tiere, des Gehöfts, des Ortes, der Weidefläche, der Feldmark oder eines ohne Rücksicht auf Feldmarkgrenzen bestimmten, tunlichst eng zu bemessenden Gebiets gegen den Verkehr mit Tieren und mit solchen Gegenständen, die Träger des Ansteckungsstoffs sein können.

Die Sperre der Feldmark oder eines über die Feldmark hinausgehenden Gebiets darf erst dann verfügt werden, wenn der Ausbruch der Seuche durch das Gutachten des beamteten Tierarztes festgestellt ist[2]) und wenn die Seuche ihrer Beschaffenheit nach eine größere und allgemeinere Gefahr einschließt.

Die Sperre kann auf einzelne Straßen oder Teile des Ortes oder der Feldmark beschränkt werden.

Die Sperre eines Stalles oder sonstigen Standorts, eines Gehöfts oder einer Weidefläche verpflichtet den Besitzer, die zur wirksamen Durchführung der Sperre vorgeschriebenen Einrichtungen zu treffen.

[1]) Verbot der Einfuhr wie der Ausfuhr.

[2]) Die umfassendere Sperre gemäß Abs. 2 bedarf der vorgängigen amtstierärztlichen Feststellung des Seuchenausbruchs, nicht dagegen die Sperre des Abs. 1, welche die Polizeibehörde selbständig schon bei Seuchenverdacht vornehmen kann.

§ 23. 5. Impfung[1]) der für die Seuche empfänglichen Tiere, tierärztliche Behandlung der erkrankten und der verdächtigen Tiere[2]) sowie Beschränkungen in der Befugnis zur Vornahme von Heilversuchen.

[1]) Die Anordnung der Impfung ist jetzt allgemein für alle Seuchen vorgesehen.

[2]) Früher war tierärztliche Behandlung nur bei erkrankten Tieren statthaft, jetzt ist sie wegen der Erfahrungen bei der Bekämpfung der Räude auch für verdächtige Tiere vorgesehen.

§ 24. 6. Tötung der an der Seuche erkrankten oder verdächtigen Tiere.

Die Tötung darf nur in den Fällen angeordnet werden, die in diesem Gesetz ausdrücklich vorgesehen sind[1]).

Die Vorschrift unverzüglicher Tötung der an einer Seuche erkrankten oder verdächtigen Tiere findet, wo sie in diesem Gesetz enthalten ist, keine Anwendung auf Tiere, die einer der Staatsaufsicht unterworfenen höheren Lehranstalt übergeben sind, um dort für deren Zwecke verwendet zu werden, ferner auf Tiere, die unter staatlicher Aufsicht für die Erforschung oder Bekämpfung von Seuchen benutzt werden.

[1]) Vgl. §§ 44, 49, 61. Die rechtzeitige Keulung verseuchter Bestände hat sich als die wirkungsvollste Maßnahme der Seuchenbekämpfung erwiesen.

§ 25. 7. Tötung von Tieren, die bestimmten Verkehrs- oder Nutzungsbeschränkungen oder der Absperrung unterworfen sind und in verbotswidriger Benutzung oder außerhalb der ihnen angewiesenen Räumlichkeit oder an Orten betroffen werden, zu denen der Zutritt verboten ist[1]).

[1]) Die Tötung kann für gewisse Fälle allgemein vorgeschrieben werden, ohne daß es einer besonderen polizeilichen Anordnung bedarf; z. B. für Hunde, die entgegen den zum Schutz gegen die Tollwut erlassenen Vorschriften frei umherlaufend betroffen werden (vgl. § 40).

§ 26. 8. Unschädliche Beseitigung der Kadaver oder Kadaverteile (Fleisch, Häute, Blut, Eingeweide, Hörner, Klauen usw.), der Streu, des Düngers oder anderer Abfälle von kranken oder verdächtigen Tieren.

§ 27. 9. Reinigung und Desinfektion der Ställe, Standorte, Ladestellen[1]), Marktplätze und Wege[2]), die von kranken oder verdächtigen oder von zusammengebrachten und für die Seuche empfänglichen Tieren benutzt sind.

Reinigung und Desinfektion oder, falls diese Maßnahmen sich nicht wirksam durchführen lassen, unschädliche Beseitigung des Düngers, der Streu- und Futtervorräte- der Gerätschaften, Kleidungsstücke und sonstigen Gegenstände, die mit kranken oder verdächtigen Tieren in Berührung gekommen sind oder von denen sonst anzunehmen ist, daß sie Ansteckungsstoffe enthalten.

Erforderlichenfalls auch Reinigung und Desinfektion von Tieren, die Träger des Ansteckungsstoffs sein können, und von Personen, die mit kranken oder verdächtigen Tieren in Berührung gekommen sind.

Die Durchführung dieser Maßregeln erfolgt unter Beobachtung etwaiger Anordnungen des beamteten Tierarztes und unter polizeilicher Überwachung.

[1]) Statt des früheren Ausdrucks „Eisenbahnrampen" ist die allgemeinere Bezeichnung „Ladestelle" gewählt, da hierunter auch die für Schiffe und andere Fahrzeuge dienenden Ladeplätze begriffen sind.

[2]) Desinfektion von Wegen soll in besonderen Fällen zulässig sein; die Anwendung dieser Befugnis wird von der Polizeibehörde besonders sorgsamer Erwägung bedürfen. Vgl. KomBer. S. 27.

§ 28. 10. Einstellung oder Beschränkung[1]) der Viehmärkte[2]), der Jahr- und Wochenmärkte[3]), der Körungen, Viehversteigerungen und öffentlichen Tierschauen. Viehversteigerungen auf dem eigenen nicht gesperrten Gehöfte des Besitzers können nur dann verboten werden, wenn Tiere zum Verkaufe kommen, die sich weniger als drei Monate im Besitze des Versteigerers befinden.

[1]) „Beschränkung" kann erfolgen nicht nur bezüglich bestimmter Tiergattungen, sondern auch bezüglich bestimmter Gegenden und auch gegen Personen.

[2]) Unter „Viehmärkte" fallen auch Pferdemärkte. Vgl. § 1.

[3]) Jahr- und Wochenmärkte, gleichviel ob auf ihnen Vieh gehandelt wird oder nicht.

§ 29. 11. Amtstierärztliche oder tierärztliche Untersuchung der am Seuchenort oder in dessen Umgegend vorhandenen, für die Seuche empfänglichen Tiere.

§ 30. 12. Öffentliche Bekanntmachung des Ausbruchs der Seuche. Ist diese Bekanntmachung erfolgt, so muß auch das Erlöschen der Seuche unverzüglich öffentlich bekannt gemacht werden.

2. Besondere Vorschriften für einzelne Seuchen.

§ 31. Bei den nachbenannten Seuchen greifen folgende besonderen[1]) Vorschriften mit der Maßgabe Platz, daß außerdem alle nach den sonstigen Vorschriften dieses Gesetzes zulässigen Maßregeln angeordnet werden können.

[1]) Die Sondervorschriften in den §§ 31 bis 61 sollen keineswegs ausschließlichen Charakter tragen, sondern nur da als ausschließend angesehen werden, wo dies durch ausdrückliche Hinweise in den allgemeinen Vorschriften gerechtfertigt ist, also durch § 19 Abs. 3 und § 24 Abs. 2. Im übrigen werden neben den in den Sonderbestimmungen vorgeschriebenen oder nur zugelassenen Maßregeln auch andere, selbst weitergehende, im Rahmen des Gesetzes angeordnet werden können. Auch werden die in den Sonderbestimmungen vorgesehenen Maßregeln nicht nur unter den dort angegebenen Voraussetzungen getroffen werden können, sondern auch unter anderweiten Voraussetzungen, sofern diese nach den allgemeinen Bestimmungen die betreffenden Maßregeln rechtfertigen (Begr. S. 68).

a) Milzbrand, Rauschbrand, Wild- und Rinderseuche[1]).

§ 32. Tiere, die an Milzbrand oder Rauschbrand erkrankt oder einer dieser Seuchen verdächtig sind, dürfen nicht geschlachtet werden.

[1]) Der Rauschbrand kommt in der Regel nur bei jungen Rindern im Alter von $^1/_4$ bis 4 Jahren vor. Ältere Tiere sind in den Rauschbranddistrikten immun. Rauschbranddistrikte finden sich in Schleswig-Holstein, in der Rheinprovinz, ferner in Bayern, Württemberg und Baden. Die Krankheit wird durch stäbchenförmige Bakterien bedingt, die nur von einer Wunde aus in den Körper eindringen können. Bei den infizierten Rindern bilden sich Geschwülste unter der Haut, die Gase enthalten und deshalb beim Darüberstreichen mit der Hand knistern oder rauschen. Die Haut über den Geschwülsten wird brandig. Befinden sich die Rauschbrandgeschwülste an den Gliedmaßen, so gehen die Tiere lahm. Die erkrankten Tiere sterben nach $1^1/_2$- bis 3tägiger Krankheitsdauer.

Die Wild- und Rinderseuche befällt von Haustieren Rinder, vereinzelt auch Pferde und Schweine, und geht außerdem auf Rot- und Schwarzwild über. Sie tritt regelmäßig in einzelnen Kreisen der Provinz Posen auf und ist außerdem in Hohenzollern, ferner in Bayern und Württemberg bei Haustieren und in Wildparks beobachtet worden. Bei den erkrankten Tieren treten entweder feste, nicht rauschende Anschwellungen der Haut und des Unterhautbindegewebes auf (Hautform) oder die Erscheinungen einer Lungenbrustfellentzündung (Brustform der Krankheit). Daneben besteht eine schwere, blutige Magen- und Darmentzündung. Der Tod tritt bei der Hautform nach 12 bis 36 Stunden, bei der Brustform nach 5 bis 6 Tagen ein (KomBer. S. 29).

§ 33. Die Vornahme blutiger Operationen an Tieren, die an Milzbrand oder Rauschbrand erkrankt oder einer dieser Seuchen verdächtig sind, ist nur approbierten Tierärzten gestattet.

Eine Öffnung des Kadavers darf ohne polizeiliche Erlaubnis nur von approbierten Tierärzten vorgenommen werden[1]).

[1]) Als blutige Operationen sind nur solche Operationen zu erachten, die an noch lebenden Tieren vorgenommen werden. Die Herausnahme von Innenteilen stellt sich als Fortsetzung der „Öffnung des Kadavers" dar. Als solche Öffnung kann auch schon ein vor der Offenlegung der inneren (für eine etwaige Obduktion in Betracht kommenden) Kadaverteile vorgenommener Eingriff in den Tierleib erachtet werden (Urteile des Bayerischen Verwaltungsgerichtshofs vom 21. Oktober 1901 und 5. April 1904 in Sammlung von Entscheidungen desselben, Bd. 23 S. 54 und Bd. 25 S. 264 sowie Beilage zu den „Veröffentlichungen des Kaiserlichen Gesundheitsamts", Sammlung gerichtlicher Entscheidungen Bd. IV und Bd. V S. 218).

§ 34. Die Kadaver gefallener oder getöteter Tiere, die mit Milzbrand oder Rauschbrand behaftet waren oder bei denen der Verdacht einer dieser Seuchen vorliegt, müssen sofort nach Anweisung des beamteten Tierarztes unschädlich beseitigt werden[1]). Bis dahin ist für eine Aufbewahrung Sorge zu tragen, durch die eine Verschleppung von Krankheitskeimen nach Möglichkeit vermieden wird.

Das Abhäuten der Kadaver ist verboten. Jedoch kann das Abhäuten von Rauschbrandkadavern[2]) unter ausreichenden Vorsichtsmaßregeln gestattet werden.

Die gleichen Vorschriften finden beim Ausbruche des Milzbrandes oder Rauschbrandes unter Wildständen auf das gefallene oder getötete Wild Anwendung[3]).

[1]) Sachverständige Überwachung der Beseitigung ist geboten durch die besonders große Ansteckungsverbreitung von Milzbrand, die sogar durch Pflanzen, die über Milzbrandkadavern wachsen, erfolgen kann.

[2]) Rauschbrand ist nicht wie Milzbrand auf Menschen übertragbar.

[3]) Behufs Abwendung der Seucheninfektionsgefahren in bestimmten Gewerbebetrieben hat der Bundesrat zum Schutz der Arbeiter Vorschriften über die Einrichtungen und Betrieb der Roßhaarspinnereien, Haar- und Borstenzurichtereien sowie den Bürsten- und Stiefelmachereien erlassen, die am 1. Juli 1899 im ganzen Reich in Kraft getreten sind (Bekanntmachung des Reichskanzlers vom 28. Januar 1899, RGBl. S. 5).

§ 35. Die Vorschriften der §§ 32 bis 34 können[1]) auf die Wild- und Rinderseuche ausgedehnt werden.

[1]) Die Zulässigkeit ist ausgesprochen für den Fall, daß die wissenschaftliche Forschung über die Wild- und Rinderseuche die Notwendigkeit einer Gleichstellung dieser Seuche mit dem Milzbrand ergeben sollte.

b) Tollwut[1]).

§ 36. Hunde oder sonstige Haustiere, die der Seuche verdächtig sind, müssen von dem Besitzer oder demjenigen, unter dessen Aufsicht sie stehen, sofort getötet oder bis zu polizeilichem Einschreiten in einem sicheren Behältnis eingesperrt werden.

[1]) Die Tollwut ist seit vielen Jahren hauptsächlich nur in den östlichen und südlichen, Rußland und Österreich benachbarten Grenzgebieten und von hier landeinwärts in Preußen und im Königreich Sachsen verbreitet gewesen, in anderen Teilen des Reiches aber meist nur in vereinzelten Herden und vorübergehend aufgetreten. — Im Jahre 1905 sind 742 Fälle von Tollwut unter den Hunden festgestellt, außerdem bei 18 Katzen, 22 Pferden, 85 Rindern, 13 Schafen und 2 Ziegen. Am stärksten heimgesucht waren Schlesien, Westpreußen, Ostpreußen und die Rheinlande (Denkschr. S. 38, 39).

§ 37. Vor polizeilichem Einschreiten dürfen bei wutkranken oder der Seuche verdächtigen Tieren keinerlei Heilversuche angestellt werden.

§ 38. Das Schlachten wutkranker oder der Seuche verdächtiger Tiere und jeder Verkauf oder Verbrauch einzelner Teile, der Milch oder sonstiger Erzeugnisse solcher Tiere sind verboten.

§ 39. Für Tiere, bei denen die Tollwut festgestellt ist, ist die sofortige Tötung polizeilich anzuordnen, für Hunde und Katzen auch dann, wenn das tierärztliche Gutachten nur auf Verdacht der Seuche lautet. Wenn ein der Seuche verdächtiger Hund oder eine der Seuche verdächtige Katze einen Menschen gebissen hat, so kann das Tier eingesperrt und bis zur Bestätigung oder Beseitigung des Verdachts polizeilich beobachtet werden[1]).

Für Hunde und Katzen, von denen anzunehmen ist, daß sie mit wutkranken Tieren oder der Seuche verdächtigen Hunden oder Katzen (Abs. 1) in Berührung gekommen sind, ist gleichfalls die sofortige Tötung polizeilich anzuordnen. Andere Tiere sind unter der gleichen Voraussetzung sofort der polizeilichen Beobachtung zu unterstellen. Auch kann für Hunde statt der Tötung ausnahmsweise eine mindestens dreimonatige Einsperrung gestattet werden, falls sie nach dem Ermessen der Polizeibehörde mit genügender Sicherheit durchzuführen ist und der Besitzer des Hundes die daraus und aus der polizeilichen Überwachung erwachsenden Lasten trägt.

[1]) Abs. 1 handelt von wutkranken und der Seuche verdächtigen, Abs. 2 von ansteckungsverdächtigen Tieren. Die Bestimmungen sind gegen früher erheblich verschärft, da die bisherige Seuchenbekämpfung sich als unzulänglich erwiesen hat. Hunde und Katzen sollen auch dann schon getötet werden, wenn die Diagnose nur auf Verdacht der Seuche lautet. Nur wenn ein Mensch gebissen ist, kann die Einsperrung des Tieres erfolgen, um zu einer schleunigen Sicherung der Diagnose zu gelangen, da sich bei einem eingesperrten der Seuche verdächtigen Tiere gewöhnlich in wenigen Tagen die Frage entscheidet, ob wirklich Tollwut vorliegt. — Nach dem früheren Rechte waren Hunde und Katzen, bei denen die Tollwut nicht festgestellt war, nur dann zu töten, wenn der Verdacht vorlag, daß sie von einem wutkranken Tiere gebissen waren; jetzt genügt es, daß sie mit kranken oder verdächtigen Tieren in Berührung gekommen sind. Die früher allgemein für der Seuche verdächtige Hunde zugelassene Einsperrung ist, abgesehen von dem schon erwähnten Falle einer Verletzung von Menschen

durch den Biß solcher Tiere, nur noch für ansteckungsverdächtige Hunde und Katzen vorgesehen (Begr. S. 70).

§ 40. Ist ein wutkranker oder der Seuche verdächtiger Hund frei umhergelaufen, so muß für die Dauer der Gefahr die Festlegung aller in dem gefährdeten Bezirke vorhandenen Hunde polizeilich angeordnet werden. Der Festlegung ist das Führen der mit einem sicheren Maulkorbe versehenen Hunde an der Leine gleich zu erachten. Auch kann für mindergefährdete Bezirksteile zugelassen werden, daß die Hunde entweder ohne Maulkorb an der Leine geführt werden oder mit Maulkorb unter gewissenhafter Überwachung frei laufen dürfen[1]. Es kann angeordnet werden, daß Hunde, die diesen Vorschriften zuwider umherlaufend betroffen werden, sofort zu töten sind.

[1] Es ist also eine „Zwischenzone" zulässig, in der eine mildere Unschädlichmachung der Tiere vorgesehen ist.

§ 41. Die Kadaver der gefallenen oder getöteten wutkranken oder der Seuche verdächtigen Tiere müssen sofort unschädlich beseitigt werden.

Das Abhäuten solcher Kadaver ist verboten.

c) Rotz[1].

§ 42. Sobald der Rotz bei Tieren festgestellt ist, muß deren unverzügliche Tötung angeordnet werden.

[1] Im Jahre 1905 sind 112 Gemeinden und Gutsbezirke und 174 Gehöfte mit einem Bestande von 1569 Pferden von der Seuche neu betroffen worden. Rotzkrank befunden wurden 509 Pferde, getötet wurden auf polizeiliche Anordnung 556, aus freiwilliger Entschließung des Besitzers 52 Pferde. An Entschädigungen wurden dafür gezahlt 221 763 Mark. Verhältnismäßig am stärksten verseucht waren

der Stadtkreis Berlin, ferner die Provinzen Brandenburg und Westpreußen. (Denkschr. S. 43.)

§ 43. Verdächtige Tiere unterliegen der Absonderung und polizeilichen Beobachtung mit den nach Lage des Falles erforderlichen Verkehrs- und Nutzungsbeschränkungen oder der Sperre (§§ 19 bis 22).

Das Schlachten rotzkranker oder der Seuche verdächtiger Tiere ist verboten[1]).

[1]) Rotz ist auf Menschen übertragbar.

§ 44. Die Tötung verdächtiger Tiere muß von der Polizeibehörde angeordnet werden,

wenn von dem beamteten Tierarzte der Ausbruch der Rotzkrankheit auf Grund der vorliegenden Anzeichen für wahrscheinlich erklärt wird oder

wenn durch anderweite, den Vorschriften dieses Gesetzes entsprechende Maßregeln ein wirksamer Schutz gegen die Verbreitung der Seuche nach Lage des Falles nicht erzielt werden kann;

sie darf außerdem angeordnet werden,

wenn die beschleunigte Unterdrückung der Seuche im öffentlichen Interesse erforderlich ist[1]).

[1]) Das frühere Recht enthielt nur die zwingende Vorschrift der Tötung in dem Falle, wenn der Besitzer die Tötung beantragt. An deren Stelle ist die Ermächtigung der Polizeibehörde getreten, die Tötung anzuordnen, auch ohne Antrag des Besitzers, sobald dies im öffentlichen Interesse erforderlich ist. Für die in den Unterabsätzen 1 und 2 vorgesehenen Fälle bleibt die zwingende Vorschrift der Tötung bestehen.

§ 45. Die Kadaver gefallener oder getöteter rotzkranker oder der Seuche verdächtiger Tiere müssen sofort nach Anweisung des beamteten Tierarztes unschädlich beseitigt werden. Bis dahin ist für eine Aufbewahrung Sorge zu tragen, durch die eine Verschleppung von Krankheitskeimen nach Möglichkeit vermieden wird.

Das Abhäuten solcher Kadaver ist verboten.

§ 46. Die Polizeibehörde hat von jedem ersten Seuchenverdacht und von jedem ersten Seuchenausbruch in einer Ortschaft sowie von dem Verlauf und von dem Erlöschen der Seuche dem Generalkommando desjenigen Armeekorps sowie dem Vorstande desjenigen landesherrlichen oder Staatsgestüts, in dessen Bezirke der Seuchenort liegt, sofort schriftlich Mitteilung zu machen. Ist der Seuchenort ein Truppenstandort, so die Mitteilung auch dem Gouverneur, Kommandanten oder Garnisonältesten zu machen [1]).

[1]) Vgl. § 3 Abs. 5. — Die Benachrichtigungspflicht gegenüber den lokalen Militärbehörden bei Rotzausbrüchen in Truppenstandorten tritt nicht an die Stelle der Meldung an das Generalkommando, sondern greift neben dieser Platz.

d) Maul- und Klauenseuche.

§ 47. Für einen verseuchten Ort oder einen bestimmten gefährdeten Bezirk kann der Verkehr von Personen auch in Räumlichkeiten (Gehöft [1]), Stall, Standort, Hofraum, Weidefläche, Viehausstellung, Marktplatz usw.), in denen sich für die Seuche empfängliche Tiere befinden, beschränkt oder insoweit ausgeschlossen werden, als er nicht zur Wartung und Pflege des Viehes sowie zur Einbringung der Ernte erforderlich ist [2]).

Innerhalb eines gefährdeten Bezirkes dürfen, unbeschadet der nach den allgemeinen Vorschriften zulässigen

Beschränkungen[3]) des Verkehrs mit Tieren, öffentliche Wege vorübergehend gegen den Verkehr auch von Personen gesperrt werden, wenn dadurch die Benutzung von Tieren, die einer Sperre (§ 22) unterliegen, zur Feldarbeit oder der Auftrieb solcher Tiere auf die Weide ermöglicht oder erleichtert wird.

[1]) Vgl. § 19 Abs. 2.

[2]) Zulässig sind also Beschränkungen des Personenverkehrs nicht nur für einen verseuchten Ort, sondern auch für einen gefährdeten größeren Bezirk und nicht nur in Räumlichkeiten mit kranken und verdächtigen, sondern auch in solchen mit für die Seuche empfänglichen Tieren.

[3]) Unter „Beschränkungen" sind nicht allein der Ausschluß bestimmter Personenklassen (Händler, Schlächter, Kastrierer usw.) oder aller Personen, mit Ausnahme des nötigen Pfleger- und Wartepersonals, sondern auch andere Maßregeln zu verstehen, z. B. die Auflegung der Bedingung, daß vor dem Betreten der gesperrten Räumlichkeiten besonderes Schuhwerk und besondere Überkleider angelegt und vor dem Verlassen wieder abgelegt werden müssen, oder daß eine Reinigung und Desinfektion der Kleidung oder der Personen selbst erfolgen muß (vgl. § 27 Abs. 2, 3), oder daß zum Betreten jedesmalige polizeiliche Genehmigung erforderlich ist, oder daß das Betreten nur unter polizeilicher Aufsicht geschehen darf, ferner die Beschränkung des Zutritts auf bestimmte Zeiten usw.

§ 48. Das Weggeben roher Milch aus Sammelmolkereien und die sonstige Verwertung solcher Milch können in Zeiten der Seuchengefahr und für deren Dauer verboten werden.

Ist der Ausbruch der Maul- und Klauenseuche festgestellt, so muß das Weggeben von Milch aus dem

Seuchengehöft an die Bedingung der vorherigen Erhitzung bis zu einem bestimmten Wärmegrad und für eine bestimmte Zeitdauer geknüpft werden. Kann eine wirksame Erhitzung nicht gewährleistet werden, so ist das Weggeben von Milch aus dem Seuchengehöfte zu verbieten. Für die Abgabe von Milch an Sammelmolkereien [1]), in denen eine wirksame Erhitzung der gesamten Milch gewährleistet ist, können Ausnahmen zugelassen werden.

Für Gehöfte, in denen die Seuche nicht herrscht, die jedoch in einem Sperrgebiete (§ 22) liegen, können die nach Abs. 2 zulässigen Anordnungen getroffen werden.

[1]) Dazu gehören auch Sammelentrahmestationen (KomBer. S. 34).

§ 49. Wenn die Maul- und Klauenseuche in einer sonst seuchenfreien Gegend nur vereinzelt herrscht, so kann die Tötung der seuchenkranken und der verdächtigen Tiere angeordnet werden, sofern anzunehmen ist, daß die Seuche dadurch getilgt werden kann.

e) Lungenseuche des Rindviehs [1]).

§ 50. Die Vorschrift des § 47 Abs. 2 findet sinngemäße Anwendung.

[1]) Die Lungenseuche ist zurzeit in Deutschland erloschen. Für aus Anlaß der Bekämpfung der Lungenseuche auf polizeiliche Anordnung getötetes Rindvieh sind 1886 bis 1905 für 25808 Stück 4697860 Mark Entschädigungen gezahlt. (Denkschr. S. 55.)

§ 51. Die Polizeibehörde hat die Tötung der nach dem Gutachten des beamteten Tierarztes an der Lungenseuche erkrankten Tiere anzuordnen und kann auch die Tötung verdächtiger Tiere anordnen.

Außer in dem Falle polizeilicher Anordnung darf eine Lungenseucheimpfung nicht vorgenommen werden.

f) Pockenseuche der Schafe[1]).

§ 52. Die Vorschrift des § 47 Abs. 2 findet sinngemäße Anwendung.

[1]) Die Pockenseuche ist seit 1906 erloschen.

§ 53. Ist die Pockenseuche in einer Schafherde festgestellt, so muß die Impfung aller zurzeit noch seuchenfreien Stücke der Herde angeordnet werden.

Auf den Antrag des Besitzers der Herde oder seines Vertreters kann für die Vornahme der Impfung eine Frist gewährt werden, wenn nach dem Gutachten des beamteten Tierarztes die sofortige Impfung nicht zweckmäßig ist.

Auch kann auf den Antrag des Besitzers oder seines Vertreters von der Anwendung der Impfung ganz Abstand genommen werden, sofern die Abschlachtung der noch seuchenfreien Stücke der Herde innerhalb zehn Tagen nach Feststellung des Seuchenausbruchs gesichert ist.

§ 54. Gewinnt die Seuche eine größere Ausdehnung oder ist nach den örtlichen Verhältnissen die Gefahr einer Verschleppung der Seuche in die benachbarten Schafherden nicht auszuschließen, so kann die Impfung der von der Seuche bedrohten Herden und aller in demselben Orte befindlichen Schafe polizeilich angeordnet werden.

§ 55. Die geimpften Schafe sind rücksichtlich der polizeilichen Schutzmaßregeln den pockenkranken gleich zu behandeln.

§ 56. Außer in dem Falle polizeilicher Anordnung (§§ 53, 54) darf eine Pockenimpfung der Schafe nicht vorgenommen werden.

g) Beschälseuche der Pferde und Bläschenausschlag der Pferde und des Rindviehs[1]).

§ 57. Pferde, die an der Beschälseuche, und Pferde oder Rindviehstücke, die an dem Bläschenausschlage der Geschlechtsteile leiden, sowie Tiere der genannten Arten, die einer dieser Seuchen oder der Ansteckung verdächtig sind[2]), dürfen so lange nicht zur Begattung zugelassen werden, als nicht durch den beamteten Tierarzt die vollständige Heilung und Unverdächtigkeit der Tiere festgestellt ist.

[1]) Die Bekämpfung des Bläschenausschlages, namentlich unter dem Rindvieh, hat bisher zu keinem befriedigenden Erfolge geführt, da 1905 noch 224 Pferde und 7827 Stück Rindvieh am Bläschenausschlag erkrankt waren. Schärfere Bestimmungen gegen diese Seuche waren deshalb geboten (Denkschrift S. 59).

[2]) Die Erscheinungen dieser Seuche treten nicht immer in dem Maße hervor, daß sie mit Sicherheit festgestellt werden können. In solchen Fällen findet gleichwohl eine Übertragung der Seuche durch den Begattungsakt statt.

§ 58. Tritt die Beschälseuche in einem Bezirk in größerer Ausdehnung auf, so kann die Zulassung der Pferde zur Begattung für die Dauer der Gefahr allgemein von einer vorgängigen Untersuchung durch den beamteten Tierarzt abhängig gemacht werden.

h) Räude der Einhufer und der Schafe.

§ 59. Wird die Räude bei Einhufern (sarcoptes- oder dermatocoptes-Räude) oder Schafen (dermatocoptes-Räude) festgestellt, so kann der Besitzer angehalten werden, die räudekranken und verdächtigen Tiere und die Schafherden, in denen die Räude herrscht[1]), sofort dem Heilverfahren eines approbierten Tierarztes zu unterwerfen, sofern er nicht die Tötung der Tiere vorzieht.

Bei Schafherden, in denen die Räude herrscht, soll die Auswahl des Heilverfahrens dem Besitzer auf dessen Verlangen zunächst überlassen werden. Wird durch das vom Besitzer gewählte Heilverfahren die Räude nicht binnen drei Monaten nach ihrer Feststellung getilgt, so kann die Polizeibehörde die Anwendung eines bestimmten Heilverfahrens vorschreiben[2]).

[1]) Die Bekämpfung der Schafräude durch Heilbehandlung nur der krank befundenen Tiere hatte sich als unzulänglich erwiesen, weil es schwierig ist, alle räudigen Schafe eines Bestandes zu ermitteln.

[2]) Als Heilverfahren war früher grundsätzlich das Badeverfahren vorgeschrieben, das, richtig angewandt, auch zweifellos allen anderen überlegen ist und sichern Erfolg verspricht. Neuerdings ist aber unter gewissen Voraussetzungen auch die Schmierkur zugelassen, die bei den Schafhaltern und namentlich bei den Schäfern beliebter ist. Erst wenn die Schmierkur versagt, wird das Badeverfahren angeordnet. (KomBer. S. 20.)

i) Rotlauf der Schweine einschließlich des Nesselfiebers (Backsteinblattern).

§ 60. Gewinnt der Rotlauf der Schweine eine größere Ausdehnung, so kann die Impfung[1]) der gefährdeten Schweinebestände eines Gehöfts, einer Ortschaft oder eines größeren Bezirkes angeordnet werden.

Den Landesregierungen bleibt die Bestimmung überlassen, ob und unter welchen Bedingungen eine Schutzimpfung in anderen Fällen polizeilich angeordnet werden darf.

[1]) Aber nicht Tötung.

k) Tuberkulose des Rindviehs (§ 10 Abs. 1 Nr. 12).

§ 61. Die Tötung von Tieren, bei denen das Vorhandensein der Tuberkulose im Sinne des § 10 Abs. 1 Nr. 12[1]) festgestellt oder in hohem Grade wahrscheinlich ist, kann polizeilich angeordnet werden.

Wird die Tötung nicht angeordnet oder wird sie aufgeschoben, so sind gegen die Weiterverbreitung der Krankheit Schutzmaßregeln[2]) zu erlassen (§§ 19, 20, 27); insbesondere ist die Kennzeichnung der Tiere anzuordnen[3]).

Die Milch von Kühen, bei denen das Vorhandensein der Tuberkulose im Sinne des § 10 Abs. 1 Nr. 12 festgestellt oder in hohem Grade wahrscheinlich ist, darf nicht weggegeben oder verwertet werden, bevor sie bis zu einem bestimmten Wärmegrad und für eine bestimmte Zeitdauer erhitzt worden ist.

Die Milch der mit Eutertuberkulose behafteten Kühe darf auch nach dem Erhitzen weder als Nahrungsmittel für Menschen weggegeben noch zur Herstellung von Molkereierzeugnissen verwendet werden[4])[5]).

[1]) D. i. der schweren Formen der Tuberkulose.

[2]) Insbesondere Absonderung und Bewachung der Tiere, Benutzungsbeschränkungen und Unschädlichmachung des Ansteckungsstoffs in Ställen.

³) Die Vorschrift des Abs. 2 bezieht sich in ihrer zwingenden Form nur auf die Tiere, bei denen die gefährliche Tuberkulose sicher oder mit hoher Wahrscheinlichkeit vorliegt (Abs. 1). Damit soll aber der Kreis aller überhaupt zulässigen Schutzmaßregeln gegen die Tuberkulose keineswegs begrenzt sein, vielmehr werden erforderlichenfalls auch weitergehende Anordnungen getroffen werden können, sofern sie sich nur in dem Rahmen der §§ 19 bis 30 halten. Insbesondere wird also auch eine Absonderung oder Nutzungsbeschränkung nicht nur für kranke oder in hohem Maße verdächtige Tiere angeordnet werden können.

⁴) Milch von Kühen, die mit Eutertuberkulose behaftet sind, ist ihres starken Bazillengehalts wegen als verdorben im Sinne des Gesetzes vom 14. Mai 1879, betreffend den Verkehr mit Nahrungsmitteln, Genußmitteln und Gebrauchsgegenständen (RGBl. S. 145 § 10 Nr. 2) anzusehen und daher weder als Nahrungsmittel für Menschen, noch zur Herstellung von Molkereierzeugnissen zu verwenden. Dagegen kann sie, nachdem die Bazillen getötet sind, ohne Nachteil an Tiere verfüttert werden. (Vgl. auch § 17 Anm. 6.)

⁵) Die Unschädlichmachung des Fleisches tuberkulöser Schlachttiere ist durch die Ausführungsbestimmungen zu dem Gesetze vom 3. Juni 1900, betreffend die Schlachtvieh- und Fleischbeschau, einheitlich für das Reich geordnet.

3. Besondere Vorschriften für Viehhöfe und Schlachthöfe einschließlich öffentlicher Schlachthäuser.

§ 62. Auf die Viehhöfe und Schlachthöfe einschließlich der öffentlichen Schlachthäuser und auf das daselbst aufgestellte Vieh finden die vorstehenden Bestimmungen dieses Gesetzes mit den Änderungen Anwendung, die sich aus den nachfolgenden besonderen Vorschriften ergeben.

§ 63. Wird unter dem daselbst aufgestellten Vieh der Ausbruch einer übertragbaren Seuche ermittelt oder zeigen sich bei solchem Vieh Erscheinungen, die nach dem Gutachten des beamten Tierarztes den Ausbruch einer solchen Seuche befürchten lassen, so sind die erkrankten und alle verdächtigen Tiere sofort in polizeiliche Verwahrung zu nehmen und von jeder Berührung mit den übrigen auszuschließen.

§ 64. Nach Feststellung des Seuchenausbruchs können Viehhöfe und Schlachthöfe einschließlich der öffentlichen Schlachthäuser ganz oder teilweise für die Dauer der Seuchengefahr gegen den Abtrieb der für die Seuche empfänglichen Tiere gesperrt werden.

§ 65. Soweit Schlachtvieh in Frage kommt und die Art der Krankheit es gestattet (vgl. §§ 32, 35, 38, 43 Abs. 2), kann der Besitzer der erkrankten oder verdächtigen Tiere oder sein Vertreter angehalten werden, die sofortige Schlachtung unter Aufsicht des beamteten Tierarztes in den dazu bestimmten Räumen vorzunehmen.

Die Schlachtung kann in dringenden Fällen auch ohne vorherige Benachrichtigung des Besitzers oder seines Vertreters vorgenommen und auf alles andere in der betreffenden Räumlichkeit vorhandene, für die Seuche empfängliche Schlachtvieh ausgedehnt werden. Den Besitzern der so geschlachteten Tiere ist unverzüglich von der Schlachtung Mitteilung zu machen.

4. Entschädigung für Viehverluste.

§ 66. Vorbehaltlich der in diesem Gesetze bezeichneten Ausnahmen ist eine Entschädigung zu gewähren[1][2]:

1. für Tiere, die auf polizeiliche Anordnung getötet oder nach dieser Anordnung an derjenigen Krankheit gefallen sind, die zu der Anordnung Veranlassung gegeben hat;
2. für Tiere, die nach rechtzeitig erstatteter Anzeige an Rotz oder Lungenseuche gefallen sind, wenn die Voraussetzungen gegeben waren, unter denen die polizeiliche Anordnung der Tötung erfolgen muß;
3. für Tiere, von denen anzunehmen ist[3], daß sie infolge einer polizeilich angeordneten Impfung eingegangen sind;
4. für Rinder und Pferde, die an Milzbrand oder Rauschbrand[4] gefallen sind oder an denen nach dem Tode[5] eine dieser Krankheiten festgestellt worden ist.

[1]) Vgl. die Einleitung S. 15. — Für Preußen vgl. außerdem AG. §§ 5, 6 und bezüglich der Kosten AG. § 24.

[2]) Entsprechend dem früheren Recht ist bestimmt, daß für Tiere, die auf polizeiliche Anordnung getötet oder nach dieser Anordnung an derjenigen Krankheit gefallen sind, die zu der Anordnung Veranlassung gegeben hat, eine Entschädigung zu gewähren ist. Diese Bestimmung ist aber jetzt insofern von größerer Tragweite, als das jetzige Gesetz die Tötungsbefugnis außer für Rotz, Tollwut und Lungenseuche auch für Maul- und Klauenseuche und für Tuberkulose gewährt. Weiter enthält das Gesetz eine Erweiterung der Entschädigungspflicht bei Rotz und Lungenseuche, indem es

eine Entschädigung vorschreibt für Tiere, die nach rechtzeitig erstatteter Anzeige an Rotz oder Lungenseuche gefallen sind, wenn die Voraussetzungen gegeben waren, unter denen die polizeiliche Anordnung der Tötung erfolgen muß. Auch die Entschädigungspflicht bei eingegangenen geimpften Tieren ist nicht auf den Fall der Lungenseucheimpfung beschränkt, vielmehr soll für alle Tiere Entschädigung gewährt werden, von denen anzunehmen ist, daß sie infolge einer polizeilich angeordneten Impfung eingegangen sind (§ 66 Nr. 3). Eine solche Entschädigung würde danach z. B. auch bei Impfung gegen Milzbrand, Rauschbrand, Pockenseuche und Rotlauf der Schweine in Frage kommen können. Endlich ist die Gewährung einer Entschädigung für Rinder und Pferde, die an Milzbrand gefallen sind, oder an denen nach dem Tode Milzbrand festgestellt worden ist, allgemein festgelegt. (Vgl. Begr. z. preuß. AG.)

[3]) Nach dem jetzigen Wortlaut ist Entschädigung für Verlust durch Impfung jeder Art (bisher nur gegen Lungenseuche) auch dann schon zu gewähren, wenn anzunehmen ist, daß ein Tier infolge einer polizeilich angeordneten Impfung eingegangen ist.

[4]) Landesrechtlich besteht eine Entschädigungspflicht für diese beiden Seuchen bereits in dem weitaus größten Teile Deutschlands. Die reichsgesetzliche Festlegung der Entschädigung durch Abs. 4 bezweckt die vollständige Ermittlung der beiden Seuchen als erste Voraussetzung für eine erfolgreiche Bekämpfung.

[5]) Da die Seuchen meist plötzlich auftreten und in kürzester Zeit tödlich verlaufen, bleibt für eine Anzeige vor dem Tode gewöhnlich keine Zeit. Abweichend von der Vorschrift in Abs. 2 soll deshalb Entschädigung auch ohne rechtzeitig erstattete Anzeige gewährt werden. Ferner auch für solche Tiere, welche der Besitzer, weil er die Natur der Erkrankung im ersten Stadium nicht erkannte, hat schlachten lassen.

§ 67. Die Bestimmungen darüber:

1. von wem die Entschädigung zu gewähren und wie sie aufzubringen ist,
2. wie die Entschädigung im einzelnen Falle zu ermitteln und festzustellen ist,

sind von den Einzelstaaten[1]) zu treffen, jedoch mit der Maßgabe, daß die Entschädigungen für Tiere, die auf polizeiliche Anordnung getötet worden sind, aus Staatsmitteln bestritten werden müssen:

a) in vollem Umfange, wenn die Tiere nicht mit der Seuche behaftet waren, derentwegen die Tötung angeordnet worden ist,

b) mindestens zur Hälfte, wenn sie mit Maul- und Klauenseuche behaftet waren,

c) mindestens zu einem Drittel, wenn sie mit Tuberkulose (§ 10 Abs. 1 Nr. 12) behaftet waren,

und wenn in den Fällen zu b und c die Tötung wegen der dort genannten Seuche erfolgt ist.

Mit diesen Maßgaben bleiben die in dieser Hinsicht in den Einzelstaaten bestehenden Vorschriften unberührt. Mit der gleichen Einschränkung und insoweit solche Vorschriften nicht entgegenstehen, sind die Landesregierungen befugt, zu bestimmen, daß die Entschädigungen bis zum Eintritt einer anderweiten landesverfassungsmäßigen Regelung durch Beiträge der Besitzer der betreffenden Tiergattungen nach Maßgabe der über die Verteilung und Erhebung der Beiträge von der Landesregierung zu treffenden näheren Anordnung aufgebracht werden.

In allen Fällen sollen jedoch die Vorschriften der §§ 68 bis 73 dieses Gesetzes dabei maßgebend sein.

[1]) Für Preußen vgl. AG. §§ 9—23.

§ 68. Der Entschädigung wird der gemeine Wert[1]) des Tieres zugrunde gelegt, und zwar, abgesehen von der Tuberkulose (§ 10 Abs. 1 Nr. 12)[2]), ohne Rücksicht auf den Minderwert, den das Tier dadurch erlitten hat, daß es von der Seuche ergriffen oder der Impfung unterworfen worden ist. Die Entschädigung beträgt bei den mit Rotz behafteten Tieren drei Viertel, bei den mit Milzbrand, Rauschbrand, Lungenseuche oder Tuberkulose (§ 10 Abs. 1 Nr. 12) behafteten Tieren vier Fünftel, im übrigen die volle Höhe des in der angegebenen Weise berechneten Wertes[3]).

Auf die zu leistende Entschädigung werden angerechnet:

1. die aus Privatverträgen zahlbare Versicherungssumme, und zwar bei Rotz zu drei Viertel, bei Milzbrand, Rauschbrand, Lungenseuche und Tuberkulose (§ 10 Abs. 1 Nr. 12) zu vier Fünftel, in allen anderen Fällen zum vollen Betrage;
2. der Wert derjenigen Teile des getöteten Tieres, welche dem Besitzer nach Maßgabe der polizeilichen Anordnungen zur Verfügung bleiben.

[1]) „Gemeiner Wert" ist nicht gleichbedeutend mit einem Durchschnittswert (Normalwert), sondern nur der Gegensatz zu einem sog. Liebhaberwert, den eine Sache für einen bestimmten Besitzer hat. Mit dem Ausdruck des Gesetzes ist also der allgemeine Wert oder Verkehrswert gemeint, der die Berücksichtigung der wertsteigernden Eigenschaft eines Tieres als Zuchttier nicht nur gestattet, sondern auch erfordert (KomBer. S. 36).

[2]) Für die Entschädigungen aus Anlaß der Tuberkulose müssen Abzüge gemacht werden, weil Tiere, welche an den gefährlichen offenen Formen dieser Krankheit leiden, meist

schon abgezehrt sind und die Tierbesitzer selbst dafür interessiert werden sollen, die Krankheit rechtzeitig zu bekämpfen.

*) Der volle geschätzte Wert ist nur für gesunde getötete Tiere zu gewähren, für seuchenkranke hingegen ein Bruchteil dieses Wertes abzuziehen. Diese Bestimmung geht von der Erwägung aus, daß der hiernach dem Tierbesitzer nicht zu ersetzende Teil des Schadens seine Sorgfalt in den eigenen Maßnahmen zur Verhütung der Verseuchung seines Viehbestandes wach erhalten soll.

Eine Beschränkung der Entschädigung auf einen Teilbetrag findet bei den an Maul- und Klauenseuche erkrankten Tieren nicht statt, weil bei diesen eine erhebliche Minderung des Wertes durch die Seuche gewöhnlich nicht stattfindet.

Auch bei Tieren, die infolge einer polizeilich angeordneten Impfung eingegangen sind (§ 66 Nr. 8), ist die Entschädigung in voller Höhe zu gewähren.

§ 69. Die zu leistende Entschädigung wird, sofern ein anderer Berechtigter nicht bekannt ist, demjenigen gezahlt, in dessen Gewahrsam oder Obhut sich das Tier zur Zeit des Todes befand.

Mit dieser Zahlung ist jeder Entschädigungsanspruch Dritter erloschen.

§ 70. Keine Entschädigung wird gewährt:

1. für Tiere, die dem Reiche, den Einzelstaaten oder zu den landesherrlichen Gestüten gehören;
2. für Tiere, die der Vorschrift des § 6 zuwider in das Reichsgebiet eingeführt sind;
3. für Tiere, die innerhalb einer bestimmten Frist[1]) vor der Feststellung der Seuche in das Reichsgebiet eingeführt sind, wenn nicht der Nachweis erbracht wird, daß ihre Ansteckung erst nach der Einführung in das

Reichsgebiet stattgefunden hat. Diese Frist beträgt bei Milzbrand, Rauschbrand und bei Maul- und Klauenseuche 14 Tage, bei Rotz 90 Tage, bei Lungenseuche 180 Tage und bei Tuberkulose (§ 10 Abs. 1 Nr. 12) 270 Tage.

[1]) In Preußen bei Wild- und Rinderseuche 147 Tage, bei Tollwut 90 Tage (AG. § 7).

§ 71. Durch Landesrecht kann die Entschädigung versagt werden[1]):

1. für Tiere, die an einer ihrer Art oder dem Grade nach unheilbaren und unbedingt tödlichen Krankheit gelitten haben[2]), es sei denn, daß diese Krankheit bestanden hat in Milzbrand, Rauschbrand, Rotz, Lungenseuche, Maul- und Klauenseuche oder Tuberkulose (§ 10 Abs. 1 Nr. 12), oder daß das Tier an einer infolge polizeilich angeordneter Impfung aufgetretenen Krankheit verendet ist;
2. für das in Viehhöfen oder in Schlachthöfen einschließlich der öffentlichen Schlachthäuser aufgestellte Schlachtvieh;
3. für Hunde und Katzen, die aus Anlaß der Tollwut getötet sind (§§ 12, 36, 39, 40).

[1]) In Preußen ist die Versagung ausgesprochen durch AG. § 8.

[2]) In der Praxis sind Meinungsverschiedenheiten darüber hervorgetreten, ob zu den „ihrer Art oder dem Grade nach unheilbaren und unbedingt tödlichen Krankheiten" im Sinne des § 71 Abs. 1 auch solche zu rechnen seien, die zwar unheilbar sind, aber erst nach längerer Zeit zum Tode geführt haben würden. Entsprechend den überwiegend bei der Gewährung von Entschädigungen bisher festgehaltenen Grundsätzen wird diese Frage zu verneinen sein, jedenfalls dann,

wenn das Tier trotz der Erkrankung noch zu den gewöhnlichen Nutzungszwecken mit Vorteil hätte verwendet werden können (Begr. S. 91).

§ 72. Der Anspruch auf Entschädigung fällt weg:

1. wenn der Besitzer der Tiere oder der Vorsteher der Wirtschaft, der die Tiere angehören, oder der mit der Aufsicht über die Tiere an Stelle des Besitzers Beauftragte vorsätzlich oder fahrlässig den Vorschriften der §§ 9, 10 zuwider die ihm obliegende Anzeige unterläßt oder länger als vierundzwanzig Stunden, nachdem er von der anzuzeigenden Tatsache Kenntnis erhalten hat, verzögert, es sei denn, daß die Anzeige von einem anderen Verpflichteten rechtzeitig gemacht worden ist;
2. wenn der Besitzer eines der Tiere mit der Seuche behaftet gekauft oder durch ein anderes Rechtsgeschäft unter Lebenden erworben hat und von diesem kranken Zustande beim Erwerbe des Tieres Kenntnis hatte;
3. im Falle des § 25, oder wenn dem Besitzer oder dessen Vertreter die Nichtbefolgung oder Übertretung der angeordneten Schutzmaßregeln[1]) zur Abwehr der Seuchengefahr zur Last fällt.

[1]) Auch der vom Tierarzt angeordneten.

§ 73. Wenn zur Bestreitung der Entschädigungen Beiträge nach Maßgabe des vorhandenen Tierbestandes erhoben werden, dürfen diese Beiträge für Tiere, die dem Reiche, den Einzelstaaten oder zu den landesherrlichen Gestüten gehören, und im Falle des § 71 Nr. 2 für das in Viehhöfen oder in Schlachthöfen einschließlich öffentlicher Schlachthäuser aufgestellte Schlachtvieh nicht beansprucht werden.

III. Strafvorschriften[1]).

§ 74. [L.] Mit Gefängnis bis zu zwei Jahren oder mit Geldstrafe von fünfzehn bis zu dreitausend Mark wird bestraft:

1. wer vorsätzlich[2]) den Vorschriften[3]) der §§ 6, 32 bis 34, 36 bis 38, 41, des § 43 Abs. 2, des § 45, des § 51 Abs. 2, der §§ 56, 57, des § 61 Abs. 3, 4 zuwiderhandelt;
2. wer vorsätzlich den Vorschriften der §§ 9, 10 zuwider die ihm obliegende Anzeige unterläßt oder länger als vierundzwanzig Stunden, nachdem er von der anzuzeigenden Tatsache Kenntnis erhalten hat, verzögert oder es unterläßt, die kranken und die verdächtigen Tiere von Orten, an denen die Gefahr der Ansteckung fremder Tiere besteht, fernzuhalten; die Strafverfolgung wegen unterlassener oder verzögerter Anzeige tritt nicht ein, wenn die Anzeige von einem anderen Verpflichteten rechtzeitig gemacht worden ist;
3. wer vorsätzlich den auf Grund des § 7 Abs. 1, des § 11 Abs. 1, 2, der §§ 19 bis 23, 26 bis 28, 35, 39, 40 des § 43 Abs. 1, der §§ 47, 48, 58, 59, des § 61 Abs. 2, der §§ 63, 64, 78 von der zuständigen Behörde oder dem beamteten Tierarzte[4]) getroffenen Anordnungen zuwiderhandelt;
4. wer vorsätzlich die gemäß § 17 Nr. 4, § 61 Abs. 2 angebrachten Kennzeichen unbefugterweise beseitigt oder verändert;
5. wer vorsätzlich Kadaver, die auf polizeiliche Anordnung vergraben sind, oder Teile von solchen unbefugterweise ausgräbt oder wer vorsätzlich Kadaver,

die auf polizeiliche Anordnung vergraben waren, oder Teile von solchen unbefugerweise an andere überläßt oder an sich bringt.

Neben[5]) der Gefängnisstrafe kann auf Geldstrafe bis zu eintausendfünfhundert Mark erkannt werden.

[1]) Die §§ 74—77 regeln die Strafbestimmungen zusammenfassend und erschöpfend unter Ausschluß also von § 328 RStGB. Dieser Paragraph behält seine Bedeutung für Straftaten, die nicht im Rahmen des Viehseuchengesetzes liegen, sondern unter die Spezialgesetze, betr. Maßregeln zur Bekämpfung der Rinderpest und die Desinfektion bei Viehbeförderung auf Eisenbahnen, fallen. G. v. 7. April 1869 (RGBl. S. 105), v. 21. Mai 1878 (RGBl. S. 95) u. G. v. 25. Februar 1876 (RGBl. S. 163).

[2]) Hier wird Vorsatz gefordert, das ist Kenntnis der sämtlichen den Tatbestand der Straftat bildenden, in den Nr. 1—5 durch Bezugnahme auf den in Betracht kommenden Vorschriften bezeichneten Merkmale, und soweit das Vorliegen einer besonderen behördlichen Anordnung vorausgesetzt ist, auch Kenntnis dieser Anordnung.

[3]) In den Nummern 1 und 2 des Abs. 1 sind alle für einen Strafschutz überhaupt in Betracht kommenden gesetzlichen Gebote und Verbote zusammengefaßt. Nicht aufgenommen sind die gesetzlichen Weisungen, die sich nicht an das Publikum, sondern an die Behörden und Beamten wenden (z. B. § 3 Abs. 5 u. 6, §§ 11, 13, 14, 46), da für deren Verfehlungen in den hier in Betracht kommenden Fällen eine disziplinarische Ahndung ausreicht.

[4]) Neben den für Erlaß der Anordnungen zuständigen, d. h. den nach Maßgabe der Landesgesetze hierzu berufenen Polizei- oder sonstigen Behörden sind auch die Tierärzte im Hinblick auf die §§ 2 u. 11 besonders genannt, um jeden Zweifel zu beseitigen, daß der Tierarzt als zuständige Behörde im Sinne des Strafgesetzes anzusehen ist.

[5]) Die Verhängung einer Geldstrafe neben der Gefängnisstrafe ist mit Rücksicht namentlich darauf vorgesehn, weil die in diesem Paragraph behandelten Verfehlungen nicht selten einer gewinnsüchtigen Absicht entspringen.

§ 75. [A.] Mit Geldstrafe von zehn bis einhundertfünfzig Mark oder mit Haft nicht unter einer Woche wird bestraft, wer den im § 74 Abs. 1 Nr. 1, 2 bezeichneten Vorschriften aus Fahrlässigkeit zuwiderhandelt.

Eine Bestrafung wegen fahrlässiger Verzögerung der in den §§ 9, 10 vorgeschriebenen Anzeige findet nur statt, wenn die Anzeige länger als vierundzwanzig Stunden nach erhaltener Kenntnis von der anzuzeigenden Tatsache verzögert worden ist. Die Strafverfolgung wegen fahrlässiger Unterlassung oder Verzögerung der Anzeige tritt nicht ein, wenn die Anzeige von einem anderen Verpflichteten rechtzeitig gemacht worden ist.

§ 76. [A.] Mit Geldstrafe bis zu einhundertfünfzig Mark oder mit Haft wird bestraft:

1. wer außer den Fällen des § 74 Abs. 1 Nr. 3 den auf Grund dieses Gesetzes getroffenen Anordnungen zuwiderhandelt[1]);
2. wer eine der im § 74 Abs. 1 Nr. 4, 5 bezeichneten Handlungen aus Fahrlässigkeit begeht.

[1]) Bezieht sich auf § 17, welcher sich unter § 74 Nr. 3 nicht befindet.

§ 77. Im Falle der Zuwiderhandlung gegen die Vorschriften des § 6 oder gegen die auf Grund des § 7 Abs. 1 getroffenen Anordnungen ist neben der Strafe auf die Einziehung der verbotswidrig eingeführten Tiere, Kadaver und Teile von Tieren, tierischen Erzeugnisse und Rohstoffe sowie der Gegenstände, die Träger des Ansteckungsstoffs sein können, zu erkennen, ohne Unterschied, ob sie dem Verurteilten gehören oder nicht.

Ist die Verfolgung oder Verurteilung einer bestimmten Person nicht ausführbar, so kann auf die Einziehung selbständig erkannt werden.

IV. Schlußbestimmungen.

§ 78. Zur wirksamen Ausführung der in den §§ 7, 16, 17, 19 bis 29 bezeichneten Maßregeln kann eine Anzeige über das Vorhandensein, den Ab- und Zugang oder über Ortsveränderungen von Tieren oder über die in den §§ 16 und 17 aufgeführten Betriebe, Unternehmungen und Veranstaltungen vorgeschrieben werden.

§ 79. Die näheren Vorschriften über die Anwendung und Ausführung der nach den §§ 16 bis 30 zulässigen Maßregeln erläßt der Bundesrat unter Berücksichtigung der in den §§ 32 bis 65 gegebenen besonderen Bestimmungen[1]). Das Gleiche gilt für die nach § 78 zulässigen Maßregeln, soweit sie sich auf die vorstehend bezeichneten Paragraphen beziehen.

Weitergehende Vorschriften über die Anwendung und Ausführung der im Abs. 1 bezeichneten Bestimmungen können die obersten Landesbehörden[2]) oder mit deren Ermächtigung die höheren Polizeibehörden[3]) innerhalb der Schranken dieses Gesetzes anordnen[4]).

Vor dem Erlasse der im Abs. 1 bezeichneten Vorschriften und vor der Entscheidung der obersten Landesbehörden über solche nach Abs. 2 zulässige weitergehende Vorschriften, die auf Grund der §§ 16, 17 ergehen, sind Vertretungen der beteiligten Berufsstände zu hören.

Bei Gefahr im Verzuge kann die vorherige Anhörung unterbleiben; die Anhörung muß alsdann aber sobald als möglich nachgeholt werden. Welche Vertretungen zu hören sind, wird im Falle des Abs. 1 vom Bundesrat, im Falle des Abs. 2 von den obersten Landesbehörden bestimmt. Die Gültigkeit der Vorschriften hängt von der vorgeschriebenen Anhörung nicht ab.

[1]) Die in den §§ 32—65 gegebenen zwingenden Vorschriften haben zwar ihre unmittelbare Geltung schon kraft des Gesetzes. Die dem Bundesrat auferlegte Berücksichtigung der in den genannten Paragraphen gegebenen Vorschriften soll aber eine Aufnahme der zwingenden Gesetzesvorschriften in die Instruktion sichern und ferner außer Zweifel stellen, daß der Bundesrat auch über die Anwendung der in den §§ 32 bis 65 nur zugelassenen Maßregeln nur Ausführungsvorschriften erlassen soll. Insoweit der Bundesrat Vorschriften nicht erläßt, bleiben etwaige landesrechtliche Bestimmungen, die dem Reichsrecht nicht widersprechen, in Kraft (Begr. S. 97).

[2]) Die wesentlichen Befugnisse der Bundesstaaten in Bezug auf die Ausführung des Viehseuchengesetzes sind in § 2 dahin bestimmt, daß ihren Behörden die Anordnung und Durchführung der Bekämpfungsmaßregeln obliegen und daß sie die näheren Bestimmungen über das Verfahren, über die Form der Anordnungen, über die Zuständigkeit der Behörden und Beamten und über die Kosten des Verfahrens zu treffen haben.

[3]) Die Anwendung der im Gesetz erheblich erweiterten veterinärpolizeilichen Befugnisse ist an die Kontrolle durch die obersten Landesbehörden gebunden und den unteren Polizeibehörden nicht ohne weiteres anheimgestellt.

[4]) Anordnungen der höheren Polizeibehörden, welche weiter gehen als die Ausführungsvorschriften des Bundesrats, müssen erkennen lassen, daß sie mit Genehmigung der

obersten Landesbehörde erlassen sind (Urteil des Preußischen Kammergerichts vom 4. April 1901 in Jahrbuch für Entscheidungen desselben Bd. 22 S. 82, und Beilage zu den „Veröffentlichungen des Kaiserl. Gesundheitsamts", Sammlung gerichtlicher Entscheidungen Bd. IV S. 182).

§ 80. Beschwerden des Besitzers gegen Anordnungen, die auf Grund der §§ 7, 11 bis 15, 18 bis 65, des § 78, soweit dieser sich auf die vorstehend bezeichneten Paragraphen bezieht, oder der dazu erlassenen Ausführungsbestimmungen getroffen sind, haben keine aufschiebende Wirkung.

Beschwerden gegen Anordnungen auf Grund anderer Bestimmungen haben nur dann aufschiebende Wirkung, wenn die Ausführung ohne Nachteil für das Gemeinwohl ausgesetzt bleiben kann[1]).

[1]) Über die Laienkommissionen, welche vom Reichstag als begutachtendes Organ auch in Beschwerdesachen gewünscht waren, vgl. Einl. S. 14. Außer der dort mitgeteilten Resolution beschloß der Reichstag:

a) den Herrn Reichskanzler zu ersuchen, die auf Grund des § 7 des Viehseuchengesetzes ergangenen Anordnungen alljährlich dem Reichstage zur Kenntnisnahme vorzulegen;

b) den Herrn Reichskanzler zu ersuchen:

1. durch das Reichsgesundheitsamt eine volkstümlich gehaltene Zusammenfassung des Viehseuchengesetzes verfassen zu lassen;
2. Merkblätter über die einzelnen Viehseuchen und deren Bekämpfung verfassen zu lassen;
3. diese Schriften unter den Viehbesitzern verteilen zu lassen (KomBer. S. 68 u. StenBer. v. 17. Mai 1909 S. 8490).

§ 81. Das Gesetz, betreffend die Beseitigung von Ansteckungsstoffen bei Viehbeförderungen auf Eisenbahnen, vom 25. Februar 1876 (Reichs-Gesetzbl. S. 163) wird durch das gegenwärtige Gesetz nicht berührt.

§ 82. Der Zeitpunkt des Inkrafttretens dieses Gesetzes wird durch Kaiserliche Verordnung mit Zustimmung des Bundesrats bestimmt.

Mit demselben Zeitpunkte tritt das Gesetz vom $\frac{\text{23. Juni 1880}}{\text{1. Mai 1894}}$, betreffend die Abwehr und Unterdrückung von Viehseuchen (Reichs-Gesetzbl. 1894 S. 409), außer Kraft.

Ausführungsvorschriften [1]

des

Bundesrats zum Viehseuchengesetze.

Vom 7. Dezember 1911.

(RGBl. S. 4.)

Auf Grund des § 79 Abs. 1 des Viehseuchengesetzes vom 26. Juni 1909 (Reichs-Gesetzbl. S. 519) wird folgendes bestimmt:

§ 1. Für die Anwendung und Ausführung der nach den §§ 16 bis 30, 78 des Gesetzes zulässigen Maßregeln gelten die nachstehenden unter Berücksichtigung der §§ 32 bis 65 des Gesetzes erlassenen Vorschriften.

Soweit es sich dabei um Zwangsbestimmungen handelt, deren Verletzung nicht bereits im Gesetze mit Strafe bedroht ist, sind diesen Vorschriften entsprechende Anordnungen von der Landesregierung zu treffen.

Die Anwendung und Ausführung der im Abs. 1 bezeichneten Bestimmungen nach Maßgabe der nachfolgenden Vorschriften liegt, soweit nichts anderes gesagt ist, den Polizeibehörden nach den in den einzelnen Bundesstaaten geltenden Zuständigkeitsvorschriften ob.

Weitergehende Anordnungen innerhalb der Schranken des Gesetzes können gemäß § 79 Abs. 2 des Gesetzes von den obersten Landesbehörden oder mit deren Ermächtigung von den höheren Polizeibehörden getroffen werden.

§ 2. Auf die Nutzviehhöfe, die Schlachtviehhöfe und

---

[1] Die Ausf.-Vorschriften treten mit dem Gesetz gleichzeitig in Kraft (Bek. v. 25. Dezember 1911, RGBl. S. 3).

die öffentlichen Schlachthäuser sowie auf das daselbst aufgestellte Vieh finden die nachstehenden Vorschriften mit den Änderungen Anwendung, die sich aus den §§ 63 bis 65 des Gesetzes ergeben. Die dort zugelassenen Anordnungen können von den Polizeibehörden getroffen werden.

§ 3. Die nach dem Gesetz und den Ausführungsvorschriften erforderlichen oder zulässigen Reinigungen und Desinfektionen, mit Ausnahme der Reinigungen und Desinfektionen im Eisenbahnverkehre (§ 38 Abs. 1), sind nach der als Anlage A (abgedruckt S. 231) beigefügten „Anweisung für das Desinfektionsverfahren bei Viehseuchen" auszuführen.

§ 4. Die nach dem Gesetz und den Ausführungsvorschriften erforderlichen oder zulässigen Zerlegungen von Kadavern sind nach der als Anlage B[1]) beigefügten „Anweisung für das Zerlegungsverfahren bei Viehseuchen" auszuführen.

§ 5. Für die nach dem Gesetz und den Ausführungsvorschriften erforderliche unschädliche Beseitigung von Kadavern und Kadaverteilen gilt die als Anlage C (abgedruckt S. 259) beigefügte Anweisung.

I. Vorschriften zum Schutze gegen die ständige Seuchengefahr.

(§§ 16, 17, 78 des Gesetzes.)

1. Amtstierärztliche Beaufsichtigung der Viehmärkte usw.

(§ 16 des Gesetzes.)

§ 6. Die Viehmärkte, die Nutzviehhöfe und Schlachtviehhöfe sowie die öffentlichen Schlachthäuser, ferner die öffentlichen Tierschauen mit Ausnahme der Katzen-, Kaninchen- und Brieftaubenausstellungen, die Ställe und Betriebe von Viehhändlern, desgleichen die Betriebe von Abdeckern sind

---

[1]) Anlage B ist nicht aufgenommen.

durch beamtete Tierärzte zu beaufsichtigen. Das gleiche gilt für Gastställe, die in regelmäßiger Wiederkehr und in größerem Umfang zur Einstellung von Handelsvieh benutzt werden. Die hiernach der Beaufsichtigung unterliegenden Gastställe werden von der höheren Polizeibehörde bestimmt.

Jahr- und Wochenmärkte, auf denen Vieh nur in geringem Umfang gehandelt wird, können von der Landesregierung ausnahmsweise von der Beaufsichtigung befreit werden. Auch darf nach Bestimmung der Landesregierung für öffentliche Tierschauen — insbesondere Hunde- und Geflügelausstellungen —, die nur aus dem Ausstellungsort und aus einem beschränkten Umkreis beschickt werden, ferner für Ställe und Betriebe von Viehhändlern, deren Geschäftsumfang nicht beträchtlich ist, von der Beaufsichtigung Abstand genommen werden.

Die Beaufsichtigung kann von der Landesregierung für die zu Handelszwecken oder zum öffentlichen Verkaufe zusammengebrachten Viehbestände, ferner für die zu Zuchtzwecken aufgestellten männlichen Zuchttiere, für Katzen-, Kaninchen- und Brieftaubenausstellungen, für die durch obrigkeitliche Anordnung veranlaßten Zusammenziehungen von Vieh, für private Schlachthäuser und die nicht unter Abs. 1 fallenden Gastställe sowie für gewerbliche Viehmästereien angeordnet werden.

§ 7. Soweit eine amtstierärztliche Beaufsichtigung nach § 6 stattfindet, kann von der Landesregierung angeordnet werden, daß über das Vorhandensein, den Ab- und Zugang oder über Ortsveränderungen von Tieren, die der Beaufsichtigung unterstellt sind oder sich in den ihr unterworfenen Betrieben, Unternehmungen und Veranstaltungen befinden, ferner über das Bestehen, die Eröffnung oder Einstellung dieser Betriebe, Unternehmungen und Veranstaltungen bei einer in der Anordnung zu bezeichnenden Stelle Anzeige erstattet wird.

2. Viehuntersuchung beim Eisenbahn- und Schiffsverkehre.

(§ 17 Nr. 1 des Gesetzes.)

§ 8. Mit der Eisenbahn in Wagenladungen zur Versendung kommendes Geflügel muß bei oder unmittelbar nach dem Entladen einer amtstierärztlichen Untersuchung unterworfen werden, wobei sich die Besichtigung auf alle Tiere zu erstrecken hat.

Die Landesregierung kann solche Sendungen von dem Untersuchungszwange befreien, sofern sie innerhalb der letzten 12 Stunden vor dem Entladen durch einen deutschen beamteten Tierarzt untersucht worden sind.

§ 9. Inwieweit im übrigen eine amtstierärztliche Untersuchung von Vieh vor dem Verladen und vor oder nach dem Entladen im Eisenbahn- und Schiffsverkehre stattzufinden hat, bestimmt die Landesregierung.

§ 10. Die Landesregierung kann vorschreiben, daß von dem Zeitpunkt des Verladens oder Entladens des nach den §§ 8, 9 zu untersuchenden Viehes einer von ihr zu bezeichnenden Stelle Anzeige erstattet wird.

3. Verbot oder Beschränkung des Treibens von Vieh.

(§ 17 Nr. 2 des Gesetzes.)

§ 11. Das Treiben der im Besitze von Viehhändlern befindlichen Schweine und Gänse auf öffentlichen Wegen ist verboten. Die Landesregierung kann es für kürzere Strecken gestatten.

Das Treiben alles anderen im Besitze von Viehhändlern befindlichen Viehes auf öffentlichen Wegen kann durch die höhere Polizeibehörde verboten werden.

§ 12. Das Treiben von Vieh auf dem Wege zum oder vom Markte kann verboten oder auf bestimmte Wege beschränkt werden.

§ 13. Das Treiben von Wanderschafherden, d. h. von Schafherden, die zum Zwecke des Aufsuchens von Weideflächen, über mehrere Feldmarken getrieben werden, bedarf der polizeilichen Genehmigung.

Die Genehmigung ist von dem Führer vor Beginn des Treibens unter Angabe der Kopfzahl der Herde und des Triebwegs einzuholen. Sie darf nur erteilt werden, wenn die Seuchenfreiheit der Wanderherde durch amtstierärztliches Zeugnis bescheinigt ist.

Der Führer hat über Zu- und Abgang der Herde nach näherer Bestimmung der Landesregierung Buch zu führen; er hat dieses Buch nebst der polizeilichen Genehmigung und dem amtstierärztlichen Zeugnis stets bei sich zu führen und auf Verlangen den Polizeibeamten und beamteten Tierärzten zur Einsicht vorzulegen.

Die höhere Polizeibehörde kann für Herden kleineren Umfanges und solche Herden, die nur über benachbarte Feldmarken getrieben werden, Ausnahmen zulassen.

§ 14. Die Bestimmungen des § 13 können von der Landesregierung auf Wanderherden anderer Viehgattungen ausgedehnt werden. Die Landesregierung kann ferner anordnen, daß Wanderherden von Zeit zu Zeit amtstierärztlich untersucht werden.

§ 15. Das Treiben der Wanderherden kann auf bestimmte Wege oder Triebflächen beschränkt werden.

4. Ursprungs- und Gesundheitszeugnisse für Vieh.

(§ 17 Nr. 3 des Gesetzes.)

§ 16. Für das im Besitze von Viehhändlern befindliche und für das auf Märkte oder öffentliche Tierschauen gebrachte Vieh kann durch die Landesregierung die Beibringung von Ursprungs- und von Gesundheitszeugnissen angeordnet werden.

§ 17. Aus den Ursprungszeugnissen müssen bei Pferden und Rindern Geschlecht, Farbe, Abzeichen und das ungefähre Alter, bei Schweinen, Schafen, Ziegen und Geflügel die Art und Stückzahl sowie bei sämtlichen Tiergattungen etwaige besondere Kennzeichen (Ohrmarke, Hautbrand, Hornbrand, Farbzeichen, Haarschnitt usw.), ferner der Ursprungsort, der Name desjenigen, aus dessen Bestande das Vieh stammt, und der Tag der Entfernung des Viehes aus dem Ursprungsort ersichtlich sein. Die Gültigkeitsdauer der Ursprungszeugnisse beträgt, sofern nicht in ihnen selbst auf Grund besonderer Bestimmung der Landesregierung ein anderes angegeben ist, 30 Tage, von der Ausstellung an gerechnet.

In den Gesundheitszeugnissen muß bescheinigt sein, daß das darin näher zu bezeichnende Vieh frei von Erscheinungen ist, die auf das Vorhandensein einer anzeigepflichtigen Seuche schließen oder ihren Ausbruch befürchten lassen. Die Gesundheitszeugnisse haben bei Wiederkäuern, Schweinen und Geflügel eine Gültigkeitsdauer von 5 Tagen, bei Einhufern eine solche von 8 Tagen, von der Ausstellung an gerechnet. Diese Fristen können von der Landesregierung kürzer bemessen werden.

§ 18. Die Ursprungs- und die Gesundheitszeugnisse können in die Kontrollbücher (§ 20) eingetragen werden.

§ 19. Die Ursprungszeugnisse und die von beamteten Tierärzten ausgestellten Gesundheitszeugnisse sind für das ganze Reichsgebiet gültig.

5. Viehkontrollbücher und Kennzeichnung von Vieh.

(§ 17 Nr. 4 des Gesetzes.)

§ 20. Viehhändler müssen über die in ihrem Besitze befindlichen Pferde, Rinder und Schweine Kontrollbücher führen.

§ 21. In die Kontrollbücher sind Pferde und Rinder, ausgenommen Kälber bis zu 3 Monaten, einzeln unter Angabe des Geschlechts, der Farbe, der Abzeichen, des ungefähren Alters, besonderer Kennzeichen (Ohrmarke, Hautbrand, Hornbrand, Farbzeichen, Haarschnitt usw.) und unter Angabe des Tages und Ortes der Übernahme, des bisherigen Besitzers und seines Wohnorts sowie des Tages des Weiterverkaufs, des Namens und Wohnorts des Käufers einzutragen.

Kälber bis zu 3 Monaten und Schweine sind in einzelnen Posten unter Angabe der Stückzahl und des ungefähren Alters (Ferkel, Läufer usw.) einzutragen; im übrigen sind bei solchen Kälbern und bei Schweinen die gleichen Angaben über Herkunft und Verbleib wie bei den Pferden und Rindern zu machen.

Durch die Landesregierung kann auch für die über 3 Monate alten Rinder die gleiche Art der Eintragung wie für Kälber und Schweine zugelassen werden, wenn sie mit einem haltbaren Kennzeichen versehen sind und die Kennzeichnung in die Kontrollbücher eingetragen ist.

§ 22. Die Eintragungen in die Kontrollbücher sind unmittelbar nach den erfolgten Veränderungen und mit Tinte oder Tintenstift zu machen. Die Kontrollbücher müssen von den Führern der Transporte jederzeit mitgeführt und den Polizeibeamten und beamteten Tierärzten auf Verlangen zur Einsicht vorgelegt werden. Die Kontrollbücher sind 1 Jahr lang, von der letzten Eintragung an gerechnet, aufzubewahren.

§ 23. Die Kontrollbücher sind für das ganze Reichsgebiet gültig.

§ 24. Durch die Landesregierung kann für Rinder und Schweine eine Kennzeichnung vorgeschrieben werden.

6. Molkereien.

(§ 17 Nr. 5 des Gesetzes.)

§ 25. In Molkereien ist der Zentrifugenschlamm täglich durch Verbrennen oder Vergraben zu beseitigen. Die Zentrifugentrommeln und -einsätze sind nach Entfernung des Zentrifugenschlamms in kochendheiße 3prozentige Sodalösung mindestens zwei Minuten lang einzulegen oder mit solcher abzubürsten.

§ 26. Als Sammelmolkereien gelten solche Molkereien,

in denen nicht ausschließlich die Milch[1]) von Kühen aus einem und demselben Betrieb und von solchen Kühen verarbeitet wird, die den in diesem Betriebe dauernd oder vorübergehend beschäftigten Personen gehören.

Als Verarbeitung ist auch die Entrahmung der Milch anzusehen.

§ 27. Die Sammelmolkereien müssen mit Einrichtungen versehen sein, mit denen Milch sicher und nachweislich auf 90° erhitzt werden kann. Die Gefäße, in denen die Milch zur Sammelmolkerei gebracht und aus ihr abgegeben wird, müssen so beschaffen sein, daß sie leicht und sicher gereinigt und desinfiziert werden können. In den Sammelmolkereien müssen für eine leichte und gründliche Desinfektion dieser Gefäße geeignete Einrichtungen vorhanden sein.

Die Landesregierung kann für die Beschaffung der im Abs. 1 vorgeschriebenen Erhitzungseinrichtungen in bestehenden Sammelmolkereien eine Frist bis zu zwei Jahren nach Inkrafttreten des Gesetzes gewähren.

§ 28. Milch und Milchrückstände aus Sammelmolkereien dürfen nur nach vorheriger ausreichender Erhitzung als Futtermittel für Tiere abgegeben oder als solche im eigenen Betriebe der Molkerei verbraucht werden.

Die Landesregierung ist befugt, Ausnahmen von dem Erhitzungszwange für solche Molkereien zuzulassen, deren Viehbestände einem staatlich anerkannten Tuberkulosetilgungsverfahren unterworfen sind. Auch kann sie in besonderen Ausnahmefällen, wenn die wirtschaftlichen Verhältnisse es geboten erscheinen lassen, Befreiung von dem Erhitzungszwange gewähren.

Als ausreichende Erhitzung der Milch (§ 52, § 154

---

[1]) Unter Milch im Sinne dieser Ausführungsvorschriften sind auch die bei deren Verarbeitung sich ergebenden flüssigen Produkte — Rahm, Magermilch, Buttermilch und Molke zu verstehen.

Abs. 1b und c, § 162 Abs. 1e, § 163 Abs. 5, § 168 Abs. 1e, § 305 Abs. 1b, § 311 Abs. 2b) ist anzusehen:

a) Erhitzung über offenem Feuer bis zum wiederholten Aufkochen;

b) Erhitzung durch unmittelbar oder mittelbar einwirkenden strömenden Wasserdampf auf 85°;

c) Erhitzung im Wasserbad und zwar: entweder auf 85° für die Dauer einer Minute oder, unter den von der Landesregierung näher zu bestimmenden Voraussetzungen, auf 70° für die Dauer einer halben Stunde.

§ 29. In den Sammelmolkereien muß derart Buch geführt werden, daß jederzeit ersichtlich ist, aus welchen Gehöften und in welcher Menge täglich Milch zur Verarbeitung angeliefert wird, sowie in welche Gehöfte täglich Molkereirückstände zur weiteren Verwertung in Viehhaltungen abgegeben werden. Die Bücher sind den mit der Aufsicht über die Molkerei beauftragten Beamten auf Verlangen zur Einsicht vorzulegen.

§ 30. Eröffnung und Einstellung des Betriebs einer Sammelmolkerei sind der Polizeibehörde anzuzeigen.

Über die Beaufsichtigung der Sammelmolkereien durch die beamteten Tierärzte trifft die Landesregierung Bestimmung.

Hierbei ist die Durchführung der nach § 28 vorgeschriebenen Erhitzung durch regelmäßige Besichtigung der Einrichtung und des Betriebs der Sammelmolkereien und durch Prüfung entnommener Proben von Milch und Milchrückständen sicherzustellen.

7. Verkehr und Handel mit Vieh im Umherziehen.

(§ 17 Nr. 6 des Gesetzes.)

§ 31. Das Umherziehen mit Zuchthengsten zum Decken von Stuten kann von der höheren Polizeibehörde verboten werden.

§ 32. Für den Handel mit Vieh ohne vorgängige Bestellung kann angeordnet werden, daß der Verkauf außerhalb des Gemeindebezirkes der gewerblichen Niederlassung des Händlers oder ohne Begründung einer solchen nur an bestimmten Verkaufsplätzen (Standort, Stall usw.) stattfinden darf.

8. Zugtiere im Bergwerks-, Schiffahrts- und Hausierbetriebe.

(§ 17 Nr. 7 des Gesetzes.)

§ 33. Für die beim Schiffahrtsbetrieb oder beim Gewerbebetrieb im Umherziehen, in besonderen Fällen auch für die beim Bergwerksbetriebe benutzten Zugtiere kann eine amtstierärztliche, in bestimmten Zeiträumen zu wiederholende Untersuchung durch die höhere Polizeibehörde angeordnet werden.

In diesem Falle ist das Ergebnis der Untersuchung unter Angabe des Tages in ein Untersuchungsbuch einzutragen, in dem die untersuchten Tiere einzeln nach Geschlecht, Farbe, Abzeichen und Alter bezeichnet sein müssen. Das Untersuchungsbuch ist 6 Monate lang, von der letzten Eintragung an gerechnet, aufzubewahren. Der Führer der Tiere beim Schiffahrtsbetrieb und beim Gewerbebetrieb im Umherziehen hat es stets mit sich zu führen.

9. Hundehalsbänder.

(§ 17 Nr. 8 des Gesetzes.)

§ 34. Frei umherlaufende Hunde müssen mit Halsbändern versehen sein, die Namen und Wohnort oder Wohnung des Besitzers oder, nach näherer Bestimmung der Landesregierung, ein sonstiges, die Zugehörigkeit des Hundes sicherstellendes Kennzeichen ersehen lassen.

10. Deckregister.

(§ 17 Nr. 9 des Gesetzes.)

§ 35. Personen, die einen Hengst oder Bullen (Stier, Farren) zum Decken fremder Pferde oder fremden Rindviehs verwenden, oder die Beauftragten dieser Personen, desgleichen die Vorsteher oder Tierhalter von Gemeinden, Verbänden oder Vereinen, die Hengste oder Bullen zur Zucht halten, haben Deckregister nach näherer Anweisung der Landesregierung zu führen und den Polizeibeamten und beamteten Tierärzten auf Verlangen zur Einsicht vorzulegen.

Soweit nicht die Landesregierung anders bestimmt, gilt als fremdes Vieh nicht das Vieh derjenigen Personen, die in dem Betriebe des Hengst- oder Bullenbesitzers beschäftigt sind.

§ 36. Die Landesregierung kann anordnen, daß Personen, die einen Hengst oder Bullen zum Decken fremder Pferde oder fremden Rindviehs verwenden, desgleichen die Vorsteher oder Tierhalter von Gemeinden, Verbänden oder Vereinen, die Hengste oder Bullen zur Zucht halten, dies einer von der Landesregierung zu bestimmenden Stelle anzuzeigen haben.

11. Viehladestellen.

(§ 17 Nr. 10 des Gesetzes.)

§ 37. Die für den öffentlichen Verkehr benutzten Viehladestellen müssen mit undurchlässigem Boden versehen sein.

Die Landesregierung kann für Viehladestellen mit geringerem Verkehr Ausnahmen zulassen.

Für schon bestehende Viehladestellen kann die Landesregierung eine angemessene Frist zur Herstellung des undurchlässigen Bodens gewähren.

12. Reinigung und Desinfektion beim Viehtransporte.

(§ 17 Nr. 11, § 81 des Gesetzes.)

§ 38. Die Vorschriften des Gesetzes, betreffend die Beseitigung von Ansteckungsstoffen bei Viehbeförderungen auf

Eisenbahnen, vom 25. Februar 1876 (Reichs-Gesetzbl. S. 163) nebst den dazu ergangenen Ausführungsbestimmungen des Bundesrats vom 16. Juli 1904 (Reichs-Gesetzbl. S. 311) sowie die Bestimmungen des Bundesrats über die Beseitigung von Ansteckungsstoffen bei der Beförderung von lebendem Geflügel auf Eisenbahnen vom 17. Juli 1904 (Reichs-Gesetzbl. S. 317), für Bayern die Bestimmungen des Königlichen Staatsministeriums des Innern und des Königlichen Staatsministeriums für Verkehrsangelegenheiten vom 24. August 1904 (G. und V.Bl. S. 494), finden entsprechende Anwendung auch auf den Verkehr mit Vieh und Geflügel auf Kleinbahnen mit Ausnahme der Straßenbahnen, ferner auf Viehwagen von Eisenbahnen und den vorbezeichneten Kleinbahnen, wenn darin fremdländische und wilde Tiere befördert worden sind, die nicht zu den im § 1 des Gesetzes vom 25. Februar 1876 erwähnten Tierarten gehören.

Im übrigen müssen die von Viehhändlern und Transport-Unternehmern zum Viehtransporte benutzten Fahrzeuge aller Art einschließlich der Schiffe und Straßenbahnwagen, aber mit Ausnahme der Fähren, sowie alle sonstigen zu oder bei einer solchen Viehbeförderung benutzten Behältnisse und Gerätschaften (Kisten, Käfige, Körbe, Krippen, Tränkvorrichtungen, Latierbäume, Hürden, Ketten, Anbindestricke) sowie auch die Ladestellen (§ 37) nach dem Gebrauche gereinigt werden. Die Landesregierung kann anordnen, daß die Fahrzeuge und Gegenstände nach dem Gebrauche nicht nur gereinigt, sondern auch desinfiziert werden.

§ 39. Durch die Landesregierung kann erforderlichenfalls bestimmt werden, daß auch die zur Beförderung von tierischen Rohstoffen dienenden Fahrzeuge und Behältnisse sowie die zur Beförderung von Vieh dienenden Fähren nach dem Gebrauche gereinigt und desinfiziert werden.

§ 40. Die Reinigung und die Desinfektion sind alsbald nach dem Gebrauch auszuführen.

Die Reinigung und die Desinfektion von Schiffsräumen

einschließlich der Fähren können auf diejenigen Teile beschränkt bleiben, die für die Beförderung der Tiere benutzt worden sind.

13. Einrichtung und Betrieb von Viehausstellungen, Viehmärkten, Viehhöfen, Schlachthöfen und gewerblichen Schlachtstätten.

(§ 17 Nr. 12 des Gesetzes.)

Einrichtung.

§ 41. Die für Viehausstellungen und Viehmärkte bestimmten Plätze müssen durch eine Einfriedigung derart abgeschlossen sein, daß das zugeführte Vieh den Platz nur an den amtstierärztlich überwachten Eingängen betreten kann. Solange der Zutrieb zum Markte andauert, darf Vieh vom Marktplatz nicht durch die Eintriebstellen, sondern nur durch gesonderte, polizeilich überwachte Ausgänge abgeführt werden.

Für größere Viehmärkte kann von der Landesregierung eine feste Einfriedigung vorgeschrieben sowie angeordnet werden, daß auf den Standplätzen für Großvieh Einrichtungen zum Anbinden der Tiere vorhanden sein müssen, möglichst derart, daß die Tiere in Reihen stehen, und daß vor ihren Köpfen ein Gang freibleibt, endlich, daß für Schafe und Schweine die einzelnen Pferche und Buchten reihenweise so aufgestellt sein müssen, daß zwischen ihnen ein Gang freibleibt.

Die Viehmarktplätze sind so instandzusetzen und so imstande zu erhalten, daß sie rasch und gründlich gereinigt werden können. Die Eintriebstellen sind in ihrer ganzen Breite und auf eine Länge von mindestens 10 m mit ebenem, hartem Boden zu versehen.

Für Plätze, auf denen regelmäßig stark beschickte Viehmärkte stattfinden, kann die zweckentsprechende Pflasterung der Eingänge, in besonderen Fällen auch des ganzen Viehmarktplatzes, vorgeschrieben werden.

§ 42. In unmittelbarer Nähe der Märkte muß ein besonderer Raum zur vorläufigen Absonderung und weiteren Beobachtung kranker oder verdächtiger Tiere vorhanden sein. Auf Märkten mit geringem Verkehre kann von der Bereitstellung dieses Raumes abgesehen werden.

§ 43. Die Unterkunftsräume für Vieh auf den Viehmärkten, den Nutzviehhöfen und Schlachtviehhöfen und in den öffentlichen Schlachthäusern (Markthallen, Stallungen, Absonderungsräume) müssen mit undurchlässigem Fußboden und glatten Wänden versehen sowie ausreichend beleuchtet sein. Die Anbindevorrichtungen auf Märkten, ferner die Rampen, Buchten und Hürden müssen aus leicht zu reinigenden und zu desinfizierenden Stoffen hergestellt sein.

§ 44. Für Nutzviehhöfe und Schlachtviehhöfe kann die Anlage getrennter Ent- und Verladerampen und getrennter Zu- und Abfuhrwege sowie die Pflasterung der Triebstraßen, für öffentliche Schlachthäuser die Anlage getrennter Ent- und Verladerampen, für Viehmärkte diejenige getrennter Zu- und Abfuhrwege durch die höhere Polizeibehörde angeordnet werden.

§ 45. Für die Herstellung der in den §§ 41 bis 43 vorgeschriebenen Einrichtungen kann von der Landesregierung eine Frist bis zu zwei Jahren nach Inkrafttreten des Gesetzes gewährt werden.

Für Jahr- und Wochenmärkte, die von der amtstierärztlichen Beaufsichtigung befreit sind (§ 6 Abs. 2), sowie für Remontemärkte, endlich für Viehausstellungen und Viehmärkte von beschränktem Umfang, die nur aus dem Ausstellungs- (Markt-) Ort oder dessen näherer Umgebung beschickt sind, kann von der Herstellung der Einrichtungen ganz oder teilweise abgesehen werden.

§ 46. Für die Neuanlage von Nutzviehhöfen, Schlachtviehhöfen und von öffentlichen Schlachthäusern gelten folgende Bestimmungen:

a) Wenn ein öffentliches Schlachthaus mit einem Schlachtviehhofe verbunden ist, so müssen Einrichtungen getroffen sein, die einen Abschluß der Betriebe gegeneinander ermöglichen.

b) Auf Nutz- oder Schlachtviehhöfen mit stärkerem Viehverkehr und bei öffentlichen Schlachthäusern müssen für das mit der Eisenbahn ankommende Vieh auf den Ausladerampen Buchten zur vorläufigen Unterbringung der Tiere vorhanden sein. Wenn Ausladungen zur Nachtzeit vorgenommen werden, müssen die Rampen mit ausreichender Beleuchtung versehen sein.

c) Bei größeren Nutz- oder Schlachtviehhöfen sind gegen die übrige Anlage vollkommen abgeschlossene Seuchenhöfe zur Aufnahme seuchenkranker oder verdächtiger Tiere, bei größeren Schlachtviehhöfen auch besondere, von dem übrigen Viehverkehre getrennt liegende Restbestandhöfe zur Unterbringung des von einem zum anderen Markte verbleibenden Viehes herzustellen. Durch die Landesregierung kann die Herstellung von Restbestandhöfen auch für kleinere Schlachtviehhöfe und für Nutzviehhöfe vorgeschrieben werden.

Vorstehende Bestimmungen können nach Anordnung der Landesregierung auf bereits bestehende Nutz- oder Schlachtviehhöfe und öffentliche Schlachthäuser ausgedehnt werden.

Betrieb.

§ 47. Der Beginn der Viehmärkte und des Auftriebs ist auf eine bestimmte Tageszeit festzusetzen und darf, sofern nicht für eine ausreichende künstliche Beleuchtung gesorgt ist, nicht vor Tageshelle stattfinden. Der Auftrieb kann auf bestimmte Stunden beschränkt werden. Die Tiere müssen vor oder bei dem Auftrieb auf den Markt amtstierärztlich untersucht werden. Die Viehmarktplätze und die anstoßenden Teile der Zu- und Abtriebwege sind alsbald nach Schluß des Marktes zu reinigen und erforderlichenfalls zu desinfizieren.

§ 48. Am Marktort und in dessen unmittelbarer Umgebung kann nach näherer Anordnung der Landesregierung der gewerbsmäßige Handel mit Vieh bestimmter Gattungen an Markttagen außerhalb des Marktplatzes verboten oder beschränkt werden. Die Abhaltung sogenannter Vormärkte ist nur mit Genehmigung der höheren Polizeibehörde zulässig.

§ 49. Für Viehmärkte kann angeordnet werden, daß sämtliche Tiere vor dem Abtrieb unter Angabe des Bestimmungsorts und des Käufers bei der Marktpolizeibehörde gemeldet werden.

§ 50. Der Viehabtrieb von Schlachtviehmärkten kann, sofern er nicht zur Schlachtung oder zum Auftrieb auf andere Schlachtviehmärkte erfolgt, durch die höhere Polizeibehörde verboten werden.

§ 51. Das in ein öffentliches Schlachthaus übergeführte Vieh darf daraus ohne polizeiliche Genehmigung lebend nicht wieder ausgeführt werden.

§ 52. Milch von Kühen, die auf Schlachtviehmärkten oder Schlachtviehhöfen oder in öffentlichen Schlachthäusern zu Schlacht- oder Handelszwecken aufgestellt sind, darf nur nach vorheriger ausreichender Erhitzung (§ 28 Abs. 3) abgegeben oder sonst verwertet werden.

§ 53. Auf Jahr- und Wochenmärkte, die von der amtstierärztlichen Beaufsichtigung befreit sind, finden die Bestimmungen der §§ 47 bis 52 keine Anwendung.

14. Einrichtung und Betrieb von Gast- und Händlerställen.

(§ 17 Nr. 13 des Gesetzes.)

§ 54. Gastställe und Ställe von Viehhändlern müssen mit undurchlässigem Fußboden und glatten Wänden versehen sein. Sie müssen ferner ausreichend durch Tageslicht beleuchtet, oder es muß für eine ausreichende künstliche Beleuchtung gesorgt sein. Die in Gast- und Händlerställen befindlichen Ausrüstungsgegenstände (Krippen, Raufen, Verschläge, Futterkisten, Tränkgeräte und dergleichen) sowie Vorsetzkrippen müssen aus leicht zu reinigenden und zu desinfizierenden Stoffen bestehen.

Auf bereits bestehende Stallungen finden diese Forderungen nur insoweit Anwendung, als es die Landesregierung bestimmt.

§ 55. Für größere Händlerstallungen muß ein besonderer Raum zur Unterbringung kranker oder verdächtiger Tiere vorgesehen sein.

§ 56. Gast- und Händlerställe, in denen Schweine oder Geflügel untergebracht sind, müssen nach jeder Benutzung gereinigt und desinfiziert werden. Bei größeren Ställen kann diese Maßregel auf die benutzten Teile beschränkt werden.

Gast- und Händlerställe sind im übrigen sauber zu halten und außerdem mindestens in den ersten 10 Tagen eines jeden Vierteljahrs zu reinigen und zu desinfizieren. Von der Desinfektion können für kleinere Gast- oder Händlerställe, in denen nur selten fremdes Vieh untergebracht wird, Ausnahmen zugelassen werden.

15. Abdeckereien.

(§ 17 Nr. 14 des Gesetzes.)

Einrichtung.

§ 57. Die Betriebsstätten der Abdeckereien einschließlich der Anlagen zur gewerbsmäßigen Beseitigung oder Verarbeitung von Kadavern und tierischen Teilen sind derart einzufriedigen, daß sie von Personen und von Vieh nur durch die Eingänge betreten werden können.

§ 58. In den Räumen, in denen Tiere getötet oder Tierkörper abgehäutet, zerlegt oder weiter verarbeitet werden, müssen der Fußboden undurchlässig und die Wände bis zu einer Höhe von 2 m glatt und leicht abwaschbar hergestellt sein. Auch muß zur Reinhaltung dieser Räume für das Vorhandensein von Gebrauchswasser in genügender Menge gesorgt sein.

§ 59. Zur Aufnahme der flüssigen Abgänge und des Spülwassers muß eine wasserdichte und gut abgedeckte Sammelgrube mit wasserdichter Zuleitung vorhanden sein. Die Umgebung der Sammelgrube ist im Umfang von mindestens 3 m mit einem undurchlässigen Boden zu versehen.

§ 60. Den Abdeckereien müssen die nötigen Transportwagen für Kadaver und Tierteile nebst den erforderlichen Gerätschaften zur Abhäutung und Zerlegung von Kadavern und die erforderlichen Desinfektionsmittel sowie Verbandmaterial zur Verfügung stehen.

§ 61. Die Landesregierung kann für die Herstellung der in den §§ 57 bis 60 angegebenen Einrichtungen eine Frist bis zu 2 Jahren nach Inkrafttreten des Gesetzes gewähren.

§ 62. Durch die Landesregierung kann angeordnet werden, daß

a) die Räume, in denen Tiere getötet oder Tierkörper abgehäutet, zerlegt oder weiterverarbeitet werden, nach oben abzuschließen sowie mit Türen und Fenstern zu versehen sind;
b) der Hofraum des Abdeckereigrundstücks zu pflastern ist;
c) wenn Tierteile gekocht werden sollen, hierfür besondere Einrichtungen in einem besonderen Raume herzustellen sind;
d) ein besonderer Raum zum Trocknen und Lagern verwendbarer Tierteile einzurichten ist.

§ 63. Für neu zu errichtende Abdeckereien sind folgende besondere Betriebsräumlichkeiten vorzuschreiben:

a) ein Raum zur Tötung, Abhäutung und Zerlegung der Tiere;
b) besondere Räumlichkeiten zur Verarbeitung der Tierteile, insbesondere zum Kochen sowie zum Trocknen und Lagern verwendbarer Teile;

c) ein Käfig zur Absperrung und Beobachtung wutkranker oder verdächtiger Hunde oder Katzen;

d) ein Umkleide- und Waschraum für das Arbeitspersonal.

Die Landesregierung kann die Bereitstellung eines heizbaren Raumes für die Vornahme von Zerlegungen einschließlich eines zu mikroskopischen Untersuchungen geeigneten Raumes vorschreiben.

§ 64. Für kleinere Abdeckereien kann die Landesregierung von den Vorschriften der §§ 57 bis 60, 63 Ausnahmen zulassen.

Betrieb.

§ 65. Die Abholung der Kadaver und tierischen Teile hat in besonderen, auf allen Seiten geschlossenen Fahrzeugen zu geschehen, die so gedichtet sind, daß Flüssigkeiten nicht durchsickern können. Die Fahrzeuge sollen mit Hebevorrichtungen zum Ein- und Ausladen der Kadaver versehen sein. Zur Beförderung kleinerer Kadaver und Tierteile können andere undurchlässige Behältnisse verwendet werden, die während des Gebrauchs geschlossen zu halten sind. Die höhere Polizeibehörde kann ausnahmsweise auch zur Beförderung größerer Kadaver Fahrzeuge zulassen, die den vorstehend genannten Anforderungen nicht entsprechen, sofern sie so gedichtet sind, daß Flüssigkeiten nicht Durchsickern können. In diesem Falle sind die Kadaver und tierischen Teile in geeigneter Weise zu bedecken.

§ 66. Die in der Abdeckerei getöteten Tiere und die dahin gebrachten Kadaver und tierischen Teile sind alsbald unschädlich zu beseitigen oder, soweit veterinärpolizeiliche Bestimmungen nicht entgegenstehen, nach Maßgabe des § 69 zum Zwecke der Verwertung zu verarbeiten. Im letzteren Falle können die Häute der Tiere auch ohne weitere Verarbeitung verwendet werden.

§ 67. Als unschädliche Beseitigung gelten:

a) Kochen oder Dämpfen bis zum Zerfall der Weichteile;

b) trockene Destillation;
c) Behandlung auf chemischem Wege bis zur Auflösung der Weichteile;
d) Verbrennen bis zur Asche;
e) Vergraben.

Das Vergraben darf nur zugelassen werden, wenn die unschädliche Beseitigung nach a bis d nicht ausführbar ist. Das Vergraben hat in so tief angelegten Gruben zu erfolgen, daß die Oberfläche der Kadaver oder der Tierteile von einer unterhalb des Randes der Grube mindestens 1 m starken Erdschicht bedeckt ist. Nach Einbringung der Kadaver in die Grube sind die durch Blut oder sonstige Abgänge verunreinigten Stellen der Umgebung der Grube abzuschürfen und mit den Kadavern zu vergraben.

Die bei der unschädlichen Beseitigung nach Abs. 1 unter a bis d gewonnenen Erzeugnisse und Rückstände können, sofern nicht andere Bestimmungen entgegenstehen, außer zum Genusse für Menschen frei verwendet werden, jedoch nur unter der Voraussetzung, daß eine nachträgliche Beschmutzung durch unverarbeitete Kadaver oder tierische Teile ausgeschlossen ist. Zu diesem Zwecke müssen die Verarbeitung und die Lagerung in besonderen Räumen stattfinden; auch dürfen Personen, die mit den zur Verarbeitung bestimmten rohen tierischen Teilen in Berührung kommen, ohne Wechsel der Oberkleider, ohne Wechsel oder Reinigung des Schuhzeugs und ohne gründliches Waschen der Hände die Räume, in denen die genannten Erzeugnisse und Rückstände gewonnen und gelagert werden, nicht betreten.

§ 68. Der unschädlichen Beseitigung unterliegen auch alle nicht verwendbaren Teile von Kadavern und Abfälle, die sich bei der weiteren Verarbeitung von Kadavern ergeben.

§ 69. Soweit veterinärpolizeiliche Bestimmungen nicht entgegenstehen, dürfen von Kadavern außer den Häuten (§ 66) verwendet werden:

Fett nach Kochung oder Ausschmelzung,

Knochen, Hörner, Hufe, Klauen, Haare, Wolle, Borsten und Federn nach Auskochung oder Trocknung,

Flechsen (Sehnen, Muskelstreifen) nach völliger Trocknung.

Jedoch müssen die Verarbeitung und die Lagerung in besonderen Räumen stattfinden, damit eine Beschmutzung nach erfolgter Verarbeitung durch unverarbeitete Kadaver oder tierische Teile vermieden wird.

Unbeschadet der Vorschrift im Abs. 1 ist die Abgabe von Fleisch aus Abdeckereien verboten. Jedoch kann, soweit veterinärpolizeiliche Bedenken nicht entgegenstehen, ausnahmsweise von der höheren Polizeibehörde die Abgabe von Fleisch als Futtermittel für Tiere unter der Bedingung gestattet werden, daß das Fleisch vor der Abgabe gekocht und hierauf durch Einspritzung auffälliger, von der Fleischfarbe abweichender Farbstoffe vollständig gefärbt wird. Die bestimmungsgemäße Verwendung des Fleisches ist polizeilich zu überwachen. Das Kochen des Fleisches ist nur dann als genügend anzusehen, wenn das Fleisch unter der Einwirkung der Hitze auch in den innersten Schichten grau oder grauweiß verfärbt ist und wenn der von frischen Schnittflächen abfließende Saft eine rötliche Farbe nicht mehr besitzt.

§ 70. Durch die Landesregierung kann auch bei schon bestehenden Abdeckereien angeordnet werden, daß für die Lagerung von unverarbeiteten tierischen Teilen und für die Zerlegung von Kadavern ein besonderer Raum verwendet wird, der von dem Raume getrennt ist, wo die tierischen Teile gekocht oder sonst verarbeitet werden.

§ 71. Transportwagen, Geräte und Betriebsräume sind nach jedesmaliger Benutzung gründlich zu reinigen und, wenn es sich um die Beseitigung eines mit einer Seuche behafteten Kadavers gehandelt hat, zu desinfizieren.

§ 72. Der Inhalt der Sammelgrube (§ 59) ist entsprechend dem im § 14 Abs. 1 Nr. 2 der Anweisung für das Desinfektionsverfahren für die Desinfektion von Jauche angegebenen Verfahren zu desinfizieren, nach Bedarf zu entleeren und nach näherer Bestimmung der Polizeibehörde wegzuschaffen.

Die Landesregierung kann für die Behandlung des Abflußwassers aus den Abdeckereien weitergehende Vorschriften erlassen.

§ 73. Der höchste Grundwasserstand des zum Vergraben von Kadavern und tierischen Teilen bestimmten Geländes (des Wasenplatzes) soll so tief liegen, daß Gruben von 2 m Tiefe angelegt werden können, ohne daß auf Wasser gestoßen wird. Die Gruben sollen mindestens 0,5 m voneinander getrennt sein und dürfen nur mit Genehmigung der Polizeibehörde geöffnet oder erneut in Benutzung genommen werden. Die Genehmigung darf nur dann erteilt werden, wenn nach amtstierärztlichem Gutachten mit Sicherheit anzunehmen ist, daß eine vollständige Verwesung der in der Grube untergebrachten Kadaver oder Kadaverteile stattgefunden hat, und daß ansteckungsfähige Seuchenkeime in der Grube nicht mehr vorhanden sind. In besonderen Ausnahmefällen kann die vorzeitige Öffnung solcher Gruben unter Anwendung aller erforderlichen Vorsichtsmaßregeln und unter polizeilicher Überwachung gestattet werden. Die aus einer geöffneten Grube ausgehobenen Tierteile sind wieder vorschriftsmäßig zu vergraben oder sonst (§ 67) unschädlich zu beseitigen.

Der Wasenplatz darf zu keinem anderen Zwecke als zum Vergraben von Kadavern benutzt werden; insbesondere ist verboten, auf ihm Viehfutter zu werben oder ihn beweiden zu lassen.

§ 74. Das Halten von Schweinen auf dem Abdeckereigrundstück ist verboten.

Für Hunde, die auf dem Abdeckereigrundstücke gehalten werden, kann die Ankettung oder Unterbringung in Zwingern angeordnet werden.

Beaufsichtigung.

§ 75. Über die amtstierärztliche Beaufsichtigung der Abdeckereien einschließlich der Anlagen zur gewerbsmäßigen

Beseitigung oder Verarbeitung von Kadavern und tierischen Teilen erläßt die Landesregierung die näheren Bestimmungen.

Die Landesregierung kann eine Anzeige über das Vorhandensein, die Neueinrichtung und Einstellung der im Abs. 1 genannten Betriebe vorschreiben.

§ 76. Inhaber von Abdeckereien oder von Anlagen zur gewerbsmäßigen Beseitigung oder Verarbeitung von Kadavern und tierischen Teilen oder sonstige Personen, die zur Beseitigung von Kadavern und tierischen Teilen amtlich bestellt sind, müssen nach näherer Bestimmung der Landesregierung Kontrollbücher führen.

16. Verkehr mit Viehseuchenerregern.

(§ 17 Nr. 16 des Gesetzes.)

§ 77. Für den Verkehr mit Viehseuchenerregern und für ihre Aufbewahrung sowie für die bei der Ausführung wissenschaftlicher Arbeiten mit solchen Erregern zu beobachtenden Vorsichtsmaßregeln gilt die Bekanntmachung des Reichskanzlers, betreffend Vorschriften über das Arbeiten und den Verkehr mit Krankheitserregern, ausgenommen Pesterreger, vom 4. Mai 1904 (Reichs-Gesetzbl. S. 159)[1]) mit folgenden Maßgaben:

a) Die Vorschriften des § 1 dieser Bekanntmachung finden auch auf die Erreger der Maul- und Klauenseuche und Schweinepest sowie auf Material, das diese Erreger enthält, Anwendung.

b) Die Vorschriften der §§ 2 bis 6, 8 daselbst finden auch auf die Erreger solcher Viehseuchen, für die vom Reichskanzler die Anzeigepflicht, sei es auch nur für einen Teil des Reichsgebiets, besonders eingeführt ist, und auf Material, das diese Erreger enthält, Anwendung.

---

[1]) Die im Reichs-Gesetzbl. als Anlage D wiedergegebene Bekanntmachung wird hier nicht abgedruckt.

c) Bei der Versendung (§§ 7, 8 daselbst) müssen größere Organe und kleinere Tierkadaver, die lebende Seuchenerreger enthalten oder zu enthalten verdächtig erscheinen, in starke, dichte, sicher verschlossene Behälter verpackt werden. Die Tierkörper und Körperteile müssen in ein mit einem geeigneten Desinfektionsmittel durchtränktes Tuch eingehüllt und in den Behälter mit aufsaugenden Stoffen (Torfmull, Kleie, Holzmehl, Watte oder dergleichen) fest und derart eingebettet sein, daß ein Durchsickern von Flüssigkeit verhindert wird. Bei Sendungen, die Rotzerreger enthalten oder zu enthalten verdächtig sind, muß der Behälter in eine starke dichte Überkiste verpackt sein. Der Zwischenraum zwischen beiden muß mit aufsaugenden Stoffen fest ausgefüllt sein.

17. Herstellung und Verwendung von Impfstoffen.

(§ 17 Nr. 17 des Gesetzes.)

§ 78. Wer gewerbsmäßig zum Zwecke des Verkaufs Impfstoffe herstellen will, die zum Schutze gegen Viehseuchen oder zu deren Heilung bestimmt sind, bedarf hierzu der Erlaubnis der Landesregierung. Die Erlaubnis darf nur an solche Personen erteilt werden, welche die erforderliche Zuverlässigkeit und Sachkunde nachweisen.

§ 79. Dem Erlaubnisgesuche sind eine Beschreibung und Pläne der baulichen und sonstigen technischen Einrichtungen der Anstalt beizufügen; auch sind darin diejenigen Impfstoffe zu bezeichnen, die hergestellt werden sollen, ferner ihre Wirkungs- und Prüfungsweise sowie die Art der Haltbarmachung und die Dauer ihrer Wirksamkeit anzugeben.

Die Erteilung der Erlaubnis ist davon abhängig zu machen, daß die baulichen und sonstigen technischen Einrichtungen der Anstalt den an die Herstellung, Aufbewahrung und den Vertrieb der Impfstoffe zu stellenden Anforderungen genügen, und daß die nötigen Vorkehrungen getroffen sind, um eine Verschleppung von Viehseuchenerregern wirksam zu verhüten.

§ 80. Die Erlaubnis gilt nur für die genehmigten Impfstoffe. Wenn der Unternehmer außer den nach § 79 angemeldeten noch weitere Impfstoffe herstellen und verkaufen will, so hat er hierfür erneut die Erlaubnis einzuholen.

Die Erlaubnis ist von der Landesregierung zurückzunehmen und, wenn aus Handlungen oder Unterlassungen des Unternehmers der Mangel derjenigen Eigenschaften, die bei der Erteilung der Erlaubnis nach § 78 vorausgesetzt werden mußten, klar erhellt, oder wenn die baulichen oder sonstigen technischen Einrichtungen der Anstalt den Anforderungen nicht mehr genügen.

§ 81. Für bestehende Anstalten ist die im § 78 vorgesehene Erlaubnis binnen 2 Monaten nach Inkrafttreten des Gesetzes nachzusuchen. Die Landesregierung kann für die Erfüllung der zu stellenden Anforderungen eine Frist bis zu 6 Monaten gewähren.

§ 82. Der Betrieb der Anstalten unterliegt der amtstierärztlichen Überwachung nach näherer Bestimmung der Landesregierung. Die Tiere, die zur Gewinnung von Impfstoffen bestimmt sind, müssen frei von übertragbaren Krankheiten sein und vor ihrer Verwendung durch einen Tierarzt untersucht werden. Die Veräußerung oder anderweitige Verwertung von Tieren, die zur Herstellung von Impfstoffen gedient haben, kann von einer amtstierärztlichen Untersuchung abhängig gemacht oder sonstigen Beschränkungen unterworfen werden.

§ 83. Die Landesregierung kann die Abgabe oder Anwendung bestimmter Impfstoffe verbieten oder von dem Ergebnis einer staatlichen Prüfung abhängig machen.

§ 84. Die Impfstofferzeugungsanstalten sind verpflichtet, über die Herstellung der Impfstoffe Listen zu führen die über die Art der Gewinnung Aufschluß geben.

§ 85. Die Landesregierung bezeichnet die Bedingungen für die Zulassung von Impfstoffen zur staatlichen Prüfung, das Verfahren, nach dem die Prüfung der Impfstoffe vorzunehmen ist, sowie die zur Vornahme der Prüfung berechtigten Stellen und kann über die Art der Verwendung der Impfstoffe Bestimmung treffen.

§ 86. Von einer Anstalt, die der staatlichen Prüfung unterstellte Impfstoffe in den Verkehr bringt, dürfen gleichartige ungeprüfte Impfstoffe nicht abgegeben werden.

Die Gefäße, in denen die staatlich geprüften Impfstoffe in den Verkehr gebracht werden, müssen mit Kennzeichen und Vermerken versehen sein, aus denen die Kontrollnummer, der Tag der staatlichen Prüfung, die Herstellungs- und Prüfungsstätte sowie die längste Zulassungszeit des Impfstoffs zu ersehen sind; auch müssen sie die deutliche Aufschrift tragen: „Staatlich geprüft." Ferner sind den Impfstoffen gedruckte Anweisungen für die Art ihrer Verwendung und Aufbewahrung und die bei ihrer Anwendung etwa besonders zu beachtenden Vorsichtsmaßregeln beizugeben.

§ 87. Die Einfuhr von Impfstoffen aus dem Ausland kann, soweit sie nicht auf Grund des § 7 des Gesetzes verboten wird, durch die Landesregierung von einer staatlichen Prüfung abhängig gemacht werden.

§ 88. Impfstoffe, die lebende Erreger von Viehseuchen enthalten, dürfen nur an Tierärzte abgegeben und nur von Tierärzten zur Impfung benutzt werden. Die Landesregierung kann Ausnahmen, insbesondere für wissenschaftliche Anstalten, zulassen.

18. Viehkastrierer.

(§ 17 Nr. 18 des Gesetzes.)

§ 89. An Tieren, die an einer der Anzeigepflicht unterliegenden Seuche (§ 10 des Gesetzes) leiden oder einer solchen Seuche verdächtig sind, dürfen von gewerbsmäßigen Viehkastrierern Kastrationen nicht ausgeführt werden.

§ 90. Gewerbsmäßigen Viehkastrierern ist verboten, Gehöfte zu betreten, in denen Maul- und Klauenseuche, Lungenseuche des Rindviehs oder Pockenseuche der Schafe herrschen oder die wegen dieser Seuchen gesperrt sind. Desgleichen ist ihnen die Kastration von Tieren aus solchen Gehöften untersagt.

Ferner ist den gewerbsmäßigen Viehkastrierern verboten, in Gehöften, in denen Milzbrand, Rauschbrand, Wild- und Rinderseuche, Rotz, Schweineseuche, Schweinepest, Rotlauf der Schweine einschließlich des Nesselfiebers (Backsteinblattern), Geflügelcholera oder Hühnerpest herrschen oder die wegen einer dieser Seuchen gesperrt sind, die gesperrten Ställe zu betreten und die Kastration an Tieren vorzunehmen, die aus solchen Gehöften stammen und für die betreffende Seuche empfänglich sind.

Bei Schweineseuche und Schweinepest ist jedoch den gewerbsmäßigen Viehkastrierern die Vornahme von Kastrationen an ansteckungsverdächtigen Schweinen, in Seuchengehöften aber nur außerhalb des gesperrten Stalles und unter der Bedingung zu gestatten, daß die Kastrierer vor dem Verlassen des Seuchengehöfts Hände, Arme, Kleider, Schuhzeug, und die zur Kastration benutzten Instrumente reinigen und desinfizieren.

§ 91. Ob und inwieweit die Vorschriften im § 90 auf andere der Anzeigepflicht unterstellte Seuchen (§ 10 des Gesetzes) Anwendung zu finden haben, wird durch die Landesregierung bestimmt.

§ 92. Nach Ausführung der innerhalb eines Gehöfts (Viehbestandes) vorgenommenen Kastrationen haben sich die gewerbsmäßigen Viehkastrierer die Hände und Arme mit warmem Wasser und Seife zu waschen und ihre Kleider sowie das Schuhzeug durch sorgfältiges Abbürsten mit Seifenwasser zu reinigen. Die zur Kastration benutzten Instrumente sind gründlich zu reinigen und in jedem Falle durch Einlegen in eine Desinfektionsflüssigkeit zu desinfizieren. Als Desinfektionsflüssigkeit empfiehlt sich verdünntes Kresolwasser (vgl. § 11 Abs. 1 Nr. 4 der Anweisung für das Desinfektionsverfahren).

§ 93. Gewerbsmäßige Viehkastrierer haben ein Kontrollbuch zu führen, aus dem hervorgeht, wann und in welchen Orten und Gehöften sie Kastrationen vorgenommen haben. Das Kontrollbuch ist 1 Jahr lang, von der letzten Eintragung an gerechnet, aufzubewahren und den Polizeibeamten und den beamteten Tierärzten auf Verlangen zur Einsicht vorzulegen.

II. Vorschriften zur Bekämpfung der einzelnen Seuchen.

(§§ 18 bis 61, 78 des Gesetzes.)

1. Milzbrand, Rauschbrand, Wild- und Rinderseuche.

A. Milzbrand.

I. Schutzmaßregeln.

§ 94. Ist der Ausbruch des Milzbrandes oder der Verdacht dieser Seuche festgestellt, so hat die Polizeibehörde die Absonderung, nötigenfalls auch die Bewachung der milzbrandkranken oder der Seuche verdächtigen Tiere anzuordnen (§ 19 Abs. 1, 4 des Gesetzes).

Sofern sich die Absonderung nicht wirksam durchführen läßt, kann die Polizeibehörde die Sperre des Stalles oder sonstigen Standorts, wo sich ein milzbrandkrankes oder der Seuche verdächtiges Tier befindet, anordnen (§ 22 Abs. 1, 4 des Gesetzes).

§ 95. Stellt der beamtete Tierarzt den Ausbruch des Milzbrandes oder den Verdacht dieser Seuche in Abwesenheit der Polizeibehörde fest, so hat er die sofortige vorläufige Absonderung der milzbrandkranken oder der Seuche verdächtigen Tiere, nötigenfalls auch deren Bewachung, anzuordnen. Von diesen Anordnungen, die dem Besitzer oder dessen Vertreter entweder zu Protokoll oder durch schriftliche Verfügung zu eröffnen sind, hat der beamtete Tierarzt unverzüglich der Polizeibehörde Mitteilung zu machen.

§ 96. Erfolgt die Ermittlung des Milzbrandes oder des Milzbrandverdachts an einem gefallenen oder getöteten

Tiere und erklärt der Besitzer oder dessen Vertreter bei Mitteilung des amtstierärztlichen Befundes sofort, daß er das Gutachten eines anderen Tierarztes einzuholen beabsichtige, so ist der Kadaver nach Anweisung des beamteten Tierarztes unter sicherem Verschluß oder unter polizeilicher Überwachung auf Kosten des Besitzers so lange aufzubewahren, bis ihn der vom Besitzer zugezogene Tierarzt untersucht hat. Die Untersuchung ist jedoch mit möglichster Beschleunigung, und zwar spätestens binnen 2 Tagen vorzunehmen. Die Polizeibehörde kann diese Frist abkürzen, wenn sich die Untersuchung nach Lage der Verhältnisse ohne Schwierigkeit in kürzerer Zeit ausführen läßt. Nach Beendigung der Untersuchung oder nach fruchtlosem Ablauf der Frist ist der Kadaver sofort unschädlich zu beseitigen.

§ 97. Die Polizeibehörde und der beamtete Tierarzt haben dafür Sorge zu tragen, daß der Besitzer oder der Vertreter des Besitzers der milzbrandkranken oder der Seuche verdächtigen Tiere über die Empfänglichkeit des Menschen für Milzbrand, über die gefährlichen Folgen eines unvorsichtigen Umgehens mit solchen Tieren und der Benutzung ihrer Erzeugnisse sowie über die beim Umgehen mit milzbrandkranken oder der Seuche verdächtigen Tieren zu beobachtenden Vorsichtsmaßregeln in geeigneter Weise belehrt wird.

Für milzbrandkranke oder der Seuche verdächtige Tiere sind tunlichst eigene Wärter zu bestellen und besondere Futter- und Tränkgeschirre sowie besondere Stallgerätschaften zu verwenden.

Personen, die Verletzungen an den Händen oder an anderen unbedeckten Körperteilen haben, dürfen zur Wartung solcher Tiere nicht verwendet werden.

Räumlichkeiten, in denen sich solche Tiere befinden, dürfen, abgesehen von Notfällen, ohne polizeiliche Genehmigung nur von dem Besitzer der Tiere oder der Räumlichkeiten, von dessen Vertreter, von den mit der Beaufsichtigung, Wartung und Pflege der Tiere betrauten Personen und von Tierärzten betreten werden.

Die Räumlichkeiten dürfen von Personen mit bloßen Füßen nicht betreten werden.

§ 98. Tiere, die an Milzbrand erkrankt oder dieser Seuche verdächtig sind, dürfen nicht geschlachtet werden. Als Schlachtung gilt in diesem Falle jede mit Blutentziehung verbundene Tötung eines Tieres auch ohne darauffolgende Zerlegung.

§ 99. Heilversuche an milzbrandkranken oder der Seuche verdächtigen Tieren dürfen nur von Tierärzten vorgenommen werden.

Die Vornahme blutiger Operationen an solchen Tieren ist nur Tierärzten gestattet und darf erst nach der Absonderung der Tiere stattfinden.

§ 100. Milch, Haare, Wolle milzbrandkranker oder der Seuche verdächtiger Tiere sind unschädlich zu beseitigen.

§ 101. Die Kadaver und Kadaverteile (Fleisch, Häute, Blut, Eingeweide, Hörner, Klauen usw.) gefallener oder getöteter milzbrandkranker oder der Seuche verdächtiger Tiere müssen sofort nach Anweisung des beamteten Tierarztes unschädlich beseitigt werden.

Das Abhäuten der Kadaver ist verboten.

Eine Öffnung der Kadaver darf ohne polizeiliche Erlaubnis nur von Tierärzten oder unter deren Leitung vorgenommen werden.

Bis zu ihrer unschädlichen Beseitigung sind die Kadaver oder Kadaverteile nach amtstierärztlicher Anweisung dicht zu bedecken und tunlichst unter sicherem Verschlusse so aufzubewahren, daß ihre Berührung durch Tiere oder Menschen und eine anderweitige Verschleppung von Krankheitskeimen nach Möglichkeit vermieden wird. Die Bewachung der Kadaver oder Kadaverteile kann von der Polizeibehörde angeordnet werden.

Zum Wegschaffen der Kadaver oder Kadaverteile sollen möglichst nur solche Fahrzeuge oder Behältnisse verwendet werden, die für Blut und tierische Abgänge undurchlässig sind. Beim Transport müssen die natürlichen Körperöffnungen der Kadaver durch Einschieben von Werg, Tuchstücken oder dergleichen gegen das Abfließen von Blut möglichst dicht abgeschlossen werden; auch müssen die Kadaver oder Kadaverteile so dicht zugedeckt sein, daß sie für Fliegen unzugänglich sind.

Die Vorschriften im § 97 Abs. 3, 5 finden auch bei dem Transport, der Zerlegung und der unschädlichen Beseitigung der Kadaver oder Kadaverteile sinngemäß Anwendung.

§ 102. Ist in dem Rinder- oder Schafbestand eines Gehöfts oder einer Weide oder in einer aus Rindern oder Schafen mehrerer Gehöfte bestehenden Herde Milzbrand festgestellt, so kann angeordnet werden, daß vor dem Erlöschen der Seuche (§ 106) kein Tier des Bestandes oder der Herde ohne polizeiliche Erlaubnis lebend oder tot aus dem Gehöft, aus der Weide oder über die Grenzen der Feldmark ausgeführt oder, abgesehen von Notfällen, geschlachtet werden darf.

Wird die Erlaubnis zur Überführung von Tieren in einen anderen Polizeibezirk erteilt, so ist die Polizeibehörde des Bestimmungsorts von dem bevorstehenden Eintreffen der Tiere rechtzeitig zu benachrichtigen.

§ 103. Die Benutzung verseuchter Weideflächen, ferner die gemeinschaftliche Benutzung verseuchter Brunnen, Tränken und Schwemmen durch Tiere, die für Milzbrand empfänglich sind, kann verboten werden.

II. Impfung.

§ 104. Nach näherer Anordnung der Landesregierung kann die Impfung der für Milzbrand empfänglichen Tiere, für die eine besondere Seuchengefahr vorliegt, polizeilich angeordnet werden. Solche Impfungen sind vom beamteten Tierarzt auszuführen.

Schutzimpfungen, die nicht auf polizeiliche Anordnung erfolgen, dürfen nur von Tierärzten vorgenommen werden und sind von diesen alsbald der Polizeibehörde anzuzeigen.

Mit ansteckungsfähigen Erregern des Milzbrandes geimpfte Tiere dürfen während einer Woche nach der Impfung nur mit polizeilicher Genehmigung ausgeführt oder, abgesehen von Notfällen, geschlachtet werden.

III. Desinfektion.

§ 105. Die von milzbrandkranken oder der Seuche verdächtigen Tieren benutzten Standplätze, bei gehäuftem Auftreten der Seuche nach dem Ermessen des beamteten Tierarztes auch die Ställe oder Stallabteilungen, sind zu desinfizieren; die Ausrüstungs-, Gebrauchs- sowie sonstige Gegenstände, von denen anzunehmen ist, daß sie den Ansteckungsstoff des Milzbrandes enthalten — § 15 Abs. 2 der Anweisung für das Desinfektionsverfahren —, sind zu desinfizieren oder unschädlich zu beseitigen, soweit nicht eine Verwendung nach § 15 Abs. 4 dieser Anweisung gestattet wird. Der beamtete Tierarzt hat die Desinfektion abzunehmen.

Auch Personen, die mit milzbrandkranken oder der Seuche verdächtigen Tieren oder mit deren Kadavern oder Kadaverteilen in Berührung gekommen sind (vgl. § 15 Abs. 1 der Anweisung für das Desinfektionsverfahren), haben sich zu desinfizieren.

IV. Aufhebung der Schutzmaßregeln.

§ 106. Der Milzbrand gilt als erloschen, und die angeordneten Schutzmaßregeln sind aufzuheben, wenn

a) sämtliche für Milzbrand empfänglichen Tiere des Bestandes gefallen, getötet oder entfernt worden sind,
oder

b) binnen 2 Wochen nach Beseitigung der Genesung der milzbrandkranken oder der Seuche verdächtigen Tiere kein neuer Milzbrand- oder Milzbrandverdachtsfall in dem Bestande vorgekommen ist, und

c) in beiden Fällen die Desinfektion vorschriftsmäßig ausgeführt und durch den beamteten Tierarzt abgenommen ist.

Die Frist von 2 Wochen (Abs. 1 unter b) kann mit Zustimmung des beamteten Tierarztes auf 1 Woche herabgesetzt werden, wenn die gefährdeten Tiere nach einem von der Landesregierung anerkannten Verfahren geimpft worden sind.

V. Anwendung der Maßregeln auf Wild.

§ 107. Die Vorschriften des § 101 finden auch beim Ausbruch des Milzbrandes unter Wildbeständen auf die Kadaver des gefallenen oder getöteten Wildes Anwendung.

B. Rauschbrand.

§ 108. Für den Rauschbrand gelten die für den Milzbrand erlassenen Bestimmungen mit Ausnahme der Vorschriften im § 94 Abs. 2, § 97 Abs. 1, 3, 5, § 101 Abs. 6 und mit der Maßgabe, daß an Stelle der Vorschrift im § 101 Abs. 2 folgende Bestimmung tritt:

> Das Abhäuten der Kadaver ist verboten. Es kann jedoch unter der Bedingung gestattet werden, daß es in Abdeckereien erfolgt. Die Verwertung der Häute ist nur unter der Voraussetzung zu genehmigen, daß sie sofort durch ein von der Landesregierung zugelassenes Verfahren unter polizeilicher Überwachung desinfiziert werden. Diese Vorschrift gilt auch für die Verwertung der Häute von Tieren, bei denen der Rauschbrand erst nach der Abhäutung festgestellt worden ist.

C. Wild- und Rinderseuche.

§ 109. Für die Wild- und Rinderseuche gelten die für den Milzbrand erlassenen Bestimmungen mit Ausnahme der Vorschriften im § 97 Abs. 1, 3, 5, § 101 Abs. 6, § 104, § 106 Abs. 2.

2. Tollwut.

I. Verfahren bei Tollwut der Hunde.

§ 110. Hunde, die von der Tollwut befallen oder der Seuche verdächtig sind, müssen von dem Besitzer oder demjenigen, unter dessen Aufsicht sie stehen, sofort getötet oder bis zu polizeilichem Einschreiten abgesondert und in einem sicheren Behältnis, wenn möglich unter fester Ankettung, eingesperrt werden.

Ist ein Mensch von einem der Seuche verdächtigen Hunde gebissen worden, so ist der Hund, wenn dies ohne Gefahr geschehen kann, nicht zu töten, sondern zur amtstierärztlichen Untersuchung einzusperren.

Wenn der Transport eines der Seuche verdächtigen Hundes zum Zwecke der sicheren Einsperrung unvermeidlich ist, so muß der Hund in einem geschlossenen Behältnis, wenn möglich unter fester Ankettung, befördert oder, sofern ein solches Behältnis nicht zu beschaffen ist, mit einem festsitzenden, das Beißen verhütenden Maulkorb versehen an der Leine geführt werden.

Die Kadaver getöteter oder verendeter wutkranker oder wutverdächtiger Hunde sind bis zur amtstierärztlichen Untersuchung sicher und vor Witterungseinflüssen geschützt aufzubewahren.

§ 111. Die Polizeibehörde hat sofort zu veranlassen, daß Hunde, die auf Grund des § 110 eingesperrt worden sind, amtstierärztlich untersucht werden.

Läßt die amtstierärztliche Untersuchung Zweifel über den Zustand eines Hundes, so muß die Einsperrung in der Regel auf 1 Woche, nötigenfalls auf 2 Wochen, ausgedehnt werden. Nach Ablauf dieser Fristen und vor Aufhebung der angeordneten Schutzmaßregeln ist der Hund einer erneuten amtstierärztlichen Untersuchung zu unterwerfen.

Der Besitzer eines unter Beobachtung gestellten Hundes oder sein Vertreter hat das Auftreten verdächtiger Krankheitserscheinungen an dem Hunde oder dessen Verenden der Polizeibehörde ohne Verzug anzuzeigen und den Kadaver gemäß § 110 Abs. 4 aufzubewahren.

Wenn der Besitzer vor Ablauf der Beobachtungsfrist durch amtstierärztliche Bescheinigung nachweist, daß der Verdacht beseitigt ist, so sind die Einsperrung und polizeiliche Beobachtung schon vorher wieder aufzuheben.

§ 112. Für Hunde, bei denen die Tollwut oder der Verdacht der Seuche amtstierärztlich festgestellt ist, ist die sofortige Tötung polizeilich anzuordnen. Wenn ein der Seuche verdächtiger Hund einen Menschen gebissen hat, so kann angeordnet werden, daß das Tier, sofern dies ohne Gefahr geschehen kann, in einem sicheren Behältnis, wenn möglich unter fester Ankettung, eingesperrt und bis zur Bestätigung oder Beseitigung des Verdachts polizeilich beobachtet wird.

Ferner ist die sofortige Tötung aller derjenigen Hunde anzuordnen, von denen feststeht oder anzunehmen ist, daß sie mit wutkranken Tieren oder der Seuche verdächtigen Hunden oder Katzen in Berührung gekommen sind. Ausnahmsweise kann für solche Hunde statt der Tötung eine mindestens 3 monatige Einsperrung gestattet werden, falls sie nach dem Ermessen der Polizeibehörde mit genügender Sicherheit durchzuführen ist und der Besitzer des Hundes die daraus und aus der polizeilichen Überwachung erwachsenden Lasten trägt.

Die polizeiliche Genehmigung zur Einsperrung eines der Ansteckung verdächtigen Hundes (Abs. 2) ist an die weitere Bedingung zu knüpfen, daß der Besitzer der Polizeibehörde mindestens alle 4 Wochen eine amtstierärztliche Bescheinigung über den Gesundheitszustand des Hundes sowie darüber einreicht, daß die Fortsetzung der Einsperrung ohne Gefahren für Menschen und Tiere durchführbar ist. Wird diese Bedingung nicht eingehalten, oder werden die angeordneten Einsperrungsmaßregeln nicht genau befolgt, so ist die sofortige Tötung des Hundes anzuordnen.

Der Besitzer eines mit polizeilicher Genehmigung eingesperrten Hundes oder dessen Vertreter hat das Auftreten verdächtiger Krankheitserscheinungen an dem Hunde oder dessen Verenden der Polizeibehörde sofort anzuzeigen und im letzteren Falle den Kadaver gemäß § 110 Abs. 4 aufzubewahren.

§ 113. Ist ein wutkranker oder der Seuche verdächtiger Hund verendet oder getötet worden oder ist ein nach § 112 Abs. 2 eingesperrter Hund verendet, so hat die Polizeibehörde sofort seine Zerlegung durch den beamteten Tierarzt zu veranlassen.

Von der Zerlegung kann abgesehen werden, wenn nach amtstierärztlichem Gutachten das Vorhandensein der Tollwut schon zweifellos feststeht.

§ 114. Ist ein wutkranker oder der Seuche verdächtiger Hund frei umhergelaufen, so muß die Festlegung (Ankettung oder Einsperrung) aller in dem gefährdeten Bezirke vorhandenen Hunde, auch wenn sie erst nach Anordnung der Sperre in diesen Bezirk eingebracht werden, auf die Dauer von mindestens 3 Monaten — von der diese Maßregel begründenden Wahrnehmung oder Feststellung an — angeordnet werden.

Diese Anordnung kann auch in den Fällen getroffen werden, in denen die Tollwut in einer bis dahin seuchenfreien Gegend bei einem Hunde festgestellt wurde, der nicht frei umhergelaufen ist.

Es kann angeordnet werden, daß die angeketteten oder eingesperrten Hunde so abgesondert werden, daß fremde Hunde mit ihnen nicht in Berührnng kommen können (§ 19 Abs. 1, 4 des Gesetzes).

Der Festlegung ist das Führen der mit einem sicheren Maulkorb versehenen Hunde an der Leine gleich zu erachten. Auch kann für minder gefährdete Bezirksteile zugelassen werden, daß die Hunde entweder ohne Maulkorb an der Leine geführt werden oder mit Maulkorb unter gewissenhafter Überwachung frei laufen dürfen.

Zu dem gefährdeten Bezirk im Sinne des Abs. 1 gehören

alle Ortschaften, in denen der wutkranke oder der Seuche verdächtige Hund gewesen ist, und in der Regel auch die bis zu 10 km von diesen Ortschaften (Seuchenorten) entfernten Orte einschließlich ihrer Gemarkungen. Unter besonderen Verhältnissen oder in solchen Gegenden, in denen die Tollwut eine größere Verbreitung gefunden hat, können jedoch auch solche Ortschaften und Gemarkungen als gefährdet angesehen werden, die weiter als 10 km von den Seuchenorten entfernt liegen. Die hiernach in Betracht kommenden Sperrbezirke sind nicht lediglich nach der Entfernung der Ortschaften und Gemarkungen vom Seuchenort abzugrenzen, sondern unter Berücksichtigung der örtlichen Verhältnisse möglichst in Anlehnung an natürliche oder geographische Grenzen (Flußläufe, Seen, Höhenzüge, Waldungen, Moore und dergleichen) zu bilden.

Die Ausfuhr von Hunden aus dem gefährdeten Bezirk ist nur mit polizeilicher Genehmigung nach vorheriger tierärztlicher Untersuchung gestattet. Wird die Genehmigung zur Ausfuhr eines Hundes erteilt, so ist die Polizeibehörde des Bestimmungsorts von dem bevorstehenden Eintreffen des Tieres rechtzeitig zu benachrichtigen. Während der Überführung und am Bestimmungsort ist der Hund den gleichen Beschränkungen zu unterwerfen, die für ihn zur Zeit der Ausfuhr am Herkunftsorte vorgeschrieben waren.

Die Benutzung der Hunde zum Ziehen kann unter der Bedingung gestattet werden, daß sie dabei fest angeschirrt und mit einem sicheren Maulkorb versehen werden. Die Verwendung von Hirtenhunden zur Begleitung von Herden und von Jagdhunden bei der Jagd ohne Maulkorb und Leine kann gestattet werden. Außer der Zeit des Gebrauchs unterliegen diese Hunde jedoch den in den Abs. 1, 4 enthaltenen Vorschriften.

Es kann angeordnet werden, daß Hunde, die den vorstehenden Bestimmungen zuwider umherlaufend betroffen werden, sofort zu töten sind.

Für die im Dienste der Polizei verwendeten Hunde können für die Dauer des Dienstgebrauchs Ausnahmen von den Vorschriften dieses Paragraphen zugelassen werden.

§ 115. Den Ausbruch der Tollwut hat die Polizeibehörde auf ortsübliche Weise und in dem für ihre amtlichen Veröffentlichungen bestimmten Blatte bekannt zu machen.

Ferner hat die Polizeibehörde jeden in ihrem Bezirke festgestellten ersten Ausbruch der Tollwut sofort den Polizeibehörden aller dem Seuchenorte benachbarten deutschen Gemeinden mitzuteilen.

Es kann angeordnet werden, daß an den Ausgängen der in dem gefährdeten Bezirke vorhandenen Bahnhöfe, Schiffsanlegestellen usw. Tafeln mit der deutlichen und haltbaren Aufschrift „Hundesperre" leicht sichtbar anzubringen sind.

Ist anzunehmen, daß ein wutkranker oder der Seuche verdächtiger Hund in einen anderen Bezirk übergelaufen ist, so hat die Polizeibehörde auch den in Betracht kommenden deutschen Polizeibehörden ohne Rücksicht auf Kreis-, Bezirks- oder Landesgrenze unter Beschreibung des Hundes (Größe, Farbe, Rasse, besondere Kennzeichen) und Angabe der von dem Hunde vermutlich eingeschlagenen Richtung sofort Mitteilung zu machen. Die beteiligten Polizeibehörden haben hierauf Nachforschungen nach dem Verbleibe des Hundes anzustellen.

Für besonders gefährdete Gegenden kann nach Anordnung der Landesregierung eine Anzeige über das Vorhandensein, den Ab- und Zugang oder über Ortsveränderungen von Hunden vorgeschrieben werden.

§ 116. In den von Tollwut gefährdeten Gegenden kann angeordnet werden, daß Hunde, die der Vorschrift des § 34 zuwider ohne vorschriftsmäßiges Halsband frei umherlaufen, sofort zu töten sind.

II. Verfahren bei Tollwut der Katzen.

§ 117. Die Vorschriften der §§ 110 bis 113, § 114 Abs. 1, 2, 5, 6, 8, § 115 Abs. 1, 2, 3 finden auf Katzen, die von der Tollwut befallen oder der Seuche oder der Ansteckung verdächtig sind, mit der Maßgabe sinngemäß Anwendung, daß für ansteckungsverdächtige Katzen die im § 112 Abs. 2 Satz 2 zugelassene Ausnahme vom Tötungszwange nicht gilt.

In dem gefährdeten Bezirke, der den im § 114 Abs. 5 als Regel vorgesehenen Umfang nicht überschreiten soll, ist auch die Festlegung der Hunde nach § 114 anzuordnen.

III. Verfahren bei Tollwut anderer Haustiere.

§ 118. Für andere Haustiere, bei denen die Tollwut festgestellt wird, ist die sofortige Tötung polizeilich anzuordnen.

§ 119. Der Seuche verdächtige andere Haustiere müssen von dem Besitzer oder demjenigen, unter dessen Aufsicht sie stehen, sofort getötet oder bis zu polizeilichem Einschreiten in einem sicheren Behältnis eingesperrt werden. Die Polizeibehörde hat hierauf sinngemäß nach den §§ 111, 118 zu verfahren.

§ 120. Andere Haustiere, von denen feststeht oder anzunehmen ist, daß sie mit wutkranken oder der Seuche verdächtigen Tieren in Berührung gekommen sind, die aber Erscheinungen der Tollwut noch nicht zeigen, müssen sofort und für die Dauer der Gefahr mit den in den §§ 122, 123 bezeichneten Wirkungen unter polizeiliche Beobachtung gestellt werden.

§ 121. Die Dauer der Gefahr (§ 120) ist für Pferde und Rinder auf 6 Monate, für Schafe, Ziegen und Schweine auf 3 Monate zu bemessen.

§ 122. Während der Dauer der polizeilichen Beobachtung darf ein Wechsel des Standorts der Tiere ohne polizeiliche Genehmigung nicht stattfinden. Im Falle eines Wechsels ist die Beobachtung an dem neuen Standort fortzusetzen.

Wenn die Erlaubnis zur Überführung der Tiere in einen andern Polizeibezirk erteilt wird, so muß die Polizeibehörde des Bestimmungsorts zur Fortsetzung der Beobachtung von dem bevorstehenden Eintreffen der Tiere rechtzeitig benachrichtigt werden.

§ 123. Die Benutzung und der Weidegang der unter polizeiliche Beobachtung gestellten Tiere sind gestattet. Der Besitzer der Tiere oder sein Vertreter hat jedoch von dem Auftreten von Krankheitserscheinungen, die den Ausbruch der Tollwut befürchten lassen, der Polizeibehörde ungesäumt Anzeige zu erstatten. Im übrigen ist nach § 119 zu verfahren.

Das Schlachten der unter polizeiliche Beobachtung gestellten Tiere ist gestattet (vergleiche jedoch § 125). Im Falle der Schlachtung sind Körperteile, an denen sich verdächtige Wunden oder Narben befinden, unschädlich zu beseitigen.

IV. Maßregeln, die bei Tollwut aller Arten von Tieren Anwendung zu finden haben.

§ 124. Vor polizeilichem Einschreiten dürfen bei wutkranken oder der Seuche verdächtigen Tieren keinerlei Heilversuche angestellt werden.

§ 125. Das Schlachten wutkranker oder der Seuche verdächtiger Tiere und jeder Verkauf oder Verbrauch einzelner Teile, der Milch oder sonstiger Erzeugnisse solcher Tiere sind verboten.

§ 126. Die Kadaver der gefallenen oder getöteten wutkranken oder der Seuche verdächtigen Tiere müssen sofort unschädlich beseitigt werden.

Das Abhäuten solcher Kadaver ist verboten.

Die Zerlegung der Kadaver darf nur von Tierärzten oder unter ihrer Leitung vorgenommen werden.

§ 127. Die Standplätze wutkranker oder der Seuche verdächtiger Tiere sind zu desinfizieren, die Ausrüstungs-, Gebrauchs- sowie sonstigen Gegenstände, die mit solchen Tieren in Berührung gekommen sind (§ 17 der Anweisung für das Desinfektionsverfahren), sind zu desinfizieren oder unschädlich zu beseitigen.

3. Rotz.

A. Pferde.

I. Allgemeine Vorschriften.

§ 128. Ist der Ausbruch des Rotzes oder der Verdacht dieser Seuche festgestellt, so haben die Polizeibehörde und der beamtete Tierarzt sobald als möglich Ermittlungen darüber anzustellen, wie lange die verdächtigen Erscheinungen schon bestanden haben, ob, an wen und wohin seit dem vermutlichen Bestehen des Rotzes oder der verdächtigen Erscheinungen Pferde aus dem Bestande verkauft oder sonst weggegeben worden sind, ferner, ob die kranken oder der Seuche verdächtigen Pferde mit anderen Pferden Berührung gehabt und namentlich Fütterungs- oder Tränkeinrichtungen gemeinsam benutzt haben, ob und wo sie erworben und in wessen Besitze sie früher gewesen sind.

Nach dem Ergebnis dieser Ermittlungen sind die erforderlichen Maßregeln ohne Verzug zu treffen und nötigenfalls die beteiligten Polizeibehörden in Kenntnis zu setzen.

§ 129. Ist anzunehmen, daß eine Verbreitung des Rotzes stattgefunden hat, so kann eine amtstierärztliche Untersuchung sämtlicher Pferdebestände in dem Seuchenort und dessen Umgegend oder in Ortsteilen angeordnet werden. Im gleichen Falle kann auch die gemeinschaftliche Benutzung von Brunnen, Tränken oder Schwemmen durch Pferde verschiedener Bestände verboten werden.

§ 130. Die Polizeibehörde und der beamtete Tierarzt haben dafür Sorge zu tragen, daß der Besitzer oder der Vertreter des Besitzers eines rotzkranken oder der Seuche verdächtigen Pferdes auf die Gefahr der Ansteckung von Menschen durch unvorsichtigen Verkehr mit dem kranken Tiere aufmerksam gemacht wird. Der Wärter eines solchen Pferdes ist von jeder Dienstleistung bei anderen Pferden auszuschließen und darf nicht in dem Seuchenstalle schlafen. Personen, die Verletzungen an den Händen oder anderen unbedeckten Körperteilen haben, dürfen zur Wartung rotzkranker und der Seuche verdächtiger Pferde nicht verwendet werden.

§ 131. Stellt der beamtete Tierarzt den Ausbruch des Rotzes oder den Verdacht dieser Seuche in Abwesenheit der Polizeibehörde fest, so hat er die sofortige vorläufige Einsperrung und Absonderung der kranken oder der Seuche verdächtigen Pferde anzuordnen. Die gleichen Maßnahmen können von ihm auch für die der Ansteckung verdächtigen Tiere angeordnet werden. Die getroffenen vorläufigen Anordnungen sind dem Besitzer der Pferde oder dessen Vertreter entweder zu Protokoll oder durch schriftliche Verfügung zu eröffnen, auch ist davon der Polizeibehörde unverzüglich Mitteilung zu machen.

§ 132. Die Polizeibehörde hat von jedem ersten Seuchenverdacht und von jedem ersten Seuchenausbruch in einer Ortschaft sowie von dem Verlauf und von dem Erlöschen der Seuche dem Generalkommando desjenigen Armeekorps sowie dem Vorstand desjenigen landesherrlichen oder Staatsgestüts, in dessen Bezirke der Seuchenort liegt, sofort schriftlich Mitteilung zu machen. Ist der Seuchenort ein Truppenstandort, so ist die Mitteilung auch dem Gouverneur, Kommandanten oder Garnisonältesten zu machen.

§ 133. Das Schlachten rotzkranker oder der Seuche verdächtiger Pferde ist verboten.

§ 134. Die Kadaver gefallener oder getöteter rotzkranker oder der Seuche verdächtiger Pferde müssen sofort nach Anweisung des beamteten Tierarztes unschädlich beseitigt werden. Bis dahin ist für eine Aufbewahrung Sorge zu tragen, durch die eine Verschleppung von Krankheitskeimen nach Möglichkeit vermieden wird.

Das Abhäuten solcher Kadaver ist verboten.

II. Verfahren mit rotzkranken Pferden.

§ 135. Ist der Rotz bei Pferden festgestellt, so hat die Polizeibehörde, soweit erforderlich nach vorgängiger Ermittlung der zu leistenden Entschädigung, die unverzügliche Tötung der Tiere anzuordnen.

Den Ausbruch des Rotzes hat die Polizeibehörde auf ortsübliche Weise und in dem für ihre amtlichen Veröffentlichungen bestimmten Blatte bekanntzumachen.

Die Polizeibehörde hat außerdem jeden in ihrem Bezirke festgestellten ersten Ausbruch des Rotzes den Polizeibehörden aller dem Seuchenorte benachbarten deutschen Gemeinden unverzüglich mitzuteilen; diese haben den Seuchenausbruch in ihren Bezirken ortsüblich bekanntzumachen.

Der Stall, in dem sich rotzkranke Pferde befinden, ist an der Haupteingangstür oder an einer sonstigen geeigneten Stelle mit der deutlichen und haltbaren Aufschrift „Rotz" leicht sichtbar zu versehen.

§ 136. Bis zu ihrer Tötung sind die rotzkranken Pferde im Stalle abzusondern (§ 19 Abs. 1, 4 des Gesetzes). Der Stall darf zur Unterbringung anderer Pferde nicht benutzt werden.

Die zur Wartung rotzkranker Pferde benutzten Stallgeräte, Krippen, Raufen und sonstigen Gegenstände dürfen vor erfolgter Desinfektion (§ 151) aus dem Absonderungsraume nicht entfernt werden.

§ 137. Die Tötung der rotzkranken Pferde muß an einem von der Polizeibehörde für geeignet erachteten Orte erfolgen. Bei dem Transporte nach diesem Orte muß dafür Sorge getragen werden, daß jede Berührung der rotzkranken Pferde mit anderen Pferden vermieden wird.

III. Verfahren mit der Seuche verdächtigen Pferden.

§ 138. Die Tötung und Zerlegung der der Seuche verdächtigen Pferde sind anzuordnen:

a) wenn von dem beamteten Tierarzt der Ausbruch des Rotzes auf Grund der vorliegenden klinischen Anzeichen oder nach dem Ergebnis der Anwendung eines spezifischen Erkennungsverfahrens (der Agglutination und Komplementablenkung oder der Malleinprobe oder eines anderen vom Reichskanzler oder von der Landesregierung als gleichwertig anerkannten Verfahrens) für wahrscheinlich erklärt wird;

b) wenn durch anderweitige, den Vorschriften des Gesetzes entsprechende Maßregeln ein wirksamer Schutz gegen die Verbreitung der Seuche nach Lage des Falles nicht erzielt werden kann;

c) wenn die beschleunigte Unterdrückung der Seuche im öffentlichen Interesse erforderlich ist.

§ 139. Der Seuche verdächtige Pferde müssen so lange, bis ihre Tötung erfolgt oder ihre Unverdächtigkeit amtstierärztlich bescheinigt ist, der Absonderung im Stalle mit den aus den §§ 140—142 sich ergebenden Wirkungen unterworfen werden.

§ 140. Der Absonderungsraum darf zur Unterbringung anderer Pferde nicht benutzt werden.

Eine Entfernung der der Absonderung unterworfenen Pferde aus dem Absonderungsraume darf nur mit polizeilicher Erlaubnis stattfinden. Ferner dürfen die zur Wartung abgesonderter Pferde benutzten Stallgeräte, Krippen, Raufen und sonstigen Gegenstände vor erfolgter Desinfektion (§ 151) aus dem Absonderungsraume nicht entfernt werden.

Die unter Absonderung gestellten Pferde müssen mindestens alle 2 Wochen amtstierärztlich untersucht werden.

§ 141. Ist ein wegen Seuchenverdachts unter Absonderung gestelltes Pferd verendet oder auf Veranlassung des Besitzers getötet worden, so hat die Polizeibehörde die Zerlegung des Pferdes durch den beamteten Tierarzt anzuordnen.

Der Kadaver eines verendeten oder auf Veranlassung des Besitzers getöteten, unter Absonderung gestellten Pferdes darf ohne polizeiliche Genehmigung weder geöffnet noch beseitigt werden.

§ 142. Werden die unter Absonderung gestellten Pferde

in verbotswidriger Benutzung oder außerhalb der ihnen angewiesenen Räumlichkeiten oder an Orten betroffen, zu denen ihr Zutritt verboten ist, so kann ihre sofortige Tötung angeordnet werden.

IV. Verfahren mit der Ansteckung verdächtigen Pferden.

§ 143. Alle Pferde, die mit rotzkranken oder der Seuche verdächtigen Pferden gleichzeitig in einem Stalle gestanden haben oder sonst in unmittelbare oder mittelbare Berührung gekommen sind, aber noch keine verdächtigen Erscheinungen zeigen, sind in besonderen Stallräumen mit den aus den §§ 144 bis 149 sich ergebenden Wirkungen unter polizeiliche Beobachtung zu stellen.

§ 144. Die unter Beobachtung gestellten Pferde müssen mindestens alle 2 Wochen amtstierärztlich untersucht werden.

Die Landesregierung kann anordnen, daß bei diesen Pferden ein spezifisches Erkennungsverfahren (Agglutination und Komplementablenkung, Malleinprobe oder ein anderes vom Reichskanzler oder von der Landesregierung als gleichwertig anerkanntes Verfahren) alsbald angewandt wird.

Die Dauer der polizeilichen Beobachtung ist auf mindestens 6 Monate festzusetzen. Die polizeiliche Beobachtung kann vor Ablauf der Frist aufgehoben werden, wenn sämtliche Tiere des Bestandes nach dem Ergebnis der Blutuntersuchung auf Agglutination und Komplementablenkung oder einer vom Reichskanzler oder von der Landesregierung sonst als gleichwertig anerkannten Mehrheit von Untersuchungsarten unverdächtig erscheinen.

§ 145. Der Besitzer hat von dem Auftreten verdächtiger Krankheitserscheinungen an einem Pferde der Polizeibehörde ohne Verzug Anzeige zu machen und das erkrankte Pferd sofort von den übrigen abzusondern und im Stalle zu halten.

Die Polizeibehörde hat auf die Anzeige unverzüglich eine amtstierärztliche Untersuchung des Pferdes zu veranlassen.

§ 146. In die Stallräume, in denen die der polizeilichen Beobachtung unterliegenden Pferde untergebracht sind, dürfen andere Pferde nicht eingestellt werden.

Solange die Pferde frei von verdächtigen Erscheinungen befunden werden, ist ihre Benutzung innerhalb der Grenzen des Ortes und der Feldmark unter der Bedingung zu gestatten, daß sie nicht in andere Stallungen eingestellt und nicht mit unverdächtigen Pferden in Berührung gebracht, insbesondere nicht zusammengespannt werden, und daß ferner für sie fremde Futterkrippen, Tränkeimer oder sonstige Gerätschaften nicht benutzt werden.

Der Gebrauch der Pferde außerhalb des Ortes und der Feldmark darf nur mit polizeilicher Erlaubnis stattfinden. Die Erlaubnis darf nur unter den im Abs. 2 angegebenen Bedingungen erteilt werden.

Beim Vorliegen zwingender wirtschaftlicher Gründe kann ausnahmsweise von der höheren Polizeibehörde gestattet werden, daß andere Pferde in die Stallräume der der polizeilichen Beobachtung unterliegenden Pferde eingestellt oder mit ihnen gemeinschaftlich zur Arbeit benutzt werden. Diese Pferde sind alsdann ebenfalls als ansteckungsverdächtig zu behandeln.

Die Gewährung der in den Abs. 3, 4 vorgesehenen Erleichterungen kann von dem Ergebnis eines vorherigen spezifischen Erkennungsverfahrens abhängig gemacht werden. Auch kann die Erleichterung des Abs. 4 an die weitere Bedingung geknüpft werden, daß der Besitzer für die in die Stallungen neu eingestellten oder mit den ansteckungsverdächtigen gemeinschaftlich benutzten Pferde auf die Entschädigungsansprüche, die ihm bei Erkrankung dieser Pferde an Rotz oder bei ihrer Tötung wegen Rotzverdachts etwa zustehen würden, Verzicht leistet.

§ 147. Die Pferde dürfen ohne polizeiliche Erlaubnis nicht in andere Stallungen oder Räumlichkeiten gebracht werden.

Im Falle der mit polizeilicher Erlaubnis bewirkten Überführung ist die Beobachtung in den neuen Stallungen oder Räumlichkeiten fortzusetzen. Die Unterbringung hat dort entsprechend den Bestimmungen des § 143 zu erfolgen.

Wird die Erlaubnis zur Überführung der Pferde in einen anderen Polizeibezirk erteilt, so muß die Polizeibehörde des Bestimmungsorts von dem bevorstehenden Eintreffen der Tiere rechtzeitig benachrichtigt werden.

§ 148. Wenn der Besitzer der Pferde den polizeilichen Anordnungen nicht pünktlich Folge leistet, so fallen die nach § 146 gestatteten Vergünstigungen weg.

§ 149. Ist ein unter Beobachtung gestelltes Pferd verendet oder auf Veranlassung des Besitzers getötet worden, so hat die Polizeibehörde die Zerlegung des Pferdes durch den beamteten Tierarzt anzuordnen.

Der Kadaver eines verendeten oder auf Veranlassung des Besitzers getöteten unter Beobachtung gestellten Pferdes darf ohne polizeiliche Genehmigung weder geöffnet noch beseitigt werden.

§ 150. Die Polizeibehörde kann nach näherer Anordnung der Landesregierung die Tötung der Ansteckung verdächtiger Pferde anordnen, wenn die beschleunigte Unterdrückung der Seuche im öffentlichen Interesse erforderlich ist.

V. Desinfektion.

§ 151. Die Räumlichkeiten, in denen rotzkranke oder der Seuche verdächtige Pferde gestanden haben, sind zu desinfizieren, die Ausrüstungs-, Gebrauchs- sowie sonstige Gegenstände, von denen anzunehmen ist, daß sie den Ansteckungsstoff enthalten (§ 18 Abs. 3 der Anweisung für das Desinfektionsverfahren), sind zu desinfizieren oder unschädlich zu beseitigen. Der beamtete Tierarzt hat die Desinfektion abzunehmen.

Auch Personen, die mit rotzkranken oder der Seuche verdächtigen Tieren in Berührung gekommen sind, haben sich zu desinfizieren.

VI. Aufhebung der Schutzmaßregeln.

§ 152. Die Seuche gilt als erloschen, und die angeordneten Schutzmaßregeln sind aufzuheben, wenn

a) die rotzkranken Pferde gefallen oder getötet, die der Seuche verdächtigen Pferde gefallen, getötet oder von dem beamteten Tierarzt für rotzfrei erklärt worden sind, die der Ansteckung verdächtigen Pferde gefallen oder getötet worden sind oder während der polizeilichen Beobachtung (§ 144 Abs. 3) keine rotzverdächtigen Erscheinungen gezeigt haben und

b) die Desinfektion, soweit sie vorgeschrieben ist, ausgeführt und durch den beamteten Tierarzt abgenommen ist.

Das Erlöschen der Seuche ist wie der Ausbruch öffentlich bekannt zu machen.

B. Andere Einhufer.

§ 153. Den Pferden sind im Sinne der Vorschriften in den §§ 128 bis 152 Esel, Maultiere und Maulesel gleichzustellen.

4. Maul- und Klauenseuche.

I. Vorläufige Maßregeln und Ermittlung.

§ 154. Sobald der Ausbruch der Maul- und Klauenseuche oder der Verdacht des Ausbruchs dieser Seuche in einer bis dahin seuchenfreien Ortschaft durch Anzeige oder sonst zur amtlichen Kenntnis gelangt, hat die Polizeibehörde sofort die Zuziehung des beamteten Tierarztes zu veranlassen und inzwischen folgende vorläufigen Maßregeln zu treffen:

a) Das Klauenvieh des verdächtigen Gehöfts ist in seinen Ställen oder sonstigen Standorten abzusondern (§ 19 Abs. 1, 4 des Gesetzes). Der Zutritt zu den Ställen (Standorten) ist, abgesehen von Notfällen, nur dem Besitzer der Tiere oder der Ställe (Standorte), dessen Vertreter, den mit der Beaufsichtigung, Wartung und Pflege der Tiere betrauten Personen und Tierärzten gestattet.

b) Das verdächtige Gehöft ist in der Weise abzusperren, daß, abgesehen von Notfällen, weder Tiere eingestellt, noch von Klauenvieh stammende Erzeugnisse und Rohstoffe, noch Stallgerätschaften, Dünger, Jauche oder Futter- und Streuvorräte weggebracht werden dürfen. Milch darf nur nach vorheriger Abkochung oder anderer ausreichender Erhitzung (§ 28 Abs. 3) weggegeben werden. Für die Abgabe von Milch an Sammelmolkereien, in denen eine wirksame Erhitzung der gesamten Milch gewährleistet ist, können Ausnahmen zugelassen werden.

c) Ist die Milch des verdächtigen Viehbestandes bisher an eine Sammelmolkerei (§ 26) abgeliefert worden, so ist sofort jedes weitere Weggeben von nicht ausreichend erhitzter Milch aus dieser Molkerei an landwirtschaftliche Betriebe, in denen Klauenvieh gehalten wird, sowie die Verwertung solcher Milch in den eigenen Viehbeständen der Molkerei zu untersagen. Desgleichen ist die Abgabe von roher Milch aus der Molkerei zum Genusse für Menschen zu verbieten, sobald und solange anzunehmen ist, daß Milch aus dem verdächtigen Viehbestand in die abzugebende Milch aufgenommen oder verarbeitet worden ist. Ferner ist anzuordnen, daß die zur Anlieferung der Milch und zur Ablieferung der Milchrückstände benutzten Gefäße aus der Molkerei nicht entfernt werden dürfen, bevor sie desinfiziert sind (§ 11 Abs. 1 Nr. 9, 10 der Anweisung für das Desinfektionsverfahren).

Befindet sich die Molkerei in einem andern Polizeibezirke, so ist die Polizeibehörde dieses Bezirkes unverzüglich von der Sachlage zu benachrichtigen.

Das Wegbringen von Klauenvieh aus der Ortschaft, das Durchtreiben von solchem Vieh sowie das Fahren mit angespannten fremden Wiederkäuern durch die Ortschaft kann verboten werden.

Die vorläufigen Maßregeln sind mit dem Vorbehalt anzuordnen, daß sie sofort außer Wirksamkeit treten, wenn der beamtete Tierarzt feststellt, daß Maul- und Klauenseuche nicht vorliegt und daß auch der Verdacht dieser Seuche nicht begründet ist.

§ 155. Ist der Ausbruch der Maul- und Klauenseuche oder der Verdacht dieser Seuche festgestellt, so haben die Polizeibehörde und der beamtete Tierarzt sobald als möglich Ermittlungen darüber anzustellen,

a) ob das seuchenkranke oder der Seuche verdächtige Vieh neueingestellt ist, oder ob in den letzten 2 Wochen vor dem Auftreten der ersten Krankheitserscheinungen sonst eine unmittelbare oder mittelbare Berührung mit ansteckungsfähigen fremden Tieren stattgefunden hat, oder ob etwa Tiere, die die Seuche überstanden haben, dem Viehbestand einverleibt worden sind, und wer der frühere Besitzer des neu eingestellten oder der Besitzer des fremden Viehes ist;

b) wohin die übrigen Tiere des für die Einschleppung etwa in Betracht kommenden Viehtransports verbracht worden sind;

c) ob seit der Einschleppung oder, falls dieser Zeitpunkt nicht sicher feststellbar ist, in den letzten 2 Wochen vor dem Auftreten der ersten Krankheitserscheinungen Klauenvieh aus dem betroffenen Gehöfte geschlachtet oder ausgeführt oder sonst entfernt worden ist, und wohin das Vieh gekommen ist;

d) ob innerhalb der unter c bezeichneten Frist Klauenvieh des betroffenen Gehöfts mit fremdem Klauenvieh sonst unmittelbar oder mittelbar in Berührung gekommen ist. Bei dieser Ermittlung ist insbesondere auch das Deckregister (§ 35 Abs. 1) einzusehen.

Alle Viehbestände, in denen sich nach den angestellten Ermittlungen der Ansteckung verdächtige Tiere befinden, müssen amtstierärztlich untersucht werden. Zu diesem Zwecke sind die beteiligten Polizeibehörden von der Sachlage unverzüglich zu benachrichtigen. Als der Ansteckung verdächtig gilt

11*

alles Klauenvieh, das mit einem seuchenkranken oder der Seuche verdächtigen Tiere in dem gleichen Gehöfte sich befindet oder in den letzten 2 Wochen befunden hat oder in dieser Zeit nachweislich sonst in unmittelbare oder mittelbare Berührung gekommen ist.

Von den in den Abs. 1, 2 genannten Ermittlungen und Untersuchungen kann in besonderen Fällen mit Genehmigung der höheren Polizeibehörde ganz oder teilweise abgesehen werden.

§ 156. Stellt der beamtete Tierarzt den Ausbruch oder den Verdacht der Maul- und Klauenseuche in Abwesenheit der Polizeibehörde fest, so hat er die sofortige vorläufige Absonderung der erkrankten und verdächtigen Tiere, nötigenfalls auch deren Einsperrung oder Bewachung, anzuordnen. Die getroffenen vorläufigen Anordnungen sind dem Besitzer der Tiere oder dessen Vertreter entweder zu Protokoll oder durch schriftliche Verfügung zu eröffnen, auch ist davon der Polizeibehörde unverzüglich Mitteilung zu machen.

§ 157. Ist anzunehmen, daß in einem Orte eine Verbreitung der Seuche stattgefunden hat, so kann die amtstierärztliche Untersuchung aller für die Seuche empfänglichen Tiere der betreffenden Ortschaft, ihrer Umgegend oder einzelner Ortsteile angeordnet werden.

II. Schutzmaßregeln.

a) Verfahren nach der Feststellung der Seuche.

§ 158. Den Ausbruch der Maul- und Klauenseuche hat die Polizeibehörde auf ortsübliche Weise und in dem für ihre amtlichen Veröffentlichungen bestimmten Blatte bekannt zu machen.

Ferner hat die Polizeibehörde jeden in ihrem Bezirke festgestellten ersten Ausbruch sofort den Polizeibehörden aller dem Seuchenorte benachbarten deutschen Gemeinden mitzuteilen. Diese Polizeibehörden haben den Seuchenausbruch in ihren Bezirken ortsüblich bekannt zu machen.

An den Haupteingängen des Seuchengehöfts und an den Eingängen der Ställe oder sonstigen Standorte, wo sich seuchenkrankes oder der Seuche verdächtiges Klauenvieh befindet, sind Tafeln mit der deutlichen und haltbaren Aufschrift „Maul- und Klauenseuche" leicht sichtbar anzubringen.

§ 159. Wenn die Maul- und Klauenseuche in einer sonst seuchenfreien Gegend nur vereinzelt herrscht, so kann die Tötung der seuchenkranken und der verdächtigen Tiere, soweit erforderlich nach vorgängiger Ermittlung der zu leistenden Entschädigung angeordnet werden, sofern anzunehmen ist, daß die Seuche dadurch getilgt werden kann.

§ 160. Die Schlachtung der Tiere, deren Tötung angeordnet ist, hat unter Beobachtung etwaiger vom beamteten Tierarzt getroffenen Anordnungen und unter seiner Leitung sowie unter polizeilicher Aufsicht im Seuchengehöft oder in anderen geeigneten Gehöften des Seuchenorts zu erfolgen. Ausnahmen von dem Zwange der Schlachtung im Seuchenorte können von der höheren Polizeibehörde zugelassen werden. In diesem Falle ist vor der Überführung der Tiere das Einverständnis der Polizeibehörde des Schlachtorts einzuholen.

Zur Schlachtstätte dürfen die kranken und verdächtigen Tiere nur zu Wagen oder auf Wegen gebracht werden, die weder dem Personenverkehr offenstehen noch von Tieren aus anderen Gehöften betreten werden.

Die veränderten Teile der getöteten seuchenkranken oder der Seuche verdächtigen Tiere einschließlich der Unterfüße samt Haut bis zum Fesselgelenke, des Schlundes, Magens und Darmkanals samt Inhalt sind unschädlich zu beseitigen. Kopf und Zunge sind freizugeben, wenn sie unter amtlicher Aufsicht in kochendem Wasser gebrüht worden sind.

Häute und Hörner der kranken und der verdächtigen Tiere sowie Klauen, Magen- und Darminhalt der gesund befundenen der Ansteckung verdächtigen Tiere, ferner die Transportmittel und die sonst verwendeten Gerätschaften dürfen aus dem Gehöft, in dem die Schlachtung stattgefunden hat, ohne vorherige Desinfektion nicht entfernt werden und sind gleich wie bei der Schlachtung verunreinigten Räumlichkeiten bis zur Vornahme der Desinfektion (§ 175) unter Verschluß zu halten.

Die bei dem Transport und der Schlachtung beteiligten Personen haben sich vor dem Verlassen des Schlachtgehöfts zu desinfizieren (vgl. § 19 Abs. 1 der Anweisung für das Desinfektionsverfahren).

§ 161. Jede verseuchte Ortschaft bildet in der Regel einen Sperrbezirk mit den aus den §§ 162 bis 164 sich ergebenden Wirkungen. Benachbarte, nach ihrer Lage oder ihren Verkehrsverhältnissen besonders stark gefährdete Einzelanwesen, Ortsteile oder Orte sind in den Sperrbezirk einzubeziehen. Unter Umständen kann der Sperrbezirk auf Ortsteile beschränkt werden.

An den Haupteingängen des Sperrbezirkes sind Tafeln mit der deutlichen und haltbaren Aufschrift „Maul- und Klauenseuche-Sperrbezirk. Einfuhr und Durchtreiben von Klauenvieh sowie Durchfahren mit Wiederkäuergespannen verboten" leicht sichtbar anzubringen.

Die Einhaltung der getroffenen Anordnungen ist durch fortgesetzte polizeiliche Überwachung sicherzustellen.

§ 162. Die verseuchten Gehöfte sind gegen den Verkehr mit Tieren und mit solchen Gegenständen, die Träger des Ansteckungsstoffs sein können, in folgender Weise abzusperren:

a) Über die Ställe oder sonstigen Standorte, wo Klauenvieh steht, ist die Sperre zu verhängen (§ 22 Abs. 1, 4 des Gesetzes). Befindet sich das Vieh auf der Weide, so ist in der Regel die Aufstallung anzuordnen. Die abgesperrten Tiere dürfen aus dem Stalle (Standort) mit polizeilicher Erlaubnis zur sofortigen Schlachtung entfernt werden. Auf die Schlachtung finden die Vorschriften des § 160 Anwendung. Jedoch kann von der amtstierärztlichen Leitung der Schlachtung (§ 160 Abs. 1) Abstand genommen werden.

b) Die Verwendung der auf dem Gehöfte befindlichen Pferde und sonstigen Einhufer außerhalb des gesperrten Gehöfts ist zu gestatten, jedoch, insoweit diese Tiere in gesperrten Ställen untergebracht sind, nur unter der Bedingung, daß ihre Hufe vor dem Verlassen des Gehöfts desinfiziert werden.

c) Geflügel ist so zu verwahren, daß es das Gehöft nicht verlassen kann. Für Tauben gilt dies insoweit, als die örtlichen Verhältnisse die Verwahrung ermöglichen.

d) Fremdes Klauenvieh ist von dem Gehöfte fernzuhalten.

e) Das Weggeben von Milch aus dem Gehöft ist an die Bedingung der vorherigen Abkochung oder einer anderen ausreichenden Erhitzung (§ 28 Abs. 3) zu knüpfen. Kann eine wirksame Erhitzung nicht gewährleistet werden, so ist das Weggeben von Milch aus dem Gehöfte zu verbieten. Für die Abgabe von Milch an Sammelmolkereien, in denen eine wirksame Erhitzung der gesamten Milch gewährleistet ist, können Ausnahmen zugelassen werden.

f) Die Entfernung des Düngers aus den verseuchten Ställen und die Abfuhr von Dünger und Jauche von Klauenvieh aus dem verseuchten Gehöfte müssen nach den Vorschriften des § 19 Abs. 3, 4 der Anweisung für das Desinfektionsverfahren erfolgen.

g) Futter und Streuvorräte dürfen für die Dauer der Seuche nur mit polizeilicher Erlaubnis und nur insoweit aus dem Gehöft ausgeführt werden, als sie nachweislich nach dem Orte ihrer Lagerung und der Art des Transports Träger des Ansteckungsstoffs nicht sein können.

h) Gerätschaften, Fahrzeuge, Behältnisse und sonstige Gegenstände müssen, soweit sie mit den kranken oder verdächtigen Tieren oder deren Abgängen in Berührung gekommen sind, desinfiziert werden, bevor sie aus dem Gehöfte herausgebracht werden. Milchtransportgefäße sind nach ihrer Entleerung zu desinfizieren (§ 154 Abs. 1 c, § 168 Abs. 1 e).

Aus zwingenden wirtschaftlichen Gründen können von der Landesregierung Erleichterungen von den Vorschriften dieses Absatzes zugelassen werden.

Die Stallgänge der verseuchten Ställe des Gehöfts, die Plätze vor den Türen dieser Ställe und vor den Eingängen des Gehöfts, die Wege an den Ställen und in den zugehörigen Hofräumen sowie die etwaigen Abläufe aus der Dungstätte oder dem Jauchebehälter sind täglich mindestens einmal mit dünner Kalkmilch zu übergießen. Bei Frostwetter kann an Stelle des Übergießens mit Kalkmilch Bestreuen mit gepulvertem frisch gelöschtem Kalk erfolgen.

Die gesperrten Ställe (Standorte) dürfen, abgesehen von Notfällen, ohne polizeiliche Genehmigung nur von den in § 154 Abs. 1 a bezeichneten Personen betreten werden. Personen, die in abgesperrten Ställen verkehrt haben, dürfen erst nach vorschriftsmäßiger Desinfektion das Seuchengehöft verlassen.

Zur Wartung des Klauenviehs in dem Gehöfte dürfen Personen nicht verwendet werden, die mit fremdem Klauenvieh in Berührung kommen.

Das Abhalten von Veranstaltungen in dem Seuchengehöfte, die eine Ansammlung einer größeren Zahl von Personen im Gefolge haben, kann vor erfolgter Schlußdesinfektion (§ 175) verboten werden.

Auf den an dem Seuchengehöfte vorbeiführenden Straßen können der Transport und die Benutzung von Tieren jeder Art beschränkt werden.

§ 163. Sämtliches Klauenvieh nicht verseuchter Gehöfte des Sperrbezirkes unterliegt der Absonderung im Stalle (§ 19 Abs. 1, 4 des Gesetzes). Jedoch darf das abgesonderte Klauenvieh mit polizeilicher Erlaubnis zur sofortigen Schlachtung entfernt werden. Auf die Schlachtung finden die Vorschriften des § 160 Anwendung. Indessen kann von der amtstierärztlichen Leitung und, sofern unmittelbar vor der Überführung der Tiere zur Schlachtstätte durch amtstierärztliche Untersuchung festgestellt wird, daß der gesamte Klauenviehbestand des betreffenden Gehöfts noch seuchenfrei ist, von den im § 160 Abs. Abs. 2, 4, 5 vorgeschriebenen Transportbeschränkungen und Desinfektionsmaßnahmen Abstand genommen werden. Werden die Tiere mit der Eisenbahn versandt, so sind die dafür benutzten Frachtbriefe und Eisenbahnwagen nach näherer Anweisung der Landesregierung zu kennzeichnen.

Sofern dringende wirtschaftliche Gründe die Aufstallung oder die uneingeschränkte Durchführung der Absonderung des Klauenviehs der nicht verseuchten Gehöfte untunlich erscheinen lassen, können Erleichterungen zugelassen werden.

In diesem Falle dürfen, um die Verwendung der Tiere zur Feldarbeit oder ihren Auftrieb auf die Weide zu ermöglichen oder zu erleichtern, von den Tieren zu benutzende öffentliche Wege vorübergehend gegen den Verkehr auch von Personen gesperrt werden.

Die Absonderung der Tiere ist in der Regel so lange aufrechtzuerhalten, bis aus allen Seuchengehöften sämtliches Klauenvieh beseitigt worden oder die Seuche abgeheilt und in allen Fällen die vorschriftsmäßige Desinfektion (§ 175) bewirkt ist.

Für das Weggeben von Milch können die gleichen Anordnungen getroffen werden wie für die Seuchengehöfte (§ 162 Abs. 1 unter e). Jedoch ist die Abgabe von Milch an Sammelmolkereien, in denen eine ausreichende Erhitzung (§ 28 Abs. 3) der gesamten Milch gewährleistet ist, in der Regel auch ohne vorherige Abkochung oder andere ausreichende Erhitzung zu gestatten.

§ 164. Für den ganzen Bereich des Sperrbezirkes gelten folgende Beschränkungen:

a) Sämtliche Hunde sind festzulegen. Der Festlegung ist das Führen an der Leine und bei Ziehhunden die feste

Anschirrung gleich zu erachten. Die Verwendung von Hirtenhunden zur Begleitung von Herden und von Jagdhunden bei der Jagd ohne Leine kann gestattet werden.

b) Schlächtern, Viehkastrierern sowie Händlern und anderen Personen, die gewerbsmäßig in Ställen verkehren, ferner Personen, die ein Gewerbe im Umherziehen ausüben, ist das Betreten aller Ställe und sonstiger Standorte von Klauenvieh im Sperrbezirke, desgleichen der Eintritt in die Seuchengehöfte verboten. In besonders dringlichen Fällen kann die Polizeibehörde Ausnahmen zulassen.

c) Dünger und Jauche von Klauenvieh, ferner Gerätschaften und Gegenstände aller Art, die mit solchem Vieh in Berührung gekommen sind, dürfen aus dem Sperrbezirke nur mit polizeilicher Erlaubnis unter den polizeilich anzuordnenden Vorsichtsmaßregeln ausgeführt werden.

d) Die Einfuhr von Klauenvieh in den Sperrbezirk sowie das Durchtreiben von solchem Vieh durch den Bezirk ist verboten. Dem Durchtreiben von Klauenvieh ist das Durchfahren mit Wiederkäuergespannen gleichzustellen. Die Einfuhr von Klauenvieh zur sofortigen Schlachtung, im Falle eines besonderen wirtschaftlichen Bedürfnisses auch zu Nutz- oder Zuchtzwecken, kann gestattet werden.

e) Die Ver- und Entladung von Klauenvieh auf den Eisenbahn- und Schiffsstationen im Sperrbezirk ist verboten. Ausnahmen hiervon können von der höheren Polizeibehörde zugelassen werden. Die Vorstände der betroffenen Stationen sind zu benachrichtigen.

§ 165. Um den Sperrbezirk ist in der Regel ein nach der Größe der Gefahr und den örtlichen Verhältnissen zu begrenzendes Beobachtungsgebiet mit den aus den §§ 166, 167 sich ergebenden Wirkungen zu bilden.

§ 166. Aus dem Beobachtungsgebiete darf Klauenvieh ohne polizeiliche Genehmigung nicht entfernt werden. Auch ist das Durchtreiben von Klauenvieh und das Durchfahren mit fremden Wiederkäuergespannen durch das Beobachtungsgebiet verboten.

Die Ausfuhr von Klauenvieh zum Zwecke der Schlachtung ist, wenn die frühestens 48 Stunden vor dem Abgang der Tiere vorzunehmende tierärztliche Untersuchung ergibt, daß der gesamte Viehbestand des Gehöfts noch seuchenfrei ist, zu gestatten, und zwar:

a) nach Schlachtstätten in der Nähe liegender Orte;

b) nach in der Nähe liegenden Eisenbahnstationen oder Häfen (Schiffsanlegestellen) zur Weiterbeförderung nach Schlachtviehhöfen und öffentlichen Schlachthäusern, vorausgesetzt, daß diesen die Tiere auf der Eisenbahn oder mit dem Schiffe unmittelbar oder von der Entladestation aus zu Wagen zugeführt werden.

Für den Transport nach in der Nähe liegenden Orten, Eisenbahnstationen oder Häfen (Schiffsanlegestellen) kann angeordnet werden, daß er zu Wagen oder auf solchen Wegen erfolgt, die von anderem Klauenvieh nicht betreten werden. Durch Vereinbarung mit der Eisenbahn- oder sonstigen Betriebsverwaltung und, soweit nötig, durch polizeiliche Begleitung ist dafür Sorge zu tragen, daß eine Berührung mit anderem Klauenvieh, sofern dies nicht gleichfalls aus einem Beobachtungsgebiete stammt, auf dem Transporte nicht stattfinden kann. Die für die Versendung benutzten Frachtbriefe und Eisenbahnwagen sind nach näherer Anweisung der Landesregierung zu kennzeichnen. Auch ist die Polizeibehörde des Schlachtorts von dem bevorstehenden Eintreffen der Tiere rechtzeitig zu benachrichtigen.

Die Ausfuhr von Klauenvieh zu Nutz- oder Zuchtzwecken darf nur mit Genehmigung der höheren Polizeibehörde erfolgen. Diese Genehmigung darf nur unter der Bedingung erteilt werden, daß eine frühestens 24 Stunden vor dem Abgang der Tiere vorzunehmende amtstierärztliche Untersuchung die Seuchenfreiheit des gesamten Viehbestandes des Gehöfts ergibt, und daß sich die Polizeibehörde des Bestimmungsorts mit der Einfuhr einverstanden erklärt hat. Am Bestimmungsorte sind die Tiere auf die Dauer von mindestens 1 Woche der polizeilichen Beobachtung (§ 19 Abs. 1, 4 des Gesetzes) zu unterstellen. Auf den Transport und die Anmeldung der Tiere finden die Bestimmungen des Abs. 2 sinngemäß Anwendung.

§ 167. Im ganzen Bereiche des Beobachtungsgebiets kann der gemeinschaftliche Weidegang von Klauenvieh aus den Beständen verschiedener Besitzer und die gemeinschaftliche Benutzung von Brunnen, Tränken und Schwemmen für Klauenvieh verboten werden. In besonders gefährdeten Teilen des Beobachtungsgebiets kann die Festlegung der Hunde (§ 164 Abs. 1a) angeordnet werden.

§ 168. Im Seuchenort und in einem Umkreis von in der Regel mindestens 15 km, der aber nicht lediglich nach der Entfernung der Ortschaften und Gemarkungen vom Seuchenort abzugrenzen, sondern unter Berücksichtigung der örtlichen Verhältnisse zu bilden ist, ist zu verbieten:

a) Die Abhaltung von Klauenviehmärkten, mit Ausnahme der Schlachtviehmärkte in Schlachtviehhöfen, sowie der Auftrieb von Klauenvieh auf Jahr- und Wochenmärkte. Dieses Verbot hat sich auch auf marktähnliche Veranstaltungen zu erstrecken.

b) Der Handel mit Klauenvieh, erforderlichenfalls auch derjenige mit Geflügel, der ohne vorgängige Bestellung entweder außerhalb des Gemeindebezirkes der gewerblichen Niederlassung des Händlers oder ohne Begründung einer solchen stattfindet. Als Handel im Sinne dieser Vorschrift gilt auch das Aufsuchen von Bestellungen durch Händler ohne Mitführen von Tieren und das Aufkaufen von Tieren durch Händler.

c) Die Veranstaltung von Versteigerungen von Klauenvieh. Das Verbot findet keine Anwendung auf Viehversteigerungen auf dem eigenen nicht gesperrten Gehöfte des Besitzers, wenn nur Tiere zum Verkaufe kommen, die sich mindestens 3 Monate im Besitze des Versteigerers befinden.

d) Die Abhaltung von öffentlichen Tierschauen mit Klauenvieh.

e) Das Weggeben von nicht ausreichend erhitzter Milch (§ 28 Abs. 3) aus Sammelmolkereien an landwirtschaftliche Betriebe, in denen Klauenvieh gehalten wird, sowie die Verwertung solcher Milch in den eigenen Viehbeständen der Molkerei, ferner die Entfernung der zur Anlieferung der Milch und zur Ablieferung der Milchrückstände benutzten Gefäße aus der Molkerei, bevor sie desinfiziert sind (vgl. § 11 Abs. 1 Nr. 9, 10 der Anweisung für das Desinfektionsverfahren).

Ausnahmen von den Verboten des Abs. 1 können in besonderen Fällen von der höheren Polizeibehörde zugelassen werden.

Im gleichen Umkreis (Abs. 1) können nachstehende Veranstaltungen verboten oder in der Weise beschränkt werden, daß davon Personen und Tiere aus Sperrbezirken ausgeschlossen sind:

a) Viehmärkte und öffentliche Tierschauen, soweit sie andere Tiergattungen als Wiederkäuer und Schweine betreffen;

b) Jahr- und Wochenmärkte, auch wenn auf ihnen Vieh nicht gehandelt wird;

c) Körungen von Tieren jeder Gattung.

§ 169. Die nach den §§ 163 bis 168 angeordneten Verkehrs- und Nutzungsbeschränkungen sind für die nicht verseuchten Gehöfte des Sperrbezirkes, für das Beobachtungsgebiet und für das nach § 168 abgegrenzte Gebiet aufzuheben, sobald die Gefahr der Seuchenverschleppung für diese Gehöfte oder Gebiete beseitigt ist.

b) Verfahren nach Feststellung eines Verdachts.

§ 170. Wird in einem seuchenfreien Gehöfte der Verdacht der Seuche festgestellt, so sind die im § 162 vorgesehenen Anordnungen zu treffen und so lange aufrechtzuerhalten, bis die Unverdächtigkeit der Tiere amtstierärztlich festgestellt ist.

In besonderen Fällen kann die höhere Polizeibehörde Erleichterungen zulassen.

§ 171. Befinden sich lediglich der Ansteckung verdächtige Tiere in einem nicht verseuchten Gehöfte, so sind sie, wenn möglich in besonderen Stallräumen, auf die Dauer von 2 Wochen der polizeilichen Beobachtung (§ 19 Abs. 1, 4 des Gesetzes) mit der Maßgabe zu unterstellen, daß sie aus den für sie bestimmten Räumlichkeiten mit polizeilicher Erlaubnis zur sofortigen, unter polizeilicher Aufsicht vorzunehmenden Schlachtung unter Beobachtung der Vorschriften des § 163 Abs. 1 entfernt werden dürfen. Ist die Unterbringung in besonderen, eine strenge Absonderung gewährleistenden Stallräumen nicht möglich, so darf aus dem Gehöfte, soweit nicht für einzelne Ställe nach der Erklärung des beamteten Tierarztes die Gefahr einer Seuchenübertragung ausgeschlossen erscheint, Klauenvieh vor der im Abs. 5 vorgeschriebenen Untersuchung nicht ausgeführt werden.

Die Beobachtungsfrist läuft vom Tage der Ausfuhr der Tiere aus dem Seuchengehöft oder der letzten sonstigen Berührung mit einem seuchenkranken oder der Seuche verdächtigen Tiere, jedoch ist die Beobachtung sofort aufzuheben, sobald die Unverdächtigkeit des der Seuche verdächtigen Tieres, das etwa den Anlaß zur Annahme des Ansteckungsverdachts gab, festgestellt ist (§ 170).

Der Besitzer der unter polizeiliche Beobachtung gestellten Tiere hat von dem Auftreten verdächtiger Krankheitserscheinungen der Polizeibehörde sofort Anzeige zu erstatten.

Die Polizeibehörde hat auf die Anzeige ohne Verzug die im § 154 vorgesehenen vorläufigen Maßnahmen zu treffen und ungesäumt den beamteten Tierarzt zuzuziehen.

Nach Ablauf der zweiwöchigen Beobachtungsfrist ist sämtliches Klauenvieh des Gehöfts, in dem sich die der Ansteckung verdächtigen Tiere befinden, amtstierärztlich zu untersuchen. Ergibt sich bei dieser Untersuchung die Unverdächtigkeit aller Tiere, so gilt die polizeiliche Beobachtung als aufgehoben.

c) Besondere Vorschriften für Wiederkäuer und Schweine, die sich auf dem Transport, auf dem Markte, auf Tierschauen oder dergleichen befinden.

§ 172. Wenn der Ausbruch oder der Verdacht der Seuche in Treibherden oder bei Tieren, die sich auf dem Transporte befinden, angezeigt oder festgestellt worden ist, so ist die Weiterbeförderung der kranken und der verdächtigen Tiere zu verbieten und deren Absonderung anzuordnen (§ 19 Abs. 1, 4 des Gesetzes).

Können die Tiere binnen 24 Stunden einen Standort erreichen, wo sie durchseuchen oder abgeschlachtet werden sollen, so kann die Polizeibehörde die Weiterbeförderung dorthin unter der Bedingung gestatten, daß die kranken und verdächtigen Tiere unterwegs weder fremde Gehöfte betreten noch mit anderen Wiederkäuern und Schweinen in Berührung kommen, und daß sie zu Wagen, mit der Eisenbahn oder zu Schiff befördert werden. Die Durchführung dieser Vorschriften ist durch Vereinbarung mit der Eisenbahn- oder sonstigen Betriebsverwaltung und, soweit nötig, durch polizeiliche Begleitung sicherzustellen.

Vor Erteilung der Erlaubnis zur Überführung der Tiere in einen anderen Polizeibezirk ist bei der Polizeibehörde des Bestimmungsorts anzufragen, ob die Tiere dort Aufnahme finden können. Zutreffendenfalls ist die Polizeibehörde des Bestimmungsorts von dem bevorstehenden Eintreffen der Tiere rechtzeitig zu benachrichtigen.

§ 173. Wird der Ausbruch oder der Verdacht der Seuche auf Märkten, Tierschauen oder ähnlichen Veranstaltungen festgestellt, so ist mit den kranken und verdächtigen Tieren nach § 172 Abs. 1 zu verfahren. Jedoch kann von der höheren Polizeibehörde der Abtrieb der verdächtigen, ausnahmsweise auch der kranken Tiere unter den im § 172

Abs. 2, 3 vorgesehenen näheren Bedingungen gestattet werden, deren Erfüllung, wie dort vorgeschrieben, sicherzustellen ist. Bei ansteckungsverdächtigen Tieren kann unter besonderen Umständen die Beförderung mittels Fußtransports zugelassen werden.

Von der vorherigen Anfrage bei der Polizeibehörde des Bestimmungsorts kann bei dem Abtrieb ansteckungsverdächtigen Schlachtviehs von einem Schlachtviehmarkt abgesehen werden, wenn der Abtrieb nach einem öffentlichen Schlachthause zur sofortigen Abschlachtung erfolgen soll, und wenn das Vieh mit dem kranken oder dem seuchenverdächtigen Vieh nicht unmittelbar in Berührung gekommen ist. In diesem Falle ist die Polizeibehörde des Bestimmungsorts unter Mitteilung des Sachverhalts von dem Eintreffen rechtzeitig zu benachrichtigen.

d) Verbotswidrige Benutzung von Tieren.

§ 174. Werden Tiere, über deren Standort die Sperre verhängt ist, oder die abgesondert sind oder der polizeilichen Beobachtung unterstehen, außerhalb der ihnen angewiesenen Räumlichkeit oder an Orten betroffen, zu denen ihr Zutritt verboten ist, so kann ihre sofortige Tötung angeordnet werden.

III. Desinfektion.

§ 175. Die Ställe oder sonstigen Standorte der kranken oder verdächtigen Tiere sind zu desinfizieren, die Ausrüstungs-, Gebrauchs- sowie sonstigen Gegenstände, von denen anzunehmen ist, daß sie den Ansteckungsstoff enthalten (§ 19 Abs. 4 bis 6 der Anweisung für das Desinfektionsverfahren), sind zu desinfizieren oder unschädlich zu beseitigen. Ferner ist eine Desinfektion der durchgeseuchten und sonstigen Tiere, die im Seuchenstall untergebracht waren, vorzunehmen. Der beamtete Tierarzt hat die Desinfektion abzunehmen.

Auch die Personen, die mit den kranken oder verdächtigen Tieren in Berührung gekommen sind, haben sich zu desinfizieren.

Von der Desinfektion kann abgesehen werden,

a) wenn es sich nur um der Ansteckung verdächtiges Klauenvieh in seuchenfreien Gehöften handelt;

b) für Ställe in Seuchengehöften, in denen nur der Ansteckung verdächtiges Klauenvieh gestanden hat, sofern dieses nach Ablauf der im § 176 unter b angegebenen Frist seuchenfrei befunden worden ist.

IV. Aufhebung der Schutzmaßregeln.

§ 176. Die Seuche gilt als erloschen, und die angeordneten Schutzmaßregeln sind aufzuheben, wenn

a) sämtliches Klauenvieh des Seuchengehöfts gefallen, getötet oder entfernt worden ist,

oder

b) binnen 3 Wochen nach Beseitigung der kranken oder seuchenverdächtigen Tiere oder nach amtstierärztlicher Feststellung der Abheilung der Krankheit eine Neuerkrankung nicht vorgekommen,

und

c) in beiden Fällen die Desinfektion vorschriftsmäßig ausgeführt und durch den beamteten Tierarzt abgenommen ist.

Das Erlöschen der Seuche ist in gleicher Weise wie der Ausbruch öffentlich bekannt zu machen.

5. Lungenseuche des Rindviehs.

I. Ermittlung.

§ 177. Ist der Ausbruch der Lungenseuche oder der Verdacht dieser Seuche festgestellt, so haben die Polizeibehörde und der beamtete Tierarzt sobald als möglich Ermittlungen darüber anzustellen, wie lange die verdächtigen Erscheinungen schon bestanden haben, und ob das kranke oder der Seuche verdächtige Tier oder ein anderes Stück des verseuchten oder verdächtigen Rindviehbestandes mit anderem Rindvieh in Berührung gekommen ist. Ferner ist festzustellen, ob und wann Rindvieh aus dem Bestande verendet, geschlachtet, ausgeführt oder sonst entfernt worden und wohin es gekommen ist. Des weiteren ist nachzuforschen, ob und wo die seuchenkranken oder der Seuche verdächtigen und die übrigen Tiere des Bestandes sowie die aus dem verseuchten oder verdächtigen Bestande entfernten Tiere erworben und in wessen Besitz sie früher gewesen sind.

Nach dem Ergebnis dieser Ermittlungen, die in der Regel nicht über einen Zeitraum von mehr als 6 Monaten zurückgreifen sollen, sind die erforderlichen Maßregeln ohne Verzug zu treffen und nötigenfalls die beteiligten Polizeibehörden zu benachrichtigen.

§ 178. Der beamtete Tierarzt hat unverzüglich den gesamten Rindviehbestand des Seuchengehöfts aufzunehmen und die Tiere zu ermitteln, die an der Lungenseuche erkrankt oder der Seuche oder der Ansteckung verdächtig sind.

Die Polizeibehörde kann erforderlichenfalls die Kennzeichnung der Tiere anordnen.

§ 179. Stellt der beamtete Tierarzt den Ausbruch der Lungenseuche oder den Verdacht dieser Seuche in Abwesenheit der Polizeibehörde fest, so hat er die sofortige vorläufige Einsperrung und Absonderung der erkrankten und verdächtigen Tiere, nötigenfalls auch deren Bewachung, anzuordnen. Die getroffenen vorläufigen Anordnungen sind dem Besitzer der Tiere oder dessen Vertreter entweder zu Protokoll oder durch schriftliche Verfügung zu eröffnen, auch ist davon der Polizeibehörde unverzüglich Mitteilung zu machen.

§ 180. Ist anzunehmen, daß eine Verbreitung der Lungenseuche stattgefunden hat, so kann eine amtstierärztliche Untersuchung sämtlicher Rindviehbestände des Seuchenorts, seiner Umgegend oder einzelner Ortsteile angeordnet werden.

§ 181. Wenn in einem bisher seuchenfreien Gehöft ein Tier unter Erscheinungen, die den Ausbruch der Lungenseuche befürchten lassen, erkrankt, nach amtstierärztlichem Gutachten aber nur durch Zerlegung des Tieres Gewißheit darüber zu erlangen ist, ob ein Fall von Lungenseuche vorliegt, so hat die Polizeibehörde die Tötung des Tieres, soweit erforderlich nach vorgängiger Ermittlung der zu leistenden Entschädigung, anzuordnen.

II. Schutzmaßregeln.

a) Verfahren nach Feststellung der Seuche.

§ 182. Den Ausbruch der Lungenseuche hat die Polizeibehörde auf ortsübliche Weise und in dem für ihre amtlichen Veröffentlichungen bestimmten Blatte bekannt zu machen.

Ferner hat die Polizeihörde jeden in ihrem Bezirke festgestellten ersten Ausbruch sofort den Polizeibehörden aller dem Seuchenorte benachbarten deutschen Gemeinden mitzuteilen. Diese Polizeibehörden haben den Seuchenausbruch in ihren Bezirken ortsüblich bekannt zu machen.

An den Haupteingängen des Seuchengehöfts und an den Eingängen der verseuchten Stallungen oder sonstigen Standorte sind Tafeln mit der deutlichen und haltbaren Aufschrift „Lungenseuche" leicht sichtbar anzubringen.

§ 183. Die Polizeibehörde hat, soweit erforderlich nach vorgängiger Ermittlung der zu leistenden Entschädigung, die alsbaldige Tötung der nach dem Gutachten des beamteten Tierarztes an der Lungenseuche erkrankten und der Seuche verdächtigen Tiere anzuordnen.

Die Tötung der Ansteckung verdächtiger Tiere kann durch die höhere Polizeibehörde angeordnet werden.

§ 184. Die an der Lungenseuche erkrankten oder der Seuche verdächtigen Tiere, deren Tötung angeordnet ist, sind unter polizeilicher Aufsicht im Seuchengehöft oder in anderen geeigneten Gehöften des Seuchenorts zu schlachten. Ausnahmen von dem Zwange der Schlachtung im Seuchenorte können von der höheren Polizeibehörde zugelassen werden.

Die Lungen der geschlachteten oder gefallenen lungenseuchekranken Tiere sind unschädlich zu beseitigen.

Das Fleisch lungenseuchekranker Rinder darf vor völligem Erkalten aus dem Schlachtgehöfte nicht ausgeführt werden.

Häute solcher Rinder dürfen aus dem Gehöft oder dem Schlachthaus nur in vollkommen getrocknetem Zustand oder zur unmittelbaren Ablieferung an eine Gerberei ausgeführt werden.

§ 185. Die seuchenkranken und die im Seuchengehöfte befindlichen der Seuche verdächtigen Tiere sind der Absonderung im Stalle (§ 19 Abs. 1, 4 des Gesetzes) zu unterwerfen mit der Maßgabe, daß sie zum Zwecke der Tötung aus dem Stalle (Standort) entfernt werden dürfen.

Das übrige Rindvieh des Seuchengehöfts gilt als der Ansteckung verdächtig. Es darf aus dem Gehöfte nicht entfernt werden, und das Gehöft ist abzusperren mit den aus den §§ 186 bis 190 sich ergebenden Wirkungen. Die Dauer der Absperrung ist auf eine Frist von mindestens 6 Monaten festzusetzen. Die Frist beginnt mit dem Tage, an dem das letzte seuchenkranke Tier beseitigt worden ist.

Der Rindviehbestand des Seuchengehöfts ist mindestens alle 2 Wochen amtstierärztlich zu untersuchen.

§ 186. Die Räumlichkeiten, in denen sich die lungenseuchekranken oder seuchenverdächtigen Tiere befinden, dürfen, abgesehen von Notfällen, ohne polizeiliche Genehmigung nur von dem Besitzer der Tiere oder der Räumlichkeiten, von dessen Vertreter, von den mit der Beaufsichtigung, Wartung und Pflege der Tiere betrauten Personen und von Tierärzten betreten werden.

Personen, die mit den kranken oder seuchenverdächtigen Tieren in Berührung gekommen sind, dürfen erst nach vorschriftsmäßiger Desinfektion das Seuchen- oder Schlachtgehöft verlassen.

Stroh, Heu und andere Futtervorräte, die nach dem Orte ihrer Lagerung als Träger des Ansteckungsstoffs anzusehen sind, dürfen aus dem Seuchengehöfte nicht entfernt werden.

Gerätschaften oder sonstige Gegenstände, die sich in den im Abs. 1 erwähnten Räumlichkeiten befunden haben, dürfen aus dem Gehöfte nicht entfernt werden, bevor sie desinfiziert sind.

§ 187. Gesunde unverdächtige Rinder dürfen in das Seuchengehöft weder eingeführt noch vorübergehend eingestellt werden. Ausnahmen hiervon können von der höheren Polizeibehörde zugelassen werden.

§ 188. Der Besitzer oder dessen Vertreter hat von dem Auftreten verdächtiger Krankheitserscheinungen bei einem der Ansteckung verdächtigen Rinde des Seuchengehöfts der Polizeibehörde sofort Anzeige zu machen und das erkrankte Tier abzusondern.

Die Verpflichtung zur sofortigen Anzeige liegt dem Besitzer auch ob, wenn ein der Ansteckung verdächtiges Tier plötzlich verendet oder notgeschlachtet werden muß.

Auf die Anzeige hat die Polizeibehörde unverzüglich eine amtstierärztliche Untersuchung des Tieres herbeizuführen.

Abgesehen von Notfällen und von den Fällen der polizeilich angeordneten Tötung darf die Schlachtung eines der Ansteckung verdächtigen Tieres nur mit Genehmigung der Polizeibehörde erfolgen. Diese hat die Untersuchung des geschlachteten Tieres durch den beamteten Tierarzt zu veranlassen.

§ 189. Die der Ansteckung verdächtigen Tiere dürfen, solange die amtstierärztliche Untersuchung keine verdächtigen Krankheitserscheinungen ergibt, zur Arbeit verwendet werden, wenn nach amtstierärztlichem Gutachten die Gefahr der Weiterverbreitung der Seuche damit nicht verbunden ist.

Der Weidegang der Tiere ist zu gestatten, wenn die zu beweidende Fläche von dem Rindvieh seuchenfreier Gehöfte nicht benutzt wird und Vorsorge getroffen ist, daß weder auf der Weide noch auf dem Wege dahin eine Berührung der verdächtigen Tiere mit dem Rindvieh anderer Gehöfte stattfinden kann.

Die gemeinschaftliche Benutzung von Brunnen, Tränken und Schwemmen zusammen mit den Rindern seuchenfreier Gehöfte ist verboten.

Um die Verwendung der der Ansteckung verdächtigen Tiere zur Feldarbeit oder ihren Auftrieb auf die Weide zu ermöglichen oder zu erleichtern, dürfen von den Tieren zu benutzende öffentliche Wege vorübergehend gegen den Verkehr auch von Personen gesperrt werden.

§ 190. Die Polizeibehörde kann die Ausfuhr der der Ansteckung verdächtigen Tiere zum Zwecke sofortiger Schlachtung gestatten:

a) nach Schlachtstätten am Orte oder in dessen Umgebung;

b) nach in der Nähe liegenden Eisenbahnstationen oder Häfen (Schiffsanlegestellen) zur Weiterbeförderung nach einem öffentlichen Schlachthaus, vorausgesetzt, daß die Tiere diesem auf der Eisenbahn oder zu Schiff unmittelbar oder von der Entladestation aus zu Wagen zugeführt werden.

Nötigenfalls ist anzuordnen, daß auch die Überführung nach den unter a und b erwähnten Schlachtstätten, Eisenbahnstationen und Häfen zu Wagen erfolgt.

Durch Vereinbarung mit der Eisenbahn- oder sonstigen Betriebsverwaltung und, soweit nötig, durch polizeiliche Begleitung ist dafür Sorge zu tragen, daß eine Berührung mit anderem Rindvieh auf dem Transporte nicht stattfinden kann.

Die Polizeibehörde des Schlachtorts ist von dem bevorstehenden Eintreffen der Tiere rechtzeitig zu benachrichtigen.

Die Schlachtung muß unter polizeilicher Überwachung stattfinden, wenn sie nicht in einem öffentlichen Schlachthaus vorgenommen wird, wo die Schlachtvieh- und Fleischbeschau durch Tierärzte erfolgt. Vom beamteten Tierarzt ist festzustellen, ob und welche Tiere mit der Lungenseuche behaftet waren.

§ 191. Werden verdächtige Tiere in verbotswidriger Benutzung oder außerhalb der ihnen angewiesenen Räumlichkeit oder an Orten, zu denen ihr Zutritt verboten ist, betroffen, so kann ihre sofortige Tötung angeordnet werden.

§ 192. Bricht die Lungenseuche bei Rindvieh auf der Weide aus, so kann dessen Aufstallung angeordnet werden. Andernfalls ist über die Weide, auf der sich die kranken und verdächtigen Tiere befinden, die Sperre zu verhängen (§ 22 Abs. 1, 4 des Gesetzes). Im übrigen ist nach den §§ 182 bis 191 sinngemäß zu verfahren.

An den Eingängen der gesperrten Weide sind Tafeln mit der deutlichen und haltbaren Aufschrift „Lungenseuche" leicht sichtbar anzubringen.

§ 193. Wird die Lungenseuche oder der Verdacht dieser Seuche bei Tieren festgestellt, die sich auf dem Transport befinden, so ist deren Weiterbeförderung zu verbieten und die Tiere sind abzusondern; ebenso ist mit den der Ansteckung verdächtigen Tieren zu verfahren (§ 19 Abs. 1, 4 des Gesetzes).

Können die Tiere innerhalb 24 Stunden einen Standort erreichen, an dem sie zum Zwecke der Absperrung untergebracht oder geschlachtet werden sollen, so kann die Polizeibehörde die Weiterbeförderung dorthin unter der Bedingung gestatten, daß die Tiere unterwegs weder in fremde Gehöfte gebracht werden noch mit anderem Rindvieh in Berührung kommen, und daß sie zu Wagen, mit der Eisenbahn oder zu Schiff befördert werden. Die Durchführung dieser Vorschriften ist durch Vereinbarung mit der Eisenbahn- oder sonstigen Betriebsverwaltung und, soweit nötig, durch polizeiliche Begleitung sicherzustellen.

Vor Erteilung der Erlaubnis zur Überführung in einen anderen Polizeibezirk zum Zwecke der Absperrung ist bei der Polizeibehörde des Bestimmungsorts anzufragen, ob die Tiere dort Aufnahme finden können. Zutreffendenfalls ist die Polizeibehörde des Bestimmungsorts von dem bevorstehenden Eintreffen der Tiere rechtzeitig zu benachrichtigen.

Bei der Überführung in einen anderen Polizeibezirk zum Zwecke der Schlachtung ist nach § 190 Abs. 4, 5 zu verfahren.

§ 194. Ist der Ausbruch der Lungenseuche festgestellt, so kann die höhere Polizeibehörde um das Seuchengehöft (Standort) Beobachtungsgebiete bilden, und zwar

a) ein engeres Beobachtungsgebiet aus dem verseuchten Orte oder Teilen davon mit der Wirkung, daß aus diesem Gebiete die Ausfuhr von Rindvieh nur mit polizeilicher Genehmigung nach tierärztlicher Untersuchung des Bestandes und nur zum Zwecke der Schlachtung nach vorheriger Benachrichtigung der Polizeibehörde des Bestimmungsorts erfolgen darf, und daß das ausgeführte Rindvieh nach der Schlachtung amtstierärztlich untersucht wird;

b) erforderlichenfalls ein weiteres Beobachtungsgebiet mit der Wirkung, daß aus diesem Gebiete Rindvieh nur mit polizeilicher Genehmigung nach tierärztlicher Untersuchung des Bestandes, jedoch ohne weitere Beschränkung, ausgeführt werden darf.

In den Beobachtungsgebieten dürfen Rindviehmärkte nicht abgehalten werden.

Der Verkehr mit Rindvieh auf den in den Beobachtungsgebieten gelegenen Eisenbahnstationen oder auf benachbarten Stationen kann von der höheren Polizeibehörde verboten oder beschränkt werden. Die Eisenbahnverwaltung ist sofort zu benachrichtigen, und die Beschränkung ist öffentlich bekannt zu machen.

Die Beschränkungen des Verkehrs mit Rindvieh in den Beobachtungsgebieten sind aufzuheben, sobald die Gefahr der Seuchenverschleppung aus diesen Gebieten beseitigt ist.

b) Verfahren nach Feststellung eines Verdachts.

§ 195. Der Rindviehbestand eines seuchenfreien Gehöfts ist mit den aus den §§ 196, 197 sich ergebenden Wirkungen unter polizeiliche Beobachtung zu stellen, wenn durch amtliche Erhebungen festgestellt ist,

a) daß sich unter dem Bestand ein Tier befindet, das innerhalb der letzten 90 Tage mit einem seuchenkranken Tiere in Berührung war, oder
b) daß sich unter dem Bestand ein Tier befindet, das innerhalb der letzten 90 Tage mit einem verdächtigen Tiere aus einem verseuchten Bestand in Berührung war, oder
c) daß sich unter dem Bestand ein der Seuche verdächtiges Tier befindet.

Die polizeiliche Beobachtung hat sich im Falle des Abs. 1 unter a auf eine Frist von 6 Monaten, im übrigen auf eine Frist von 90 Tagen zu erstrecken. Die Frist beginnt in den Fällen des Abs. 1 unter a und b mit dem Tage, an dem das Tier mit dem seuchenkranken oder dem verdächtigen Tiere zuletzt in Berührung gewesen ist, im Falle des Abs. 1 unter c mit dem Tage, an dem die verdächtigen Krankheitserscheinungen festgestellt sind.

Wird der Verdacht durch weitere Ermittlungen vor Ablauf der Beobachtungsfrist beseitigt, so ist die polizeiliche Beobachtung sogleich wieder aufzuheben.

Der beamtete Tierarzt hat den unter Beobachtung gestellten Rindviehbestand aufzunehmen.

§ 196. Der Besitzer oder sein Vertreter ist verpflichtet:
a) anderes Rindvieh nicht in die Räumlichkeiten einzustellen, in denen die unter Beobachtung stehenden Tiere untergebracht sind, auch ohne polizeiliche Genehmigung kein Tier des Rindviehbestandes in andere Stallungen oder Gehöfte zu bringen oder schlachten zu lassen;
b) Vorsorge zu treffen, daß fremdes Rindvieh nicht auf das Gehöft kommt;
c) von dem Auftreten verdächtiger Krankheitserscheinungen bei einem Tiere oder von dem Tode eines Tieres des Bestandes der Polizeibehörde sofort eine Anzeige zu machen.

Im Notfall kann der Besitzer ein unter Beobachtung gestelltes Tier ohne polizeiliche Genehmigung schlachten lassen, hat aber dann der Polizeibehörde nach erfolgter Schlachtung sofort Anzeige zu erstatten.

Auf die Anzeige von dem Auftreten verdächtiger Krankheitserscheinungen bei einem der unter polizeiliche Beobachtung gestellten Tiere oder von dem Tode oder der Notschlachtung eines Tieres hat die Polizeibehörde dessen amtstierärztliche Untersuchung anzuordnen. Eine solche Untersuchung hat auch stattzufinden, wenn ein unter polizeiliche Beobachtung gestelltes Tier mit Genehmigung der Polizeibehörde geschlachtet wird.

§ 197. Die Ausfuhr des unter polizeiliche Beobachtung gestellten Rindviehs zum Zwecke sofortiger Schlachtung kann unter den im § 190 angegebenen Bedingungen gestattet werden.

Ferner kann die sofortige Tötung der unter polizeiliche Beobachtung gestellten Tiere angeordnet werden, wenn sie an Orten, zu denen ihr Zutritt verboten ist, betroffen werden.

III. Impfung.

§ 198. Die Lungenseucheimpfung darf nur auf Anordnung der Landesregierung und nur unter Beobachtung der von dieser zu bezeichnenden Schutzmaßregeln erfolgen.

IV. Desinfektion.

§ 199. Die Räumlichkeiten, in denen seuchenkranke oder der Seuche verdächtige Tiere gestanden haben, sind zu desinfizieren, die Ausrüstungs-, Gebrauchs- sowie sonstige Gegenstände, von denen anzunehmen ist, daß sie den Ansteckungsstoff enthalten (§ 20 Abs. 2—5 der Anweisung für das Desinfektionsverfahren), sind zu desinfizieren oder unschädlich zu beseitigen, soweit nicht ihre Verwertung nach § 20 Abs. 5 der genannten Anweisung gestattet ist. Der beamtete Tierarzt hat die Desinfektion abzunehmen.

Auch die Personen, die mit kranken oder der Seuche verdächtigen Tieren in Berührung gekommen sind, haben sich zu desinfizieren.

V. Aufhebung der Schutzmaßregeln.

§ 200. Die Seuche gilt als erloschen, und die angeordneten Schutzmaßregeln sind aufzuheben, wenn

a) der ganze Rindviehbestand gefallen, getötet oder entfernt worden ist,

oder

b) das erkrankte und der Seuche verdächtige Rindvieh beseitigt und unter dem der Ansteckung verdächtigen Vieh (§ 185 Abs. 2) während einer Zeit von mindestens 6 Monaten nach der Beseitigung des letzten Krankheitsfalls eine Neuerkrankung nicht vorgekommen ist,

und

c) in beiden Fällen die Desinfektion vorschriftsmäßig ausgeführt und durch den beamteten Tierarzt abgenommen ist.

Das Erlöschen der Seuche ist wie der Ausbruch öffentlich bekannt zu machen.

6. Pockenseuche der Schafe.

I. Ermittlung.

§ 201. Ist der Ausbruch der Pockenseuche der Schafe oder der Verdacht dieser Seuche festgestellt, so haben die Polizeibehörde und der beamtete Tierarzt so bald als möglich Ermittlungen darüber anzustellen, wie lange die verdächtigen Erscheinungen schon bestanden haben, und ob seit dem vermutlichen Bestehen der Seuche oder der verdächtigen Erscheinungen Schafe aus dem verseuchten oder verdächtigen Bestande verkauft oder sonst entfernt worden sind. Ferner ist festzustellen, wann und wo die an Pocken erkrankten oder der Seuche verdächtigen Schafe mit anderen Schafen in Berührung gekommen, ob und wo sie erworben und in wessen Besitze sie früher gewesen sind.

Nach dem Ergebnis dieser Ermittlungen sind die erforderlichen Maßregeln ohne Verzug zu treffen und nötigenfalls die beteiligten Polizeibehörden zu benachrichtigen.

§ 202. Stellt der beamtete Tierarzt den Ausbruch der Pockenseuche oder den Verdacht dieser Seuche in Abwesenheit der Polizeibehörde fest, so hat er die sofortige vorläufige Einsperrung und Absonderung der erkrankten oder verdächtigen Schafe, nötigenfalls auch deren Bewachung, anzuordnen. Die getroffenen vorläufigen Anordnungen sind dem Besitzer oder dessen Vertreter zu Protokoll oder durch schriftliche Verfügung zu eröffnen, auch ist davon der Polizeibehörde unverzüglich Mitteilung zu machen.

§ 203. Nach Feststellung des ersten Falles von Pockenseuche in einer Ortschaft hat die Polizeibehörde die amtstierärztliche Untersuchung sämtlicher Schafe des Seuchenorts anzuordnen. Bei größeren Ortschaften kann die Untersuchung auf Ortsteile beschränkt werden.

Im Falle größerer Seuchengefahr kann die amtstierärztliche Untersuchung auf die in der Umgegend des Seuchenorts vorhandenen Schafe ausgedehnt werden.

II. Schutzmaßregeln.

a) Verfahren nach Feststellung der Seuche.

§ 204. Den Ausbruch der Pockenseuche hat die Polizeibehörde auf ortsübliche Weise und in dem für ihre amtlichen Veröffentlichungen bestimmten Blatte bekannt zu machen.

Die Polizeibehörde hat auch jeden in ihrem Bezirke festgestellten ersten Ausbruch sofort den Polizeibehörden aller dem Seuchenorte benachbarten deutschen Gemeinden mitzuteilen. Diese Polizeibehörden haben den Seuchenausbruch in ihren Bezirken ortsüblich bekannt zu machen.

An den Haupteingängen des Seuchengehöfts und an den Eingängen der verseuchten Ställe oder sonstigen Standorte sind Tafeln mit der deutlichen und haltbaren Aufschrift „Schafpocken" leicht sichtbar anzubringen.

An den Haupteingängen des Seuchenorts sind Tafeln mit der gleichen Aufschrift leicht sichtbar aufzustellen. In größeren Orten ist die Aufstellung der Tafeln in der Regel auf einzelne Straßen oder Teile des Ortes zu beschränken.

§ 205. Sämtliche Schafe des verseuchten Gehöfts sind im Stalle unterzubringen, und der Stall ist abzusperren mit den aus den §§ 206 bis 213 sich ergebenden Wirkungen.

Ausnahmsweise können die Schafe auf der Weide belassen werden, wenn die Stallsperre besonders schwere wirtschaftliche Schädigungen im Gefolge hat und der Weidegang nach amtstierärztlichem Gutachten eine besondere Gefahr der Seuchenverbreitung nicht bedingt.

§ 206. Die Schafe dürfen aus dem abgesperrten Stalle nicht entfernt werden. Jedoch kann nach der amtstierärztlich festgestellten Abheilung der Pocken in dem Bestande der Weidegang der Schafe unter der Bedingung gestattet werden, daß diese keine Wege und Weiden betreten, die von Schafen aus unverseuchten Gehöften benutzt werden, und daß sie auf der Weide sowie auf dem Wege dahin nicht in die Nähe solcher Schafe kommen. Erforderlichenfalls hat die Polizeibehörde die Hütungsgrenzen für die letzteren und für die verseucht gewesenen Bestände festzusetzen.

Unter den gleichen Bedingungen kann ausnahmsweise der Weidegang schon vor erfolgter Abheilung gestattet werden, wenn die Voraussetzungen des § 205 Abs. 2 vorliegen.

Um den Auftrieb der Schafe aus dem abgesperrten Stalle auf die Weide zu ermöglichen oder zu erleichtern, dürfen die von den Schafen zu benutzenden Wege vorübergehend gegen den Verkehr auch von Personen gesperrt werden.

§ 207. Ställe und sonstige Standorte, wo sich pockenkranke oder verdächtige Schafe befinden, dürfen, abgesehen von Notfällen, ohne polizeiliche Genehmigung nur von dem Besitzer der Tiere oder der Räumlichkeiten, von dessen Vertreter, von den mit der Beaufsichtigung, Wartung und Pflege der Tiere betrauten Personen und von Tierärzten betreten werden.

Zur Wartung und Pflege der kranken oder verdächtigen

Schafe dürfen Personen nicht herangezogen werden, die mit anderen Schafen in Berührung kommen.

Personen, die mit den kranken oder verdächtigen Schafen im Seuchengehöft in Berührung gekommen sind, dürfen erst nach vorschriftsmäßiger Desinfektion das Gehöft verlassen.

§ 208. Die Einfuhr von Schafen in das Seuchengehöft ist verboten. Ausnahmen können in dringenden Fällen von der Polizeibehörde zugelassen werden.

Der Zutritt fremder Schafe zum Seuchengehöft ist verboten und der Besitzer verpflichtet, Vorsorge zu treffen, daß er verhütet wird.

§ 209. Die zu den Schafherden des Seuchengehöfts gehörigen Hunde sind festzulegen, soweit sie nicht zur Begleitung der Herden benutzt werden.

§ 210. Die Kadaver der an der Pockenseuche gefallenen Schafe sind mit Haut und Wolle, ebenso wie die Haut und Wolle von kranken Schafen, die vor Abheilung der Seuche geschlachtet worden sind, sofort unschädlich zu beseitigen.

§ 211. Schafhäute und Wolle dürfen unbeschadet der Vorschriften des § 210 aus dem Seuchengehöfte nur mit polizeilicher Genehmigung ausgeführt werden.

Die Genehmigung ist für Häute nur dann zu erteilen, wenn sie vollkommen trocken sind oder wenn ihre unmittelbare Ablieferung an eine Gerberei erfolgt, für Wolle nur dann, wenn sie in festen Säcken verpackt ist.

Rauhfutter und Stroh, das nach dem Orte seiner Lagerung als Träger des Ansteckungsstoffs anzusehen ist, darf aus dem Seuchengehöfte nicht ausgeführt werden.

Die Ausfuhr von sonstigem Rauhfutter oder Stroh aus dem Seuchengehöfte darf nur mit polizeilicher Genehmigung erfolgen. Vor Erteilung der Genehmigung hat die Polizeibehörde den beamteten Tierarzt darüber zu hören, ob die Ausfuhr unbedenklich ist.

Geräte, die zur Wartung und Pflege der Schafe des Seuchengehöfts benutzt worden sind, dürfen aus dem

Seuchengehöfte nur entfernt werden, wenn sie desinfiziert worden sind.

Der Dünger muß bis zur Ausführung der Desinfektion in dem Seuchenstalle verbleiben. Wird seine Herausschaffung erforderlich, so ist er nach § 21 Abs. 2 der Anweisung für das Desinfektionsverfahren zu behandeln.

§ 212. Für die Schafe des Seuchengehöfts kann ein Wechsel des Gehöfts innerhalb des Ortes oder der Nachbarorte gestattet werden, wenn damit nach der Erklärung des beamteten Tierarztes die Gefahr einer Verschleppung der Seuche nicht verbunden ist.

Die Überführung muß unter den von dem beamteten Tierarzt zu bezeichnenden Sicherheitsmaßregeln erfolgen.

§ 213. Für die Schlachtung noch seuchenfreier Schafe eines verseuchten Bestandes gelten folgende Vorschriften:

Wenn die Schlachtung nicht im Seuchengehöfte selbst vorgenommen wird, so darf mit polizeilicher Genehmigung die Ausfuhr zum Zwecke sofortiger Schlachtung erfolgen:

a) nach Schlachtstätten am Orte oder in dessen Umgebung, wobei die Überführung zu Wagen zu geschehen hat;

b) nach in der Nähe liegenden Eisenbahnstationen, Häfen (Schiffsanlegestellen) zur Weiterbeförderung nach einem öffentlichen Schlachthaus, vorausgesetzt, daß die Tiere diesem auf der Eisenbahn oder zu Schiff unmittelbar oder von der Entladestation aus zu Wagen zugeführt werden.

Der Transport nach den in der Nähe liegenden Eisenbahnstationen oder Häfen (Schiffsanlegestellen) hat zu Wagen zu geschehen. Durch Vereinbarung mit der Eisenbahn- oder sonstigen Betriebsverwaltung und, soweit nötig, durch polizeiliche Begleitung ist dafür Sorge zu tragen, daß eine Berührung mit anderen Schafen auf dem Transport nicht stattfinden kann. Ausnahmsweise kann bei der Ausfuhr der Schafe ein kurzer Fußtransport zugelassen werden, wenn dies ohne Gefahr der Seuchenverschleppung geschehen kann.

Die Polizeibehörde des Schlachtorts ist von dem bevorstehenden Eintreffen der Tiere rechtzeitig zu benachrichtigen.

Die Schlachtung der Schafe muß, sofern sie nicht in einem öffentlichen Schlachthaus vorgenommen wird, wo die Schlachtvieh- und Fleischbeschau durch Tierärzte erfolgt, unter polizeilicher Aufsicht stattfinden.

Die zur Beförderung verwendeten Fahrzeuge sind sofort nach dem Entladen zu desinfizieren.

Mit den Häuten der geschlachteten Schafe ist nach der Vorschrift des § 211 Abs. 1, 2 zu verfahren.

§ 214. Auf die Anzeige des Besitzers oder seines Vertreters von der erfolgten Abheilung der Pocken sind die Schafe ohne Verzug amtstierärztlich zu untersuchen.

§ 215. Nach der amtstierärztlich festgestellten Abheilung der Pocken kann die Polizeibehörde die Ausfuhr aller den Absperrungsmaßregeln unterworfenen Schafe zum Zwecke sofortiger Abschlachtung unter den im § 213 angegebenen Bedingungen gestatten.

§ 216. Wird die Seuche bei Treibherden oder bei Tieren festgestellt, die sich auf dem Transport befinden, so hat die Polizeibehörde die Weiterbeförderung zu verbieten und die Absonderung der Tiere anzuordnen (§ 19 Abs. 1, 4 des Gesetzes).

Auf Antrag des Besitzers kann die Polizeibehörde, wenn die Herden oder Tiere binnen 24 Stunden einen Standort erreichen können, wo sie durchseuchen oder abgeschlachtet werden sollen, die Weiterbeförderung dorthin unter der Bedingung gestatten, daß die Herden oder Tiere unterwegs weder fremde Gehöfte betreten noch mit anderen Schafen in Berührung kommen. Die Polizeibehörde hat in diesem Falle die Sicherungsmaßregeln anzugeben, unter denen die Weiterbeförderung erfolgen darf (vgl. § 213).

Vor Erteilung der Erlaubnis zur Überführung der Herden oder Tiere in einen anderen Polizeibezirk zum Zwecke der Durchseuchung ist bei der Polizeibehörde des Bestimmungsorts anzufragen, ob die Tiere dort Aufnahme finden können. Zutreffendenfalls ist ebenso wie im Falle der Überführung in einen anderen Polizeibezirk zum Zwecke der Schlachtung die Polizeibehörde des Bestimmungsorts von dem bevorstehenden Eintreffen der Tiere rechtzeitig zu benachrichtigen.

§ 217. Bei größerer Seuchengefahr (vgl. § 223) können neben den in den §§ 205 bis 213 für die verseuchten Gehöfte vorgeschriebenen Maßregeln noch folgende Anordnungen für die verseuchten Orte und deren Feldmarken, nötigenfalls auch für ein größeres, ohne Rücksicht auf Feldmarkgrenzen zu bemessendes Gebiet von der Polizeibehörde getroffen werden:

a) Alle Schafe des Seuchenorts sind unter polizeiliche Beobachtung zu stellen mit der Wirkung, daß ihre Ausfuhr nur mit polizeilicher Genehmigung und zum Zwecke der sofortigen Schlachtung unter Einhaltung der Vorschriften des § 213 erfolgen darf.

b) Die Einfuhr von Schafen in den Seuchenort ist nur mit polizeilicher Genehmigung und nur zum Zwecke der sofortigen Schlachtung, in dringenden Fällen auch zu Zuchtzwecken, zu gestatten.

c) Der Auftrieb von Schafen des Seuchenorts auf Wochen- und Viehmärkte ist zu verbieten.

d) Für den Seuchenort und seine Feldmark ist das Treiben von Schafen zu anderen als Weidezwecken zu verbieten. Das Treiben von Schafen aus unverseuchten Gehöften des Seuchenorts zum Weidegang und zur Schlachtung ist unter der Voraussetzung zu gestatten, daß hierbei eine unmittelbare oder mittelbare Berührung mit Schafen aus anderen Ortschaften nicht stattfinden kann.

e) Das Durchtreiben von Schafen durch den Seuchenort und seine Feldmark ist zu verbieten. Die Durchfuhr ist nur mit polizeilicher Genehmigung und nur unter der Bedingung zu gestatten, daß die Transporte in dem Seuchenort und seiner Feldmark nicht anhalten.

f) Die Ausfuhr von Schafhäuten und Schafwolle aus dem Seuchenort ist nur unter den Bedingungen des § 211 Abs. 1, 2 zu gestatten.

g) Die Ausfuhr von Schafdünger über die Grenzen der Feldmark ist zu verbieten.

In großen Ortschaften können die Anordnungen des Abs. 1 auf Teile des Ortes oder der Feldmark beschränkt werden.

§ 218. Für das nach § 217 Abs. 1 abgegrenzte größere Gebiet kann die amtstierärztliche Untersuchung aller Schafe angeordnet und die Zulassung von Schafen zur Verladung auf Eisenbahnstationen an die Bedingung geknüpft werden, daß die Schafe vor der Verladung amtstierärztlich untersucht und hierbei gesund befunden worden sind.

§ 219. Die nach den §§ 217, 218 getroffenen Anordnungen sind wieder aufzuheben, sobald ihre Voraussetzungen weggefallen sind.

b) Verfahren nach Feststellung eines Verdachts.

§ 220. Wenn in einem bis dahin seuchenfreien Schafbestande der Verdacht der Pockenseuche oder der Ansteckung festgestellt ist, so dürfen Schafe aus dem Gehöfte nicht weggebracht werden, und das Gehöft ist mit der im § 221 angegebenen Wirkung abzusperren.

Nach Ablauf einer Frist von 2 Wochen, die im Falle des Seuchenverdachts mit dem Tage beginnt, an dem die verdächtigen Krankheitserscheinungen festgestellt sind, im Falle des Ansteckungsverdachts mit dem Tage, an dem die Tiere mit pockenkranken Schafen zuletzt in Berührung gewesen sind oder der sonstige Verdachtsgrund ermittelt worden ist, hat eine amtstierärztliche Untersuchung sämtlicher Schafe des Bestandes stattzufinden. Wenn sich bei dieser Untersuchung sämtliche Schafe als unverdächtig erweisen, so sind die angeordneten Maßregeln wieder aufzuheben; andernfalls ist die Untersuchung nach 2 Wochen zu wiederholen.

Wird der Verdacht durch amtliche Ermittlungen schon vor

Ablauf der 2wöchigen Frist beseitigt, so müssen die angeordneten Maßregeln sofort wieder aufgehoben werden.

§ 221. Der Standort der abgesperrten Bestände darf ohne polizeiliche Genehmigung nicht gewechselt werden. Ferner dürfen ohne polizeiliche Genehmigung Schafe weder aus den Beständen verkauft, geschlachtet oder sonst entfernt, noch in die Bestände gebracht werden.

In Nötfällen kann die Schlachtung ohne polizeiliche Genehmigung erfolgen. In diesen Fällen ist ebenso wie beim Auftreten verdächtiger Krankheitserscheinungen bei der Ansteckung verdächtigen Tieren und beim Verenden von Tieren in den abgesperrten Beständen der Polizeibehörde sofort Anzeige zu erstatten, worauf diese Behörde unverzüglich eine amtstierärztliche Untersuchung der Tiere zu veranlassen hat.

III. Impfung.

§ 222. Die Polizeibehörde hat die Impfung aller noch seuchenfreien Stücke einer Herde anzuordnen, in der die Pockenseuche festgestellt ist.

Auf den Antrag des Besitzers der Herde oder seines Vertreters kann für die Vornahme der Impfung eine Frist gewährt werden, wenn nach amtstierärztlichem Gutachten mit Rücksicht auf den Zustand der Tiere oder auf äußere Verhältnisse die sofortige Impfung nicht zweckmäßig ist.

Auch kann auf den Antrag des Besitzers oder seines Vertreters von der Anwendung der Impfung ganz Abstand genommen werden, sofern die Abschlachtung der noch seuchenfreien Stücke der Herde binnen 10 Tagen nach Feststellung des Seuchenausbruchs gesichert ist.

§ 223. Gewinnt die Seuche eine größere Ausdehnung oder ist nach den örtlichen Verhältnissen die Gefahr einer Verschleppung der Seuche in die benachbarten Schafherden nicht auszuschließen, so kann die Polizeibehörde die Impfung der von der Seuche bedrohten Herden und aller in demselben Orte befindlichen Schafe anordnen.

§ 224. Außer in dem Falle polizeilicher Anordnung darf eine Impfung der Schafe nicht vorgenommen werden.

§ 225. Die polizeilich angeordnete Impfung muß in allen Fällen, sofern sie nicht von dem beamteten Tierarzt selbst ausgeführt wird, unter amtstierärztlicher Aufsicht erfolgen. Die geimpften Schafe sind in der Zeit vom 9. bis 12. Tage nach der Impfung amtstierärztlich zu untersuchen. Soweit erforderlich, ist ihre sofortige Nachimpfung anzuordnen.

§ 226. Die geimpften Schafe sind rücksichtlich der polizeilichen Schutzmaßregeln den pockenkranken gleich zu behandeln.

IV. Desinfektion.

§ 227. Die Räumlichkeiten und Hürden, in denen sich pockenkranke oder der Seuche verdächtige Schafe befunden haben, sind zu desinfizieren; die Ausrüstungs-, Gebrauchs- sowie sonstige Gegenstände, von denen anzunehmen ist, daß sie den Ansteckungsstoff enthalten (§ 21 Abs. 2 bis 4 der Anweisung für das Desinfektionsverfahren), sind zu desinfizieren oder unschädlich zu beseitigen, soweit nicht ihre Verwendung nach § 21 Abs. 4 der genannten Anweisung gestattet ist. Der beamtete Tierarzt hat die Desinfektion abzunehmen.

Auch die Personen, die mit den pockenkranken oder der Seuche verdächtigen Tieren in Berührung gekommen sind, haben sich zu desinfizieren.

V. Aufhebung der Schutzmaßregeln.

§ 228. Die Seuche gilt als erloschen, und die angeordneten Schutzmaßregeln sind aufzuheben, wenn

a) der ganze Schafbestand gefallen, getötet oder entfernt worden ist, oder

b) binnen 60 Tagen nach Beseitigung der kranken oder seuchenverdächtigen Schafe oder nach der durch den beamteten Tierarzt festgestellten Abheilung der Pocken eine Neuerkrankung nicht vorgekommen ist, und

c) in beiden Fällen die Desinfektion vorschriftsmäßig ausgeführt und durch den beamteten Tierarzt abgenommen ist.

Die Frist von 60 Tagen (Abs. 1 unter b) kann nach näherer Anordnung der Landesregierung auf 8 Tage ermäßigt werden, wenn der ganze Schafbestand einem desinfizierenden Bade unter amtstierärztlicher Aufsicht unterworfen worden ist.

Das Erlöschen der Seuche ist wie der Ausbruch öffentlich bekannt zu machen.

Darüber, daß die Schutzmaßregeln bei einer Treibherde (§ 216) aufgehoben sind, ist dem Führer der Herde auf seinen Antrag eine Bescheinigung auszustellen.

7. Beschälseuche der Pferde, Bläschenausschlag der Pferde und des Rindviehs.

A. Beschälseuche der Pferde.

I. Ermittlung.

§ 229. Ist der Ausbruch der Beschälseuche oder der Verdacht dieser Seuche festgestellt, so haben die Polizeibehörde und der beamtete Tierarzt Ermittlungen darüber anzustellen, welche Pferde mit den erkrankten oder der Seuche verdächtigen Pferden in geschlechtliche Berührung gekommen sind. Die Ermittlungen haben sich in der Regel auf den Zeitraum von mindestens einem Jahre zu erstrecken, sofern nicht festgestellt ist, daß die Möglichkeit einer Ansteckung andere Pferde nur während eines kürzeren Zeitraums bestanden hat.

Nach dem Ergebnis dieser Ermittlungen sind die erforderlichen Maßregeln ohne Verzug zu treffen und nötigenfalls die beteiligten Polizeibehörden zu benachrichtigen.

§ 230. Stellt der beamtete Tierarzt den Ausbruch der Beschälseuche oder den Verdacht dieser Seuche in Abwesenheit der Polizeibehörde fest, so hat er den sofortigen vorläufigen Ausschluß der seuchenkranken oder der Seuche verdächtigen Hengste und Stuten von der Begattung und ihre vorläufige Absonderung von den unverdächtigen Stuten oder Hengsten anzuordnen (vgl. § 235). Die getroffenen vorläufigen Anordnungen sind dem Besitzer oder dessen Vertreter zu Protokoll oder durch schriftliche Verfügung zu eröffnen, auch ist davon der Polizeibehörde unverzüglich Mitteilung zu machen.

§ 231. Die Polizeibehörde hat von jedem ersten Seuchenausbruch und von jedem ersten Seuchenverdacht in einer Ortschaft dem Vorstand desjenigen landesherrlichen oder Staats-Gestüts, in dessen Bezirke der Seuchenort liegt, ferner sämtlichen in Betracht kommenden Beschälstationen und Hengsthaltern (§ 35) sofort Mitteilung zu machen.

§ 232. Ist anzunehmen, daß eine Verbreitung der Beschälseuche stattgefunden hat, so kann eine amtstierärztliche Untersuchung sämtlicher an dem Seuchenort oder in dessen Umgegend vorhandenen Hengste und Stuten und erforderlichenfalls zu diesem Zwecke die Vorführung der Pferde an bestimmten Stellen von der Polizeibehörde angeordnet werden.

II. Schutzmaßregeln.

a) Verfahren nach Feststellung der Seuche.

§ 233. Den Ausbruch der Beschälseuche hat die Polizeibehörde auf ortsübliche Weise und in dem für ihre amtlichen Veröffentlichungen bestimmten Blatte bekannt zu machen.

§ 234. Pferde, die an der Beschälsäuche leiden, dürfen solange nicht zur Begattung zugelassen werden, als nicht durch den beamteten Tierarzt ihre vollständige Heilung und Unverdächtigkeit festgestellt ist.

Die Landesregierung kann die Kennzeichnung dieser Pferde anordnen.

§ 235. Die seuchenkranken Pferde sind, sofern der Besitzer nicht ihre Tötung vorzieht, für die Dauer der sichtbaren Erkrankung und außerdem von dem durch den beamteten

Tierarzt festgestellten Verschwinden der sichtbaren Krankheitserscheinungen an noch für 3 Jahre folgenden Beschränkungen zu unterwerfen:

a) Die seuchenkranken Hengste dürfen nicht mit gesunden Stuten und die seuchenkranken Stuten nicht mit gesunden Hengsten in einem Stallraum untergebracht werden. Der Besitzer hat Anordnungen und Einrichtungen zu treffen, die eine geschlechtliche Berührung der kranken Pferde mit gesunden wirksam verhindern.

b) Ein Wechsel des Gehöfts darf ohne polizeiliche Genehmigung nicht stattfinden. Wird die Genehmigung zur Überführung in einen anderen Polizeibezirk erteilt, so ist die Polizeibehörde des Bestimmungsorts von dem bevorstehenden Eintreffen der Pferde rechtzeitig zu benachrichtigen.

c) Die Kastration seuchenkranker Hengste darf nur von Tierärzten vorgenommen werden.

§ 236. Tritt die Beschälseuche in größerer Ausdehnung auf, so kann die höhere Polizeibehörde für die Dauer der Gefahr

a) im gefährdeten Bezirke die Zulassung von Pferden zur Begattung zeitweise verbieten oder allgemein von einer amtstierärztlichen Untersuchung der Pferde abhängig machen; im letzteren Falle kann sie auch anordnen, daß alle deckfähigen Hengste alle 2 Wochen amtstierärztlich untersucht werden;

b) ein Beobachtungsgebiet bilden, aus dem die Ausfuhr von deckfähigen Hengsten und Stuten nur mit polizeilicher Genehmigung erfolgen darf. Die Genehmigung darf nur auf Grund einer amtstierärztlichen Bescheinigung über die Unverdächtigkeit der Pferde erteilt werden.

Als deckfähig sind in diesen Fällen in der Regel Hengste im Alter von mehr als einem Jahre und Stuten im Alter von mehr als zwei Jahren anzusehen.

b) Verfahren mit der Seuche verdächtigen Pferden.

§ 237. Der Seuche verdächtige Hengste und Stuten dürfen so lange nicht zur Begattung zugelassen werden, als nicht durch den beamteten Tierarzt ihre Unverdächtigkeit festgestellt ist.

§ 238. Die Polizeibehörde hat die der Seuche verdächtigen Pferde mindestens alle 2 Wochen durch den beamteten Tierarzt untersuchen zu lassen.

§ 239. Die Vorschriften des § 235 finden auf die der Seuche verdächtigen Pferde entsprechende Anwendung.

c) Verfahren mit der Ansteckung verdächtigen Pferden.

§ 240. Für Hengste und Stuten, die mit seuchenkranken oder der Seuche verdächtigen Stuten oder Hengsten in geschlechtliche Berührung gekommen sind, aber noch keine sichtbaren Krankheitserscheinungen zeigen, ist für die Dauer von mindestens 1 Jahre seit der Begattung anzuordnen, daß

a) die Pferde zur Begattung nicht zugelassen werden dürfen;
b) ein Wechsel des Gehöfts ohne polizeiliche Genehmigung nicht stattfinden darf.

Wird die Genehmigung zur Überführung in einen anderen Polizeibezirk erteilt, so ist die Polizeibehörde des Bestimmungsorts von dem bevorstehenden Eintreffen der Pferde rechtzeitig zu benachrichtigen.

§ 241. Die Polizeibehörde hat die Pferde in der Regel alle 4 Wochen durch den beamteten Tierarzt untersuchen zu lassen.

Zum Zwecke der Untersuchung kann die Vorführung der Pferde an bestimmten Stellen angeordnet werden.

§ 242. Der Besitzer der Pferde oder sein Vertreter ist verpflichtet, von dem Auftreten verdächtiger Krankheitserscheinungen an einem Pferde, insbesondere von allen Veränderungen an den Geschlechtsteilen, von Anschwellungen in der Haut (Quaddeln), Lähmungserscheinungen und Abmagerung der Polizeibehörde ohne Verzug Anzeige zu machen.

Die Polizeibehörde hat auf die Anzeige eine amtstierärztliche Untersuchung der Pferde anzuordnen.

III. Aufhebung der Schutzmaßregeln.

§ 243. Die nach den Vorschriften der §§ 235 bis 242 angeordneten Schutzmaßregeln sind wieder aufzuheben:

a) für die seuchenkranken Pferde 3 Jahre nach dem durch den beamteten Tierarzt festgestellten Verschwinden der sichtbaren Krankheitserscheinungen;

b) für die der Seuche verdächtigen Pferde, sobald sich nach amtstierärztlichem Gutachten der Verdacht als nicht begründet erwiesen hat;

c) für die der Ansteckung verdächtigen Pferde, wenn sie während der im § 240 angegebenen Frist keine verdächtigen Erscheinungen gezeigt haben, oder sobald die Unverdächtigkeit derjenigen der Seuche verdächtigen Pferde, die mit ihnen in geschlechtliche Berührung gekommen sind, durch den beamteten Tierarzt festgestellt worden ist;

d) für alle kranken oder verdächtigen Hengste sofort nach erfolgter Kastration.

B. Bläschenausschlag der Pferde und des Rindviehs.

§ 244. Pferde oder Rindviehstücke, die an dem Bläschenausschlage der Geschlechtsteile leiden oder dieser Seuche oder der Ansteckung verdächtig sind, dürfen so lange nicht zur Begattung zugelassen werden, als nicht durch den beamteten Tierarzt die vollständige Abheilung und Unverdächtigkeit der Tiere festgestellt ist.

§ 245. Ein Wechsel des Gehöfts der kranken Tiere darf ohne polizeiliche Genehmigung nicht stattfinden.

Wird die Genehmigung zur Überführung in einen anderen Polizeibezirk erteilt, so ist die Polizeibehörde des Bestimmungsorts von dem bevorstehenden Eintreffen der Tiere rechtzeitig zu benachrichtigen.

8. Räude der Einhufer und der Schafe.

A. Räude bei Pferden und Schafen.

I. Ermittlung.

§ 246. Ist der Ausbruch der Räude bei Schafen (dermatocoptes-Räude) festgestellt, so haben die Polizeibehörde und der beamtete Tierarzt Ermittlungen darüber anzustellen, wie lange die verdächtigen Erscheinungen schon bestanden haben, ob die kranken Stücke des verseuchten Bestandes aus einer anderen Herde stammen, und wer ihr früherer Besitzer ist. Ferner ist nachzuforschen, ob seit dem vermutlichen Bestehen der Räude die Herde in fremde Ställe eingestellt gewesen ist, ob Tiere aus der verseuchten Herde mit fremden Schafen in Berührung gekommen sowie, ob Tiere aus der Herde ausgeführt oder sonst entfernt worden und wohin sie gekommen sind.

Nach dem Ergebnis dieser Ermittlungen sind die erforderlichen Maßregeln ohne Verzug zu treffen und nötigenfalls die beteiligten Polizeibehörden zu benachrichtigen.

§ 247. Wenn die Räude bei Schafen in einem Bezirke ständig oder in größerer Ausdehnung herrscht, oder wenn der Verdacht besteht, daß die Seuche verheimlicht wird, so ist die amtstierärztliche Untersuchung aller Schafbestände des verseuchten Bezirkes zu veranlassen.

Diese Untersuchung ist in ständig verseuchten Bezirken jährlich mindestens einmal auszuführen.

II. Schutzmaßregeln.

§ 248. Den Ausbruch der Räude bei Pferden (sarcoptes- oder dermatocoptes-Räude) oder Schafen (dermatocoptes-Räude) hat die Polizeibehörde auf ortsübliche Weise und in dem für ihre amtlichen Veröffentlichungen bestimmten Blatte bekannt zu machen.

§ 249. Ist die Räude bei Pferden oder Schafen festgestellt, so muß der Besitzer die erkrankten und der Seuche verdächtigen Pferde und sämtliche zu dem Bestand oder der Herde, in denen die Räude herrscht, gehörigen Schafe sofort dem Heilverfahren eines Tierarztes unterwerfen, sofern er nicht die Tötung der Tiere vorzieht.

Bei Schafherden, in denen die Räude herrscht, soll die Auswahl des Heilverfahrens dem Besitzer auf dessen Verlangen zunächst überlassen werden. Wird durch das vom Besitzer gewählte Heilverfahren die Räude nicht binnen 3 Monaten nach ihrer Feststellung getilgt, so hat die Polizeibehörde die Anwendung eines bestimmten Heilverfahrens vorzuschreiben.

In Verbindung mit dem Heilverfahren ist eine Desinfektion der Stallungen, der Hürden, der Ausrüstungs-, Gebrauchs- sowie sonstigen Gegenstände, die mit den kranken oder verdächtigen Tieren in Berührung gekommen sind, nach der Vorschrift des § 23 Abs. 1 der Anweisung für das Desinfektionsverfahren auszuführen.

Auf die Anzeige des Besitzers von der Beendigung des Heilverfahrens, bei Schafherden auch ohne dies, sobald 3 Monate seit der Feststellung der Räude verflossen sind, hat die Polizeibehörde eine amtstierärztliche Untersuchung der Pferde oder Schafe zu veranlassen. Die Polizeibehörde kann verlangen, daß der Anzeige eine Bescheinigung des behandelnden Tierarztes über den Erfolg des Heilverfahrens beigefügt wird. Wenn der beamtete Tierarzt das Heilverfahren geleitet hat, kann von einer besonderen amtstierärztlichen Untersuchung abgesehen werden.

Wenn bei der amtstierärztlichen Untersuchung noch Erscheinungen der Räude wahrgenommen werden, so ist der Besitzer der Tiere zur Fortsetzung des Heilverfahrens und zur Wiederholung der im Abs. 3 vorgeschriebenen Desinfektionsmaßnahmen anzuhalten.

§ 250. Die räudekranken und der Seuche verdächtigen Pferde und sämtliche zu dem Bestand oder der Herde, in denen die Räude herrscht, gehörigen Schafe dürfen bis zur Aufhebung der Schutzmaßregeln weder in fremde Ställe gestellt, noch auf eine Weide gebracht werden, die mit Tieren derselben Gattung aus unverseuchten Beständen beweidet wird.

Erforderlichenfalls hat die Polizeibehörde dafür Sorge zu tragen, daß auf den Weideflächen die Hütungsgrenzen für das gesunde und für das kranke Vieh festgestellt und beachtet werden.

Vor Beendigung des Heilverfahrens dürfen räudekranke Pferde innerhalb der Feldmark zur Arbeit verwendet, aber mit gesunden Pferden weder zusammengespannt noch sonst in unmittelbare Berührung gebracht werden.

Geschirre, Decken und Putzzeuge, die bei kranken Pferden benutzt worden sind, dürfen vor erfolgter Desinfektion bei unverdächtigen Pferden nicht verwendet werden.

Ein Wechsel des Gehöfts der räudekranken und der Seuche verdächtigen Pferde und der zu dem Bestand oder der Herde, in denen die Räude herrscht, gehörigen Schafe darf bis zur Aufhebung der Schutzmaßregeln ohne polizeiliche Erlaubnis nicht stattfinden. Die Erlaubnis ist nur dann zu erteilen, wenn nach amtstierärztlichem Gutachten mit dem Wechsel des Standorts die Gefahr einer Seuchenverschleppung nicht verbunden ist.

§ 251. Die Polizeibehörde kann die Ausfuhr der zu einem räudekranken Bestand oder einer räudekranken Herde gehörigen Schafe zum Zwecke sofortiger Schlachtung gestatten:

a) nach Schlachtstätten am Orte und in dessen Umgebung,

b) nach in der Nähe liegenden Eisenbahnstationen oder Häfen (Schiffsanlegestellen) zur Weiterbeförderung nach öffentlichen Schlachthäusern, vorausgesetzt, daß die Tiere diesen auf der Eisenbahn oder zu Schiff unmittelbar oder von der Entladestation aus zu Wagen zugeführt werden.

Durch vorherige Vereinbarung mit der Eisenbahn- oder sonstigen Betriebsverwaltung und, soweit erforderlich, durch polizeiliche Begleitung ist dafür Sorge zu tragen, daß eine Berührung mit anderen Schafen auf dem Transport nicht stattfinden kann.

Erfolgt die Schlachtung in einem anderen Polizeibezirke, so ist die Polizeibehörde des Schlachtorts von dem bevorstehenden Eintreffen der Tiere rechtzeitig zu benachrichtigen.

§ 252. Häute von räudekranken Pferden oder Schafen dürfen aus dem Seuchengehöfte nur in vollkommen getrocknetem Zustand ausgeführt werden, sofern nicht ihre unmittelbare Ablieferung an eine Gerberei erfolgt.

Wolle von räudekranken Schafen darf während der Dauer der Schutzmaßregeln nur in festen Säcken verpackt aus dem Seuchengehöft ausgeführt werden.

Personen, die bei der Wollschur räudekranker Schafe beschäftigt worden sind, dürfen vor einem Wechsel oder vor gründlicher Reinigung der Kleider das Seuchengehöft nicht verlassen.

§ 253. Ist das Heilverfahren bei Pferden nicht binnen 2 Monaten und bei Schafen nicht binnen 4 Monaten nach Feststellung der Seuche beendet, so kann die Polizeibehörde anordnen, daß die Tiere (verseuchten Herden) im Stalle zu halten sind und daß, wenn es sich um verseuchte Schafherden handelt, andere Schafe nicht in den Stall gebracht werden dürfen.

In größeren Städten können räudekranke Pferde von der Polizeibehörde sogleich nach Feststellung der Krankheit bis zur Beendigung des Heilverfahrens der Absonderung im Stalle unterworfen werden (§ 19 Abs. 1, 4 des Gesetzes).

§ 254. Es kann angeordnet werden, daß Ställe und Weideflächen, die von räudekranken Schafen benutzt worden sind, zur Unterbringung von Schafen für eine von der Polizeibehörde zu bestimmende, in der Regel auf 8 Wochen zu bemessende Zeitdauer nicht benutzt werden dürfen.

§ 255. Wird die Seuche bei Pferden, Schafen oder in Schafherden, die sich auf dem Transport, auf Märkten oder in Gastställen befinden, festgestellt, so hat die Polizeibehörde die Absonderung (§ 19 Abs. 1, 4 des Gesetzes) der kranken und der Seuche verdächtigen Pferde sowie sämtlicher zu dem Bestand oder der Herde, in denen die Räude herrscht, ge=

hörigen Schafe bis zur Beendigung des Heilverfahrens anzuordnen, sofern nicht der Besitzer die Tötung der Tiere vorzieht.

Nach Beendigung des Heilverfahrens dürfen die Tiere mit polizeilicher Genehmigung in andere Stallungen oder Gehöfte gebracht werden.

Auf Antrag des Besitzers oder seines Vertreters kann die Polizeibehörde gestatten, daß die nach Abs. 1 der Absonderung zu unterwerfenden Pferde und Schafe zum Zwecke der Heilung oder Schlachtung nach ihrem bisherigen oder einem anderen Standort gebracht werden, falls die Gefahr einer Seuchenverschleppung bei dem Transport durch geeignete Maßregeln beseitigt wird.

Wenn in den Fällen der Abs. 2, 3 die Überführung der Tiere in einen anderen Polizeibezirk stattfindet, so ist die Polizeibehörde des Bestimmungsorts von dem bevorstehenden Eintreffen der Tiere rechtzeitig zu benachrichtigen

III. Desinfektion.

(Vgl. auch § 249 Abs. 3.)

§ 256. Räumlichkeiten und Hürden, in denen sich räudekranke Pferde oder Schafe vor der Einleitung eines Heilverfahrens oder vor ihrer Schlachtung befunden haben, müssen desinfiziert werden.

Der beamtete Tierarzt hat diese Desinfektion und die auf Grund des § 249 Abs. 3 gemäß § 23 Abs 1 der Anweisung für das Desinfektionsverfahren auszuführende Schlußdesinfektion abzunehmen.

IV. Aufhebung der Schutzmaßregeln.

§ 257. Die Seuche gilt als erloschen, und die angeordneten Maßregeln sind aufzuheben, wenn

a) die räudekranken und die der Seuche verdächtigen Pferde oder sämtliche zu dem Bestand oder der Herde, in denen die Räude herrschte, gehörigen Schafe gefallen, getötet oder entfernt worden sind, auch die Desinfektion vorschriftsmäßig ausgeführt und durch den beamteten Tierarzt abgenommen worden ist (vgl. § 256),

oder

b) nach der Erklärung des beamteten Tierarztes bei Pferden innerhalb 6 Wochen, bei Schafen oder Schafherden innerhalb 8 Wochen nach Beendigung des Heilverfahrens und Ausführung der vorschriftsmäßigen Desinfektion sich keine verdächtigen Krankheitserscheinungen gezeigt haben.

Das Erlöschen der Seuche ist wie der Ausbruch öffentlich bekannt zu machen.

B. Räude bei anderen Einhufern.

§ 258. Die vorstehenden Bestimmungen finden, soweit sie sich auf die Räude der Pferde beziehen, auch auf die sarcoptes- und dermatocoptes-Räude der Esel, Maulesel und Maultiere Anwendung.

9. Schweineseuche und Schweinepest.

Vorbemerkung.

Unter Schweineseuche im Sinne dieser Ausführungsvorschriften sind nur diejenigen Formen der Schweineseuche zu verstehen, die mit erheblichen Störungen des Allgemeinbefindens der erkrankten Tiere verbunden sind (§ 10 Abs. 1 Nr. 9 des Gesetzes). Die Merkmale solcher Störungen sind

a) bei lebenden Tieren: Fieber, stärkere Störung der Futteraufnahme oder große Mattigkeit,

b) bei toten Tieren: Parenchym-Veränderungen (trübe Schwellung oder fettige Entartung) an der Leber, dem Herzmuskel und den Nieren, unter Umständen auch Schwellung sämtlicher Lymphdrüsen und der Milz sowie Gelbfärbung sämtlicher Gewebe.

Werden bei einem geschlachteten oder verendeten Schweine nur der chronischen Schweineseuche eigentümliche Veränderungen der Brustorgane ohne weitere Erscheinungen der unter b angeführten Art gefunden, so fällt dieser Befund nicht unter den Begriff der Schweineseuche.

I. Ermittlung.

§ 259. Ist der Ausbruch der Schweineseuche oder Schweinepest oder der Verdacht dieser Seuchen festgestellt, so haben die Polizeibehörde und der beamtete Tierarzt Ermittlungen darüber anzustellen, wie lange die verdächtigen Erscheinungen schon bestanden haben, ob, wohin und an wen neuerdings Schweine aus dem Bestande verkauft oder sonst entfernt worden sind, ob, wann und wo die kranken oder seuchenverdächtigen oder diejenigen Schweine, auf deren Einbringung in den Bestand der Seuchenausbruch nach Lage der Sache zurückzuführen ist, erworben sind, und wer ihr früherer Besitzer ist.

Nach dem Ergebnis dieser Ermittlungen sind die erforderlichen Maßregeln ohne Verzug zu treffen und nötigenfalls die beteiligten Poltzeibehörden sofort zu benachrichtigen.

§ 260. Sind Schweine unter Erscheinungen der Schweineseuche oder Schweinepest gefallen oder wegen Verdachts dieser Seuchen getötet oder geschlachtet worden, oder finden sich verdächtige Erscheinungen nach der Schlachtung, so sind die Kadaver oder bei geschlachteten Schweinen die für die Feststellung der Seuche erforderlichen Teile (Brust- und Baucheingeweide) bis zur amtstierärztlichen Untersuchung aufzubewahren, wobei jede Berührung der aufbewahrten Stücke mit anderen Tieren oder durch unbefugte Personen zu verhüten ist.

Aus Beständen, bei denen Schweineseuche- oder Schweinepestverdacht besteht, dürfen Schweine vor der amtstierärztlichen Untersuchung nicht abgegeben werden.

§ 261. Ist anzunehmen, daß eine Verbreitung der Schweineseuche oder Schweinepest in einem Orte stattgefunden hat, so kann eine amtstierärztliche Untersuchung sämtlicher Schweinebestände des Seuchenorts oder einzelner Ortsteile angeordnet werden.

§ 262. Stellt der beamtete Tierarzt den Ausbruch der Schweineseuche oder Schweinepest oder den Verdacht dieser Seuchen in Abwesenheit der Polizeibehörde fest, so hat er, soweit tunlich, die sofortige vorläufige Einsperrung und Absonderung der erkrankten und verdächtigen Tiere, nötigenfalls auch deren Bewachung, anzuordnen. Die getroffenen vorläufigen Anordnungen sind dem Besitzer der Schweine oder dessen Vertreter entweder zu Protokoll oder durch schriftliche Verfügung zu eröffnen; auch ist davon der Polizeibehörde unverzüglich Mitteilung zu machen.

II. Schutzmaßregeln.

a) Verfahren nach Feststellung der Schweineseuche oder der Schweinepest oder des Verdachts dieser Seuchen.

§ 263. Ist der Ausbruch der Schweineseuche oder Schweinepest festgestellt, so müssen am Haupteingange des Seuchengehöfts oder an einer anderen geeigneten Stelle und an den Eingängen des verseuchten Stalles oder sonstigen Standorts Tafeln mit der deutlichen und haltbaren Aufschrift „Schweineseuche" oder „Schweinepest" leicht sichtbar angebracht werden.

Die Landesregierung kann ferner anordnen, daß jeder Ausbruch der Schweineseuche oder Schweinepest sofort auf ortsübliche Weise und in dem für amtliche Veröffentlichungen bestimmten Blatte bekannt zu machen ist, und daß in bisher unverseuchten Bezirken jeder erste Seuchenausbruch sofort den Polizeibehörden aller dem Seuchenorte benachbarten deutschen Gemeinden mitzuteilen ist.

§ 264. Die an Schweineseuche oder Schweinepest erkrankten oder dieser Seuchen verdächtigen Tiere sind, soweit tunlich im Stalle, abzusondern (§ 19 Abs. 1, 4 des Gesetzes). Das Gehöft, auf dem sie sich befinden, ist mit den aus den §§ 265 bis 269 sich ergebenden Wirkungen abzusperren.

§ 265. Räumlichkeiten, in denen sich seuchenkranke oder seuchenverdächtige Schweine befinden, dürfen, abgesehen von

Notfällen, ohne polizeiliche Genehmigung nur von dem Besitzer der Tiere oder der Räumlichkeiten, von dessen Vertreter, von den mit der Beaufsichtigung, Wartung und Pflege betrauten Personen und von Tierärzten betreten werden.

Der Besitzer hat Vorsorge zu treffen, daß das Betreten des Gehöfts durch Schweine anderer Besitzer verhütet wird.

§ 266. In dem abgesperrten Gehöfte befindliche Schweine, die verenden, getötet oder geschlachtet werden, dürfen ohne vorgängige Anzeige bei der Polizeibehörde weder verwendet noch beseitigt noch aus dem Gehöft entfernt werden.

Die Kadaver der an Schweineseuche oder Schweinepest gefallenen Schweine sind unschädlich zu beseitigen.

Die Kadaver sind auf Fahrzeugen oder in Behältnissen, die möglichst dicht schließen, zu befördern. Die Fahrzeuge und Behältnisse sind nach jedesmaligem Gebrauche zu desinfizieren.

Gerätschaften, Fahrzeuge, Behältnisse und sonstige Gegenstände müssen, soweit sie mit den kranken oder verdächtigen Tieren oder deren Abgängen in Berührung gekommen sind, desinfiziert werden, bevor sie aus dem Gehöfte herausgebracht werden.

§ 267. Die an Schweineseuche oder Schweinepest erkrankten oder dieser Seuchen oder der Ansteckung verdächtigen Schweine dürfen aus dem abgesperrten Gehöfte nur mit polizeilicher Genehmigung und nur zur sofortigen Schlachtung entfernt werden. Die Schlachtung darf außer auf dem abgesperrten Gehöft in einer am Orte oder in dessen Umgebung befindlichen Schlachtstätte oder in einem öffentlichen Schlachthaus stattfinden.

Die Polizeibehörde hat bei Genehmigung der Ausfuhr von Schweinen zur sofortigen Schlachtung folgende Bedingungen vorzuschreiben:

a) Die aus dem abgesperrten Gehöft ausgeführten Schweine müssen auf Fahrzeugen oder in Behältnissen, die möglichst dicht schließen, oder auf der Eisenbahn oder zu

Schiff befördert werden und dürfen unterwegs weder mit anderen Schweinen in Berührung kommen noch in fremde Gehöfte gebracht werden. Die Durchführung dieser Vorschrift ist durch Vereinbarung mit der Eisenbahn- oder sonstigen Betriebsverwaltung und, soweit nötig, durch polizeiliche Begleitung sicherzustellen.

b) Die Schlachtung der ausgeführten Schweine muß unter polizeilicher Überwachung stattfinden, wenn sie nicht in einem öffentlichen Schlachthaus vorgenommen wird, an dem die Schlachtvieh- und Fleischbeschau durch Tierärzte erfolgt.

c) Die zur Beförderung der Schweine benutzten Fahrzeuge, Behältnisse oder Schiffsräume sind sofort nach dem Entladen zu desinfizieren.

Die Polizeibehörde des Schlachtorts ist von dem bevorstehenden Eintreffen der Tiere rechtzeitig zu benachrichtigen.

Die Polizeibehörde kann nach näherer Anweisung der Landesregierung gestatten, daß aus Beständen, in denen nur die Schweineseuche herrscht,

a) der Ansteckung verdächtige fette Schweine ausgeführt und in den freien Verkehr gebracht werden, wenn die Gesundheit der Schweine durch tierärztliche Bescheinigung nachgewiesen und seit der Untersuchung, auf Grund deren diese Bescheinigung ausgestellt ist, nicht mehr als 2 Tage verflossen sind;

b) andere der Ansteckung verdächtige Schweine unter der gleichen Bedingung zur Fortsetzung der Absperrung in ein anderes Gehöft gebracht werden, sofern dies ohne die Gefahr einer Verschleppung der Seuche geschehen kann. Die Polizeibehörde hat in diesem Falle die Sicherungsmaßregeln zur Verhütung einer Verschleppung der Seuche vorzuschreiben.

§ 268. Die Einfuhr von Schweinen in das abgesperrte Gehöft ist verboten. Sie kann jedoch mit der Maßgabe gestattet werden, daß die neueingeführten Schweine als der Ansteckung verdächtig zu behandeln sind.

§ 269. Wenn in einem Bestande nur die Schweineseuche herrscht, so ist in der Regel der Weidegang der Ansteckung verdächtiger Schweine aus dem Seuchengehöft unter der Bedingung zu gestatten, daß die Tiere dabei keine Wege und Weiden betreten, die von Schweinen aus seuchenfreien Gehöften benutzt werden und daß sie mit solchen Schweinen nicht in Berührung kommen.

§ 270. Wird die Schweineseuche oder Schweinepest oder der Verdacht dieser Seuchen bei Schweinen festgestellt, die sich auf dem Transport befinden, so hat die Polizeibehörde die Weiterbeförderung aller Schweine des Transports zu verbieten und ihre Absonderung (§ 19 Abs. 1, 4 des Gesetzes) anzuordnen, sofern es der Besitzer nicht vorzieht, die Tiere sofort schlachten zu lassen.

Falls die Schweine innerhalb 24 Stunden einen Standort erreichen können, an dem sie durchseuchen oder geschlachtet werden sollen, so kann die Polizeibehörde die Weiterbeförderung dorthin unter der Bedingung gestatten, daß die Schweine auf Fahrzeugen oder in Behältnissen, die möglichst dicht schließen, oder auf der Eisenbahn oder zu Schiff befördert werden, und daß sie unterwegs weder mit anderen Schweinen in Berührung kommen noch auf fremde Gehöfte gebracht werden. Die Durchführung dieser Vorschrift ist durch Vereinbarung mit der Eisenbahn- oder sonstigen Betriebsverwaltung und, soweit nötig, durch polizeiliche Begleitung sicherzustellen.

Vor Erteilung der Erlaubnis zur Überführung in einen anderen Polizeibezirk zum Zwecke der Durchseuchung ist bei der Polizeibehörde des Bestimmungsorts anzufragen, ob die Tiere dort Aufnahme finden können. Zutreffendenfalls ist ebenso wie im Falle der Überführung in einen anderen Polizeibezirk zum Zwecke der Schlachtung die Polizeibehörde des Bestimmungsorts von dem bevorstehenden Eintreffen der Tiere rechtzeitig zu benachrichtigen.

Die Schlachtung muß unter polizeilicher Überwachung stattfinden, wenn sie nicht in einem öffentlichen Schlachthaus vorgenommen wird, in dem die Schlachtvieh- und Fleischbeschau durch Tierärzte erfolgt.

Die zur Beförderung der Schweine benutzten Fahrzeuge, Behältnisse oder Schiffsräume sind sofort nach dem Entladen zu desinfizieren.

§ 271. Gewinnt die Schweineseuche oder Schweinepest in einer Ortschaft eine größere Verbreitung, so kann die Abhaltung von Schweinemärkten, Schweineversteigerungen und Schweineschauen sowie der Auftrieb von Schweinen auf Wochen-, Jahr- oder Viehmärkte in dem Seuchenort und dessen Umgebung verboten werden.

Schweineversteigerungen auf dem eigenen nicht gesperrten Gehöfte des Besitzers dürfen nur dann verboten werden, wenn Schweine zum Verkaufe kommen, die sich weniger als 3 Monate im Besitze des Versteigerers befinden.

§ 272. Wenn im Falle des § 271 eine größere und allgemeinere Gefahr der Seuchenausbreitung besteht, so können für den Ort oder für Ortsteile folgende Sperrmaßregeln angeordnet werden:

a) An der Grenze des gesperrten Ortes oder der gesperrten Ortsteile sind Tafeln mit der deutlichen und haltbaren Aufschrift „Gesperrt wegen Schweineseuche" oder „Gesperrt wegen Schweinepest" leicht sichtbar anzubringen.

b) Auf die Ausfuhr von Schweinen aus dem Sperrgebiete finden die Vorschriften des § 267 sinngemäß Anwendung.

c) Die Einfuhr von Schweinen darf nur mit polizeilicher Genehmigung erfolgen.

d) Durch das Sperrgebiet dürfen Schweine nicht getrieben und nur unter der Bedingung durchgefahren werden, daß die Transporte darin nicht anhalten.

e) Der gemeinschaftliche Weidegang von Schweinen aus den Beständen verschiedener Besitzer und die gemeinschaftliche Benutzung von Schwemmen können verboten werden.

§ 273. Die gemäß § 271 erlassenen Verbote und die nach § 272 verhängte Sperre sind wieder aufzuheben, sobald die Voraussetzungen, die zu den Anordnungen geführt haben, weggefallen sind.

b) Verfahren mit der Ansteckung an Schweinepest verdächtigen Schweinen in nicht gesperrten Gehöften.

§ 274. Tiere, die infolge der Berührung mit schweinepestkranken Schweinen der Ansteckung verdächtig sind und sich in nicht gesperrten Gehöften befinden, unterliegen, soweit nicht die Landesregierung hiervon Ausnahmen gestattet, der polizeilichen Beobachtung mit der Wirkung, daß sie aus dem Gehöfte nur unter den im § 267 angegebenen Bedingungen entfernt werden dürfen. Der Besitzer hat von dem Auftreten verdächtiger Krankheitserscheinungen sowie vom Abgang von Tieren durch Verenden oder Abschlachtung sofort der Polizeibehörde Anzeige zu machen. Die polizeiliche Beobachtung ist aufzuheben, wenn die Tiere nach Ablauf von 3 Wochen, vom letzten Tage der Berührung mit den seuchenkranken Schweinen an gerechnet, durch den beamteten Tierarzt für unverdächtig erklärt werden. Wird der Ansteckungsverdacht durch amtliche Ermittlungen schon vor Ablauf der dreiwöchigen Frist beseitigt, so ist die polizeiliche Beobachtung sogleich wieder aufzuheben.

III. Desinfektion.

§ 275. Die Räumlichkeiten, in denen sich schweineseuche- oder schweinepestkranke oder dieser Seuchen verdächtige Schweine befunden haben, sind zu desinfizieren; die Ausrüstungs-, Gebrauchs- sowie sonstigen Gegenstände, von denen anzunehmen ist, daß sie den Ansteckungsstoff enthalten (§ 24 Abs. 1, 3, 4 der Anweisung für das Desinfektionsverfahren), sind zu desinfizieren oder unschädlich zu beseitigen. Der beamtete Tierarzt hat die Desinfektion abzunehmen.

IV. Aufhebung der Schutzmaßregeln.

§ 276. Die Schweineseuche oder Schweinepest gilt als erloschen und die angeordneten Schutzmaßregeln sind aufzuheben, wenn

a) der gesamte Schweinebestand gefallen, getötet oder entfernt worden ist,

oder

b) binnen 4 Wochen nach Beseitigung oder Genesung der kranken oder der Seuche verdächtigen Tiere eine Neuerkrankung nicht vorgekommen ist,

und

c) in beiden Fällen die Desinfektion vorschriftsmäßig ausgeführt und durch den beamteten Tierarzt abgenommen ist.

Das Erlöschen der Schweineseuche oder Schweinepest ist, sofern ihr Ausbruch öffentlich bekannt gemacht worden ist (§ 263) öffentlich bekannt zu geben.

10. Rotlauf der Schweine einschließlich des Nesselfiebers (Backsteinblattern).

I. Ermittlung.

§ 277. Sind Schweine unter Erscheinungen des Rotlaufs gefallen oder wegen Verdachts dieser Seuche getötet oder geschlachtet worden, oder finden sich verdächtige Erscheinungen nach der Schlachtung, so sind die Kadaver oder bei geschlachteten Schweinen die für die Feststellung der Seuche erforderlichen Teile (Hautstücke, Magen und Darmkanal, Gekröse, Milz, Nieren) bis zur amtstierärztlichen Untersuchung aufzubewahren, wobei jede Berührung der aufbewahrten Stücke mit anderen Tieren oder durch unbefugte Personen zu verhüten ist.

Aus Beständen, in denen Rotlaufverdacht besteht, dürfen Schweine vor der amtstierärztlichen Untersuchung nicht abgegeben werden.

II. Schutzmaßregeln.

§ 278. Ist der Ausbruch des Rotlaufs in einem Schweinebestande festgestellt, so hat die Polizeibehörde anzuordnen, daß am Haupteingange des Seuchengehöfts oder an einer anderen geeigneten Stelle und an den Eingängen des verseuchten Stalles oder sonstigen Standorts Tafeln mit der deutlichen und haltbaren Aufschrift „Schweinerotlauf" leicht sichtbar angebracht werden.

§ 279. Ist der Ausbruch des Rotlaufs oder der Verdacht dieser Seuche in einem Schweinebestande festgestellt, so sind die an Rotlauf erkrankten oder der Seuche verdächtigen Schweine, soweit tunlich im Stalle, abzusondern. Das Gehöft ist mit den aus den §§ 280 bis 283 sich ergebenden Wirkungen abzusperren.

Von den in den §§ 281 bis 283 für die der Ansteckung verdächtigen Schweine vorgesehenen Verkehrs- und Nutzungsbeschränkungen kann ganz oder teilweise abgesehen werden, wenn die Tiere mit einem als wirksam anerkannten Schutzserum geimpft sind.

§ 280. Räumlichkeiten, in denen sich seuchenkranke oder seuchenverdächtige Schweine befinden, dürfen, abgesehen von Notfällen, ohne polizeiliche Genehmigung nur von dem Besitzer der Tiere oder der Räumlichkeiten, von dessen Vertreter; von den mit der Beaufsichtigung, Wartung und Pflege betrauten Personen und von Tierärzten betreten werden.

§ 281. In den abgesperrten Gehöften befindliche Schweine, die verenden oder geschlachtet werden, dürfen ohne vorgängige Anzeige bei der Polizeibehörde weder verwendet noch beseitigt noch aus dem Gehöft entfernt werden.

Die Kadaver an Rotlauf gefallener Schweine sind unschädlich zu beseitigen.

Die Kadaver sind auf Fahrzeugen oder in Behältnissen zu befördern, die möglichst dicht schließen. Die Fahrzeuge und die Behältnisse sind nach dem Gebrauche zu desinfizieren.

§ 282. Die an Rotlauf erkrankten oder dieser Seuche

oder der Ansteckung verdächtigen Schweine dürfen aus dem abgesperrten Gehöfte nur mit polizeilicher Genehmigung und nur zur sofortigen Schlachtung entfernt werden.

Die Schlachtung der an Rotlauf erkrankten oder dieser Seuche verdächtigen Schweine darf nur im Seuchengehöft oder in einer am Seuchenorte befindlichen Schlachtstätte geschehen.

Die Ausfuhr von der Ansteckung verdächtigen Schweinen zur Schlachtung ist zu gestatten

a) nach Schlachtstätten am Seuchenort oder in dessen Umgebung,

b) nach in der Nähe liegenden Eisenbahnstationen oder Häfen (Schiffsanlegestellen) zur Weiterbeförderung nach öffentlichen Schlachthäusern.

Die Polizeibehörde des Schlachtorts ist von dem bevorstehenden Eintreffen der Schweine rechtzeitig zu benachrichtigen.

Der Transport der Tiere, deren Ausfuhr aus dem Seuchengehöfte gestattet ist, darf, abgesehen vom Eisenbahn- oder Schiffstransport, nur auf Fahrzeugen oder in Behältnissen geschehen, die möglichst dicht schließen. Die Fahrzeuge, Behältnisse oder Schiffsräume sind nach der Entladung zu desinfizieren.

§ 283. Die Einfuhr von Schweinen in das Seuchengehöft ist nur mit polizeilicher Genehmigung gestattet.

§ 284. Wird der Rotlauf oder der Verdacht dieser Seuche bei Schweinen festgestellt, die sich auf dem Transport befinden, so hat die Polizeibehörde die Weiterbeförderung aller Schweine des Transports zu verbieten und ihre Absonderung anzuordnen (§ 19 Abs. 1, 4 des Gesetzes), sofern es der Besitzer nicht vorzieht, die Tiere sofort schlachten zu lassen.

Falls die Schweine innerhalb 24 Stunden einen Standort erreichen können, an dem sie durchseuchen oder geschlachtet werden sollen, so kann die Polizeibehörde die Weiterbeförderung dorthin unter der Bedingung gestatten, daß die Schweine auf Fahrzeugen oder in Behältnissen, die möglichst dicht schließen, oder auf der Eisenbahn oder zu Schiff befördert werden, und daß sie unterwegs weder mit fremden Schweinen in Berührung kommen noch auf fremde Gehöfte gebracht werden. Beim Eisenbahn- oder Schiffstransport ist die Durchführung dieser Vorschrift durch Vereinbarung mit der Eisenbahn- oder sonstigen Betriebsverwaltung sicherzustellen.

Vor Erteilung der Erlaubnis zur Überführung der Tiere in einen anderen Polizeibezirk zum Zwecke der Durchseuchung ist bei der Polizeibehörde des Bestimmungsorts anzufragen, ob die Tiere dort Aufnahme finden können. Zutreffendenfalls ist ebenso wie im Falle der Überführung in einen anderen Polizeibezirk zum Zwecke der Schlachtung die Polizeibehörde des Bestimmungsorts von dem bevorstehenden Eintreffen der Tiere rechtzeitig zu benachrichtigen.

Die zum Transport benutzten Fahrzeuge, Behältnisse oder Schiffsräume sind nach der Entladung zu desinfizieren.

III. Impfung.

§ 285. Gewinnt der Rotlauf der Schweine eine größere Ausdehnung, so kann nach näherer Anordnung der Landesregierung die Impfung der gefährdeten Schweinebestände eines Gehöfts, einer Ortschaft oder eines größeren Bezirkes angeordnet werden.

Der Landesregierung bleibt die Bestimmung überlassen, ob und unter welchen Bedingungen eine Schutzimpfung in anderen Fällen polizeilich angeordnet werden darf.

IV. Desinfektion.

§ 286. Die Standplätze, bei gehäuftem Auftreten der Seuche auch die Stallabteilungen oder Ställe, der rotlaufkranken oder der Seuche verdächtigen Schweine sind zu desinfizieren, die Ausrüstungs-, Gebrauchs- sowie sonstigen Gegenstände, von denen anzunehmen ist, daß sie den Ansteckungsstoff enthalten (§ 25 Abs. 1 der Anweisung für das

Desinfektionsverfahren), sind zu desinfizieren oder unschädlich zu beseitigen.

Die Landesregierung kann anordnen, daß bei allgemeiner Anordnung der Impfung für verseuchte Orte und Bezirke in der Ausführung der Desinfektion Erleichterungen zu gestatten sind.

V. Aufhebung der Schutzmaßregeln.

§ 287. Die Seuche gilt als erloschen, und die angeordneten Schutzmaßregeln sind aufzuheben, wenn

a) der gesamte Schweinebestand gefallen, getötet oder entfernt worden ist,

oder

b) binnen sechs Tagen nach Beseitigung oder Genesung der kranken oder der Seuche verdächtigen Tiere eine Neuerkrankung nicht vorgekommen,

und

c) in beiden Fällen die Desinfektion vorschriftsmäßig ausgeführt ist.

Die sechstägige Frist (Abs. 1 unter b) kann auf drei Tage ermäßigt werden, wenn alle verdächtigen Tiere des Bestandes mit einem als wirksam anerkannten Schutzserum geimpft sind.

VI. Sonderbestimmungen für das Nesselfieber (Backsteinblattern).

§ 288. Die Landesregierung kann Ausnahmen von den vorstehenden Bestimmungen für das Nesselfieber (Backsteinblattern) zulassen.

11. Geflügelcholera und Hühnerpest.

I. Ermittlung.

§ 289. Ist Geflügel unter Erscheinungen der Geflügelcholera oder der Hühnerpest gefallen oder wegen Verdachts dieser Seuchen getötet oder geschlachtet worden, so sind die Kadaver bis zur amtstierärztlichen Untersuchung aufzubewahren.

Aus Beständen, in denen Geflügelcholera- oder Hühnerpestverdacht besteht, darf Geflügel vor der amtstierärztlichen Untersuchung nicht abgegeben werden.

II. Schutzmaßregeln

§ 290. Den Ausbruch der Geflügelcholera oder der Hühnerpest in einer bis dahin seuchenfreien Ortschaft hat die Polizeibehörde auf ortsübliche Weise bekannt zu machen.

Am Haupteingange des Seuchengehöfts oder an einer sonst geeigneten Stelle ist eine Tafel mit der deutlichen und haltbaren Aufschrift „Geflügelcholera" oder „Hühnerpest" leicht sichtbar anzubringen

§ 291. Das an Geflügelcholera oder Hühnerpest erkrankte und das dieser Seuchen verdächtige Geflügel ist von dem übrigen Geflügel des Bestandes, soweit tunlich, abzusondern und in der Regel in einem besonderen Raume unterzubringen (§ 19 Abs. 1, 4 des Gesetzes).

Die Kadaver an Geflügelcholera oder Hühnerpest gefallenen Geflügels sind unschädlich zu beseitigen.

Das Gehöft, auf dem sich das Geflügel befindet, ist mit den aus den §§ 292 bis 294 sich ergebenden Wirkungen abzusperren.

§ 292. Räumlichkeiten, in denen sich erkranktes oder der Seuchen verdächtiges Geflügel befindet, dürfen, abgesehen von Notfällen, ohne polizeiliche Genehmigung nur von dem Besitzer der Tiere oder der Räumlichkeiten, von dessen Vertreter, von den mit der Beaufsichtigung, Wartung und Pflege betrauten Personen und von Tierärzten betreten werden.

Der ganze Geflügelbestand des Seuchengehöfts ist von öffentlichen Wegen und von Wasserläufen fernzuhalten.

§ 293. Aus dem abgesperrten Gehöfte dürfen lebendes oder geschlachtetes Geflügel oder Teile von solchem nur mit polizeilicher Erlaubnis ausgeführt werden.

Die Ausfuhr lebenden Geflügels ist zum Zwecke der sofortigen Schlachtung oder der Durchseuchung an einem anderen Orte unter der Bedingung zu gestatten, daß die Tiere in Behältnissen, auf Fahrzeugen, auf der Eisenbahn oder zu Schiff befördert werden, und daß sie unterwegs weder mit anderem Geflügel in Berührung kommen noch in fremde Gehöfte gebracht werden. Beim Eisenbahn- oder Schiffstransport ist die Durchführung dieser Vorschrift durch Vereinbarung mit der Eisenbahn- oder sonstigen Betriebsverwaltung sicherzustellen.

Vor Erteilung der Erlaubnis zur Überführung in einen anderen Polizeibezirk zum Zwecke der Durchseuchung ist bei der Polizeibehörde des Bestimmungsorts anzufragen, ob die Tiere dort Aufnahme finden können. Zutreffendenfalls ist ebenso wie im Falle der Überführung in einen anderen Polizeibezirk zum Zwecke der Schlachtung die Polizeibehörde des Bestimmungsorts von dem bevorstehenden Eintreffen der Tiere unter Angabe ihrer Gattung und Stückzahl rechtzeitig zu benachrichtigen. Die Abschlachtung des zu diesem Zwecke ausgeführten Geflügels ist am Bestimmungsorte polizeilich zu überwachen.

Die zum Transport benutzen Behältnisse, Fahrzeuge oder Schiffsräume sind nach der Entladung zu desinfizieren.

Abfälle, Dünger, Kot sowie Futterreste von Geflügel dürfen während des Herrschens der Seuche nur mit polizeilicher Genehmigung und unter Beobachtung der Vorschriften im § 297 Abs. 1 aus dem abgesperrten Gehöft entfernt werden. Federn dürfen nur mit polizeilicher Genehmigung in lufttrockenem Zustand und in dichten Säcken verpackt aus dem abgesperrten Gehöft ausgeführt werden.

§ 294. Die Einfuhr von Geflügel in das abgesperrte Gehöft ist nur mit polizeilicher Genehmigung gestattet.

§ 295. Wenn unter Geflügel, das sich auf dem Transport befindet, Todesfälle oder andere Erscheinungen auftreten, die den Ausbruch der Geflügelcholera oder der Hühnerpest befürchten lassen, so sind die Kadaver zur amtstierärztlichen Untersuchung aufzubewahren. Die Abgabe von Geflügel aus solchen Transporten vor der amtstierärztlichen Untersuchung ist verboten.

Wird der Ausbruch oder der Verdacht der Geflügelcholera oder der Hühnerpest unter solchem Geflügel festgestellt, so hat die Polizeibehörde die Weiterbeförderung zu verbieten und die Absonderung aller Tiere des Transports (§ 19 Abs. 1, 4 des Gesetzes) anzuordnen, sofern es der Besitzer nicht vorzieht, sie schlachten zu lassen.

Wenn die Tiere binnen 24 Stunden einen Standort erreichen können, wo sie durchseuchen oder geschlachtet werden sollen, so kann die Polizeibehörde die Weiterbeförderung dorthin unter den im § 293 angegebenen Bedingungen gestatten. In besonderen Ausnahmefällen kann die Weiterbeförderung auch dann gestattet werden, wenn die Erreichung des neuen Standorts eine längere Frist als 24 Stunden beansprucht.

§ 296. Bei größerer Seuchengefahr für ein weiteres Gebiet kann die Ausfuhr von lebendem, für die Seuche empfänglichem Geflügel aus dem Seuchenorte, das Durchtreiben von Geflügel durch den Seuchenort sowie das Abhalten von Geflügelmärkten und Geflügelausstellungen im Seuchenorte, erforderlichenfalls auch der Hausierhandel mit Geflügel innerhalb des bedrohten Gebiets, verboten werden. Die Durchfuhr von Handelsgeflügel durch den Seuchenort kann überhaupt verboten oder von der Bedingung abhängig gemacht werden, daß jeder Aufenthalt im Seuchenorte vermieden wird.

Ferner kann die Anbringung von Tafeln mit der Aufschrift „Gesperrt wegen Geflügelcholera“ oder „Gesperrt wegen Hühnerpest“ an den Eingängen des Seuchenorts angeordnet werden.

In größeren Orten können diese Anordnungen auf einzelne Ortsteile beschränkt werden.

III. Desinfektion.

§ 297. Die Räumlichkeiten, in denen sich krankes oder seuchenverdächtiges Geflügel befunden hat, sind zu desinfizieren; die Ausrüstungs-, Gebrauchs- sowie sonstige Gegenstände, von denen anzunehmen ist, daß sie den Ansteckungsstoff enthalten (§ 26 Abs. 1 bis 3 der Anweisung für das Desinfektionsverfahren), sind zu desinfizieren oder unschädlich zu beseitigen.

Bei Ställen, Fahrzeugen oder Gerätschaften von Geflügelhändlern und bei Gastställen, die regelmäßig zur Einstellung von Handelsgeflügel benutzt werden, sowie bei Geflügelausstellungsräumen hat stets der beamtete Tierarzt die Desinfektion abzunehmen.

IV. Aufhebung der Schutzmaßregeln.

§ 298. Die Geflügelcholera und die Hühnerpest gelten als erloschen, und die Schutzmaßregeln sind aufzuheben, wenn

a) der ganze Geflügelbestand verendet, getötet oder entfernt worden ist,

oder

b) binnen 2 Wochen nach Beseitigung oder Genesung der kranken oder seuchenverdächtigen Tiere eine Neuerkrankung nicht vorgekommen,

und

c) in beiden Fällen die Desinfektion ausgeführt und im Falle des § 297 Abs. 2 durch den beamteten Tierarzt abgenommen ist.

Nach Aufhebung der Schutzmaßregeln ist das Erlöschen der Seuche in gleicher Weise wie der Ausbruch bekannt zu machen.

V. Anwendung der Maßregeln auf Wildgeflügel.

§ 299. Die Vorschrift des § 291 Abs. 2 gilt auch für Wildgeflügel. Die übrigen Vorschriften der §§ 289 bis 298 gelten auch für solches Wildgeflügel, das sich nicht auf freier Wildbahn befindet, mit der Maßgabe, daß von der Bekanntmachung (§ 290) Abstand genommen werden kann.

12. Tuberkulose des Rindviehs.

Vorbemerkung.

Wo in diesen Ausführungsvorschriften von Tuberkulose die Rede ist, ist darunter die Tuberkulose des Rindviehs im Sinne des § 10 Abs. 1 Nr. 12 des Gesetzes zu verstehen.

I. Ermittlung der Seuche.

§ 300. Einfacher Tuberkuloseverdacht (§ 1 Abs. 4 des Gesetzes) ist als festgestellt anzusehen, wenn die im Anhang zu diesem Abschnitt*) unter I Nr. 1 bezeichneten klinischen Merkmale vorliegen.

Das Vorhandensein der Tuberkulose ist als in hohem Grade wahrscheinlich anzusehen (§ 91 Abs. 1 des Gesetzes), wenn die im Anhang unter I Nr. 2 bezeichneten klinischen Merkmale vorliegen.

Das Vorhandensein der Tuberkulose ist als festgestellt anzusehen, wenn bei einem dieser Seuche nach Abs. 1 oder 2 verdächtigen Tiere in den Ausscheidungen aus der Lunge, aus dem Euter, aus der Gebärmutter oder aus dem Darme Tuberkelbazillen ermittelt sind. Werden Tuberkelbazillen bei einem Tiere ermittelt, bei dem die klinischen Verdachtsmerkmale nach Abs. 1 oder 2 nur zum Teil vorliegen, so ist das Vorhandensein der Tuberkulose als festgestellt anzusehen, wenn bei einer frühestens 4 Wochen nach der ersten Untersuchung vorgenommenen zweiten Untersuchung abermals Tuberkelbazillen in den Ausscheidungen ermittelt werden.

Für die Art der Ermittlung der klinischen Merkmale (Abs. 1, 2) und der Tuberkelbazillen (Abs. 3) ist die im

*) Anhang zum Abschn. II Nr. 12 ist in dieser Ausgabe nicht abgedruckt.

Anhang unter II und III gegebene Anweisung maßgebend. Der Reichskanzler ist ermächtigt, die Anweisung für die Feststellung der Tuberkulose auf Grund der bei ihrer Anwendung gemachten Erfahrungen in einzelnen Punkten zu ändern oder zu ergänzen. Die Landesregierung trifft darüber Bestimmung, wann und von wem die bakteriologische Feststellung der Tuberkulose vorzunehmen ist, insbesondere auch, ob diese Feststellung bestimmten tierärztlichen Untersuchungsstellen vorbehalten sein soll.

§ 301. Ist bei einem Rinde das Vorhandensein der Tuberkulose festgestellt oder in hohem Grade wahrscheinlich, oder ist ein Rind der Tuberkulose verdächtig, so hat der beamtete Tierarzt zur Ermittlung des Standes der Seuche die übrigen Rinder des Bestandes auf Tuberkulose zu untersuchen.

Über den Befund hat der beamtete Tierarzt der Polizeibehörde Mitteilung zu machen und sein Gutachten darüber abzugeben, welche besonderen Maßregeln zur Bekämpfung der Seuche erforderlich erscheinen.

Wird das Vorhandensein, die hohe Wahrscheinlichkeit oder der einfache Verdacht der Tuberkulose bei einem Rinde festgestellt, das sich auf dem Transport, auf dem Markte, auf einem Nutzviehhof oder Schlachtviehhof oder in einem öffentlichen Schlachthaus befindet oder frisch angekauft ist, oder wird die Tuberkulose erst bei einem geschlachteten oder verendeten Rinde erkannt, so findet eine Ermittlung des Standes der Seuche bei den Rindern, mit denen sich das kranke oder der Seuche verdächtige Tier vorher in einem Stalle befunden hat, nur insoweit statt, als dies durch die Landesregierung angeordnet wird.

II. Schutzmaßregeln.

a) Verfahren mit Rindern, bei denen das Vorhandensein der Tuberkulose festgestellt oder in hohem Grade wahrscheinlich ist.

§ 302. Über die Tötung von Tieren, bei denen das Vorhandensein der Tuberkulose festgestellt oder in hohem Grade wahrscheinlich ist, bestimmt die Landesregierung.

§ 303. Auf Antrag des Besitzers oder seines Vertreters kann die Polizeibehörde die im § 302 vorgesehene Tötung nach Anhörung des beamteten Tierarztes für eine bestimmte Frist aufschieben, wenn ein dringendes wirtschaftliches Bedürfnis vorliegt, und wenn nach Lage der Verhältnisse die Gefahr einer Verschleppung der Tuberkulose nicht erheblich ist.

Die Frist für den Aufschub der Tötung soll in der Regel nicht mehr als 6 Wochen nach Feststellung der Seuche betragen.

§ 304. Rinder, bei denen das Vorhandensein der Tuberkulose festgestellt oder in hohem Grade wahrscheinlich ist, sind, falls sie nicht alsbald geschlachtet werden, im Stalle abzusondern (§ 19 Abs. 1, 4 des Gesetzes) und nach Anordnung des beamteten Tierarztes sowie, wenn es zur Vermeidung von Verwechslungen erforderlich ist, in dessen Beisein mit einem Kennzeichen zu versehen.

Es kann genehmigt werden, daß die Absonderung dort, wo ein besonderer Raum nicht zur Verfügung steht, durch Unterbringung in einem abgegrenzten Teile des gemeinsamen Stalles oder durch Aufstellung an einem Stallende, wenn tunlich unter Freilassung des benachbarten und etwaiger unmittelbar gegenüberliegender Stände, bewirkt wird.

§ 305. Die abgesonderten Rinder unterliegen folgenden Verkehrs und Nutzungsbeschränkungen:

a) Ihre Unterbringung an einem anderen Standplatz darf, abgesehen von Notfällen, ohne polizeiliche Genehmigung nicht stattfinden. Sie dürfen weder aus dem Gehöft entfernt noch mit den übrigen Rindern des Bestandes aus einer gemeinsamen Tränkvorrichtung getränkt werden.

b) Die Milch abgesonderter Kühe darf nicht weggegeben oder verwertet werden, bevor sie ausreichend erhitzt worden ist (vgl. § 28 Abs. 3). Die Milch von Kühen, bei denen das Vorhandensein von Eutertuberkulose festgestellt oder in hohem Grade wahrscheinlich ist, darf, gleichviel ob es sich um die Erkrankung eines oder mehrerer Viertel des Euters handelt, auch nach dem

Erhitzen weder als Nahrungsmittel für Menschen weggegeben noch zur Herstellung von Molkereierzeugnissen verwertet werden.

c) Die Milch abgesonderter Kühe ist in ein besonderes Gefäß zu melken, das vor jeder anderweitigen Benutzung nach § 11 Abs. 1 Nr. 9, 10 der Anweisung für das Desinfektionsverfahren zu desinfizieren ist.

Die Polizeibehörde und der beamtete Tierarzt haben dafür Sorge zu tragen, daß der Besitzer oder sein Vertreter auf die Gefahr der Tuberkulose-Übertragung durch unzureichend erhitzte Milch der kranken Kühe hingewiesen und auch mit den freiwilligen Maßnahmen zur Tuberkulosebekämpfung bekannt gemacht wird. Dem Besitzer oder seinem Vertreter ist aufzugeben, falls bei einer wegen Lungen-, Gebärmutter- oder Darmtuberkulose abgesonderten Kuh am Euter verdächtige Veränderungen auftreten, der Polizeibehörde Anzeige zu erstatten.

Bei dringendem wirtschaftlichen Bedürfnis kann die Polizeibehörde die Benutzung der abgesonderten Rinder zum Zuge unter der Bedingung gestatten, daß sie nicht in fremde Ställe oder auf eine Weide oder Weideabteilung gebracht werden, die von anderen Rindern beweidet wird. Die Polizeibehörde kann auch zulassen, daß abgesonderte Rinder auf eine Weide oder Weideabteilung gebracht werden, die von anderen Rindern nicht beweidet wird.

§ 306. Die im § 304 Abs. 1 angeordnete Kennzeichnung hat durch Anbringung einer Metallmarke (sog. Ohrmarke) im linken Ohre oder auf eine andere dauerhafte, von der Landesregierung zu bestimmende Art zu geschehen.

Die Ohrmarke muß so beschaffen sein, daß sie nur einmal gebraucht werden kann, und muß als Inschrift die Buchstaben Tb., den Anfangsbuchstaben des Kreises (Bezirkes, Oberamts), in dem die Ermittlung erfolgt, und eine laufende Nummer enthalten.

§ 307. Wird bei einem Rinde, das sich auf dem Transport oder auf einem Markte befindet, das Vorhandensein der Tuberkulose festgestellt oder als in hohem Grade wahrscheinlich ermittelt, so hat die Polizeibehörde die Weiterbeförderung zu verbieten und die Absonderung des Tieres anzuordnen, sofern der Besitzer nicht vorzieht, es sofort schlachten zu lassen.

Auf Antrag des Besitzers oder seines Vertreters kann die Polizeibehörde nach Aufnahme des Tatbestandes und, sofern es zur Vermeidung von Verwechslungen erforderlich ist, nach Kennzeichnung des Rindes (§ 306) dessen Weiterbeförderung an einen anderen Ort zum Zwecke der Schlachtung oder Absonderung gestatten. Wird die Erlaubnis zur Überführung in einen anderen Polizeibezirk erteilt, so ist die Polizeibehörde des Bestimmungsorts von dem bevorstehenden Eintreffen des Tieres rechtzeitig zu benachrichtigen.

§ 308. Die Schlachtung oder das Verenden eines der Absonderung unterworfenen Rindes hat der Besitzer der Polizeibehörde sofort anzuzeigen. Im Falle der Schlachtung hat die Fleischbeschau durch einen Tierarzt zu geschehen, der den Befund der Polizeibehörde alsbald mitzuteilen hat.

Wird die Schlachtung in einem anderen Polizeibezirk als dem des bisherigen Standorts des Rindes vorgenommen, so ist die Polizeibehörde des Schlachtorts von dem bevorstehenden Eintreffen des Tieres rechtzeitig zu benachrichtigen.

§ 309. Wenn der Besitzer eines Rindes die polizeilich angeordneten Verkehrs- und Nutzungsbeschränkungen übertritt, so kann die Polizeibehörde die sofortige Tötung des Tieres anordnen.

§ 310. Die wegen hoher Wahrscheinlichkeit des Vorhandenseins der Tuberkulose getroffenen Anordnungen sind wieder aufzuheben, sofern nach amtstierärztlichem Gutachten die Krankheitserscheinungen, die das Vorhandensein der Tuberkulose in hohem Grade wahrscheinlich machten, verschwunden sind.

b) Verfahren bei einfachem Tuberkuloseverdachte.

§ 311. Rinder, bei denen der einfache Verdacht der Tuberkulose festgestellt ist (§ 300 Abs. 1), sind nach Maßgabe des § 304 Abs. 2 von anderen Rindern abzusondern, bis ihre Schlachtung erfolgt oder ihre Unverdächtigkeit festgestellt ist.

Die abgesonderten Tiere unterliegen folgenden Verkehrs- und Nutzungsbeschränkungen:

a) Ihre Unterbringung an einem anderen Standplatz darf, abgesehen von Notfällen, ohne polizeiliche Genehmigung nicht erfolgen.

b) Die Milch von Kühen, die der Eutertuberkulose verdächtig sind, darf, gleichviel ob ein oder mehrere Viertel des Euters der Erkrankung an Tuberkulose verdächtig sind, nicht weggegeben oder verwertet werden, bevor sie ausreichend erhitzt worden ist (§ 28 Abs. 3). Die Milch solcher Kühe ist in ein besonderes Gefäß zu melken, das vor jeder anderweitigen Benutzung nach § 11 Abs. 1 Nr. 9, 10 der Anweisung für das Desinfektionsverfahren zu desinfizieren ist.

Im übrigen ist die Nutzung der tuberkuloseverdächtigen Rinder gestattet. Diese dürfen auch außerhalb des Stalles unter der Bedingung verwendet werden, daß sie nicht in fremde Ställe und in der Regel auch nicht auf eine Weide oder eine Weideabteilung gebracht werden, die mit anderen Rindern beweidet wird. Dem Besitzer steht es frei, die verdächtigen Rinder schlachten zu lassen.

Der Besitzer oder sein Vertreter hat der Polizeibehörde Anzeige zu erstatten, wenn bei einer wegen Verdachts der Lungen-, Gebärmutter- oder Darmtuberkulose abgesonderten Kuh am Euter verdächtige Veränderungen auftreten, und die Milch eines solchen Tieres nach Abs. 2 unter b zu behandeln.

§ 312. Für den Fall der Feststellung des Tuberkuloseverdachts auf dem Transport oder auf dem Markte und für den Fall, daß ein tuberkuloseverdächtiges Rind verendet oder geschlachtet wird, finden die Vorschriften der §§ 307, 308 Anwendung, jedoch ohne daß die im § 307 Abs. 2 vorgesehene Kennzeichnung zu erfolgen hat.

§ 313. Wenn der Besitzer eines verdächtigen Rindes die polizeilich angeordneten Verkehrs- und Nutzungsbeschränkungen übertritt, so kann die Polizeibehörde die Tötung des Tieres anordnen.

§ 314. Die angeordneten Maßregeln sind aufzuheben, wenn durch eine erneute amtstierärztliche Untersuchung die Unverdächtigkeit der Rinder festgestellt oder durch eine bakteriologische Untersuchung (§ 300) in den Ausscheidungen aus der Lunge, dem Euter, der Gebärmutter oder dem Darme Tuberkelbazillen nicht nachgewiesen worden sind.

Sofern nicht eine bakteriologische Untersuchung vorgenommen worden ist, soll die erneute amtstierärztliche Untersuchung spätestens 3 Monate nach der ersten amtstierärztlichen Untersuchung erfolgen. Bleiben bei der wiederholten amtstierärztlichen Untersuchung Zweifel bestehen, so hat eine bakteriologische Untersuchung der krankhaften Ausscheidungen aus den tuberkuloseverdächtigen Organen des Tieres stattzufinden, deren Ergebnis entscheidet.

III. Desinfektion.

§ 315. Die Standplätze der Rinder, bei denen die Tuberkulose festgestellt oder in hohem Grade wahrscheinlich ist, nötigenfalls auch die Ställe oder Stallabteilungen, ferner die Ausrüstungs-, Gebrauchs- und sonstigen Gegenstände, von denen anzunehmen ist, daß sie den Ansteckungsstoff enthalten (§ 27 Abs. 2 der Anweisung für das Desinfektionsverfahren), sind zu desinfizieren.

Anlage A.

Anweisung für das Desinfektionsverfahren bei Viehseuchen.*)

I. Allgemeines.

§ 1. Die Reinigung und Desinfektion nach Maßgabe dieser Anweisung erfolgen unter Beobachtung etwaiger Anordnungen des beamteten Tierarztes und unter polizeilicher Überwachung.

§ 2. Das Desinfektionsverfahren umfaßt die Reinigung und die Desinfektion. Der Desinfektion hat, unbeschadet der Vornahme einer vorläufigen Desinfektion beim Beginne des Reinigungsverfahrens (vgl. § 5 Nr. 10, § 6 Abs. 2), regelmäßig die Reinigung voranzugehen.

II. Reinigung.

Art der Ausführung.

§ 3. Personen haben die Hände und andere etwa beschmutzte Körperteile, nötigenfalls nach vorläufiger Desinfektion (§ 5 Nr. 10 Abs. 2), mit warmem Wasser und Seife zu waschen und die Kleidung sowie das Schuhzeug von anhaftendem Schmutze durch Abbürsten mit Seifenwasser zu befreien, sofern nicht ein Wechsel der Kleidung oder des Schuhzeugs stattfindet.

§ 4. Bei Tieren ist die Körperoberfläche einschließlich der Hufe und Klauen durch Waschung oder ein sonstiges geeignetes Verfahren von anhaftendem Schmutze sorgfältig zu befreien. Erforderlichenfalls sind die Hufe und Klauen auszuschneiden.

§ 5. Bei Ställen und sonstigen Unterkunftsräumen ist wie folgt zu verfahren:

1. Dünger und sonstiger grober Schmutz, Streu, Futterreste, Strohverschlüsse, Strohpolster

*) Die Anweisung für die tierärztliche Feststellung der Tuberkulose (RGBl. S. 87) und die Anweisung für das Zerlegungsverfahren (RGBl. S. 111) sind nicht mit abgedruckt.

und dergleichen sind zu entfernen und nach Nr. 9, 10 zu behandeln. Bei Düngerlagen in Schafställen und Rindertiefställen kann, soweit dies veterinärpolizeilich unbedenklich ist, die Entfernung des Düngers nach dem Ermessen des beamteten Tierarztes auf die obere Schicht beschränkt werden.

2. Hölzerne Gerätschaften, hölzerne Raufen und Krippen sowie Bretterverkleidungen sind, soweit nötig, abzunehmen. Holzwerk, dessen Oberfläche stark zerrissen oder zerfasert ist, muß durch Abstoßen einer genügend dicken Schicht geglättet werden. Die abgestoßenen Holzteile, sowie faules, morsches oder sonst unbrauchbares Holzwerk sind zu verbrennen.

3. Von Lehmwänden ist eine genügend starke Schicht abzustoßen. Schadhafte und stellenweise von der Unterlage losgelöste Teile des Bewurfs oder Putzes an den Wänden sind zu entfernen und wie der Dünger zu behandeln.

4. Nicht dicht gefügtes Pflaster und Holzbeläge auf dem Boden sind abzuheben. Darunter befindliches Bodenmaterial ist, soweit es durch Auswurfstoffe durchfeuchtet ist, abzugraben. Das abgegrabene Material ist wie der Dünger zu behandeln. Steine und gesundes Holzwerk, in das Feuchtigkeit nicht tief eingedrungen ist, können nach Entfernung schadhafter Stellen und gründlicher Reinigung wieder verwendet werden.

5. Bei dicht gefügtem (undurchlässigem) Pflaster sind erforderlichenfalls schadhafte Stellen des Bindemittels oder des Materials selbst oder Risse in letzterem auszukratzen oder zu entfernen und nach erfolgter Reinigung und Desinfektion zu dichten oder durch neues Material zu ersetzen. Ebenso ist mit entsprechendem Material an den Wänden, Pfeilern und Standscheiden, in Gruben, Mulden, Abflußrinnen und Kanälen zu verfahren.

6. Von Estrich- und Tennenböden (Lehmschlag und dergleichen) ist die oberste Schicht abzustoßen; feuchte

Stellen sind auszuheben. Die entfernten Teile sind wie der Dünger zu behandeln.

7. Erd- und Sandboden ist, soweit er durch Auswurfstoffe durchfeuchtet ist, mindestens 10 cm tief auszuheben. Die ausgehobenen Teile sind wie der Dünger zu behandeln.

8. Decken und Wände, die Ausrüstungsgegenstände (Krippen, Tröge, Raufen, Pfosten, Pfeiler, Standscheiden, Türen, Türpfosten, Fenster usw.), ferner der Fußboden, Jaucherinnen, Kanäle, Mulden, Gruben sind durch gründliches Scheuern mit heißer Sodalösung (Lösung von mindestens 3 kg Waschsoda in 100 Liter heißem Wasser) oder heißer Seifenlösung (Lösung von mindestens 3 kg Schmierseife in 100 Liter heißem Wasser) zu reinigen. Die Reinigung ist nur dann als vollständig anzusehen, wenn sämtliche Auswurfstoffe kranker oder verdächtiger Tiere und sämtlicher Schmutz von den Unterlagen entfernt sind und diese einen ganz reinen Eindruck machen. Erforderlichenfalls ist zum Reinscheuern mit heißer Soda- oder Seifenlösung gleichzeitig Putzsand zu verwenden. Die Säuberung hat alle Teile des Stalles oder sonstigen Standorts zu umfassen. Mit besonderer Sorgfalt ist sie an den Bodenvertiefungen, Stallwinkeln, Nischen, Fugen, Spalten, Ecken, Ritzen usw. vorzunehmen. In Ställen und sonstigen Aufenthaltsräumen hat die Säuberung in der Regel zuerst an der Decke, sodann an den Wänden und inneren Ausrüstungsgegenständen und zuletzt am Fußboden, den Jaucherinnen usw. zu erfolgen.

Bei Stalldecken und höher gelegenen Teilen der Stallwände, die durch Ausscheidungen kranker Tiere nicht beschmutzt worden sind, kann nach dem Ermessen des beamteten Tierarztes von dem Scheuern mit Soda- oder Seifenlösung Abstand genommen und die Reinigung durch gründliches Abspritzen mit heißer Soda- oder Seifenlösung oder auch mit heißem Wasser geschehen.

Wo heiße Soda- oder Seifenlösung oder heißes Wasser nicht in hinreichender Menge zu beschaffen sind, kann nach dem Ermessen des beamteten Tierarztes auch unter kräftigem Drucke aus einer Wasserleitung, aus Handfeuerspritzen, Gartenspritzen oder ähnlichen Vorrichtungen ausströmendes kaltes Wasser verwendet werden.

9. Der bei der Reinigung entfernte Dünger und sonstige Schmutz, die Streu, Futterreste, sonstige Teile (vgl. Nr. 1 bis 7), Blut, Magen- und Darminhalt und andere Abfälle geschlachteter, getöteter oder gefallener kranker oder verdächtiger Tiere sind auf dem Seuchengehöfte zu sammeln. In Fällen, in denen die Sammlung des Düngers auf dem Seuchengehöft undurchführbar oder unzweckmäßig ist, kann mit amtstierärztlicher Genehmigung seine Sammlung an einem geeigneten Orte außerhalb des Seuchengehöfts unter den erforderlichen Vorsichtsmaßregeln zugelassen werden.

Das bei der Reinigung abfließende Schmutzwasser ist in der Jauchegrube oder in einem anderen Sammelbehälter auf dem Seuchengehöfte zu sammeln.

10. Wenn eine Sammlung des bei der Reinigung zu entfernenden Düngers und sonstigen Schmutzes, der Streu, Futterreste usw. und der bei der Reinigung abfließenden Flüssigkeiten auf dem Seuchengehöft oder an einem Orte außerhalb des Seuchengehöfts in einer die Gefahr der Seuchenverschleppung ausschließenden Weise nicht erfolgen kann, so muß, sofern eine Unschädlichmachung dieser Stoffe erforderlich ist, vor der Reinigung ihre vorläufige Desinfektion durch Übergießen mit einer geeigneten Desinfektionsflüssigkeit (§ 11 und §§ 15 bis 27) vorgenommen werden. In diesem Falle ist dafür zu sorgen, daß der Dünger und sonstige Schmutz, die Streu, Futterreste, das Schmutzwasser usw. vor erfolgter Desinfektion auch nicht vorübergehend an solche Orte ge-

gebracht werden, von denen Schmutzwasser in andere Gehöfte, auf fremden Personen und Tieren zugängliche Wege, in Brunnen, Wasserläufe und sonstiges Nutzwasser abfließen kann.

Eine Desinfektion vor der Reinigung ist auch dann vorzunehmen, wenn die Reinigung ohne vorherige Desinfektion für die Personen, die die Reinigung besorgen, mit einer Ansteckungsgefahr verknüpft ist, wie beim Milzbrand und Rotz (§§ 15, 18).

§ 6. Mit Gerätschaften, Kleidungsstücken und sonstigen Gegenständen ist in nachstehender Weise zu verfahren:

1. Brennbare Gegenstände von geringem Werte sind zu verbrennen.
2. Hölzerne Stall- und Fahrgeräte (Futterkasten, Eimer, Stiele von Besen, Gabeln, Schippen usw., Futterschwingen, Wagen, Schleifen, Geschirrteile, Holzschuhe usw.) sind mit heißer Soda- oder Seifenlösung gründlich zu scheuern.
3. Geräte aus Eisen oder anderem Metalle (Ketten, Ringe, Gabeln, Schippen, Striegel, Gebisse von Zaumzeugen, Maulkörbe, Tröge, sonstige Futter- und Tränkgeschirre und andere Gefäße, Käfige usw.) sind, soweit sie nicht zur Desinfektion (Abschnitt III) dem Feuer ausgesetzt werden, gründlich zu putzen und mit heißem Wasser abzuspülen.
4. Leder- oder Gummiteile (Halfter, Gurte, Zaumzeuge, Zuggeschirre, Sättel, Riemen, Polsterüberzüge, Lederschuhe, Hundehalsbänder, Maulkörbe, Peitschen usw.) sind mit Seifenwasser abzubürsten.
5. Gegenstände aus Zeug (Decken, Gurte, Halfter, Stricke, Polsterüberzüge, Kleidungsstücke, Bettzeug usw.) sind durch Abbürsten mit Seifenwasser vom Schmutze zu befreien.
6. Haare, Wolle, Federn, Polstereinlagen und ähnliche Gegenstände sind, in dünnen Lagen aus-

gebreitet, mindestens 3 Tage lang zu lüften und dabei möglichst oft zu wenden.

In den Fällen des § 5 Nr. 10 Abs. 2 ist auch bei Gerätschaften, Kleidungsstücken und sonstigen Gegenständen eine vorherige Desinfektion erforderlich.

§ 7. Auf die Reinigung von Ladestellen und ähnlichen Standorten einschließlich der Schlachtstellen, ferner von Schiffsräumen und Fähren finden die Bestimmungen der §§ 5, 6 sinngemäß Anwendung.

§ 8. Viehmarktplätze sind zunächst so zu reinigen daß der von den Tieren abgesetzte Kot gesammelt wird. Sodann sind gepflasterte Viehmarktplätze mit dem Besen gründlich zu säubern oder mit Wasser abzuspülen, nicht gepflasterte Viehmarktplätze durch Harken oder Eggen zu ebnen. Erforderlichenfalls sind auch die Anbindevorrichtungen mit Wasser abzuspülen oder abzuwaschen.

§ 9. Wege (Straßen) sind je nach ihrer Beschaffenheit wie die Viehmarktplätze zu reinigen.

§ 10. Standorte auf Weiden (Tummelplätze, Laufplätze, Melkplätze und dergleichen) sind je nach ihrer Beschaffenheit wie Viehmarktplätze zu reinigen.

III. Desinfektion.

1. Desinfektionsmittel.

§ 11. Als Desinfektionsmittel sind zu verwenden:

1. Frisch gelöschter Kalk. Er wird wie folgt gewonnen: Frisch gebrannter Kalk wird unzerkleinert in ein geräumiges Gefäß gelegt und mit Wasser (etwa der halben Menge des Kalkes) gleichmäßig besprengt; er zerfällt hierbei unter starker Erwärmung und unter Aufblähung zu einem Pulver.
2. Kalkmilch. Sie wird als dicke und als dünne Kalkmilch angewandt.

Dicke Kalkmilch wird bereitet, indem zu je 1 Liter

frisch gelöschtem Kalk allmählich unter stetem Umrühren 3 Liter Wasser hinzugesetzt werden.

Dünne Kalkmilch wird hergestellt, indem zu je 1 Liter frischgelöschtem Kalk allmählich unter stetem Umrühren 20 Liter Wasser hinzugesetzt werden.

Falls frisch gelöschter Kalk nicht zur Verfügung steht, kann die Kalkmilch auch durch Anrühren von je 1 Liter gelöschtem Kalk, wie er in einer Kalkgrube vorhanden ist, mit 3 oder 20 Liter Wasser bereitet werden. Jedoch ist darauf zu achten, daß in diesen Fällen die oberste, durch den Einfluß der Luft veränderte Kalkschicht der Grube vorher beseitigt wird.

Die Kalkmilch ist vor dem Gebrauch umzuschütteln oder umzurühren.

3. Chlorkalkmilch. Diese wird aus Chlorkalk (Calcaria chlorata des Deutschen Arzneibuchs), der in dicht geschlossenen Gefäßen vor Licht geschützt aufbewahrt war und stechenden Chlorgeruch besitzen muß, in der Weise hergestellt, daß zu je 1 Liter Chlorkalk allmählich unter stetem Rühren 3 oder 20 Liter Wasser hinzugesetzt werden (dicke und dünne Chlorkalkmilch). Chlorkalkmilch ist jedesmal vor dem Gebrauche frisch zu bereiten.

4. Verdünntes Kresolwasser (2,5 prozentig)[1]. Zur Herstellung werden 50 ccm Kresolseifenlösung (Liquor Cresoli saponatus des Deutschen Arzneibuchs) mit Wasser zu 1 Liter Desinfektionsflüssigkeit aufgefüllt und gut durchgemischt.

5. Karbolsäurelösung (etwa 3 prozentig). Zur Bereitung werden 30 ccm verflüssigte Karbolsäure (Acidum carbolicum liquefactum des Deutschen Arzneibuchs) mit

[1]) Bei Schweineseuche und Schweinepest ist 6 prozentiges Kresolwasser zu verwenden. Zu seiner Herstellung sind statt der oben erwähnten 50 ccm Kresolseifenlösung 120 ccm dieser Lösung erforderlich.

Wasser zu 1 Liter Desinfektionsflüssigkeit aufgefüllt und gut durchgemischt.

6. Kresolschwefelsäurelösung (3 prozentig). Zur Herstellung werden zunächst 2 Raumteile rohes Kresol (Cresolum crudum des Deutschen Arzneibuchs) mit 1 Raumteil roher Schwefelsäure (Acidum sulfuricum crudum des Deutschen Arzneibuchs) bei gewöhnlicher Temperatur gemischt. Von dieser Mischung werden frühestens 24 Stunden nach ihrer Zubereitung 30 ccm mit Wasser zu 1 Liter Desinfektionsflüssigkeit aufgefüllt und gut gemischt. Die Kresolschwefelsäuremischung ist hierzu binnen 3 Monaten nach ihrer Herstellung zu verwenden.

Wird die Kresolschwefelsäurelösung zur Desinfektion von Plätzen im Freien (Hofräumen, Ladestellen usw.) verwandt, so ist sie bei Frostwetter zur Verhütung der Eisbildung zuvor mit Kochsalz (0,5 bis 1 kg auf 10 Liter Kresolschwefelsäurelösung) unter sorgfältigem Umrühren zu vermischen.

Ställe, Höfe, Geräte usw., die mit Soda- oder Seifenlösung gereinigt wurden, sind von der Desinfektion mit Kresolschwefelsäurelösung durch Abspülen mit Wasser von den Soda- oder Seifenresten zu befreien.

7. Sublimatlösung (0,1 prozentig). Zur Herstellung wird je 1 g Sublimat und Kochsalz unter Zusatz einer kleinen Menge roten Farbstoffs oder eine der käuflichen rosa gefärbten Sublimatpastillen, (Pastilli hydrargyri bichlorati des Deutschen Arzneibuchs) mit 1 g Sublimat, in 1 Liter Wasser aufgelöst.

Ställe, Höfe, Geräte usw., die mit Soda- oder Seifenlösung gereinigt wurden, sind vor der Desinfektion mit Sublimatlösung durch Abspülen mit Wasser von den Soda- oder Seifenresten zu befreien. Desinfektionsarbeiten, bei denen größere Mengen von Sublimat verbraucht werden, wie die Desinfektion von Ställen,

Höfen usw., dürfen nur unter tierärztlicher oder polizeilicher Aufsicht ausgeführt werden. Es empfiehlt sich, namentlich bei der Desinfektion von Rinderställen, auf die Sublimatdesinfektion 24 Stunden später eine Abspülung der mit Sublimat behandelten Gegenstände mit 0,5 prozentiger Lösung von Schwefelkalium (Kalium sulfuratum des Deutschen Arzneibuchs) folgen zu lassen.

8. Formaldehydlösung (etwa 1 prozentig). Zur Herstellung werden 30 ccm der käuflichen Formaldehydlösung (Formalin) mit Wasser zu 1 Liter Desinfektionsflüssigkeit aufgefüllt und gut durchgemischt.

9. Wasserdampf in Apparaten, die sowohl bei der Aufstellung als auch später in regelmäßigen Zwischenräumen von Sachverständigen geprüft und geeignet befunden worden sind.

Außerdem kann Wasserdampf aus einem Dampfkessel zum An- und Ausdämpfen von kleineren, bis auf eine Öffnung geschlossenen Gefäßen, wie z. B. von Milchkannen, verwandt werden, wenn der Dampf unter Druck ausströmt und aus der Ausströmungsöffnung unmittelbar in die Gefäße hineingeleitet wird. Der Innenraum der Gefäße ist dem strömenden Dampfe auszusetzen, worauf noch ein sorgfältiges Andämpfen der Bügel und Dichtungsringe und der Außenwand, letzteres namentlich bei Holzgefäßen, zu erfolgen hat.

10. Auskochen in Wasser oder 3 prozentiger Soda- oder Seifenlösung (vgl. § 5 Nr. 8). Die Flüssigkeit muß kalt aufgesetzt werden, die Gegenstände vollständig bedecken und vom Augenblicke des Kochens ab mindestens eine Viertelstunde lang im Sieden gehalten werden. Die Kochgefäße müssen bedeckt sein.

Bei Melkeimern, Milchaufbewahrungs- und Milchtransportgefäßen kann an Stelle des in vorstehender Weise auszuführenden Auskochens treten:

a) das Einlegen der Gefäße in kochend heißes Wasser

oder kochend heiße Sodalösung oder dünne Kalkmilch für die Dauer von mindestens 2 Minuten derart, daß alle Teile der Gefäße von der Flüssigkeit bedeckt sind;

b) das gründliche Abbürsten der Außen- und Innenfläche der Gefäße nebst Griffen, Deckeln und anderen Verschlußvorrichtungen mit kochend heißem Wasser oder kochend heißer Sodalösung oder dünner Kalkmilch.

11. Gründliches Ansengen und Ausglühen im Feuer oder in einer geeigneten Flamme.

12. Verbrennen.

Die unter Nr. 4 bis 7 angeführten Desinfektionsmittel sind möglichst heiß zu verwenden.

Nach näherer Anordnung der Landesregierung dürfen außer den genannten auch andere, in bezug auf ihre desinfizierende Wirksamkeit und praktische Brauchbarkeit erprobte Mittel und Arten des Verfahrens angewandt werden.

2. Auswahl und Art der Verwendung der Desinfektionsmittel.

§ 12. Die Auswahl und Art der Verwendung der Desinfektionsmittel (§ 11) hat sich im allgemeinen nach dem Grade der Widerstandsfähigkeit sowie der Verschleppbarkeit des Ansteckungsstoffs der Seuche durch Zwischenträger und nach den besonderen Verhältnissen des Falles zu richten.

§ 13. Bei Viehseuchen, deren Ansteckungsstoff leicht zerstörbar ist und im wesentlichen durch die erkrankten Tiere verschleppt wird, genügt die Reinigung mit nachfolgender Tünchung der Stalldecken, Wände, Pfosten, Pfeiler, Standscheiben, Türen, des Fußbodens nebst Jaucherinnen und der Gerätschaften mit dünner Kalk- oder Chlorkalkmilch. Eisenteile sind mit verdünntem Kresolwasser oder mit Karbolsäurelösung zu bepinseln. Das gleiche Verfahren kann bei Holz-

und Steinteilen sowie bei glasierten Tonkacheln an Stelle der Tünchung mit Kalk- oder Chlorkalkmilch angewandt werden.

§ 14. Bei Seuchen, deren Ansteckungsstoff schwer zerstörbar ist oder bei denen die Gefahr der Weiterverbreitung durch Zwischenträger in hohem Grade besteht, ist folgendes Verfahren durchzuführen:

1. Die bei der Reinigung beseitigten und gesammelten Streumaterialien, Dünger, sonstiger Schmutz, Futterreste und dergleichen sind entweder zu verbrennen, zu vergraben, unterzupflügen oder durch Packung oder durch Vermischen mit einem geeigneten Desinfektionsmittel unschädlich zu machen.

   Die Packung von Dünger, Streu, Futterresten und ähnlichen Stoffen hat an einem Platze zu geschehen, der von Tieren, die für die Seuche empfänglich sind, und von unbefugten Personen nicht betreten werden kann und von dem aus ein Ablaufen von Schmutzwasser in andere Gehöfte, auf fremden Personen und Tieren zugängliche Wege, in Brunnen, Flußläufe und anderes Nutzwasser nicht stattfindet. Sie ist in der Weise vorzunehmen, daß Kot und Streu im Verhältnis wie etwa 2 : 3 innig gemischt und mäßig durchfeuchtet in größeren Haufen drei Wochen lang locker gelagert werden. Trockener Dünger ist nach der Aufstapelung mit Jauche oder Wasser (etwa 10 bis 15 Liter auf 1 cbm Dünger) zu durchtränken. Im übrigen wird wie folgt vorgegangen. Zunächst wird auf dem Boden eine etwa 25 cm hohe Schicht nicht infizierten Düngers oder von Stroh oder Torf von etwa 1,5 bis 2 m Breite und beliebiger Länge ausgebreitet und darauf der zu desinfizierende Dünger zu einem Haufen mit schrägen Seitenflächen bis zu einer Höhe von ungefähr 1,25 m, vom Boden an gerechnet, gepackt. Die Oberfläche des Haufens wird mit einer etwa 10 cm dicken Schicht von nicht infiziertem Dünger, Stroh, Laub, Torf oder anderem losen Material belegt und hierauf mit einer 10 cm dicken Erdschicht eingedeckt. Nach dreiwöchiger Packung kann der Dünger ohne weiteres abgefahren werden.

Die Abfuhr von Dünger und Streumaterialien, die nicht gepackt waren, vom Seuchengehöfte hat auf möglichst dichten Wagen und ohne Verwendung von seuchenempfänglichen Tieren aus fremden Gehöften zu geschehen, sofern für den Dünger und die Streumaterialien die Unschädlichmachung angeordnet ist (vgl. §§ 15 bis 27). Erforderlichenfalls sind der Dünger, die Streumaterialien usw. vor der Abfuhr lagenweise mit dicker Kalkmilch zu begießen, wenn nicht die Art des Ansteckungsstoffs die Verwendung eines anderen Desinfektionsmittels verlangt.

Falls mit der zugelassenen Art der Lagerung des Düngers die Gefahr einer Verschleppung des Ansteckungsstoffs durch ablaufendes Schmutzwasser in andere Gehöfte, auf fremden Personen und Tieren zugängliche Wege, in Brunnen, Wasserläufe oder sonstiges Nutzwasser verknüpft ist, ist der Dünger bereits im Stalle, vor der Verbringung an den Ort der Lagerung, mit dicker Kalkmilch zu begießen.

2. Jauche und Schmutzwasser sind durch Zusatz von Kalk oder dicker Kalkmilch, von Chlorkalk oder dicker Chlorkalkmilch zu desinfizieren, soweit sie nicht zur Packung von Dünger (Nr. 1) Verwendung finden. Es sind mindestens 1 Raumteil Kalk oder Chlorkalk oder 3 Raumteile dicke Kalk- oder Chlorkalkmilch auf 100 Raumteile Jauche oder Schmutzwasser zu verwenden und durch gründliches Umrühren mit diesen Flüssigkeiten zu vermengen, die sodann mindestens 2 Stunden lang stehen bleiben müssen.

3. Futter- und Streuvorräte, die in den zu desinfizierenden Räumen lagerten, sind unschädlich zu beseitigen, sofern nicht für einzelne Seuchen etwas anderes bestimmt ist (vgl. §§ 15 bis 27).

4. Decken und Wände, die Ausrüstungsgegenstände (Krippen, Tröge, Raufen, Pfosten, Pfeiler, Standscheiden, Türen, Türpfosten, Fenster usw.), ferner der Fußboden einschließlich der Abflußrinnen, Kanäle, Mulden und Gruben sind mit dünner Kalkmilch oder Chlorkalkmilch zu tünchen oder mit verdünntem Kresolwasser, Karbolsäure, Formaldehyd-, Sublimat- oder Kresolschwefelsäurelösung zu bestreichen oder gründlich zu besprengen.

Eisenteile sind mit verdünntem Kresolwasser oder mit Karbolsäurelösung zu behandeln.

5. Mit undurchlässigem Pflaster versehene Hofräume, Ladestellen, Schlachtstellen, Viehmarktplätze, Wege (Straßen) usw., ferner Schiffsräume und Fähren sind mit dünner Kalk- oder Chlorkalkmilch oder einem anderen Desinfektionsmittel (vgl. §§ 15 bis 27) zu begießen, abzuschlämmen oder in geeigneter Weise zu besprengen. Bei Frostwetter kann Begießen mit kochsalzhaltiger Karbolschwefelsäurelösung oder Bestreuen mit gepulvertem, frisch gelöschtem Kalk erfolgen.

Dasselbe Verfahren kann auch bei Hofräumen, Viehmarktplätzen, Wegen, Straßen und Standorten auf Weiden, die ein undurchlässiges Pflaster nicht haben oder überhaupt ungepflastert sind, angewandt werden.

6. Mit den Ausscheidungen kranker oder verdächtiger Tiere nicht durchfeuchteter Erd- und Sandboden, einschließlich der unter dem nach § 5 Nr. 4, 7 abgegrabenen Boden befindlichen Lagen, ferner die bei der Reinigung nicht entfernten Düngerlagen in Schafställen und Rindertiefställen sind mit dicker Kalkmilch zu übergießen oder mit frisch gelöschtem Kalk so zu bestreuen, daß die Boden- und Düngerlagen mit einer Schicht Kalk gleichmäßig bedeckt sind.

7. Hölzerne Geräte einschließlich der Fahrgeräte und Schleifen, auf denen Kadaver und Kadaverteile, Streu,

Dünger, Magen- und Darminhalt geschlachteter, getöteter oder gefallener Tiere abgefahren wurden, sind, soweit sich nicht ihre Verbrennung empfiehlt, anzusengen oder mit verdünntem Kresolwasser, mit Karbolsäurelösung, Formaldehydlösung, Kresolschwefelsäurelösung oder Sublimatlösung zu bestreichen.

8. Geräte aus Eisen oder anderem Metalle sind der Wirkung des Feuers kurze Zeit auszusetzen oder mit verdünntem Kresolwasser, Karbolsäurelösung oder Formaldehydlösung zu bestreichen.

9. Gegenstände aus Leder, namentlich Schuhzeug oder Gummi sind sorgfältig und wiederholt mit Lappen abzureiben, die mit Kresolwasser, Karbolsäurelösung oder Sublimatlösung getränkt sind.

10. Leinene, hanfene (Jute-), baumwollene und wollene Gegenstände, Kleidungs- und Bettstücke, Haare, Wolle, Federn, Futtersäcke, Polstereinlagen und dergleichen sind, soweit sich nicht ihre Verbrennung empfiehlt oder bei einzelnen Seuchen (vgl. §§ 15 bis 27) nicht etwas anderes bestimmt ist, durch 24 stündiges Einlegen in verdünntes Kresolwasser, in Karbolsäurelösung, Sublimatlösung, Formaldehydlösung oder durch Auskochen oder in Dampfapparaten zu desinfizieren.

Kleidungsstücke, die nur wenig beschmutzt sind, können in der Weise desinfiziert werden, daß sie mit verdünntem Kresolwasser, mit Karbolsäurelösung, Sublimatlösung oder Formaldehydlösung befeuchtet und feucht gebürstet werden.

11. Tiere sind, insbesondere an den Stellen, an denen die Haut, die Hufe und Klauen durch Kot oder andere Ausscheidungen beschmutzt waren, mit den zulässigen Desinfektionsmitteln (§§ 15 bis 27) abzuwaschen.

12. Hände und andere Körperteile von Personen sind mit verdünntem Kresolwasser, mit Karbolsäurelösung

oder Sublimatlösung gründlich abzubürsten und nach etwa fünf Minuten mit warmem Wasser und Seife zu waschen.

Die Landesregierung kann Abweichungen von dem unter Nr. 1 bis 12 vorgeschriebenen Verfahren zulassen.

IV. Verfahren bei den einzelnen Seuchen.

Milzbrand.

§ 15. Personen, die mit den blutigen Ausscheidungen milzbrandkranker oder der Seuche verdächtiger Tiere in Berührung gekommen sind oder bei der Vornahme blutiger Operationen an solchen Tieren oder bei der Wegschaffung oder Öffnung von Kadavern milzbrandkranker oder der Seuche verdächtiger Tiere Hilfe geleistet haben oder bei der Tötung oder Schlachtung oder Wartung solcher Tiere beschäftigt waren, haben möglichst sofort die Hände und andere etwa beschmutzte Körperteile, beschmutzte Kleidungsstücke und beschmutztes Schuhzeug zu reinigen und zu desinfizieren.

Sobald ein milzbrandkrankes oder der Seuche verdächtiges Tier verendet, getötet oder genesen oder von seinem Standplatz entfernt ist, muß die Reinigung und Desinfektion vorgenommen werden. Sie umfaßt in der Regel den Standplatz der Tiere im Stalle, den Platz, wo die Tiere verendet sind oder getötet wurden, im Falle eines gehäuften Auftretens der Seuche nach dem Ermessen des beamteten Tierarztes bestimmte Abteilungen des Stalles oder den ganzen Stall, die durch Abgänge, Blut oder Abfälle solcher Tiere verunreinigten Fußböden, Stallwände, Pfosten, Pfeiler, Standscheiden, Krippen, Raufen, Tröge usw., ferner die Stallgeräte, Schlachtgeräte, Kleider und Schuhzeug des Wartepersonals und sonstige Gegenstände, die durch Abgänge, Blut oder Abfälle solcher Tiere verunreinigt sind oder von denen sonst anzunehmen ist, daß sie den Ansteckungsstoff des Milzbrandes enthalten, weiter die Abgänge, Blut, Abfälle von milzbrandkranken oder der Seuche verdächtigen Tieren, auch Futter- und Streuvorräte, die mit milzbrandkranken oder der Seuche verdächtigen Tieren in Berührung gekommen sind oder von denen sonst anzunehmen ist, daß sie den Ansteckungsstoff des Milzbrandes enthalten, die zum Wegschaffen der Kadaver oder Kadaverteile, der Abfälle, des Düngers und dergleichen benutzten Fahrzeuge oder Behältnisse, erforderlichenfalls auch verunreinigte Weidestellen, Verscharrungs- und Lagerplätze, Brunnentröge.

Die Desinfektion erfolgt nach § 14 mit der Maßgabe, daß schon vor der Reinigung eine vorläufige Desinfektion stattzufinden hat (vgl. § 5 Nr. 10, § 6 Abs. 2). Als Desinfektionsmittel sind Chlorkalk, dicke und dünne Chlorkalkmilch, Sublimatlösung und Formaldehydlösung anzuwenden. Besondere Aufmerksamkeit erfordern die festen und flüssigen, namentlich die blutigen Ausscheidungen von kranken und der Seuche verdächtigen Tieren oder ihren Kadavern und Blut, das bei der Tötung abgeflossen ist. Derartige Abfallstoffe sind sorgfältig zu sammeln und ebenso wie Streu, Futterreste, Dünger, die von ungepflasterten Fußböden abgetragene Erdschicht und alle geringwertigen Gegenstände die mit festen oder flüssigen Ausscheidungen oder blutkranker oder der Seuche verdächtiger Tiere verunreinigt sind, wie die Kadaver zu behandeln (vgl. Anweisung für die unschädliche Beseitigung der Kadaver). Jauche, die durch Blut oder blutige Ausscheidungen kranker oder der Seuche verdächtiger Tiere verunreinigt ist, ist durch Zusatz von Chlorkalk oder Chlorkalkmilch (§ 14 Abs. 1 Nr. 2) zu desinfizieren.

Futter- oder Streuvorräte, die Milzbrandkeime enthalten oder bei denen der begründete Verdacht vorliegt, daß dies der Fall ist, sind durch Dämpfen in geeigneten Apparaten oder durch ein anderes ausreichendes Erhitzungsverfahren zu desinfizieren. Ist dies nicht möglich, so sind die Futter- oder Streuvorräte zu verbrennen oder zu vergraben, es sei denn, daß dem Besitzer durch die Polizeibehörde gestattet wird, die Vorräte an Tiere zu verfüttern, die durch Schutzimpfung gegen Milzbrand unterzogen worden sind.

Rauschbrand und Wild= und Rinderseuche.

§ 16. Bei Rauschbrand und Wild= und Rinderseuche finden die Vorschriften des § 15 mit Ausnahme der in Abs. 3 angeordneten vorläufigen Desinfektion Anwendung.

Tollwut.

§ 17. Sobald ein wutkrankes oder der Seuche verdächtiges Tier verendet oder getötet ist, müssen der Standplatz, insbesondere der von dem wutkranken oder der Wut verdächtigen Tiere verunreinigte Fußboden, Wände, Krippen, Raufen, Tröge, Verschläge, Pfosten, Pfeiler, Standscheiden und alle Gebrauchs= und sonstigen Gegenstände, die mit dem wutkranken oder der Seuche verdächtigen Tiere in Berührung gekommen sind, gereinigt und nach § 13 desinfiziert werden.

Bei der Tollwut der Hunde und Katzen müssen die Streu, Maulkörbe, Halsbänder, Leinen, Decken, Geräte und sonstigen Gegenstände, die von wutkranken oder der Seuche verdächtigen Hunden oder Katzen benutzt worden sind, verbrannt oder auf andere Weise unschädlich beseitigt werden. Hundehütten sind, soweit sie aus Holz, Stroh, Schilf oder dergleichen bestehen, zu verbrennen, im übrigen zu reinigen und nach § 13 zu desinfizieren.

Rotz.

§ 18. Personen, die mit rotzkranken oder der Seuche verdächtigen Tieren, ihren Kadavern oder Kadaverteilen in Berührung gekommen sind, haben ihre Hände und anderen etwa beschmutzten Körperteile möglichst sofort zu reinigen und zu desinfizieren. Zu diesem Zwecke sind im Seuchengehöfte Wasser, Seife und die geeigneten Desinfektionsmittel (verdünntes Kresolwasser, Karbolsäurelösung oder Sublimatlösung) bereitzuhalten.

Sobald ein rotzkrankes oder der Seuche verdächtiges Tier von seinem Standplatz entfernt ist, muß die Reinigung und Desinfektion des Standsplatzes und der bei dem Tiere be=

nutzten Ausrüstungs- und Gebrauchsgegenstände sofort vorgenommen werden, sofern letztere nicht noch zur Wartung anderer rotzkranker Tiere Verwendung finden.

Vor Aufhebung der Schutzmaßregeln sind nach dem Ermessen des beamteten Tierarztes bestimmte Abteilungen des Stalles oder der ganze Stall, die Ausrüstungs- und Gebrauchsgegenstände (Krippen, Raufen, Pfosten, Pfeiler, Standscheiden, Eimer und sonstige Stallgeräte, Anbindevorrichtungen, Zaumzeuge, Bespannungsgeschirre, Sättel, Putzzeuge, Decken, Schabracken, Kleider und Schuhzeug des Wartepersonals, Deichseln, Ketten, Vorsetzkrippen, Brunnentröge, Beschlagbrücken usw.) und sonstige Gegenstände, die mit kranken oder der Seuche verdächtigen Tieren, deren Ausscheidungen, Kadavern oder Kadaverteilen oder Abfällen in Berührung gekommen sind, erforderlichenfalls auch verunreinigte Weidestellen, zu reinigen und zu desinfizieren.

Die Desinfektion erfolgt nach § 14 mit der Maßgabe, daß schon vor der Reinigung eine vorläufige Desinfektion stattzufinden hat. Als Desinfektionsmittel können sämtliche im § 11 Abs. 1 genannten Mittel verwandt werden. Besondere Aufmerksamkeit erfordern die mit dem Nasenausflusse, den Absonderungen von Hautgeschwüren sowie mit dem Kote und Urin kranker oder der Seuche verdächtiger Tiere verunreinigten Gegenstände. Kot, Streu, Futterreste usw. können nach Packung, Jauche, die durch Ausscheidungen kranker oder verdächtiger Tiere verunreinigt ist, kann nach Desinfektion verwendet werden.

Maul- und Klauenseuche.

§ 19. Die mit der Wartung maul- und klauenseuchekranker oder verdächtiger Tiere im Seuchengehöften betrauten und diejenigen Personen, die bei der Schlachtung und beim Transporte solcher Tiere, bei der Ausfuhr, dem Streuen und Unterpflügen ihres Düngers beschäftigt gewesen sind, ferner andere Personen, die mit kranken oder verdächtigen Tieren in Seuchengehöften in Berührung gekommen sind oder in Ställen, in denen solche Tiere untergebracht sind, verkehrt haben, müssen vor dem Verlassen des Seuchen- oder Schlachtgehöfts die etwa beschmutzten Kleider und das Schuhzeug wechseln oder reinigen und desinfizieren sowie Hände und andere mit den kranken oder verdächtigen Tieren in Berührung gekommene Körperteile reinigen und desinfizieren.

Gerätschaften, Fahrzeuge, Behältnisse und sonstige Gegenstände, die während des Herrschens der Seuche außerhalb des Seuchengehöfts verwandt werden sollen, müssen, soweit sie mit kranken oder verdächtigen Tieren oder deren Abgängen in Berührung gekommen sind, vor dem Herausbringen aus dem Gehöfte gereinigt und desinfiziert werden. Milchtransportgefäße, die während des Herrschens der Seuche außerhalb des Seuchengehöfts verwandt werden, sind nach ihrer Entleerung gemäß § 11 Abs. 1 Nr. 9, 10 zu desinfizieren.

Wird Dünger aus verseuchten Ställen entfernt, so ist er innerhalb des Gehöfts oder an anderen geeigneten Stellen, von denen aus eine Verschleppung des Ansteckungsstoffs nicht stattfinden kann, zu packen (§ 14 Abs. 1 Nr. 1) oder, falls dies untunlich ist, bereits vor der Entfernung aus den Ställen mit dicker Kalkmilch zu übergießen.

Jauche und Dünger von Wiederkäuern und Schweinen dürfen während des Herrschens der Seuche aus dem Gehöfte nur beim Vorliegen zwingender Gründe mit polizeilicher Genehmigung abgefahren werden. Die Abfuhr darf nicht mit Rindviehgespannen aus anderen Gehöften erfolgen. Die Abfuhr von Jauche darf nur in dichten Behältnissen erfolgen. Dünger, der dicht gepackt war, ist auf möglichst dichtem Wagen abzufahren. Erfolgt die Abfuhr solchen Düngers auf öffentlichen Wegen, so ist er, falls diese Wege nicht für die Gesamtdauer der Düngerabfuhr gesperrt werden können, vor der Abfuhr mit dicker Kalkmilch wiederholt zu übergießen. Der Dünger, der vor der Abfuhr nicht gepackt war, ist auf dem Felde sofort unterzupflügen oder zu packen. In letzterem Falle ist bis zur Beendigung des Packverfahrens der Zutritt von Wiederkäuern und Schweinen zu dem Dünger zu hindern.

Bei der Schlußdesinfektion, die nach den Bestimmungen des § 14 stattzufinden hat, sind die Örtlichkeiten, an denen sich kranke oder verdächtige Tiere aufgehalten haben (Ställe, Höfe, Tummelplätze, Bullenställe, Sprunghütten und Sprungplätze, Beschlagbrücken usw., Ladestellen, Stellen von Marktplätzen und Wegen), ferner die Lagerplätze des Düngers, von Kadavern, Kadaverteilen, die Brunnentröge mit Umgebung, Bespannungsgeschirre, Deichseln, die zur Wartung und Pflege kranker oder verdächtiger Tiere benutzten Geräte (Tränkeimer, Melkeimer, Melkstühle, Milchtransportgefäße, Mistgabeln, Schippen usw.), Futtersäcke, Häute, Hörner, Klauen, Wolle und sonstige tierische Rohstoffe, die nach ihrer Herkunft oder Lagerung Träger des Ansteckungsstoffs sein können, sowie Kleider und Schuhzeug des Wartepersonals zu reinigen und zu desinfizieren. Hierbei ist den mit Speichel und Kot von kranken oder verdächtigen Tieren verunreinigten Gegenständen besondere Aufmerksamkeit zuzuwenden. Häute, Hörner, Klauen und sonstige tierische Rohstoffe sind durch vollkommene Trocknung oder durch 24stündiges Einlegen in dünne Kalkmilch oder durch eine ausreichende Behandlung mit einem anderen Desinfektionsmittel zu desinfizieren. Wolle darf auch ohne Desinfektion aus dem Seuchengehöft entfernt werden, wenn sie in festen Säcken verpackt ist.

Futter- und Streuvorräte, die in verseuchten Stallungen gelagert haben oder sonst durch die Ausscheidungen kranker oder verdächtiger Tiere verunreinigt worden sind, dürfen aus dem Seuchengehöfte nicht entfernt werden, sondern sind in diesem zu verwerten oder unschädlich zu beseitigen.

Bei der Schlußdesinfektion sind auch die Klauen der Rinder aus den Seuchenställen auszuschneiden und die Tiere selbst zu reinigen und zu desinfizieren (§ 4 und § 14 Abs. 1 Nr. 11).

Endlich haben das Wartepersonal der verseucht gewesenen Viehbestände und die Personen, die sonst mit den kranken oder verdächtigen Tieren in Berührung gekommen sind, bei der Schlußdesinfektion Hände und Arme sowie andere mit jenen Tieren in Berührung gekommene Körperteile zu reinigen und zu desinfizieren.

Zu der Desinfektion können sämtliche im § 11 Abs. 1 genannten Desinfektionsmittel verwandt werden.

Lungenseuche.

§ 20. Die mit der Wartung lungenseuchekranker oder seuchenverdächtiger Tiere in Seuchengehöften betrauten und diejenigen Personen, die bei der Schlachtung und beim Transporte solcher Tiere beschäftigt sind, ferner andere Personen, die mit kranken oder seuchenverdächtigen Tieren in Seuchengehöften in Berührung gekommen sind oder in Ställen, in denen solche Tiere untergebracht sind, verkehrt haben, müssen vor dem Verlassen des Seuchen- oder Schlachtgehöfts die Kleider und das Schuhzeug wechseln oder reinigen und desinfizieren sowie die Hände und andere mit den kranken Tieren in Berührung gekommene Körperteile reinigen und desinfizieren.

In Seuchengehöften sind während des Herrschens der Seuche im Falle der Entfernung der kranken oder verdächtigen Tiere von ihrem Standplatz oder aus den Ställen die Standplätze der Tiere, die Ausrüstungsgegenstände der Standplätze und die zur Wartung und Pflege der Tiere benutzten Geräte sowie die entleerten Ställe alsbald zu reinigen und nach Vorschrift des § 13 zu desinfizieren. Futterreste, die durch die Ausatmungsluft der Tiere verunreinigt sind, müssen verbrannt oder wie der Dünger und die Streu behandelt werden.

Der Dünger und die Streu aus Seuchengehöften sind ohne Benutzung von Rindviehgespannen aus anderen Gehöften aufs Feld zu fahren und unterzupflügen. Ist letzteres nicht alsbald ausführbar, so ist der Dünger auf Haufen zu stapeln und dafür Sorge zu tragen, daß der Zutritt von

Rindvieh zu dem Dünger und der Streu mindestens 2 Wochen lang gehindert wird.

Bei der Schlußdesinfektion sind die Seuchenställe und sonstigen Räumlichkeiten des Seuchengehöfts, in denen sich kranke oder der Seuche verdächtige Tiere oder ihre Kadaver befunden haben, die Ausrüstungs- und Gebrauchsgegenstände, die mit den erkrankten oder der Seuche verdächtigen Tieren in Berührung gekommen sind, insbesondere auch die Kleidungsstücke und das Schuhzeug des Wartepersonals zu reinigen und nach Vorschrift des § 13 zu desinfizieren.

Futter- und Streuvorräte, die in den verseuchten Stallungen oder über verseuchten Stallungen mit undichten Decken lagerten, dürfen auch nach dem Erlöschen der Seuche nicht aus dem Gehöft entfernt werden. Sie dürfen nur für Pferde, Schweine oder Schafe verwandt werden und sind so unterzubringen, daß Rinder damit nicht in Berührung kommen können. Ist eine derartige Verwertung der Futter- und Streuvorräte nicht angängig, so sind sie wie der Dünger zu behandeln.

Pockenseuche der Schafe.

§ 21. Die mit der Wartung pockenkranker oder verdächtiger Schafe in Seuchengehöften betrauten und diejenigen Personen, die bei der Schur, Schlachtung und beim Transporte solcher Tiere beschäftigt sind, sowie andere Personen, die mit pockenkranken oder verdächtigen Schafen in Seuchengehöften in Berührung gekommen sind oder in Ställen, in denen solche Schafe untergebracht sind, verkehrt haben, müssen vor dem Verlassen des Seuchengehöfts die etwa beschmutzten Kleider und das Schuhzeug wechseln oder reinigen und desinfizieren sowie die Hände und andere mit den kranken oder verdächtigen Tieren in Berührung gekommene Körperteile reinigen und desinfizieren.

Der Dünger ist bis zur Ausführung der Schlußdesinfektion im Stalle zu belassen. Wird seine Herausschaffung erforderlich, so ist er innerhalb des Gehöfts oder an anderen geeigneten Stellen, von denen aus eine Verschleppung des Ansteckungsstoffs nicht stattfinden kann, zu packen (§ 14 Abs. 1 Nr. 1) oder, falls dies nicht möglich ist, bereits vor der Entfernung aus dem Seuchenstalle mit dicker Kalkmilch zu übergießen. Der Dünger, der auf dem Seuchengehöfte nicht gepackt werden konnte, darf nur mit polizeilicher Genehmigung und unter der Bedingung vom Seuchengehöft entfernt werden, daß er auf möglichst dichten Wagen abgefahren und auf dem Felde sofort untergepflügt oder gepackt wird. In letzterem Falle ist bis zur Beendigung des Packverfahrens der Zutritt fremder Schafe zu dem Dünger zu hindern.

Bei der Schlußdesinfektion sind Stallungen und Räumlichkeiten, in denen pockenkranke oder der Seuche verdächtige Schafe gestanden haben, die Ausrüstungs- und Gebrauchsgegenstände, die mit den erkrankten oder der Seuche verdächtigen Schafen oder ihren Abgängen in Berührung gekommen sind, insbesondere auch die Kleider und das Schuhzeug des Wartepersonals zu reinigen und zu desinfizieren. Zu der Desinfektion, die nach § 14 zu erfolgen hat, können sämtliche im § 11 Abs. 1 genannten Desinfektionsmittel verwandt werden.

Futter- und Streuvorräte, die in den verseuchten Stallungen oder über verseuchten Stallungen mit undichten Decken lagerten, sind gründlich zu lüften und nur im Seuchengehöfte zu verwenden oder unschädlich zu beseitigen.

Beschälseuche und Bläschenausschlag.

§ 22. Bei der Beschälseuche und beim Bläschenausschlage bedarf es keiner Desinfektion.

Räude.

§ 23. Während der Behandlung der kranken oder der Seuche verdächtigen Pferde und Schafe sowie der Schafherden, in denen die Räude herrscht, ist eine Reinigung und Desinfektion der Stallungen, Hürden, Gerätschaften, des Geschirrs, der Decken Putzzeuge und anderer Gegenstände, die mit den kranken oder verdächtigen Tieren in Berührung gekommen sind, auszuführen. Werden die Tiere der Badekur unterworfen, so ist die Reinigung und Desinfektion jedesmal vorzunehmen, wenn das Baden der Tiere erfolgt. Besteht die Behandlung in einer Schmierkur, so ist die Reinigung und Desinfektion je nach dem Grade der Krankheit in kürzeren oder längeren Zeitzwischenräumen zu wiederholen. Nach Beendigung des Heilverfahrens ist eine Schlußdesinfektion auszuführen.

Stallungen oder andere Räumlichkeiten sowie Hürden, in denen sich räudekranke Pferde oder Schafe vor der Einleitung eines Heilverfahrens oder vor ihrer Schlachtung befunden haben, müssen alsbald nach der Entfernung der räudekranken Tiere gereinigt und desinfiziert werden.

Die Desinfektion erfolgt nach den Vorschriften des § 14. Als Desinfektionsmittel sind verdünntes Kresolwasser, Karbolsäurelösung oder Kalk zu verwenden. Besondere Aufmerksamkeit erfordern sämtliche Gegenstände, die mit den kranken oder verdächtigen Tieren in Berührung gekommen sind (Krippen, Raufen, Pfosten, Pfeiler, Standscheiden, Anbindevorrichtungen, Zaumzeuge, Bespannungsgeschirre, Sättel, Putzzeuge, Decken, Schabracken, Kleider des Wartepersonals, Deichseln usw. bei Pferden; Hürden, Raufen, Krippen, Pfosten, Pferchkarren, Schippen, Schafscheren, Dünger, Kleider, Schuhzeug des Wartepersonals usw. bei Schafen).

Der Dünger aus verseuchten Schafställen ist aufs Feld zu fahren und alsbald unterzupflügen. Kann die Unterpflügung nicht alsbald geschehen, so sind Schafe bis zur Unterpflügung vom Zutritt zu dem Dünger fernzuhalten.

Schweineseuche und Schweinepest.

§ 24. Der aus den Seuchenställen entfernte Dünger nebst Streu, Futterresten und dergleichen ist zu packen (§ 14

Abs. 1 Nr. 1). Ist das Packen des Düngers, der Streu und dergleichen nicht durchführbar, so sind diese Stoffe zu sammeln und zu verbrennen oder wie die Kadaver gefallener oder getöteter Tiere zu vergraben. Durch Verbrennen oder Vergraben sind auch die beanstandeten Teile geschlachteter seuchenkranker Schweine und die Schlachtabfälle einschließlich des Wassers, das zum Abwaschen des Fleisches und der Eingeweide benutzt wurde, unschädlich zu machen.

Die Stallgänge, die Plätze vor den Stalltüren und Gehöftseingängen sowie die Wege an den Ställen und auf dem Hofe sind während des Herrschens der Schweineseuche oder Schweinepest mindestens alle 8 Tage zu reinigen und mit dünner Chlorkalkmilch oder mit 6prozentigem Kresolwasser zu desinfizieren.

Gerätschaften, Fahrzeuge, Behältnisse und sonstige Gegenstände müssen, soweit sie mit den kranken oder verdächtigen Tieren oder mit deren Abgängen in Berührung gekommen sind, desinfiziert werden, bevor sie aus dem Gehöfte herausgebracht werden.

Bei der Schlußdesinfektion sind die Örtlichkeiten, an denen sich seuchenkranke oder der Seuche verdächtige Schweine befunden haben (Ställe mit den Nebenräumen wie Futterküchen, Tummelplätze, Hofräume, Sprungplätze, benutzte Marktplätze und Ladestellen usw.), die zur Wartung und Pflege und zur Schlachtung kranker und verdächtiger Tiere benutzten Geräte (Eimer, Gabeln, Schippen, Schlachttröge usw.), Fahrgeräte und Schleifen, auf denen Kadaver, Streu, Dünger und andere Abfälle befördert worden sind, Kleider und Schuhzeug des Wartepersonals, Futtersäcke und sonstige Gegenstände, die mit kranken oder der Seuche verdächtigen Tieren in Berührung gekommen sind oder von denen sonst anzunehmen ist, daß sie den Ansteckungsstoff enthalten, zu reinigen und zu desinfizieren. Hierbei ist den durch Kot, Urin und blutkanker oder der Seuche verdächtiger Tiere verunreinigten Gegenständen besondere Aufmerksamkeit zuzuwenden. Die Wühlplätze sind nach Reinigung von Kot und Streu und, wenn möglich, nach Abtragung der oberflächlichen Erdschicht ausgiebig mit dünner Chlorkalkmilch oder mit 6prozentigem Kresolwasser zu tränken, sodann durch Harken oder Eggen zu ebnen und wiederholt ausgiebig mit den genannten Desinfektionsmitteln zu behandeln. Neu in die Gehöfte eingebrachte Schweine sind möglichst lange von den Wühlplätzen fernzuhalten. Abgegrabene Boden- oder Erdschichten sind zu vergraben oder auf Feldern unterzupflügen, die Schweinen nicht zugänglich sind.

Die Desinfektion der Ställe und sonstigen Standorte seuchenkranker oder der Seuche verdächtiger Tiere hat nach den Bestimmungen des § 14 zu erfolgen. Als Desinfektionsmittel sind dünne Chlorkalkmilch oder 6prozentiges Kresolwasser zu verwenden.

Rotlauf der Schweine
einschließlich des Nesselfiebers (Backsteinblattern).

§ 25. Die Reinigung und die Desinfektion beim Rotlauf umfassen in der Regel den Standplatz der seuchenkranken oder der Seuche verdächtigen Tiere, bei gehäuftem Auftreten nach dem Ermessen des beamteten Tierarztes bestimmte Abteilungen des Stalles oder den ganzen Stall, ferner die Ausrüstungs-, Gebrauchs- und sonstigen Gegenstände, die mit den kranken oder der Seuche verdächtigen Tieren, deren Ausscheidungen, Kadavern oder Kadaverteilen in Berührung gekommen sind. Standplätze sind sofort nach der Entfernung der seuchenkranken oder der Seuche verdächtigen Tiere zu reinigen und zu desinfizieren, Stallteile oder der ganze Stall sofort, wenn der gesamte Schweinebestand gefallen, getötet oder entfernt worden ist, im übrigen 6 Tage nach Ablauf des letzten Krankheitsfalls.

Die Desinfektion erfolgt nach § 13. Zur Desinfektion können sämtliche im § 11 Abs. 1 bezeichneten Desinfektionsmittel verwandt werden.

Geflügelcholera und Hühnerpest.

§ 26. Die Ställe und sonstigen Aufenthaltsorte kranker oder der Seuche verdächtiger Tiere, Käfige, sonstige Behältnisse und Transportmittel, Auslaufhöfe einschließlich etwa vorhandener Schwimm- und Badevorrichtungen, Stallgeräte und sonstige Gegenstände, die mit den kranken oder der Seuche verdächtigen Tieren, deren Ausscheidungen, Kadavern oder Kadaverteilen in Berührung gekommen sind, sowie Schlachtstellen sind zu reinigen und nach den Vorschriften des § 14 zu desinfizieren. Zur Desinfektion können sämtliche im § 11 Abs. 1 bezeichneten Desinfektionsmittel verwandt werden.

Besondere Aufmerksamkeit erfordern die Ausscheidungen der kranken oder verdächtigen Tiere und Blut, das bei der Tötung abgeflossen ist. Diese Abfallstoffe sind sorgfältig zu sammeln und ebenso wie die Streu, der Dünger, Kot, Federn, Futterreste, die von ungepflasterten Fußböden und Auslaufhöfen entfernten Erdschichten und alle geringwertigen Gegenstände, die mit Kot oder Blut verunreinigt sind, mit den Kadavern zu vergraben oder zu verbrennen. Durch Vergraben oder Verbrennen sind auch die beanstandeten Teile geschlachteter seuchenkranker oder der Seuche verdächtiger Tiere und sonstige Schlachtabfälle unschädlich zu machen. Abfälle, deren Beschaffenheit die Verbrennung nicht gestattet, müssen gesammelt, mit der gleichen Menge Kalkmilch gut durchmischt und hierauf vergraben werden. Auslaufhöfe sind möglichst nach Entfernung der oberflächlichen Bodenschicht, Schwimm- und Badevorrichtungen auf den Auslaufhöfen nach Entfernung des Wassers mit dicker Kalkmilch zu begießen. Das Wasser in Schwimm- und Badevorrichtungen ist 24 Stunden vor dem Ablassen wie Jauche (§ 14 Nr. 2 Abs. 1) mit Kalk oder dicker Kalkmilch zu versetzen.

Größere Mengen von Dünger können gepackt, Federn dürfen in lufttrockenem Zustand mit polizeilicher Genehmigung aus dem Seuchengehöft ausgeführt werden, wenn sie in dichten Säcken verpackt sind.

Tuberkulose.

§ 27. Sobald Rinder, bei denen das Vorhandensein der Tuberkulose im Sinne des § 10 Abs. 1 Nr. 12 des Gesetzes festgestellt oder in hohem Grade wahrscheinlich ist, von ihrem Standplatz entfernt sind, muß die Reinigung und Desinfektion vorgenommen werden.

Die Reinigung und Desinfektion umfaßt in der Regel den Standplatz der Tiere, im Falle eines gehäuften Auftretens der Seuche, und wenn die Tiere vor der Feststellung des Vorhandenseins oder der hohen Wahrscheinlichkeit der Seuche im Stalle wiederholt umgestellt worden sind, nach dem Ermessen des beamteten Tierarztes bestimmte Abteilungen des Stalles oder den ganzen Stall, in jedem Falle ferner die Ausrüstungs-, Gebrauchs- und sonstigen Gegenstände, die durch die Ausscheidungen der Tiere verunreinigt worden sind, insbesondere die Krippen, Futtertische, Raufen, Wasserrinnen in den Futtertischen, die zu den Ständen gehörigen Wandabteilungen und Standscheiden, den Fußboden einschließlich Stallgasse, die Putz- und Melkgeräte.

Die Disinfektion erfolgt nach § 13. Melkeimer und andere Milchgefäße sind durch Anwendung von Wasserdampf oder durch Auskochen oder Abbürsten mit kochendheißem Wasser oder kochendheißer Sodalösung (vgl. § 11 Abs. 1 Nr. 9, 10) zu desinfizieren.

Seuchen, für die durch den Reichskanzler nach § 10 Abs. 2 des Viehseuchengesetzes die Anzeigepflicht eingeführt wird.

§ 28. Bei Seuchen, für die durch den Reichskanzler nach § 10 Abs. 2 des Viehseuchengesetzes die Anzeigepflicht eingeführt wird, regelt sich das Desinfektionsverfahren nach den von den zuständigen Behörden ergehenden besonderen Anweisungen.

Anlage C.

Anweisung für die unschädliche Beseitigung von Kadavern und Kadaverteilen.

§ 1. Kadaver oder Kadaverteile (Fleisch, Blut, Eingeweide und, soweit das Abhäuten verboten ist, auch Häute, Hörner, Klauen usw.) gefallener oder getöteter seuchenkranker oder seuchenverdächtiger Tiere, deren unschädliche Beseitigung vorgeschrieben ist, sind unter Beobachtung etwaiger Anordnungen des beamteten Tierarztes und unter polizeilicher Überwachung sofort in nachstehender Weise zu behandeln.

Von der polizeilichen Überwachung kann abgesehen werden, wenn die unschädliche Beseitigung der Kadaver oder Kadaverteile in Abdeckereien einschließlich der Anlagen zur gewerbsmäßigen Beseitigung oder Verarbeitung von Kadavern und tierischen Teilen erfolgt, die unter veterinärpolizeilicher Aufsicht stehen.

§ 2. Zulässige Arten des Verfahrens zur unschädlichen Beseitigung der im § 1 bezeichneten Kadaver oder Kadaverteile sind:

a) Kochen oder Dämpfen bis zum Zerfalle der Weichteile,
b) trockene Destillation,
c) Behandlung auf chemischem Wege bis zur Auflösung der Weichteile,
d) Verbrennen bis zur Asche.

§ 3. Wo die im § 2 angegebenen Arten der unschädlichen Beseitigung nach Lage der Verhältnisse untunlich sind, hat sie durch Vergraben zu erfolgen. Das Vergraben von Kadavern oder Kadaverteilen an Milzbrand, Rauschbrand oder Wild- und Rinderseuche erkrankter oder dieser Seuchen verdächtiger Tiere darf vom beamteten Tierarzt nur dann zugelassen werden, wenn nach seinem Ermessen das Verbrennen oder eine andere der im § 2 angegebenen Arten der unschädlichen Beseitigung unausführbar ist.

Zum Vergraben sind nach Anweisung des beamteten Tierarztes tunlichst höher gelegene, trockene Stellen in genügender Entfernung von menschlichen Wohnungen, Viehställen, Brunnen, Gewässern, Weideplätzen und öffentlichen Wegen auszuwählen. Humushaltige Böden, Lehm- und Tonböden, quellenreiche Gelände, zur Ausbeutung bestimmte oder geeignete Kies- oder Sandlager sowie Plätze, an denen das Grundwasser nicht mindestens 2 m unter dem Erdboden steht, sind, wo dies nach den örtlichen Verhältnissen möglich ist, zu vermeiden. Die Vergrabungsplätze sind so einzufriedigen, daß sie von Pferden, Wiederkäuern, Schweinen und Hunden nicht betreten werden können. Das Beweiden der Vergrabungsplätze, die Verwendung dort wachsender Pflanzen als Viehfutter oder Streu sowie die Lagerung von Viehfutter oder Streu auf solchen Plätzen sind verboten. Die zum Vergraben der Kadaver oder Kadaverteile erforderlichen Gruben sind so tief anzulegen, daß die Oberfläche der Kadaver oder Kadaverteile von einer unterhalb des Randes der Grube mindestens 1 m starken Erdschicht bedeckt ist.

Vor dem Vergraben sind die Häute der Kadaver, deren Abhäutung verboten ist, durch mehrfaches Zerschneiden unbrauchbar zu machen. Im übrigen sind die Kadaver mit tiefen Einschnitten zu versehen und mit Kalk oder feinem Sande zu bestreuen oder mit Teer, rohen Steinkohlenteerölen (Karbolsäure, Kresol) oder Alpha-Naphtylamin in 5prozentiger Lösung zu übergießen oder mit einem anderen vom beamteten Tierarzt für zulässig erklärten Mittel zu behandeln.

Nach Einbringung der Kadaver in die Grube sind die durch Blut oder sonstige Abgänge verunreinigten Stellen der Erd- oder Rasenschicht abzuschürfen und mit den Kadavern zu vergraben.

Gruben, in denen Kadaver oder Kadaverteile seuchenkranker oder seuchenverdächtiger Tiere vergraben sind, dürfen nur mit Genehmigung der Polizeibehörde geöffnet oder erneut in Benutzung genommen werden. Die Genehmigung darf nur dann erteilt werden, wenn nach dem Gutachten des beamteten Tierarztes mit Sicherheit anzunehmen ist, daß eine vollständige Verwesung der in der Grube untergebrachten Kadaver oder Kadaverteile stattgefunden hat, und daß ansteckungsfähige Seuchenkeime in der Grube nicht mehr vorhanden sind. In besonderen Ausnahmefällen kann die vorzeitige Eröffnung solcher Gruben unter Anwendung der erforderlichen Vorsichtsmaßregeln und unter polizeilicher Überwachung gestattet werden. Die aus einer geöffneten Grube ausgehobenen Tierteile sind wieder vorschriftsmäßig zu vergraben oder nach § 2 unschädlich zu beseitigen.

§ 4. Bei Ermittlung einer Seuche durch Zerlegung eines Tieres sind die für die Feststellung der Seuche erforderlichen Teile aufzubewahren, falls der Besitzer oder dessen Vertreter bei Mitteilung des amtstierärztlichen Befundes sofort erklärt, daß er das Gutachten eines anderen Tierarztes einzuholen beabsichtigt. Die Aufbewahrung hat unter sicherem Verschluß oder unter Überwachung auf Kosten des Besitzers so zu geschehen, daß eine Verschleppung von Krankheitskeimen nach Möglichkeit vermieden wird. Die unschädliche Beseitigung derartiger aufbewahrter Teile hat sofort nach Erfüllung des Zweckes oder nach Ablauf einer für die Aufbewahrung zu dem angegebenen Zwecke gesetzten Frist (vgl. § 96 der Ausführungsvorschriften) zu erfolgen.

Die unschädliche Beseitigung kann ausgesetzt werden für Teile von Kadavern seuchenkranker oder seuchenverdächtiger Tiere, die vom beamteten Tierarzt noch einer genaueren Untersuchung unterzogen werden sollen. Die unschädliche Beseitigung kann unterbleiben bei solchen Kadaverteilen, die vom beamteten Tierarzt als Lehr- oder Sammlungsgegenstände verwandt oder an staatliche wissenschaftliche Institute oder andere geeignete Stellen versandt werden. Die Entnahme und der Versand haben unter Vorsichtsmaßregeln zu geschehen, die eine Verschleppung von Ansteckungsstoffen ausschließen. Für den Versand sind die Vorschriften über den

Verkehr mit Viehseuchenerregern (§ 77 der Ausführungsvorschriften), bei der Eisenbahnbeförderung auch die Vorschriften der Anlage C zur Eisenbahn-Verkehrsordnung, zu beachten. Dem beamteten Tierarzt und den Stellen, denen durch den beamteten Tierarzt Teile von seuchenkranken oder seuchenverdächtigen Kadavern übersandt wurden, liegt die Verpflichtung zur sofortigen unschädlichen Beseitigung ob, sobald die Teile der Untersuchung unterzogen oder zu Lehrzwecken verwandt worden sind. Die als Sammlungsgegenstände verwandten Teile sind unter den erforderlichen Vorsichtsmaßregeln aufzubewahren.

Im Falle des Abs. 1 ist es auch nichtbeamteten Tierärzten gestattet, Kadaverteile zu den im Abs. 2 erwähnten Zwecken zu entnehmen. Das Gleiche gilt, wenn es sich um Kadaver handelt, bei denen eine amtstierärztliche Untersuchung nicht in Frage kommt. Von jeder derartigen Entnahme hat der nichtbeamtete Tierarzt der Polizeibehörde Anzeige zu machen. Blutproben von Kadavern seuchenkranker oder seuchenverdächtiger Tiere können von nichtbeamteten Tierärzten auch vor der amtstierärztlichen Untersuchung und ohne eine Anzeige an die Polizeibehörde entnommen werden. Hinsichtlich der bei der Entnahme und dem Versande zu beobachtenden Vorsichtsmaßregeln und der Verpflichtung zur unschädlichen Beseitigung gelten die Vorschriften im Abs. 2.

Statt einzelner Teile dürfen, sofern es sich um kleine Tiere handelt, auch ganze Kadaver zu den im Abs. 2 bezeichneten Zwecken verwandt werden.

Preußisches Ausführungsgesetz zum Viehseuchengesetze.

Vom 25. Juli 1911 (GS. S. 149).

I. Verfahren und Behörden.

§ 1. Die Anordnung und die Durchführung der Bekämpfungsmaßregeln liegen dem Minister für Landwirtschaft, Domänen und Forsten, den Regierungspräsidenten, den Landräten und den Ortspolizeibehörden ob.

Im Sinne des Viehseuchengesetzes und der Ausführungsvorschriften sind

als Landesregierung und oberste Landesbehörde der Minister,

als höhere Polizeibehörde der Regierungspräsident, im Landespolizeibezirke Berlin der Polizeipräsident von Berlin,

als Polizeibehörde die Ortspolizeibehörde

anzusehen. Die Obliegenheiten der Landesregierung können mit Ermächtigung des Ministers auch von den Regierungspräsidenten, im Landespolizeibezirke Berlin von dem Polizeipräsidenten, die Obliegenheiten der höheren Polizeibehörden mit Ermächtigung des Regierungspräsidenten auch von den Landräten wahrgenommen werden. Die Landräte sind befugt, die Amtsverrichtungen der Ortspolizeibehörden ganz oder teilweise zu übernehmen.

Der Regierungspräsident kann auch innerhalb der Zuständigkeit der Ortspolizeibehörden Anordnungen treffen.

Mit der Leitung und Überwachung der Bekämpfungsmaßregeln kann der Minister für das ganze Staatsgebiet oder einzelne Staatsgebietsteile besondere Beamte beauftragen. Dieselbe Befugnis hat der Regierungspräsident innerhalb seiner Zuständigkeit. Der Umfang der Obliegenheiten der beauftragten Beamten richtet sich nach den hierfür von dem Minister oder von den Regierungspräsidenten zu erlassenden Vorschriften. Polizeiliche Befugnisse dürfen ihnen nicht übertragen werden, es sei denn, daß der Auftrag einer nach diesem Gesetze zuständigen Verwaltungsbehörde für Gebiete erteilt wird, die ihrem Verwaltungsbezirke benachbart sind oder in dessen Nähe liegen.

§ 2. Die Anordnungen auf Grund des § 7 des Viehseuchengesetzes sind vom Minister oder mit dessen Genehmigung von den Regierungspräsidenten der Grenzbezirke zu erlassen. Sofern sich Anordnungen auf die Grenzstrecke oder den Grenzbezirk eines Kreises beschränken, können sie mit Genehmigung des Ministers vom Landrat erlassen werden.

§ 3. Anordnungen auf Grund des Viehseuchengesetzes und der Ausführungsvorschriften sind, sofern sie verbindliche Kraft für eine unbestimmte Zahl von Personen erlangen sollen, unter der Bezeichnung „Viehseuchenpolizeiliche Anordnung" öffentlich bekannt zu machen. Anordnungen des Ministers sind im Deutschen Reichs- und Preußischen Staatsanzeiger, Anordnungen der Regierungspräsidenten und des Polizeipräsidenten von Berlin in den Amtsblättern ihrer Bezirke zu veröffentlichen. Für Anordnungen der Landräte und der Ortspolizeibehörden wird die Art der Veröffentlichung vom Regierungspräsidenten, für Anordnungen der nach § 1 Abs. 4 Satz 4 beauftragten Behörden von der Stelle bestimmt, die den Auftrag erteilt hat.

Für Anordnungen, die an eine bestimmte Person gerichtet sind, genügt mündliche Bekanntgabe. Schriftliche Mitteilung muß jedoch, wenn sie von den Beteiligten binnen einer Woche verlangt wird, innerhalb dreier Tage erfolgen.

In Anordnungen der im Abs. 1 gedachten Art, die auf Grund der §§ 7, 16, 17 und zur Ausführung der in diesen

Paragraphen bezeichneten Maßregeln auf Grund des § 78 des Viehseuchengesetzes erlassen werden, ist auf die vorgedachten Gesetzesstellen, soweit sie für die Anordnungen in Betracht kommen, zu verweisen.

In Anordnungen der im Abs. 1 gedachten Art, die zum Schutze gegen eine besondere Seuchengefahr erlassen werden, ist die Seuche, gegen deren Verbreitung die Anordnung Schutz bieten soll, zu bezeichnen und anzugeben, daß die Anordnung auf Grund der §§ 18 ff. des Viehseuchengesetzes erfolgt.

Ferner ist in Anordnungen der im Abs. 1 gedachten Art, soweit für sie die Ermächtigung oder Genehmigung des Ministers vorgeschrieben ist, die Erteilung der Ermächtigung oder Genehmigung zu erwähnen.

Von der Beobachtung anderer als der in diesem Paragraphen gegebenen Formvorschriften hängt die Gültigkeit viehseuchenpolizeilicher Anordnungen nicht ab.

§ 4. Gegen Anordnungen, die auf Grund des Viehseuchengesetzes, des gegenwärtigen Gesetzes und der Ausführungsbestimmungen zu beiden Gesetzen erlassen werden, findet mit Ausschluß der Klage im Verwaltungsstreitverfahren lediglich das Rechtsmittel der Beschwerde bei den vorgesetzten Polizeibehörden und an letzter Stelle bei dem Minister statt.

Vorgesetzte Polizeibehörde der nach § 1 Abs 4 beauftragten besonderen Beamten im Sinne dieser Vorschrift ist die Stelle, die den Auftrag erteilt hat.

II. Entschädigungen.

§ 5. Entschädigung ist außer in den Fällen des § 66 des Viehseuchengesetzes zu gewähren:

1. für Esel, Maultiere und Maulesel, die an Milzbrand oder Rauschbrand, sowie für Rinder, Pferde, Esel, Maultiere und Maulesel, die an Wild- und Rinderseuche gefallen sind oder an denen nach dem Tode eine dieser Krankheiten festgestellt worden ist;
2. für Rinder, Pferde, Esel, Maultiere und Maulesel, die

an Tollwut gefallen sind oder an denen nach dem Tode Tollwut festgestellt worden ist.

Auf die Fälle des Abs. 1 finden die Vorschriften der §§ 68 bis 70, 72 des Viehseuchengesetzes mit den Maßgaben der §§ 6, 7 des gegenwärtigen Gesetzes Anwendung.

§ 6. Die Entschädigung beträgt in den Fällen des § 5 Nr. 1 und bei den mit Tollwut behafteten Tieren vier Fünftel des gemeinen Wertes. Zu gleichem Anteile findet in diesen Fällen die Anrechnung einer Versicherungssumme nach § 68 Abs. 2 Nr. 1 des Viehseuchengesetzes statt.

§ 7. Die im § 70 Nr. 3 des Viehseuchengesetzes bestimmte Frist beträgt bei Wild- und Rinderseuche 14 Tage, bei Tollwut 90 Tage.

§ 8. In den Fällen des § 71 des Viehseuchengesetzes wird keine Entschädigung gewährt. Im Falle des § 71 Nr. 1 ist jedoch für Rinder, Pferde, Esel, Maultiere und Maulesel die Entschädigung auch dann nicht zu versagen, wenn die Krankheit in Wild- und Rinderseuche oder in Tollwut bestanden hat.

§ 9. Die Entschädigung wird gewährt

I. von den Provinzialverbänden

1. zum Gesamtbetrage:
   für die aus Anlaß der Tollwut, des Rotzes oder der Lungenseuche auf polizeiliche Anordnung getöteten und mit einer dieser Seuchen behafteten sowie für die nach der Anordnung an einer dieser Seuchen gefallenen Tiere,
   ferner in den Fällen des § 66 Nr. 2, 4 des Viehseuchengesetzes und des § 5 Nr. 1, 2 des gegenwärtigen Gesetzes;
2. zur Hälfte:
   für die aus Anlaß der Maul- und Klauenseuche auf polizeiliche Anordnung getöteten und mit dieser Seuche behafteten sowie für die nach der Anordnung an dieser gefallenen Rinder;

3. zu zwei Dritteln:
für die aus Anlaß der Tuberkulose (§ 10 Abs. 1 Nr. 12 des Viehseuchengesetzes) auf polizeiliche Anordnung getöteten und mit dieser Seuche behafteten sowie für die nach der Anordnung an dieser Seuche gefallenen Rinder;

II. im übrigen aus der Staatskasse.

In den Fällen des Abs. 1 unter I Nr. 2, 3 ist die ganze Entschädigung zunächst von den Provinzialverbänden zu leisten und diesen aus der Staatskasse der auf sie entfallende Teil zu erstatten.

§ 10. Den Provinzialverbänden sind in bezug auf die Entschädigungspflicht (§ 9) die Bezirksverbände der Regierungsbezirke Cassel und Wiesbaden, die Landes-Kommunalverbände der Hohenzollernschen Lande und des Kreises Herzogtum Lauenburg sowie der Stadtkreis Berlin gleichzuachten.

Durch Beschluß des Verbandes kann die Entschädigungspflicht ganz oder teilweise kleineren Verbänden mit deren Zustimmung übertragen werden.

§ 11. Innerhalb der Verbände können zur Bestreitung der Entschädigungen und der Verwaltungskosten einschließlich der Kosten der Feststellung des Krankheitszustandes und der Schätzung, soweit sie nicht der Staatskasse zur Last fallen, nach Ermessen der Verbände auch zur Ansammlung von Rücklagen, Beiträge von den Besitzern von Einhufern und Rindvieh unter Beachtung des § 73 des Viehseuchengesetzes erhoben werden. Die Entschädigungen, Kosten und Rücklagen für Pferde, Esel, Maultiere und Maulesel dürfen nur den Besitzern dieser Tiergattungen, für Rindvieh nur den Rindviehbesitzern auferlegt werden.

§ 12. Die näheren Vorschriften über die Erhebung von Beiträgen, über den Verteilungsmaßstab und die Ausschreibung und Einziehung der Beiträge, über die Auszahlung der Entschädigungen, über die Erstattung verauslagter Entschädigungen seitens der Staatskasse und über die Ansammlung und Verwaltung von Rücklagen sind durch Satzungen zu erlassen, die von den Verbänden zu beschließen sind und der Genehmigung des Ministers des Innern und des Ministers für Landwirtschaft bedürfen.

In den Satzungen kann bestimmt werden, daß zur Bestreitung der nach dem Viehseuchengesetz und nach dem gegenwärtigen Gesetze von den Verbänden zu gewährenden Entschädigungen auch die Überschüsse und Rücklagen verwendet werden dürfen, die auf Grund der Gesetze vom 12. März 1881 (Gesetzsamml. S. 128), 29. Juni 1890 (Gesetzsamml. S. 221), 22. April 1892 (Gesetzsamml. S. 90) und 18. Juni 1894 (Gesetzsamml. S. 115) zu Entschädigungen aus Anlaß des Rotzes, der Lungenseuche, des Milzbrandes und des Rauschbrandes angesammelt worden sind. Jedoch dürfen die durch Beiträge der Besitzer von Einhufern angesammelten Überschüsse und Rücklagen nur zur Bestreitung von Entschädigungen für Einhufer und die durch Beiträge der Rindviehbesitzer angesammelten Überschüsse und Rücklagen nur zur Bestreitung von Entschädigungen für Rindvieh verwendet werden.

Die Reglements, die in den einzelnen Landesteilen auf Grund der im Abs. 2 bezeichneten Gesetze über die Entschädigung aus Anlaß von Viehseuchen erlassen sind, behalten bis zum Inkrafttreten neuer Satzungen nach Abs. 1 mit der Maßgabe Geltung, daß ihre Bestimmungen den aus dem Viehseuchengesetz und dem gegenwärtigen Gesetze hervorgehenden Änderungen anzupassen sind und auf die nach eben diesen Gesetzen von den Verbänden neu aufzubringenden Entschädigungen sinngemäße Anwendung finden.

§ 13. Zur Feststellung des für die Entschädigung in Betracht kommenden Krankheitszustandes hat sofort nach der Tötung oder sobald als möglich nach dem sonstigen Eintritte des Entschädigungsfalls eine Untersuchung des Tieres durch den beamteten Tierarzt stattzufinden. Die Art der Untersuchung ist im Wege der Ausführungsbestimmungen zu regeln. Hierbei kann namentlich vorgeschrieben werden, daß die Feststellung des Krankheitszustandes von der Vornahme einer besonderen Untersuchung oder von einer Nachprüfung an einer anderen Untersuchungsstelle abhängig zu machen ist.

Der beamtete Tierarzt hat sich gutachtlich darüber zu äußern, ob nach dem Gesamtbefund eine nach § 66 des Viehseuchengesetzes oder nach § 5 des gegenwärtigen Gesetzes einen Entschädigungsanspruch begründende Krankheit vorliegt sowie ob das Tier an einer sonstigen Krankheit gelitten hat, die nach § 71 Nr. 1 des Viehseuchengesetzes im Zusammenhange mit § 8 des gegenwärtigen Gesetzes den Entschädigungsanspruch ausschließt.

§ 14. Die Vorschriften des § 15 des Viehseuchengesetzes finden auf die Feststellung nach § 13 des gegenwärtigen Gesetzes mit der Maßgabe Anwendung, daß bei Meinungsverschiedenheiten zwischen dem beamteten Tierarzt und dem von dem Besitzer zugezogenen Sachverständigen sowie in dem weiteren im § 15 Abs. 2 des Viehseuchengesetzes vorgesehenen Falle der Regierungspräsident (Polizeipräsident) das Obergutachten des Departementstierarztes einzuholen hat. Die Einholung des Obergutachtens hat auch auf Antrag des beteiligten Verbandes stattzufinden.

Gegen das Gutachten des Departementstierarztes ist dem Besitzer und dem beteiligten Verbande die Anrufung des Landesveterinäramts gestattet. In Zweifelsfällen kann auch der Regierungspräsident (Polizeipräsident) die Einholung eines Gutachtens des Landesveterinäramts anordnen.

§ 15. Durch die nach den Vorschriften der §§ 13, 14 abgegebenen Gutachten oder Obergutachten wird der Krankheitszustand für die Frage der Entschädigung endgültig festgestellt.

§ 16. Der nach § 68 des Viehseuchengesetzes und § 5 Abs. 2 des gegenwärtigen Gesetzes der Entschädigung zu Grunde zu legende Wert des Tieres sowie der Wert derjenigen Teile eines getöteten Tieres, die dem Besitzer nach Maßgabe der polizeilichen Anordnungen zur Verfügung bleiben (§ 68 Abs. 2 Nr. 2 des Viehseuchengesetzes), ist durch Schätzung zu ermitteln.

Die Schätzung hat bei den auf polizeiliche Anordnung getöteten Tieren, soweit angängig, vor der Tötung, im übrigen sobald als möglich nach dem Tode der Tiere zu erfolgen.

Ist im Falle der Entschädigung wegen Tuberkulose oder bei den dem Besitzer zur Verfügung bleibenden Teilen die Schätzung unter Voraussetzungen erfolgt, die sich durch endgültige Feststellung des Krankheitszustandes ändern, so ist die Schätzung, soweit erforderlich, zu wiederholen.

§ 17. Die Schätzung erfolgt durch den beamteten Tierarzt und zwei Schiedsmänner. Im Wege der Ausführungsbestimmungen kann jedoch vorgeschrieben werden, daß die Schätzung durch den beamteten Tierarzt allein zu erfolgen hat, sofern der beteiligte Viehbesitzer zustimmt.

Für jeden Kreis (Oberamtsbezirk) sind alle drei Jahre von dem Kreis- (Stadt-) Ausschusse Personen zu bezeichnen, die für die Dauer jener Frist zum Amte eines Schiedsmanns zugezogen werden können.

Aus der Zahl dieser Personen hat die Ortspolizeibehörde die Schiedsmänner für den einzelnen Schätzungsfall zu ernennen. Der Kreisausschuß kann im Kreise (Oberamtsbezirke) verschiedene Schiedsmannsbezirke bilden und die Schiedsmänner auf diese verteilen.

Die Schiedsmänner sind von der Ortspolizeibehörde eidlich zu verpflichten. Dasselbe gilt, wenn an Stelle des beamteten Tierarztes ein anderer approbierter Tierarzt zugezogen wird (§ 2 Abs. 2 des Viehseuchengesetzes), für diesen, sofern er nicht allgemein als Sachverständiger vereidigt ist.

§ 18. Personen, bei denen für den einzelnen Fall eine Befangenheit zu besorgen ist, dürfen zu Schiedsmännern nicht ernannt werden.

Ausgeschlossen von der Teilnahme an der Schätzung ist:

1. wer selbst Partei oder gesetzlicher Vertreter einer Partei ist oder als Mitberechtigter oder Ersatzpflichtiger der Partei gegenüber in Frage kommt;
2. der Ehegatte in Sachen seiner Ehefrau, auch wenn die Ehe nicht mehr besteht;
3. wer mit dem Entschädigungsberechtigten in gerader Linie verwandt, verschwägert oder durch Annahme an Kindesstatt verbunden, in der Seitenlinie bis zum dritten Grade verwandt oder bis zum zweiten Grade verschwägert ist, auch wenn die Ehe, auf der die Schwägerschaft beruht, nicht mehr besteht;
4. wer im Wirtschaftsbetriebe des Entschädigungsberechtigten angestellt ist.

Personen, die sich nicht im Besitze der bürgerlichen Ehrenrechte befinden, sind unfähig, an der Schätzung teilzunehmen.

Hat eine ausgeschlossene oder unfähige Person an der Schätzung teilgenommen, so ist die Schätzung nichtig und zu wiederholen.

§ 19. Erfolgt die Schätzung durch den beamteten Tierarzt und zwei Schiedsmänner, so ist bei Meinungsverschiedenheiten in der Regel die Durchschnittssumme der verschiedenen Schätzungen als Schätzungswert anzunehmen. Ist jedoch der von zwei Schätzern übereinstimmend geschätzte Wert oder bei drei verschiedenen Schätzungen der in der Mitte stehende geschätzte Wert geringer als die Durchschnittssumme, so gilt der geringere Wert als Schätzungswert.

§ 20. Über das Ergebnis der Schätzung ist eine von den Beteiligten zu unterzeichnende Urkunde aufzunehmen und der Ortspolizeibehörde zu übersenden.

Das Ergebnis der Schätzung ist für den Entschädigungsberechtigten und für den Entschädigungsverpflichteten verbindlich.

§ 21. Im übrigen ist das Verfahren bei der Schätzung

in den nach § 12 Abs. 1 von den Verbänden zu fassenden Beschlüssen und, soweit die Verbände nicht beteiligt sind, im Wege der Ausführungsbestimmungen zu regeln.

§ 22. Steht fest, daß nach den §§ 70 bis 72 des Viehseuchengesetzes in Verbindung mit § 5 Abs. 2, § 8 des gegenwärtigen Gesetzes keine Entschädigung gewährt wird, so ist von der Feststellung des Krankheitszustandes und von der Schätzung abzusehen.

§ 23. Die Verbände können beschließen, daß auch in anderen Fällen als in denen des § 66 des Viehseuchengesetzes und des § 5 Abs. 1 des gegenwärtigen Gesetzes Entschädigung für Verluste gewährt wird, die aus Anlaß von übertragbaren Seuchen der Einhufer und des Klauenviehs erwachsen.

Die näheren Vorschriften über die Bemessung, Ermittelung und Aufbringung der Entschädigung sind durch Satzungen zu erlassen, die von den Verbänden zu beschließen sind und ebenso wie die Beschlüsse nach Abs. 1 der Genehmigung der zuständigen Minister bedürfen. Hierbei sind folgende Vorschriften zu beachten:

1. Die Entschädigung darf vier Fünftel des Schadens nicht übersteigen.
2. In den Fällen des § 70, § 71 Nr. 2, § 72 des Viehseuchengesetzes wird keine Entschädigung gewährt.
3. Zur Bestreitung der Entschädigungen und der Verwaltungskosten einschließlich der Kosten der Feststellung des Schadenfalls und der Schätzung, sowie zur Ansammlung von Rücklagen können innerhalb der Verbände Beiträge von den Besitzern der in Betracht kommenden Tiergattungen unter Berücksichtigung des § 78 des Viehseuchengesetzes erhoben werden. Wenn für Verluste aus Anlaß des Milzbrandes bei Schafen Entschädigung gewährt wird, so dürfen die Beiträge hierfür den Rindviehbesitzern auferlegt werden.
4. Zur Bestreitung der Entschädigungen können auch die

Überschüsse und Rücklagen verwendet werden, die auf Grund der im § 12 Abs. 2 erwähnten Gesetze und auf Grund des gegenwärtigen Gesetzes zu Entschädigungen aus Anlaß von Viehseuchen angesammelt worden sind.

Die Verbände können ferner beschließen, daß aus den im Abs. 2 Nr. 4 bezeichneten Überschüssen und Rücklagen sowie aus den Beiträgen, die auf Grund des gegenwärtigen Gesetzes von den Viehbesitzern erhoben werden, Beihilfen an Tierbesitzer gewährt werden können, denen infolge der Durchführung der Bekämpfungsmaßregeln schwere wirtschaftliche Schädigungen erwachsen sind. Zur Gewährung von Zuschüssen an die Verbände, die von dieser Befugnis Gebrauch machen, ist durch den Staatshaushaltsetat ein übertragbarer Dispositionsfonds bereitzustellen. Die Grundsätze für die Gewährung der Beihilfen und die Vorschriften über das dabei zu beobachtende Verfahren bedürfen der Genehmigung der zuständigen Minister.

III. Kosten.

§ 24. Die Kosten, die durch die Anordnung, Leitung und Überwachung der Maßregeln zur Ermittelung und Bekämpfung der Seuchen sowie durch die auf Veranlassung der Polizeibehörden ausgeführten tierärztlichen Amtsverrichtungen erwachsen, sind, soweit nicht nachstehend anderweite Vorschriften getroffen sind, aus der Staatskasse zu bestreiten. Das Gleiche gilt für die Kosten der amtstierärztlichen Feststellung des für eine Entschädigung in Betracht kommenden Krankheitszustandes von Tieren, einschließlich etwaiger amtlicher Obergutachten, jedoch mit der Maßgabe, daß die Kosten einer nach § 13 angeordneten besonderen Untersuchung oder Nachprüfung des amtstierärztlichen Gutachtens in den Fällen des § 66 Nr. 4 des Reichsgesetzes und des § 5 Nr. 1, 2 des gegenwärtigen Gesetzes von den Verbänden zu tragen sind.

Die Kosten der Schätzung für Entschädigungszwecke sind in den Fällen des § 66 Nr. 1 bis 3 des Viehseuchengesetzes von der Staatskasse, im übrigen von den Verbänden zu tragen.

Für die Teilnahme an der Schätzung steht den beamteten Tierärzten gegenüber den Verbänden nur dann ein Anspruch auf Vergütung oder Dienstaufwandsentschädigung zu, wenn die Schätzung nicht im Zusammenhange mit einer anderweiten Amtsverrichtung erfolgen kann.

Die hiernach den beamteten Tierärzten sowie den Schiedsmännern (§ 17) für die Teilnahme an der Schätzung zustehende Vergütung wird im Wege der Ausführungsbestimmungen geregelt.

§ 25. Die Kosten der amtstierärztlichen Beaufsichtigung nach § 16 des Viehseuchengesetzes fallen dem Unternehmer der beaufsichtigten Betriebe oder Veranstaltungen zur Last. Das gleiche gilt bei den nach § 17 Nr. 1 des Viehseuchengesetzes auszuführenden amtstierärztlichen Untersuchungen von Viehbeständen, die zu Handelszwecken oder zum öffentlichen Verkaufe zusammengebracht sind, und bei der auf Grund des § 17 Nr. 7 des Viehseuchengesetzes stattfindenden amtstierärztlichen Überwachung. Neben dem Unternehmer kann auch der Eigentümer oder Besitzer der von der Beaufsichtigung, Untersuchung oder Überwachung betroffenen Tiere für die Zahlung der Kosten haftbar gemacht werden. Mehrere bei demselben Unternehmen oder derselben Veranstaltung oder als Eigentümer oder Besitzer von Tieren beteiligte Personen haften als Gesamtschuldner.

Soweit als Unternehmer, Eigentümer oder Besitzer der Staat in Betracht kommt, sind Kosten nicht zu erheben.

Die Kosten sind in Ermangelung gütlicher Einigung von dem Regierungspräsidenten (Polizeipräsidenten) festzusetzen. Die Beitreibung erfolgt im Verwaltungszwangsverfahren.

Im Wege der Ausführungsbestimmungen kann die Erhebung bestimmter Vergütungssätze für gleichartige amtstierärztliche Verrichtungen geregelt werden. Auch kann angeordnet werden, daß die Einziehung der Vergütungssätze zur Staatskasse erfolgt und aus dieser entsprechende Vergütungen an die beteiligten beamteten Tierärzte gezahlt werden.

§ 26. Die Gemeinden und selbständigen Gutsbezirke haben

1. die zur wirksamen Durchführung der Schutzmaßregeln in ihren Bezirken zu verwendende Wachmannschaft auf ihre Kosten zu stellen,
2. die Kosten der Einrichtungen zu tragen, die zur wirksamen Durchführung der Sperre nach § 22 des Viehseuchengesetzes in ihren Bezirken vorgeschrieben werden,
3. auf ihre Kosten die Hilfsmannschaften und Beförderungsmittel zu stellen, die zur Ausführung der polizeilich angeordneten Tötung oder Impfung von Tieren oder zur Zerlegung oder unschädlichen Beseitigung von Kadavern oder Kadaverteilen erforderlich sind,
4. ohne Vergütung einen geeigneten Raum zu überweisen und mit den nötigen Schutzmitteln zu versehen, in dem die unschädliche Beseitigung der Kadaver oder Kadaverteile, der Streu, des Düngers oder anderer Abfälle von kranken oder verdächtigen Tieren vorgenommen werden kann, wenn dem Besitzer der Tiere oder, falls sich die Tiere auf einem von dem Viehbesitzer gepachteten Grundstücke befinden, dem Eigentümer dieses Grundstücks ein geeigneter Ort dazu fehlt und auch anderweit für eine unschädliche Beseitigung nicht Sorge getragen ist.

§ 27. Zu den im § 26 Nr. 1, 2 bezeichneten Kosten haben, wenn die Schutzmaßregeln Gemeinden und selbständige Gutsbezirke in örtlich verbundener Lage gemeinsam umfassen, diese nach dem für die Aufbringung der direkten Kreissteuern im § 7 des Kreisabgabengesetzes vom 23. April 1906 (Gesetzsamml. S. 161) festgesetzten Maßstabe beizutragen.

§ 28. Unbeschadet etwaiger privatrechtlicher Ersatzansprüche fallen alle in den §§ 24 bis 27 nicht erwähnten

Kosten, die bei der Durchführung der Bekämpfungsmaßregeln erwachsen, den Beteiligten zur Last. Als Beteiligte sind anzusehen der Eigentümer, Besitzer oder Begleiter der von den Maßregeln betroffenen Tiere, der Unternehmer der betroffenen Betriebe, der Eigentümer oder Inhaber der betroffenen Örtlichkeiten, Räume oder Gegenstände.

Wegen der Haftung mehrerer Verpflichteter und wegen der Beitreibung der Kosten gelten die Vorschriften des § 25 Abs. 1, 3.

Die Gemeinden und selbständigen Gutsbezirke haben auch diese Kosten im Falle des Unvermögens der Verpflichteten zu tragen und erforderlichenfalls zu verauslagen.

IV. Schlußbestimmungen.

§ 29. Das gegenwärtige Gesetz tritt gleichzeitig mit dem Viehseuchengesetze vom 26. Juni 1909 in Kraft.

Gleichzeitig werden die Gesetze vom 12. März 1881 (Gesetzsamml. S. 128), 29. Juni 1880 (Gesetzsamml. S. 221), 22. April 1892 (Gesetzsamml. S. 90), 18. Juni 1894 (Gesetzsamml. S. 115) und vom 22. Juli 1905 (Gesetzsamml. S. 318) aufgehoben.

Mit dem gleichen Zeitpunkte treten alle übrigen mit den Bestimmungen des gegenwärtigen Gesetzes in Widerspruch stehenden gesetzlichen Vorschriften außer Kraft.

§ 30. Die Ausführungsbestimmungen zu diesem Gesetze werden von dem Minister für Landwirtschaft, Domänen und Forsten erlassen.

Ausführungsbestimmungen
zum
Ausführungsgesetze zum Viehseuchengesetze.
Vom 12. April 1912.

Auf Grund des § 30 des Ausführungsgesetzes zum Viehseuchengesetze vom 25. Juli 1911 (Gesetzsamml. S. 149) wird hierdurch vom 1. Mai 1912 ab folgendes bestimmt:

I. Verfahren und Behörden.

§ 1. Auf Grund des § 1 Abs. 4 AG. wird der Polizeipräsident von Berlin mit der Leitung und Überwachung der Bekämpfungsmaßregeln für die Gemeindebezirke Weißensee, Reinickendorf, Friedrichsfelde und Pankow im Kreise Niederbarnim sowie für die zum Magerviehhof in Friedrichsfelde gehörigen Seuchengehöfte in Erkner, Marzahn und Karlshorst in demselben Kreise beauftragt. Dem Polizeipräsidenten stehen in diesen Bezirken die polizeilichen Befugnisse zu, die im Viehseuchengesetz, im Ausführungsgesetz und in den Ausführungsbestimmungen zu diesen Gesetzen, insbesondere in der hierzu am 1. Mai ergehenden viehseuchenpolizeilichen Anordnung dem Regierungspräsidenten übertragen sind.

§ 2. Viehseuchenpolizeiliche Anordnungen der im § 3 Abs. 1 AG. bezeichneten Art sind in folgender Weise zu veröffentlichen:

a) Anordnungen auf Grund der §§ 7, 16, 17, 78 VG. in folgender Form:

„Viehseuchenpolizeiliche Anordnung.

Auf Grund des § 7 (16, 17, 78) des Viehseuchengesetzes vom 26. Juni 1909 (Reichsgesetzbl. S. 519) wird hierdurch (mit Gehmigung [Ermächtigung] des

Ministers für Landwirtschaft, Domänen und Forsten) folgendes bestimmt:"

b) Anordnungen zum Schutze gegen eine bestimmte Seuchengefahr, z. B. gegen die Maul- und Klauenseuche in folgender Form:

„Viehseuchenpolizeiliche Anordnung.

Zum Schutze gegen die Maul- und Klauenseuche wird auf Grund der §§ 18ff. des Viehseuchengesetzes vom 26. Juni 1909 (Reichsgesetzbl. S. 519) (mit Genehmigung [Ermächtigung] des Ministers für Landwirtschaft, Domänen und Forsten) folgendes bestimmt:"

Es wird besonders auf die Vorschrift des § 3 Abs. 5 AG. hingewiesen, wonach in allen viehseuchenpolizeilichen Anordnungen, die verbindliche Kraft für eine unbestimmte Zahl von Personen erlangen sollen, eine etwa vorgeschriebene Ermächtigung oder Genehmigung des Ministers bei Vermeidung der Ungültigkeit erwähnt werden muß.

Eine Ermächtigung seitens des Ministers ist zunächst im § 79 Abs. 2 VG. für alle Vorschriften gefordert, die von den höheren Polizeibehörden (den Regierungspräsidenten oder dem Polizeipräsidenten von Berlin) über die Anwendung und Ausführung der nach den §§ 16 bis 65, 78 VG. zulässigen Maßregeln erlassen werden, sofern sie über die Ausführungsvorschriften des Bundesrats hinausgehen. Im § 1 Abs. 2 AG. ist sodann bestimmt, daß die Obliegenheiten der Landesregierung mit Ermächtigung des Ministers auch von den Regierungspräsidenten (im Landespolizeibezirke Berlin vom Polizeipräsidenten) wahrgenommen werden können. Den Landesregierungen sind sowohl im VG. als auch in den BAVG. zahlreiche Obliegenheiten überwiesen.

Ferner ist im § 2 AG. der Erlaß von Anordnungen auf Grund des § 7 VG. durch die Regierungspräsidenten und Landräte allgemein von der Genehmigung des Ministers abhängig gemacht.

Endlich ist in der BAVG. für eine Reihe von Anordnungen die Genehmigung des Ministers vorgeschrieben.

Hiernach sind die Fälle des Erfordernisses der Genehmigung oder Ermächtigung des Ministers für viehseuchenpolizeiliche Anordnungen sehr zahlreich. Es wird in jedem einzelnen Falle sorgfältig zu prüfen sein, ob das Erfordernis vorliegt, und auch im Zweifelsfalle die Erteilung der Genehmigung oder der Ermächtigung in den viehseuchenpolizeilichen Anordnungen zu erwähnen sein.

Unter Ermächtigung ist diejenige Zustimmungserklärung zu verstehen, die bereits vorweg, auch allgemein zu Anordnungen bestimmter Art erteilt werden kann. Eine Genehmigung muß für eine vorgelegte oder genau beschriebene Anordnung im Einzelfalle nachgesucht werden.

In den Anordnungen, die vom Landrat mit Ermächtigung oder Genehmigung des Regierungspräsidenten erlassen werden (vgl. § 1 Abs. 2 AG.), ist die Erteilung dieser Ermächtigung oder Genehmigung zu erwähnen, ohne daß jedoch hiervon die Gültigkeit der Anordnung abhängig ist.

§ 3. Für die an eine bestimmte Person gerichteten viehseuchenpolizeilichen Anordnungen genügt mündliche Bekanntgabe (§ 3 Abs. 2 AG.). Soweit tunlich, ist jedoch die Anordnung in schriftlicher Form zu erlassen, oder es ist den Beteiligten nachträglich schriftliche Mitteilung zu machen. Dies gilt namentlich dann, wenn die Anordnung für längere Zeit Geltung haben soll und nicht sofort durch die Ausführung ihre Erledigung findet.

Ist dem Viehbesitzer die Verfügung zu Protokoll eröffnet worden, so hat eine schriftliche Mitteilung durch Erteilung einer Abschrift des Protokolls zu erfolgen, sofern das Protokoll dem Viehbesitzer nicht in Urschrift übergeben ist.

Die Beteiligten sind auf ihr Recht, binnen einer Woche eine schriftliche Mitteilung über die erlassene Anordnung zu verlangen, hinzuweisen.

§ 4. Zur Gültigkeit der viehseuchenpolizeilichen Anordnungen der Regierungspräsidenten genügt die Veröffentlichung im Amtsblatt ihres Bezirkes (§ 3 Abs. 1 AG.). Anordnungen des Polizeipräsidenten in Berlin, und zwar auch solche, die für die im § 1 dieser Bestimmungen erwähnten Bezirke außerhalb des Landespolizeibezirks Berlin ergehen, erlangen durch Veröffentlichung in dem Amtsblatt für den gedachten Landespolizeibezirk Gültigkeit.

Unbeschadet dieser Vorschriften ist jedoch die Veröffentlichung auch in anderen geeigneten Blättern zu bewirken, sofern dies nach Lage der Sache zweckmäßig erscheint, um das der Anordnung gebührende Bekanntwerden zu sichern.

§ 5. Der Regierungspräsident hat darüber Bestimmung zu treffen, in welcher Art die Veröffentlichung der Anordnungen der Landräte und der Ortspolizeibehörden, um Gültigkeit zu erlangen, zu erfolgen hat (§ 3 Abs. 1 letzter Satz AG.). Für diesen Zweck ist regelmäßig, sofern nicht eine anderweite Form der ortsüblichen Bekanntmachung (durch Aushang, Ausrufen usw.) als genügend anzusehen ist, die Veröffentlichung nur in einem Blatte vorzuschreiben.

Daneben aber hat die Vorschrift im Abs. 2 des § 4 auch hier Anwendung zu finden.

§ 6. Über Beschwerden gegen viehseuchenpolizeiliche Anordnungen (§ 4 AG.) entscheidet, unbeschadet der Vorschrift im § 4 Abs. 2 AG.:

a) wenn die Verfügung von einer Ortspolizeibehörde auf dem Lande oder einer zu einem Landkreise gehörigen Stadt, deren Einwohnerzahl bis zu 10000 Einwohner beträgt (vgl. jedoch unter b), erlassen worden ist, der Landrat;

b) wenn die Anordnung von der Ortspolizeibehörde eines Stadtkreises oder einer zu einem Landkreise gehörigen Stadt von mehr als 10000 Einwohnern oder einer selbständigen Stadt der Provinz Hannover (vgl. §§ 27, 28 der Kreisordnung für die Provinz

Hannover vom 6. Mai 1884, Gesetzsamml. S. 181) oder von dem Landrate getroffen worden ist, der Regierungspräsident;

c) wenn die Anordnung von dem Regierungspräsidenten oder dem Polizeipräsidenten von Berlin getroffen worden ist, der Minister.

Die Beschwerde kann auch bei der Behörde angebracht werden, von der die angefochtene Verfügung erlassen ist. Über die aufschiebende Wirkung der Beschwerde nach § 80 Abs. 2 VG. entscheidet, wenn nicht bereits die genannte Behörde die Ausführung der angefochtenen Verfügung bis zur Entscheidung über die Beschwerde ausgesetzt hat, die zur Entscheidung über die Beschwerde berufene Behörde nötigenfalls vorab.

II. Entschädigungen.

a) Feststellung des Krankheitszustandes.

§ 7. Die Feststellung des für die Entschädigung in Betracht kommenden Krankheitszustandes erfolgt durch eine Untersuchung des Tieres im Wege der Zerlegung nach Maßgabe der Anweisung für das Zerlegungsverfahren bei Viehseuchen (Anlage B zur BAVG.). Bei Milzbrand, Rauschbrand, Wild- und Rinderseuche sowie nötigenfalls bei Tuberkulose ist außerdem die ebenda vorgeschriebene mikroskopische Prüfung vorzunehmen (§§ 20, 29 der Anlage B). Die Zerlegung ist in jedem Falle vollständig auszuführen (vgl. § 19 Abs. 2 der Anlage B).

Die Untersuchung liegt demjenigen beamteten Tierarzt ob, in dessen Amtsbezirke sich das Tier zur Zeit des Todes oder der Tötung befunden hat. Ausnahmsweise kann, falls der Kadaver des Tieres nach einer zum Amtsbezirk eines anderen beamteten Tierarztes gehörigen Abdeckerei abgeliefert wird und falls es zweckmäßig erscheint, die Zerlegung in der Abdeckerei vorzunehmen, mit der Vornahme der Untersuchung der für den Ort der Abdeckerei zuständige beamtete Tierarzt beauftragt werden. Die näheren Bestimmungen hierüber trifft der Regierungspräsident, und zwar, wenn die Abdeckerei in einem anderen Regierungsbezirke liegt, nach Benehmen mit dem für diesen Bezirk zuständigen Regierungspräsidenten.

Über den Untersuchungsbefund hat der beamtete Tierarzt eine Niederschrift nebst einem Gutachten nach dem der Anweisung für das Zerlegungsverfahren beigefügten Muster aufzunehmen. Am Schlusse des Gutachtens ist eine Äußerung darüber abzugeben, ob nach dem Gesamtbefund eine nach § 66 VG. oder nach § 5 AG. oder nach der Viehseuchenentschädigungssatzung des Provinzial- (oder des ihm gleichstehenden Kommunal-) Verbandes einen Entschädigungsanspruch begründende Krankheit vorliegt, sowie ob das Tier an einer sonstigen Krankheit gelitten hat, die nach § 71 Nr. 1 VG. im Zusammenhang mit § 8 AG. und den Vorschriften der in Betracht kommenden Entschädigungssatzung den Entschädigungsanspruch ausschließt. Bei Feststellung von Tuberkulose ist besonders hervorzuheben, ob offene Tuberkulose im Sinne des § 10 Abs. 1 Nr. 12 VG. vorliegt (vgl. § 29 der Anweisung für das Zerlegungsverfahren, Anlage B zur VAVG.).

Das Gutachten ist der Ortspolizeibehörde zu übermitteln, und zwar bei den auf polizeiliche Anordnung getöteten und und den infolge einer polizeilich angeordneten Impfung eingegangenen Tieren der Ortspolizeibehörde desjenigen Bezirkes, in dem sich das Tier zur Zeit der Anordnung der Tötung oder der Impfung befunden hat, im übrigen der Ortspolizeibehörde desjenigen Bezirkes, in dem sich das Tier zur Zeit des Todes befunden hat. Findet die Zerlegung des Tieres in einer Abdeckerei außerhalb des Ortspolizeibezirks statt, in dem das Tier gefallen oder getötet worden ist (vgl. Abs. 2), so kann der Regierungspräsident das Verfahren anderweit regeln.

§ 8. Hat die Feststellung des Krankheitszustandes in Abwesenheit des Besitzers stattgefunden, so ist er von dem Ergebnis der Untersuchung unverzüglich in Kenntnis zu setzen.

Der beamtete Tierarzt hat dafür Sorge zu tragen, daß die für die Feststellung der Krankheit erforderlichen Teile, soweit angängig, aufbewahrt werden.

§ 9. Eine Nachprüfung des amtstierärztlichen Gutachtens an einer anderen Untersuchungsstelle (§ 13 Abs. 1 AG.) hat stattzufinden

1. bei Milzbrand von Pferden sowie bei Wild- und Rinderseuche in allen Fällen;
2. bei Milzbrand anderer Tiere und bei Rauschbrand:
   a) wenn die Untersuchung durch die Zerlegung des Tieres und die mikroskopische Prüfung nach der Ansicht des beamteten Tierarztes zu einem sicheren Ergebnis nicht geführt hat;
   b) wenn zwischen dem beamteten Tierarzt und dem von dem Besitzer zugezogenen Tierarzt (§ 15 VG., § 14 AG.) Meinungsverschiedenheiten über die Feststellung der Seuche obwalten.

Es bleibt vorbehalten, für Gegenden, in denen Milzbrand häufiger auftritt oder auf Antrag des beteiligten Verbandes eine Nachprüfung in weiteren Fällen vorzuschreiben.

Die Nachprüfungen haben an den Untersuchungsstellen stattzufinden, die von den Provinzial- oder den ihnen gleichstehenden Verbänden mit Genehmigung des Ministers zu dem Zwecke zur Verfügung gestellt werden. Wo derartige Untersuchungsstellen bereits vorhanden sind, verbleibt es bei diesen. Im übrigen wird die Bezeichnung nach weiterer Verhandlung erfolgen. Sofern und solange eine Untersuchungsstelle nicht bezeichnet ist, unterbleibt eine Nachprüfung.

Das Untersuchungsmaterial ist den Untersuchungsstellen von den beamteten Tierärzten zu übersenden. Die Entnahme und die Versendung der Proben sowie das sonst bei der Nachprüfung zu beobachtende Verfahren richtet sich nach der dieser Verfügung beigefügten Anlage.

Das Ergebnis der Nachprüfung ist für die Feststellung

der Seuche entscheidend, vorbehaltlich des Rechtes der Beteiligten, ein Obergutachten zu verlangen.

§ 10. Ein Obergutachten (§ 14 Abs. 1 AG.) ist einzuholen:

1. wenn der Tierbesitzer ein Gutachten eines anderen Tierarztes beibringt und zwischen diesem und dem beamteten Tierarzte Meinungsverschiedenheiten über eine Frage bestehen, von der die Entschädigungsleistung abhängig ist;
2. auf Antrag des beteiligten Verbandes;
3. wenn über die Richtigkeit der Angaben des beamteten Tierarztes erhebliche Zweifel obwalten.

Die Einholung des Obergutachtens hat durch den Regierungspräsidenten zu erfolgen.

Das Obergutachten ist von dem Departementstierarzt, in dessen Amtsbezirk die Zerlegung des Tieres stattgefunden hat, in Fällen seiner Verhinderung von seinem Vertreter zu erstatten. War der Departementstierarzt selbst bei der Abfassung des ersten Gutachtens beteiligt, so ist ein benachbarter Departementstierarzt mit der Abgabe des Obergutachtens zu beauftragen. Die Regierungspräsidenten haben nach Benehmen mit den benachbarten Regierungspräsidenten ein für allemal zu bestimmen, welcher Departementstierarzt in solchen Fällen zuzuziehen ist.

Bei Ermittelung von Milzbrand, Rauschbrand sowie von Wild- und Rinderseuche ist vor Einholung des Obergutachtens stets eine Nachprüfung des amtstierärztlichen Gutachtens gemäß § 9 zu veranlassen. Das Obergutachten ist erst dann einzuholen, wenn auch gegenüber dem Ergebnisse der Nachprüfung der Antrag auf Einholung des Obergutachtens von dem beteiligten Verband oder von dem Viehbesitzer aufrecht erhalten wird.

Falls die Anrufung des Landesveterinäramts von dem Viehbesitzer oder dem Verbande beantragt oder von dem Regierungspräsidenten für notwendig erachtet wird (§ 14

Abs. 2 AG.), ist die Einholung eines Gutachtens vom Regierungspräsidenten beim Minister zu beantragen.

Die erstatteten Obergutachten sind den Beteiligten baldmöglichst bekanntzugeben.

b) Schätzung.

§ 11. Bei der Schätzung sind die Vorschriften der §§ 16 bis 20, 22 AG. und, soweit die Verbände beteiligt sind, die von ihnen hierzu, insbesondere in den Entschädigungssatzungen gegebenen Vorschriften zu beachten. Im übrigen gelten nachstehende Bestimmungen (§ 21 AG.).

§ 12. Die Schätzung gefallener sowie ohne polizeiliche Anordnung getöteter Tiere hat möglichst gleichzeitig mit der Feststellung des Krankheitszustandes an dem Orte stattzufinden, an dem die Zerlegung erfolgt.

Im Falle der Tötung von Tieren auf polizeiliche Anordnung hat die Schätzung des Tieres regelmäßig vor der Tötung an dem Orte stattzufinden, an dem sich das Tier zur Zeit der Anordnung der Tötung befindet. Die Schätzung nach der Tötung ist nur dann zulässig, wenn aus veterinärpolizeilichen Gründen oder mit Rücksicht auf die Natur der Krankheit, z. B. bei Tollwut, die alsbaldige Tötung geboten erscheint. Für Zeit und Ort der Schätzung gilt alsdann die Vorschrift des Abs. 1.

§ 13. Die Schätzung der dem Besitzer zur Verfügung bleibenden Teile getöteter oder gefallener Tiere hat gleichzeitig mit der Schätzung der Tiere selbst oder im Anschlusse daran zu erfolgen.

Wenn sich im Falle der Tötung von Tieren auf polizeiliche Anordnung für die Schätzung der zur Verfügung bleibenden Teile vor der Tötung sichere Anhaltspunkte nicht gewinnen lassen, so kann die Schätzung dieser Teile nach der Tötung des Tieres am Orte der Zerlegung vorgenommen werden. Soweit hiernach die Schätzung der verfügbaren Teile in einem anderen Ortspolizeibezirke stattfindet als die Schätzung des Tieres, ist die über die letztere Schätzung aufgenommene Schätzungsurkunde (§ 17) der für den Ort der Zerlegung zuständigen Ortspolizeibehörde zu übermitteln. Diese hat die Schätzung der verfügbaren Teile zu veranlassen und alsdann beide Schätzungsurkunden der Ortspolizeibehörde zu übersenden, in deren Bezirke die Schätzung des Tieres stattgefunden hat.

Wegen des Verfahrens in den Fällen, in denen die Provinzial- und die ihnen gleichstehenden Verbände die Verwertung der zur Verfügung bleibenden Teile für eigene Rechnung übernommen haben, bleibt weitere Verfügung vorbehalten.

§ 14. Die im § 16 Abs. 3 AG. für den Fall vorgesehene Wiederholung der Schätzung, daß diese unter Voraussetzungen erfolgt ist, die sich durch endgültige Feststellung des Krankheitszustandes ändern, ist im Interesse der Kostenersparnis nach Möglichkeit zu vermeiden. Bei Entschädigung wegen Tuberkulose wird eine Wiederholung der Schätzung dann entbehrlich sein, wenn sich aus der Schätzungsurkunde einerseits der gemeine Wert des Tieres, anderseits der Minderwert ergibt, den das Tier dadurch erlitten hat, daß es von der Krankheit befallen ist, oder wenn aus der Urkunde hervorgeht, daß nach der Körperbeschaffenheit des Tieres ein Abzug von dem gemeinen Werte wegen Minderwerts aus Anlaß der Tuberkulose nicht zu machen ist. In diesen Fällen ist für die Berechnung der vom Staate zu leistenden Entschädigung, wenn bei der Feststellung des Krankheitszustandes Tuberkulose im Sinne des § 10 Abs. 1 Nr. 12 VG. nicht ermittelt wird, der angegebene gemeine Wert des Tieres zugrunde zu legen.

Bei Schätzung der dem Besitzer zur Verfügung bleibenden Teile im Falle der Tötung von Tieren ist zu beachten, ob dem Besitzer auch dann Teile zur Verfügung bleiben, wenn die Seuche festgestellt wird. Zutreffendenfalls ist in der Schätzungsurkunde zum Ausdrucke zu bringen, welchen Wert die verfügbaren Teile bei Feststellung der Seuche haben, zugleich aber auch, wie hoch ihr Wert anzunehmen ist, wenn die Seuche nicht vorliegt.

§ 15. Die Schätzung ist in der Regel durch den beamteten Tierarzt und die Schiedsmänner gemeinschaftlich vorzunehmen (vgl. jedoch § 16). Zu diesem Zwecke sind die Schiedsmänner tunlichst spätestens zu der Feststellung des Krankheitszustandes durch den beamteten Tierarzt oder im Anschlusse daran zuzuziehen. Ist die rechtzeitige Zuziehung der Schiedsmänner nicht möglich, so hat der beamtete Tierarzt sein Gutachten zunächst allein abzugeben. Die Schätzung durch die Schiedsmänner ist alsdann unverzüglich nachzuholen.

§ 16. Die Schätzung hat durch den beamteten Tierarzt allein zu erfolgen:

1. wenn der beteiligte Besitzer zustimmt;
2. wenn nach den Entschädigungssatzungen der Provinzial- und der ihnen gleichstehenden Kummunalverbände die Schätzung durch den beamteten Tierarzt allein zugelassen ist,

im Falle zu 1 jedoch nur dann, wenn die Schätzungssumme für die gleichzeitig zu entschädigenden Tiere eines Besitzers 1500 M. nicht übersteigt, im Falle zu 2 nur, wenn diese Summe nicht mehr als 500 M. beträgt.

Es bleibt vorbehalten, die Ermächtigung der beamteten Tierärzte zur alleinigen Vornahme der Schätzung allgemein oder für einzelne Landesteile einzuschränken oder zurückzuziehen. Soweit dies geschieht, sind zu den Schätzungen in allen Fällen die Schiedsmänner zuziehen.

§ 17. Für die Aufnahme der Schätzungsurkunde (§ 20 AG.) hat der beamtete Tierarzt Sorge zu tragen, falls die Schätzung von ihm in Gemeinschaft mit den Schiedsmännern bewirkt wird, andernfalls die Ortspolizeibehörde.

Die Schätzungsurkunde ist der im § 7 Abs. 4 bezeichneten Ortspolizeibehörde zu übermitteln.

§ 18. Die gegenwärtig im Amte befindlichen Schiedsmänner sind bis zum Ablaufe der Frist, für die sie benannt sind, in ihrem Amte zu belassen. Alsdann hat der Landrat, in Stadtkreisen der Magistrat, wegen Bezeichnung der Schiedsmänner für die nächsten drei Jahre das Erforderliche zu veranlassen. Hierbei ist im Interesse der Kostenersparnis und der Beschleunigung des Verfahrens dafür zu sorgen, daß überall Schiedsmänner in ausreichender Zahl zur Verfügung stehen. Auf die im § 17 Abs. 3 AG. vorgesehene Bildung von Schiedsmännerbezirken ist möglichst überall hinzuwirken.

§ 19. Die eidliche Verpflichtung der Schiedsmänner (§ 17 Abs. 4 AG.) hat ein für alle mal für die Dauer ihrer Schiedsmannstätigkeit zu erfolgen. Sie kann gelegentlich der ersten Teilnahme an einer Schätzung geschehen. Für eine sich an die bisherige Amtszeit unmittelbar anschließende Tätigkeit bedarf es einer neuen Vereidigung nicht. Es genügt der Hinweis auf den früher geleisteten Eid.

c) Verfahren der Polizeibehörden.

§ 20. Wird die Tötung eines Tieres polizeilich angeordnet oder werden Entschädigungsansprüche für getötetes oder gefallenes Vieh auf Grund des Viehseuchengesetzes, des Ausführungsgesetzes oder der Entschädigungssatzungen der Provinzial- oder der ihnen gleichstehenden Kommunalverbände von einem Viehbesitzer erhoben oder auf andere Weise der Ortspolizeibehörde bekannt, so hat diese, sofern nicht feststeht, daß ein Entschädigungsanspruch nicht gegeben ist (§ 22 AG.), die Feststellung des Krankheitszustandes und die Schätzung zu veranlassen. Ob und inwieweit bei gefallenen Tieren zweckmäßig die Zuziehung sowohl des beamteten Tierarztes zur Feststellung des Krankheitszustandes als auch der Schiedsmänner zur Schätzung zu veranlassen sein wird, ist nach Lage des Falles zu beurteilen. Von der Zuziehung der Schiedsmänner ist abzusehen, wenn der beamtete Tierarzt allein zur Vornahme der Schätzung befugt ist (§ 16).

Wird die Einholung eines Obergutachtens erforderlich, so hat die Ortspolizeibehörde die Verhandlungen und die Schätzungsurkunde unter Beachtung der Vorschrift des Abs. 3 Satz 2 dem Regierungspräsidenten einzureichen. Dieser hat wegen Einholung des Obergutachtens — nötigenfalls durch

Vermittelung des dem zuständigen Departementstierarzt vorgesetzten Regierungspräsidenten (vgl. § 10 Abs. 3) — das Erforderliche zu veranlassen und nach Erstattung des Obergutachtens, falls die Entschädigungsleistung ganz oder teilweise dem Verband obliegt, sämtliche Verhandlungen und Urkunden dem Verbande zu übersenden. Bei Vornahme einer Nachprüfung an einer besonderen Untersuchungsstelle sind die hierfür erlassenen besonderen Bestimmungen (§ 9 und Anlage dazu) zu beachten. Die Ortspolizeibehörde hat in diesem Falle die in ihren Händen befindlichen Urkunden, gegebenenfalls mit den nötigen Bescheinigungen versehen (vgl. Abs. 3 Satz 2), dem Landeshauptmann (Landesdirektor) einzureichen.

Im übrigen hat die Ortspolizeibehörde in den Fällen des § 66 Nr. 4 VG., § 5 AG., ferner in allen Fällen, in denen die Verbände in den Entschädigungssatzungen über die Gesetze hinaus die Entschädigungspflicht übernommen haben, die Verhandlungen, Gutachten und Schätzungsurkunden unmittelbar dem Landeshauptmann (Landesdirektor) zu übersenden. Hierbei hat sie zu bescheinigen, daß bei der Schätzung die Bestimmungen der §§ 17 bis 19 AG. beobachtet sind, und hat anzugeben, ob und in welcher Höhe eine Anrechnung nach § 68 Abs. 2 VG., § 6 AG. und nach den in Betracht kommenden Bestimmungen der Entschädigungssatzungen der Verbände stattzufinden hat, sowie ferner, ob ein zur Versagung der Entschädigung führender Grund vorliegt.

In den anderen Entschädigungsfällen (§ 66 Nr. 1 bis 3 VG.) sind die Verhandlungen in derselben Weise dem Regierungspräsidenten, in Landkreisen durch die Hand des Landrats einzureichen. Der Regierungspräsident hat darüber zu befinden, ob ein Obergutachten des Departementstierarztes nach § 14 Abs. 1 AG. (vgl. § 10) einzuholen ist. Soweit die Verbände die Entschädigung teilweise oder ganz zu leisten haben, sind darauf sämtliche Akten an den Landeshauptmann (Landesdirektor) zur weiteren Veranlassung weiterzusenden. Im Falle des § 66 Nr. 2 hat sich der Regierungspräsident darüber zu äußern, ob die Voraussetzungen gegeben waren, unter denen die polizeiliche Anordnung der Tötung erfolgen muß.

§ 21. Die Entschädigungen werden, soweit sie zum Teil aus der Staatskasse, zum Teil von den Verbänden zu tragen sind, zunächst vorschußweise von den Verbänden gezahlt werden. Soweit nicht in den Verbandssatzungen eine Abrechnung in anderen Zeiträumen vorgesehen ist, wird am Schlusse des Rechnungsjahres von der Verbandskasse eine Abrechnung aufgestellt und dem Regierungspräsidenten übersandt werden. Der Regierungspräsident hat dafür Sorge zu tragen, daß dem Verband alsbald von den für maul- und klauenseuchekranke Rinder gezahlten Entschädigungen die Hälfte, von den für tuberkulosekranke Rinder gezahlten Entschädigungen ein Drittel erstattet wird.

Die allein der Staatskasse zur Last fallenden Entschädigungen hat der Regierungspräsident binnen spätestens vier Wochen nach Feststellung der Entschädigungspflicht unter Beachtung des § 69 VG. kostenfrei zahlen zu lassen.

III. Kosten.

§ 22. Soweit den beamteten Tierärzten für die Teilnahme an der Schätzung gegenüber den Verbänden ein Anspruch auf Vergütung oder Dienstaufwandsentschädigung zusteht (§ 24 Abs. 3, 4 AG.), sind ihnen Reisekosten nach den für die Besorgung amtlicher Geschäfte maßgebenden Sätzen zu gewähren.

Die Schiedsmänner erhalten für die Teilnahme an der Schätzung:

1. wenn die Schätzung am Wohnorte des Schiedsmanns oder in einer Entfernnng von nicht mehr als 2 km davon erfolgt, eine Vergütung von 2 M. für jede angefangene Stunde. Die Vergütung darf jedoch den Betrag von 9 M. für einen Tag nicht überschreiten. Als versäumt gilt auch die Zeit, während deren der Schiedsmann

seine gewöhnliche Beschäftigung nicht wieder aufnehmen kann;

2. bei Schätzungen außerhalb des Wohnorts in einer Entfernung von mehr als 2 km außer der Vergütung zu 1 Fahrkosten nach den Sätzen für die im § 1 Ziffer V des Gesetzes vom 26. Juli 1910 (Gesetzsammlung S. 150) aufgeführten Beamten unter sinngemäßer Anwendung der für die Beamten geltenden Vorschriften.

§ 23. Die Kostenrechnungen der beamteten Tierärzte und der Schiedsmänner für die Teilnahme an der Schätzung sind der Ortspolizeibehörde zu übersenden, in deren Bezirke die Schätzung stattgefunden hat. Diese hat sie zu prüfen, mit der Bescheinigung der Richtigkeit zu versehen und gegebenenfalls der in § 7 Abs. 4 bezeichneten Ortspolizeibehörde zu übersenden. Alsdann sind die Kostenrechnungen in den Fällen des § 66 Nr. 1 bis 3 VG. dem Regierungspräsidenten, in allen anderen Fällen dem Landeshauptmann (Landesdirektor) einzureichen (vgl. § 24 Abs. 2 AG.). Die Festsetzung und Auszahlung der Forderungsnachweise liegt, soweit die Staatskasse zur Tragung der Kosten verpflichtet ist (§ 66 Nr. 1 bis 3 VG.), dem Regierungspräsidenten ob.

§ 24. In § 25 Abs. 3 AG. ist an dem Grundsatze festgehalten, daß die Festsetzung der Vergütung für die amtstierärztliche Beaufsichtigung nach § 16 VG. sowie für die Untersuchung und die Überwachung nach § 17 Nr. 1 und 7 VG. in erster Linie der Vereinbarung der Beteiligten überlassen bleiben soll. Nach Abs. 4 ebenda ist es aber zulässig, für gleichartige amtstierärztliche Verrichtungen der bezeichneten Art Vergütungssätze ohne Rücksicht auf eine etwaige Vereinbarung unter den Beteiligten bindend vorzuschreiben. Es ist zu prüfen, ob und inwieweit ein Bedürfnis vorliegt, von dieser Möglichkeit Gebrauch zu machen. Soweit jetzt schon für derartige gleichartige amtstierärztliche Verrichtungen Vergütungssätze festgesetzt sind, und soweit sich Übelstände daraus ergeben haben, daß die Tierärzte an die

Vergütungssätze nicht gebunden waren, werden die Regierungspräsidenten ermächtigt, die Vergütungen bindend vorzuschreiben. Von dem Veranlaßten ist Anzeige zu erstatten. Soweit neue Vergütungssätze mit verbindlicher Kraft eingeführt werden sollen, ist zu berichten.

Falls ein Bedürfnis dafür vorliegt, die Einziehung der für die amtstierärztlichen Verrichtungen festgesetzten Vergütungen zur Staatskasse anzuordnen (§ 25 Abs. 4 AG.), ist zunächst die Entscheidung des Ministers einzuholen.

§ 25. Die Pflicht der Gemeinde zur Stellung von Hilfsmannschaften (§ 26 Nr. 3) erstreckt sich, wenn nach Lage der Sache zur Beseitigung der Kadaver die Zuziehung eines besonderen sachverständigen Gehilfen etwa in der Person eines Abdeckers notwendig wird, auch auf solches Personal.

Anlage zu § 9.

Vorschriften

für die Nachprüfung des amtstierärztlichen Gutachtens bei Milzbrand, Rauschbrand, Wild- und Rinderseuche.

1. Wird eine Nachprüfung des amtstierärztlichen Gutachtens an einer besonderen Untersuchungsstelle erforderlich (§ 9), so hat der beamtete Tierarzt mit möglichster Beschleunigung der Untersuchungsstelle folgende Untersuchungsproben einzusenden:

a) drei lufttrockene, ungefärbte, nicht erwärmte Deckglasausstrichpräparate, die bei Milzbrand

von gefallenen Tieren aus dem Blute einer Ohr- oder Halsvene, von notgeschlachteten Tieren aus den veränderten Teilen der Milzpulpa,

bei Rauschbrand

vom Safte aus dem Gewebe der Rauschbrandgeschwülste,

bei Wild- und Rinderseuche
aus den veränderten Teilen der Muskulatur
anzufertigen sind;

b) bei Milzbrand:
eine dicke Schicht aus einer Ohr- oder Halsvene frisch entnommenen Blutes oder (bei notgeschlachteten Tieren) von Milzbrei,
aufgetragen auf drei Stückchen neuen sauberen Filtrierpapiers (von etwa 10 qcm Größe),

bei Rauschbrand:
ein Stückchen aus dem muskulösen Gewebe der Rauschbrandgeschwülste sowie je eine Probe Galle und Milz,

bei Wild- und Rinderseuche.
je ein Stückchen aus den veränderten Teilen der Muskulatur und aus der Milz.

Diese Untersuchungsproben (a und b) sind zunächst in sauberes Filtrierpapier und sodann in Pergamentpapier einzuschlagen und mit Aufschriften zu versehen, die die Bezeichnung des Tieres, den Tag des Todes, den Namen des Besitzers (nebst Wohnort und Kreis) und den Namen des beamteten Tierarztes enthalten müssen. Die Präparate sind darauf in ein geeignetes Kästchen zu verpacken und der Untersuchungsstelle als Brief zu übersenden. Im übrigen sind die für die Versendung ansteckender Stoffe geltenden Vorschriften zu beachten.

2. Der beamtete Tierarzt hat ferner, und zwar, soweit tunlich, gleichzeitig mit den Untersuchungsproben, der Untersuchungsstelle die Niederschrift über den Zerlegungsbefund sowie ein besonderes Gutachten mit Begründung (vgl. § 34 Abs. 2 der Anlage B zur BAVG.), gegebenenfalls auch das Gutachten des vom Besitzer etwa zugezogenen Tierarztes zu übersenden. In dem Gutachten des beamteten Tierarztes ist besonders zu erörtern, ob etwa Tatsachen und Vorgänge vorliegen, durch die ein vorzeitiges, das Ergebnis der bak-

teriologischen Untersuchung in Frage stellendes Zugrundegehen der Bazillen verursacht sein kann.

3. Die Nachprüfung in den Untersuchungsstellen hat zu erfolgen:

a) bei Milzbrand durch eine mikroskopische Untersuchung, durch Anlegung von Kulturen und durch Impfung von Mäusen.

Die mikroskopische Untersuchung erstreckt sich auf die eingesandten Deckglasausstriche und auf mindestens ein aus dem Venenblut oder Milzbrei (1 b) angefertigtes Präparat. Die Färbung hat nach einer der Methoden zu geschehen, die zur Darstellung der Milzbrandkapseln geeignet sind. Bei dieser Untersuchung ist besonders auf das Vorhandensein von Milzbrandbazillenresten (leeren Kapseln) zu achten. Zur Erkennung solcher Kapseln empfiehlt sich die Verwendung von Azurfarbstoffen aus Methylenblau.

Zur Anlegung von Kulturen werden die eingesandten Proben (1 b) verwendet. Ein doppeltlinsengroßes Teilchen des trockenen Materials wird mit steriler Flüssigkeit erweicht und zur Herstellung von 3 Agar-Plattenkulturen in Petrischen Doppelschalen (0, 1, 2) benutzt. Die Plattenkulturen werden 24 Stunden bei Brutwärme gehalten und hierauf bei 40facher Vergrößerung auf Milzbrandkolonien untersucht. Werden hierbei Milzbrandbazillen nicht festgestellt, so sind neue Kulturen — nötigenfalls nach Erhitzung des zu verwendenden Materials — anzulegen und in derselben Weise zu untersuchen.

Die Impfung wird subkutan ausgeführt. Zur Impfung sind zwei weiße oder graue Mäuse zu verwenden. Jede von ihnen erhält eine Platinöse des mit sterilem Wasser aufgeweichten Materials. Sterben Mäuse, so sind sie durch Ausstrich und Kultur auf Milzbrand zu untersuchen. Finden sich in den Eingeweiden keine Milzbrandbazillen, so ist die Impfstelle zu untersuchen.

Ist fauliges Material zur Impfung verwendet worden, so empfiehlt es sich, schon etwa zwölf Stunden nach der Impfung am lebenden Tiere eine Untersuchung der Impfstelle auf Milzbrandbazillen vorzunehmen;

b) bei Rauschbrand durch mikroskopische Untersuchung und durch Impfung von Meerschweinchen.

Die mikroskopische Untersuchung erstreckt sich bei Rauschbrand auf die eingesandten Deckglasausstriche und auf mindestens je ein Präparat aus den übermittelten Proben (1 b). Die Präparate sind mit Gentianaviolett oder Fuchsin oder anderen geeigneten Farbstoffen zu färben.

Zur Impfung wird ein Stückchen aus der Muskelprobe in sterilem Wasser erweicht und unter die Haut an der Innenfläche eines Hinterschenkels eines Meerschweinchens gebracht.

Stirbt das Impftier, so ist es auf das Vorhandensein von Rauschbrandkeimen zu untersuchen;

c) bei Wild und Rinderseuche durch mikroskopische Prüfung und durch Impfung von Kaninchen.

Die mikroskopische Prüfung erstreckt sich auf die eingesandten Deckglasausstriche und auf mindestens ein Präparat, das aus dem eingesandten Stückchen der Muskulatur oder der Milz gefertigt wird.

Die Impfung ist in folgender Weise auszuführen: Mit der Spitze eines ausgeglühten Bistouris ist die Haut des Impftieres an der Innenfläche des Ohres an einer Stelle taschenförmig von der Unterlage abzuheben, und in die Tasche ist mit der Spitze des Bistouris etwas Muskelmasse oder Milzbrei einzuführen. Die Hautwunde ist hierauf durch Kollodium zu schließen. Stirbt das Kaninchen, so ist es auf das Vorhandensein von Wild- und Rinderseuche zu untersuchen. Bei den an der Seuche eingegangenen Kaninchen finden sich in der Regel Blutungen in der Schleimhaut der Luftröhre und sehr zahlreiche Bakterien im Herzblut.

Falls die mikroskopische Untersuchung zu einem sicheren Ergebnisse führt, kann von der Ausführung weiterer Untersuchungen (Kultur, Impfung) abgesehen werden.

4. Wird durch die Untersuchung das Vorhandensein von Erregern des Milzbrandes, Rauschbrandes oder der Wild- und Rinderseuche ermittelt, so ist die Seuche als festgestellt anzusehen. Andernfalls ist unter Berücksichtigung der eingesandten Gutachten (Nr. 2) zu prüfen, ob der Untergang der Erreger durch Fäulnis veranlaßt sein kann. Auf Grund dieser Prüfung ist zu entscheiden, ob ein Fall von Milzbrand oder Rauschbrand oder Wild- und Rinderseuche als festgestellt zu erachten ist.

5. Von dem Ergebnisse der Nachprüfung ist dem beamteten Tierarzt und dem Landeshauptmann (Landesdirektor), letzterem unter Übersendung sämtlicher Vorgänge, Mitteilung zu machen.

6. Die Präparate, auf die die Entscheidung gestützt wurde, sind ein Jahr lang aufzubewahren. Die Aufbewahrung kann unterbleiben, wenn sich der beamtete Tierarzt und gegebenenfalls in Übereinstimmung mit ihm der vom Besitzer zugezogene Tierarzt für das Vorhandensein von Milzbrand, Rauschbrand oder Wild- und Rinderseuche ausgesprochen haben und durch die Nachprüfung das Gutachten des beamteten Tierarztes bestätigt worden ist.

7. Die Untersuchungsstelle hat über die Untersuchungen Buch zu führen, und zwar nötigenfalls für jede der drei Seuchen gesondert. Dem Provinzial- und den sonstigen Kommunalverbänden bleibt vorbehalten, weitergehende Vorschriften über die Buchführung zu treffen.

8. Vorschriften über die Ausführung der Präzipitationsmethode bei Milzbrand bleiben vorbehalten.

Erlaß des Ministers für Landwirtschaft usw. betr. Ausführung des Viehseuchengesetzes.

Vom 28. März 1912.

(Reichs- und Staatsanzeiger 1912. Nr. 105.)

Einleitung.

Am 1. Mai d. J. soll das Viehseuchengesetz vom 26. Juni 1909 (Reichs-Gesetzbl. S. 519) in Kraft treten. Für seine Ausführung sind folgende Teile zu unterscheiden:

1. Zu den die allgemeinen Bestimmungen enthaltenden §§ 1 bis 5 sind — abgesehen von dem § 2 Abs. 3 (vgl. nachstehend unter 2) — Ausführungsvorschriften im Gesetze nicht vorgesehen. Das gleiche gilt für die Bestimmungen über die Abwehr der Einschleppung von Seuchen aus dem Auslande (§§ 6 bis 8) sowie bei den Vorschriften über die Bekämpfung von Viehseuchen im Inlande für den Unterabschnitt über die Anzeigepflicht (§§ 9, 10) und für die von der Ermittelung der Seuchenausbrüche handelnden §§ 11 bis 15. Immerhin sind auch für die Anwendung der vorbezeichneten Bestimmungen einige Anleitungen erforderlich; sie sind nachstehend unter Abschnitt I gegeben.

2. Nach § 2 Abs. 3 VG. sollen die näheren Vorschriften über das Verfahren, über die Form der Anordnungen, über die Zuständigkeit der Behörden und über die Kosten von den Einzelstaaten getroffen werden. Dasselbe gilt nach § 67 für die Bestimmungen darüber, von wem und wie die in den §§ 66 bis 73 VG. behandelten Entschädigungen für Viehverluste aufzubringen und wie sie zu ermitteln und festzustellen sind. Diese dem Landesrechte vorbehaltene Regelung ist durch das Preußische Ausführungsgesetz vom 25. Juli 1911 (Gesetzsamml. S. 149) erfolgt. Die hierzu noch im Ver-

waltungswege nötigen Ausführungsanweisungen werden besonders ergehen.

3. Die Vorschriften über die Anwendung und Ausführung der nach den §§ 16 bis 30 und 78 VG. zulässigen Maßregeln sind nach § 79 unter Berücksichtigung der in den §§ 32 bis 65 gegebenen besonderen Bestimmungen von dem Bundesrate zu erlassen. Dies ist durch Beschluß des Bundesrats vom 7. Dezember 1911 (vgl. Bek. des Reichskanzlers vom 25. Dezember 1911, Reichs-Gesetzbl. 1912 S. 3) geschehen. Diese Ausführungsvorschriften des Bundesrats — BAVG. — enthalten überwiegend, namentlich in dem die Schutzmaßregeln gegen die einzelnen Seuchen behandelnden Teile, Anweisungen oder Ermächtigungen für die Landesregierungen und deren Organe bei der Handhabung der gesetzlichen Vorschriften. Zum kleineren Teile — besonders in dem Abschnitt über die Maßnahmen zum Schutze gegen die ständige Seuchengefahr — wenden sie sich mit Geboten und Verboten an das Publikum selbst. Unter diesen Geboten und Verboten befinden sich mehrere, die lediglich aus dem Gesetz übernommen und wiederholt sind. Insoweit schöpfen sie ihre verbindliche Kraft selbstverständlich ohne weiteres aus dem Gesetze. Für die sonstigen Zwangsbestimmungen, von denen es zweifelhaft sein könnte, ob sie durch die BAVG. bereits für das Publikum verbindlich geworden sind, ist diese Frage in § 1 Abs. 2 verneint und bestimmt, daß ihnen entsprechende Anordnungen von den Landesregierungen zu treffen seien. Erst hierdurch wird also ihre verbindliche Kraft für das Publikum gesichert.

Somit ergab sich zunächst die Notwendigkeit, in Verfolg der BAVG. die darin gegebenen Zwangsbestimmungen in der in § 8 Abs 1 AG. vorgeschriebenen Form als „viehseuchenpolizeiliche Anordnung" zu erlassen. Praktische Erwägungen haben dazu geführt, sich hierauf nicht zu beschränken. Denn jene Zwangsbestimmungen sind, wenn sie auch hauptsächlich im Abschnitt über den Schutz gegen die ständige Seuchengefahr vorkommen, über die ganzen BAVG. verstreut. Die dazwischen befindlichen Anweisungen und Ermächtigungen des Bundesrats an die Landesregierungen und deren Organe für die Handhabung der Schutzmaßregeln bedürfen aber auch zum großen Teil einer näheren Erläuterung, Abgrenzung und auf Grund des § 79 Abs. 2 VG. auch vielfach einer Erweiterung durch die Landeszentralbehörde. Eine Trennung der verschiedenen hiernach für und durch die BAVG. veranlaßten Ausführungsbestimmungen der Landesregierung würde die Handhabung des Gesetzes für die Veterinärbehörden sehr erschweren. Deshalb ist der Weg gewählt worden, den gesamten Inhalt der BAVG., und zwar unter Festhaltung seiner Paragraphenfolge, in eine preußische Ausführungsvorschrift zu übernehmen, die sich einerseits als eine an das Publikum gerichtete viehseuchenpolizeiliche Anordnung, anderseits als eine Ausführungsanweisung an die Behörden darstellt — VAVG. —.

Sie ist infolgedessen dazu bestimmt und geeignet, die BAVG. für die Veterinärpolizeibehörden vollständig zu ersetzen. Diese werden sich lediglich nach ihr zu richten haben und in allen Fällen, wo sie von ihr abweichen und insbesondere weitergehende Anordnungen innerhalb des Rahmens des Gesetzes treffen wollen, meine Genehmigung einzuholen haben (vgl. § 1 Abs. 3 VAVG.).

Die VAVG. wird hiermit in der zur Vollziehung und zur Veröffentlichung bestimmten Fassung zur Verteilung an die nachgeordneten Behörden (Landräte, Kreistierärzte usw.) und zum dortigen Gebrauch in einer entsprechenden Zahl von Abdrucken beigefügt. Sie gelangt am 1. Mai d. J. im Reichs- und Staatsanzeiger zum Abdruck und wird hierdurch nach § 3 Abs. 1 AG. Geltungskraft gegenüber dem Publikum erhalten.

Eine Reihe von Erläuterungen und Anweisungen zu der VAVG., die sich teils wegen ihres Inhalts, teils wegen ihrer vorübergehenden Bedeutung für die Aufnahme in den Text selbst nicht eigneten, ist nachstehend im Abschnitte II getroffen.

4. Für die noch nicht genannten Teile des VG., namentlich die Strafvorschriften (§§ 74 bis 77), bedarf es keiner besonderen Ausführungsvorschriften.

Abschnitt I.

Zu §§ 1 bis 15 VG.

Zu § 2 Abs. 2 VG.

An Stelle der beamteten Tierärzte können nach dem neuen Gesetz im Falle ihrer Behinderung oder aus sonstigen Gründen andere Tierärzte zugezogen werden, während das bisher geltende Viehseuchengesetz die Zuziehung anderer Tierärzte nur beim Vorliegen dringender Gründe zuließ. Von der hiernach erweiterten Möglichkeit der Beauftragung von Privattierärzten mit amtlichen Geschäften wird namentlich dann Gebrauch zu machen sein, wenn dadurch Verzögerungen in der Erledigung der Dienstgeschäfte, insbesondere in der Ausführung von Untersuchungen, vermieden werden können oder eine ins Gewicht fallende Kostenersparnis für die zur Kostentragung verpflichteten Viehbesitzer erzielt werden kann. In jedem Fall ist jedoch zu prüfen, ob der mit der Wahrnehmung der Amtsverrichtungen zu beauftragende Tierarzt für dieses Amt nach seiner Persönlichkeit und Vorbildung geeignet erscheint. Die Zuziehung ungeeigneter Tierärzte hat zu unterbleiben. Ferner wird, wenn eine Heranziehung von Privattierärzten zur Kostenersparnis in Frage kommt, sorgfältig zu prüfen sein, ob sie gegenüber den Nachteilen der damit verbundenen Durchbrechung einer einheitlichen Führung des Veterinärdienstes durch den ordentlichen Veterinärbeamten des Kreises ausschlaggebend ins Gewicht fällt. Die Frage wird, abgesehen von besonders liegenden Fällen, dann zu verneinen sein, wenn es sich um die Überwachung wichtigerer Märkte, Vieh-, Schlachthöfe und dergleichen handelt. In solchen Fällen ist auch darauf zu achten, daß mit der Überwachung regelmäßig nicht Tierärzte betraut werden, die zu dem Unternehmer der zu beaufsichtigenden Betriebe oder Anstalten in einem Dienst- oder Vertragsverhältnisse stehen. Die Entscheidung über die Heranziehung von Privattierärzten liegt den Regierungspräsidenten ob.

Wegen der Übertragung amtstierärztlicher Befugnisse an Militärveterinäre bei Seuchenfällen unter Pferden die im Eigentume von Militärpersonen stehen und sich mit Pferden der Militärverwaltung in Truppenstallungen befinden oder gleichzeitig mit solchen Pferden außerhalb von Truppenstallungen auf Grund des Naturalleistungsgesetzes untergebracht sind, behält es bei den Bestimmungen des Erlasses vom 19. Mai 1909 (MBl. M. f. L. S. 230) sein Bewenden.

Zu § 3 Abs. 2 VG.

Es wird festzustellen sein, welche staatliche Anstalten die hier vorgesehenen Bedingungen erfüllen und deshalb selbständige Befugnisse bei der Anordnung veterinärpolizeilicher Maßregeln rücksichtlich der eigenen Viehbestände haben. Die beteiligten Behörden sind entsprechend zu verständigen.

Zu § 3 Abs. 3 VG.

Die Befugnis, die Maßregeln zur Ermittelung und Unterdrückung von Seuchen auch in dem im § 3 Abs. 3 VG. vorgesehenen Umfange selbständig anzuordnen, wird den Vorständen der tierärztlichen Hochschulen in Berlin und Hannover, der zu ihnen gehörigen Kliniken und Institute sowie dem Vorsteher der tierhygienischen Abteilung des Kaiser-Wilhelms-Instituts zu Bromberg übertragen. Auf die Pflicht zur Benachrichtigung der Ortspolizeibehörden nach § 3 Abs. 5 VG. wird besonders hingewiesen.

Sofern sich das Bedürfnis herausstellen sollte, die gleichen Befugnisse auch den Vorständen von Anstalten der in § 3 Abs. 3 Nr. 3 VG. gedachten Art zu übertragen, ist darüber zu berichten.

Wegen des Zusammenwirkens von Zivil- und Militärveterinären bei Aufklärung eines Verdachts der Übertragung von Seuchen durch Militärpferde auf Pferde der Zivilbevölkerung behält der Erlaß vom 24. Januar 1910 (MBl. M. f. L. S. 71) auch in Zukunft Geltung.

Zu § 6 AB.

Das bisher geltende Gesetz ist dahin erweitert, daß die Einfuhr auch verdächtiger, insbesondere solcher Tiere verboten ist, die nur der Ansteckung verdächtig sind. Ob bei Tieren, die zur Einfuhr gelangen sollen, im einzelnen Fall Ansteckungsverdacht anzunehmen ist, muß nach Lage der Sache entschieden werden. Wird in einem einzuführenden Transporte bei einem oder mehreren Tieren eine Seuche festgestellt, so werden in der Regel sämtliche für die Seuche empfänglichen Tiere als ansteckungsverdächtig anzusehen sein. Dies gilt namentlich dann, wenn nach der Natur der Seuche und der Art des Transports, insbesondere der Unterbringung, Wartung und Pflege der Tiere auf dem Transport anzunehmen ist, daß sämtliche Tiere den Ansteckungsstoff in sich aufgenommen haben. Diese Annahme wird stets begründet sein, wenn bei den Transporten eine leicht übertragbare oder besonders gefährliche Seuche wie Rotz oder Maul- und Klauenseuche festgestellt wird. Bestehen jedoch mit Rücksicht auf die Art der Krankheit und die sonstigen Umstände Zweifel, ob Ansteckungsverdacht bei sämtlichen Tieren des Transports vorliegt, so erscheint es zulässig, die nicht kranken oder seucheverdächtigen Tiere nicht schlechthin zurückzuweisen, sondern zunächst während einer angemessenen Frist einer gesicherten Beobachtung an einem geeigneten Orte an oder in der Nähe der Grenze zu unterwerfen, um weiter zu prüfen, ob ein Verdacht anzunehmen ist. In dieser Weise wird namentlich bei der Einfuhr von Pferden auf dem Seewege verfahren werden können, wenn bei einem oder dem anderen von ihnen ein Fall von Druse festgestellt ist. In Zweifelsfällen ist die Entscheidung des Regierungspräsidenten über die Behandlung der eingeführten Tiere anzurufen.

Zu § 8 AB.

Die in § 8 vorgeschriebene Mitteilung an den Reichskanzler (Reichsamt des Innern) liegt der Behörde ob, von der die Anordnung erlassen ist, also auch den Landräten im Falle des § 2 Satz 2 AG. Bei der auch künftig erforderlichen Einreichung von Abdrucken der Anordnung (vgl. Schlußabsatz des gegenwärtigen Erlasses) ist — gegebenenfalls durch kurzen Vermerk auf dem Umschlagbogen — anzugeben, daß die Mitteilung erfolgt ist.

Zu § 9 Abs. 1 VG.

Von der den Landesregierungen eingeräumten Befugnis, die Erstattung der Anzeige an eine andere Stelle als die Ortspolizeibehörde zuzulassen, soll vorläufig kein Gebrauch gemacht werden. Sofern sich ein Bedürfnis hierfür, z. B. für Zulassung der Anzeige an den Ortsvorstand, herausstellen sollte, ist zu berichten.

Zu §§ 9, 10 VG.

Soweit preußische Landesteile in Frage kommen, ist die Anzeigepflicht von dem Reichskanzler auf Grund des bisher geltenden Viehseuchengesetzes (§ 10 Abs. 2) noch für folgende nicht in § 10 Abs. 1 VG. bezeichnete Krankheiten eingeführt;

1. für die Gehirnrückenmarkentzündung der Pferde (sog. Bornasche Pferdekrankheit) in der Provinz Sachsen (Bek. vom 12. November 1896, Reichs-Gesetzbl. S. 713);
2. für die als Influenza der Pferde bezeichneten Krankheiten im ganzen Reich (Bek. vom 29. Juli 1908, Reichs-Gesetzbl. S. 479);
3. für die Druse der Pferde in der Provinz Ostpreußen (Bek. vom 7. April 1905, Reichs-Gesetzbl. S. 233) und für den Regierungsbezirk Stade (Bek. vom 21. Oktober 1910, Reichs-Gesetzbl. S. 1093).

Diese Vorschriften behalten, da sie auch in dem neuen Gesetze (§ 10 Abs. 2) eine Stütze finden, ihre Gültigkeit, desgleichen die von den Regierungspräsidenten zur Bekämpfung dieser Seuchen erlassenen Anordnungen, da angenommen werden kann, daß ihnen die materielle Rechtsgrundlage auch nach dem neuen Gesetze nicht fehlt (vgl. die Schlußausführungen des gegenwärtigen Erlasses). Es ist jedoch eine Neubearbeitung der Anordnungen unter Beachtung der Vorschriften der neuen Gesetzgebung in die Wege zu leiten. Zum Neuerlasse von Anordnungen ist meine Genehmigung erforderlich. Es bleibt vorbehalten, für die Anordnung zur Bekämpfung der Influenza der Pferde ein Muster herauszugeben.

Die Desinfektion wird bei diesen Seuchen, wie schon jetzt bemerkt wird, nach den Vorschriften des § 13 der Anweisung für das Desinfektionsverfahren (Anlage A zur BAVG.) zu erfolgen haben.

Zu § 11 Abs. 2 VG.

Die Beobachtung der Vorschrift, daß die von dem beamteten Tierarzte getroffenen vorläufigen Anordnungen dem Besitzer der Tiere oder dessen Vertreter entweder zu Protokoll oder durch schriftliche Verfügung zu eröffnen sind, haben die beamteten Tierärzte besonders sorgfältig im Auge zu behalten, da ihre Nichtbeachtung die Anordnung ungültig macht. Mündliche Bekanntgabe, wie sie in § 3 Abs. 2 AG. sonst für Anordnungen zugelassen ist, die an eine bestimmte Person gerichtet sind, genügen in diesem Falle nicht.

Zu § 12 VG.

Die Befugnis zur Anordnung der Tötung und Zerlegung eines verdächtigen Tieres auf Grund dieses Paragraphen wird hiermit für Kleinvieh in Stadtkreisen der Ortspolizeibehörde, in anderen Kreisen dem Landrat, für Großvieh dem Regierungspräsidenten vorbehalten. Die Entnahme einer Impf- oder Blutprobe kann von der Ortspolizeibehörde angeordnet werden. Für die Entnahme von Blutproben bei Rotz bewendet es mit dieser Maßgabe bei den dafür gegebenen besonderen Bestimmungen.

Zu § 13 VG.

Die Ortspolizeibehörde hat auf die gutachtliche Erklärung des beamteten Tierarztes, daß der Ausbruch einer Seuche festgestellt sei oder daß der begründete Verdacht eines Seuchenausbruchs vorliege, die erforderlichen Schutzmaßregeln auch dann zu treffen, wenn gegen das Gutachten des beamteten Tierarztes Zweifel bestehen. In diesem Falle ist sofort dem Regierungspräsidenten unter Darlegung der Sachlage und unter näherer Angabe der Gründe, worauf sich die Zweifel stützen, zur weiteren Entscheidung gemäß § 15 Abs. 2 VG. zu berichten.

Zu § 14 VG.

Von der nochmaligen Zuziehung des beamteten Tierarztes bei neuen Seuchenausbrüchen in dem Seuchenorte selbst oder in unmittelbar angrenzenden Ortschaften ist bei Bläschenausschlag der Pferde oder des Rindviehs, bei Rotlauf der Schweine sowie bei Geflügelcholera und Hühnerpest, sofern nicht im einzelnen Falle Bedenken vorliegen, regelmäßig Abstand zu nehmen. Dagegen darf bei Maul- und Klauenseuche auf die Zuziehung des beamteten Tierarztes auch bei erneuten Seuchenausbrüchen nicht verzichtet werden, es sei denn, daß die im Bedarfsfalle bei mir nachzusuchende Genehmigung hierzu erteilt wird.

Zu § 15 VG.

Es ist Vorsorge zu treffen, daß dem Besitzer sein Recht, einen anderen Tierarzt zuzuziehen, in allen Fällen offengehalten wird. Findet die Feststellung des Krankheitszustandes eines verdächtigen Tieres in Abwesenheit des Besitzers oder seines Vertreters statt, so ist er so bald als möglich von dem Ergebnisse zu benachrichtigen. Auch ist, soweit angängig, die Aufbewahrung der für eine Nachprüfung nötigen Teile zu veranlassen.

Das in § 15 Abs. 2 VG. vorgesehene tierärztliche Obergutachten ist von dem Departementstierarzt, in Fällen seiner Verhinderung von seinem Vertreter zu erstatten. Ist der Departementstierarzt bei der Abfassung des ersten Gutachtens beteiligt gewesen, so ist ein benachbarter Departementstierarzt mit der Abgabe des Gutachtens zu beauftragen. Die Regierungspräsidenten haben nach Benehmen mit den benachbarten Regierungspräsidenten ein für allemal zu bestimmen, welcher Departementstierarzt in solchen Fällen heranzuziehen ist. Walten gegen das Obergutachten des Departementstierarztes Zweifel ob, so kann der Regierungspräsident ein weiteres Gutachten des Landesveterinäramts einholen. In diesem Falle ist mir ein entsprechender Antrag einzureichen.

Ist für die Feststellung des Krankheitszustandes zum Zwecke der Entschädigungsleistung die Vornahme einer besonderen Untersuchung oder die Nachprüfung an einer anderen Untersuchungsstelle vorgeschrieben (vgl. § 13 Abs. 1 AG.), so ist das Ergebnis dieser Untersuchungen nach Maßgabe der hierfür geltenden Bestimmungen auch bei den weiteren veterinärpolizeilichen Anordnungen zugrunde zu legen. Dasselbe gilt, wenn ein wegen der Entschädigungsleistung von dem verpflichteten Verband oder dem Viehbesitzer eingeholtes Obergutachten oder ein weiteres Gutachten des Landesveterinäramts die Unrichtigkeit des Gutachtens des beamteten Tierarztes ergeben hat (vgl. § 14 AG.).

Abschnitt II.

Zu der viehseuchenpolizeilichen Anordnung (zugleich Ausführungsanweisung) vom 1. Mai 1912 — VAVG. —.

Allgemein.

Wie bereits in der Einleitung unter Nr. 3 dargelegt ist, hat die VAVG., soweit sie zwingende Vorschriften enthält (vgl. z. B. §§ 8, 11, 20), unmittelbar verbindliche Kraft und steht unter dem strafrechtlichen Schutze der §§ 74 ff., insbesondere des § 74 Nr. 1, § 76 Nr. 1 VG. Dies gilt auch für die zwingenden Vorschriften, die in der VAVG. (§§ 94 ff) zur Bekämpfung einer besonderen Seuchengefahr enthalten sind (vgl. z. B. § 97 Abs. 3 bis 5, §§ 98, 99, 100, 101). Hiernach würde es der Aufnahme dieser Bestimmungen in die von den zuständigen Behörden, insbesondere den Regierungspräsidenten, im einzelnen Seuchenfalle zu erlassenden Anordnungen nicht bedürfen. Mit Rücksicht darauf aber, daß es für die Beteiligten erwünscht ist, sämtliche von ihnen bei den einzelnen Seuchen zu beobachtende Vorschriften jedesmal mitgeteilt zu erhalten, haben die Behörden, soweit tunlich, in ihre im Einzelfalle zu erlassenden Anordnungen auch die schon im Gesetz oder in der VAVG. enthaltenen zwingenden Bestimmungen mit aufzunehmen.

Den Ortspolizeibehörden sind in der VAVG. zum Teil weitgehende Befugnisse, namentlich bei Bewilligung von Erleichterungen gegenüber den als Regel vorgesehenen Schutzmaßregeln beigelegt. Es wird erwartet, daß die Ortspolizeibehörden von diesen Befugnissen mit Vorsicht und im steten Hinblick auf den zu erreichenden veterinärpolizeilichen Zweck Gebrauch machen. In allen Fällen, wo die Maßnahme vom veterinärpolizeilichen Standpunkte nicht völlig unbedenklich ist und wo es sich nicht um unaufschiebbare Entscheidungen handelt, ist zunächst das Gutachten des beamteten Tierarztes zu erfordern.

Zu §§ 1, 2 VAVG.

Die Zuständigkeit der Behörden regelt sich des näheren nach dem AG. und den dazu noch ergehenden Ausführungsbestimmungen (AVAG.). Nach § 1 AG. kann der Regierungspräsident die ihm zustehenden Befugnisse auf den Landrat übertragen. Dies gilt jedoch nicht für denjenigen Teil seiner Obliegenheiten, die in den VAVG. der Landesregierung vorbehalten und in der VAVG. auf den Regierungspräsidenten übertragen sind. Eine weitere Übertragung auf den Landrat ist insoweit unzulässig. Im übrigen sind in der VAVG. den Regierungspräsidenten im allgemeinen nur solche Befugnisse vorbehalten, die nach der Natur der Sache für größere Bezirke einheitlich gehandhabt werden müssen. Wo daher beabsichtigt wird, in Abweichung von der in der BAVG. getroffenen Regelung die Befugnisse dem Landrat weiter zu übertragen, ist zunächst meine Entscheidung einzuholen.

Ob und inwieweit die Landräte von der ihnen nach § 1 Abs. 2 AG. zustehenden Befugnis, die Obliegenheiten der Ortspolizeibehörde zu übernehmen, Gebrauch machen wollen, wird zunächst ihrem Ermessen überlassen bleiben können. Es wird jedoch erwartet, daß bei den wichtigeren Seuchen, z. B. bei der Maul- und Klauenseuche und insbesondere bei Maßnahmen, die für mehr als einen Ortspolizeibezirk Platz greifen, z. B. bei der Bildung der Sperrgebiete und der Beobachtungsbezirke, die Landräte die nötigen Anordnungen treffen.

Zu § 6 Abs. 1 BAVG.

Die Bestimmung geht über die BAVG. insofern hinaus, als die Beaufsichtigung der größeren gewerblichen Schweinemästereien zwingend vorgeschrieben ist. Als gewerblich sind solche Mästereien anzusehen, die auf Gewinnerzielung gerichtet sind und als ein dauernder selbständiger Betrieb ausgeübt werden. Die Mästung im landwirtschaftlichen Betriebe bildet regelmäßig einen Nebenbetrieb der Landwirtschaft und wird daher von der Vorschrift nicht betroffen. Nach diesem Gesichtspunkt wird die Beaufsichtigung der gewerblichen Schweinemästereien zu regeln sein. Diejenigen Betriebe, bei denen nach den bisherigen Erfahrungen Unregelmäßigkeiten festgestellt worden sind, werden besonders ins Auge zu fassen sein. Sofern Zweifel über die selbständige Gewerbsmäßigkeit von Schweinemästereien obwalten, ist meine Entscheidung anzurufen.

Es ist darauf zu achten, daß der Umfang der im § 6 BAVG. vorgesehenen Beaufsichtigung in richtigem Verhältnisse zu der Größe und Bedeutung des Betriebes steht. Zu häufige amtstierärztliche Besuche von Anstalten und Betrieben, die nicht wie Viehmärkte, Nutzviehhöfe, Schlachtviehhöfe, Tierschauen, Ausstellungen usw. eine dauernde amtstierärztliche Beaufsichtigung erfordern, werden zu vermeiden sein. Im allgemeinen werden viertel- bis halbjährliche Besichtigungen genügen. Die hiernach getroffenen Anordnungen über die Beaufsichtigung sind mir einzureichen; dabei ist zu berichten, ob bei der Beaufsichtigung ein Zusammenwirken der beamteten Tierärzte mit den beamteten Ärzten, soweit nach den bestehenden Vorschriften auch diesen ein Aufsichtsrecht zusteht (vgl. Dienstanweisung für die Kreisärzte vom 1. September 1909, insbesondere § 80), zweckmäßig und nützlich erscheint.

Zu § 6 Abs. 2 BAVG.

Die Befreiung von der Beaufsichtigung kann für bestimmte Jahr- und Wochenmärkte allgemein oder in jedem Einzelfall ausgesprochen werden. Bei Beurteilung der Zulässigkeit von Befreiungen ist Zurückhaltung angezeigt. Nur wenn mit dem Marktbetriebe nennenswerte veterinärpolizeiliche Gefahren nicht verbunden sind, z. B. bei Märkten, auf denen nur Küchengeflügel gehandelt wird, oder der Marktauftrieb regelmäßig unbedeutend ist, wird auf die Beaufsichtigung verzichtet werden können. Auch bei Freilassung der Ställe und Betriebe von Viehhändlern von der Beaufsichtigung ist ähnliches zu beachten. Die Freilassung kann zeitlich beschränkt werden und ist unter allen Umständen jederzeit widerruflich. Die Beaufsichtigung ist sofort anzuordnen, sobald sich aus der Freilassung Mißstände ergeben.

Zu § 9 BAVG.

Soweit eine Untersuchung von Vieh vor dem Verladen oder vor oder bei dem Entladen jetzt schon angeordnet ist, können die Vorschriften vorläufig aufrecht erhalten werden. Ich erteile hierzu ausdrücklich meine Genehmigung. Es ist jedoch erwünscht, daß hierbei innerhalb größerer Bezirke, bei denen gleiche oder ähnliche wirtschaftliche Verhältnisse vorliegen, namentlich innerhalb der einzelnen Provinzen, möglichst gleichmäßig verfahren wird. Die Regierungspräsidenten haben sich hierüber miteinander ins Benehmen zu setzen. Alsdann ist zu berichten, wieweit Vorschriften über die Untersuchung beim Ver- oder Entladen in den einzelnen Bezirken bestehen, ob und inwieweit ihre dauernde Beibehaltung notwendig erscheint und inwieweit ein Zusammengehen mit den benachbarten Bezirken möglich ist. Hierbei ist besonders die Frage zu erörtern, ob auf die Untersuchung bei der Entladung verzichtet werden kann, wenn innerhalb einer gewissen Frist vorher, insbesondere beim Verladen, bereits eine amtstierärztliche Untersuchung im Reichsgebiete stattgefunden hat.

Auf die Notwendigkeit, nach § 10 Satz 2 BAVG. über die Anzeigepflicht Bestimmung zu treffen, wird besonders hingewiesen. Die Frist für Erstattung der Anzeige bei Anordnungen auf Grund des § 9 braucht mit der in § 10 Satz 1 nur für den Fall des § 8 festgesetzten nicht übereinzustimmen; sie kann vielmehr je nach Lage der örtlichen Verhältnisse verschieden bemessen werden.

Zu § 20 BAVG.

Die Vorschriften sind nicht so aufzufassen, als ob jeder Viehhändler für sämtliches in seinem Besitz befindliche Vieh nur ein Kontrollbuch zu führen hätte. Bei dieser Auslegung würde die Vorschrift des § 22 über die Mitführung der Kontrollbücher mit jedem Transporte nicht erfüllt werden können. Die Bestimmung bezweckt vielmehr, daß für alles Händlervieh, gleichviel ob es sich auf dem Transport oder in den Händlerställen befindet, jederzeit durch das Kontrollbuch die darin vorgesehenen Angaben festgestellt werden können. Soweit daher ein Händler mehrere Angestellte als Transportführer beschäftigt, wird für jeden dieser Transportführer ein besonderes Kontrollbuch auszustellen sein. Wird nach Beendigung des Transports das Vieh in den Stall des Händlers eingestellt oder mit dem Transport eines anderen Transportführers vereinigt, so ist das Vieh in das Kontrollbuch des Händlers, falls dieser das Kontrollbuch über das eingestellte Vieh führt, oder des anderen Transportführers aufzunehmen. In dem Kontrollbuche des ersten Transportführers ist dann zu vermerken, daß das Vieh in das Kontrollbuch des Händlers oder des anderen Transportführers übertragen ist.

Zu § 25 BAVG.

Eine besondere Begriffsbestimmung für Molkereien findet sich weder im Gesetze noch in den BAVG. Da aber in § 26 BAVG. als Begriffsmerkmal für Sammelmolkereien die Verarbeitung der Milch von Kühen verschiedener Bestände und als Verarbeitung auch die Entrahmung der Milch angesehen ist, so wird der Begriff der einfachen Molkereien im Sinne des § 25 auch entsprechend weit zu fassen sein. Insbesondere wird regelmäßig davon auszugehen sein, daß ein Milchbetrieb, in dem mit einer Zentrifuge gearbeitet wird, auch eine Molkerei darstellt, woraus folgen würde, daß nach § 25 die unschädliche Beseitigung des Milchzentrifugenschlamms allgemein geboten ist. Veterinärpolizeilich ist dies auch erwünscht. Sollten sich in der Praxis bei einer so weit gehenden Auslegung des Begriffs „Molkerei" Schwierigkeiten oder Zweifel ergeben, so ist zu berichten.

Zu § 26 BAVG.

Unter den Begriff der Sammelmolkereien fallen auch Betriebe von Milchhändlern, die ihren Bedarf aus verschiedenen Ställen decken, dann, wenn sie die Milch nicht lediglich weiter verkaufen, sondern wenn auch eine Verarbeitung der Milch, insbesondere eine Entrahmung, in ihrem Betriebe stattfindet.

Zu § 27 Abs. 2 BAVG.

Die Verlängerung der hier vorgesehenen Frist auf zwei Jahre wird namentlich bei kleineren, weniger leistungsfähigen Sammelmolkereien in Frage kommen.

Zu § 28 BAVG.

Die in Abs. 2 vorgesehene Ausnahme von dem Erhitzungszwange für solche Sammelmolkereien, deren Viehbestände einem staatlich anerkannten Tuberkulosetilgungsverfahren angeschlossen sind, ist zunächst ausnahmslos zuzulassen. Über die Erfahrungen, die damit gemacht werden, ist jedoch spätestens nach Jahresfrist zu berichten.

Zu § 29 BAVG.

Die Anordnung, daß die Buchführung in den Molkereien nach einem bestimmten Muster erfolgt, bleibt dem Ermessen der Regierungspräsidenten überlassen. Soweit die beamteten Ärzte mit der Beaufsichtigung über die Molkereien betraut sind, ist das Buch auch diesen auf Verlangen zur Einsicht vorzulegen.

Zu § 30 BAVG.

Auch bei der Beaufsichtigung der Sammelmolkereien sind zu häufige Revisionen zu vermeiden. Halbjährliche Besichtigungen werden vorbehaltlich besonderer Vorschriften bei größerer Seuchengefahr zunächst im allgemeinen genügen. Die danach getroffenen Anordnungen sind mitzuteilen. Hierbei ist zugleich über die Frage zu berichten, ob und inwieweit über die Beaufsichtigung weitere Vorschriften zweckmäßig erscheinen, wobei darauf hingewiesen wird, daß in einigen Regierungsbezirken, z. B. in Potsdam, Revisionsformulare für die Besichtigungen vorgeschrieben sind. Auch über die Zweckmäßigkeit eines Zusammenwirkens der beamteten Ärzte mit den Tierärzten (vgl. § 79 der Dienstanweisung für die

Kreisärzte vom 1. September 1909) will ich einer Äußerung entgegensehen.

Soweit auf Grund der Besichtigungen Anordnungen allgemeiner Natur für die Sammelmolkereien des Bezirkes gegeben werden sollen, ist vorher dem Molkereisachverständigen der Landwirtschaftskammer oder, wenn Genossenschaftsmolkereien in Betracht kommen, den Genossenschaftsverbänden Gelegenheit zur Äußerung zu geben.

Zu § 32 BAVG.

Als Maßregel gegen die ständige Seuchengefahr ist nach § 17 Nr. 6 VG. nur eine Beschränkung des Viehhandels im Umherziehen zulässig. Ein Verbot dieses Handels ist nach §§ 18, 20 Abs. 3 VG. nur beim Vorliegen einer besonderen Seuchengefahr und für deren Dauer statthaft. Hierauf ist bei der Anwendung der Vorschriften des § 32 zu achten. Die Anordnungen dürfen nicht eine völlige Lahmlegung des Hausierhandels herbeiführen.

Soweit eine in regelmäßigen Zwischenräumen oder zu bestimmten Zeitpunkten vorzunehmende amtstierärztliche Untersuchung des beim Handel im Umherziehen mitgeführten Viehes schon jetzt vorgeschrieben ist, können die Anordnungen aufrechterhalten werden. Ich erteile hierzu meine Genehmigung. Auch hier gelten jedoch die Ausführungen zu § 9 wegen Sicherung eines möglichst gleichmäßigen Verfahrens für größere Bezirke mit gleichen oder ähnlichen wirtschaftlichen Verhältnissen. Sofern eine Einigung über das einzuschlagende Vorgehen mit den Nachbarbezirken nicht erzielt werden kann, ist zu berichten.

Zu § 37 BAVG.

Ist bei der Auswahl der Eisenbahn-Viehladestellen mit geringerem Verkehr ein Einverständnis mit der Eisenbahnverwaltung nicht zu erzielen, so ist Anzeige zu erstatten.

Zu § 38 BAVG.

Die Verfügung vom 20. März 1911 (MBlMfL. S. 103), wonach sämtliche Eisenbahnwagen, die zur Beförderung von Klauenvieh benutzt worden sind, einer verschärften Desinfektion gemäß § 7 Abs. 2 unter b der Bekanntmachung vom 16. Juli 1904 (Reichs-Gesetzbl. S. 311) zu unterwerfen sind, bleibt bis auf weiteres in Geltung.

Zu § 39 BAVG.

Unter tierischen Erzeugnissen im Sinne dieser Vorschrift ist auch Dünger zu verstehen.

Zu § 41 BAVG.

Sollte in besonderen Fällen die Schaffung der hier vorgeschriebenen Einrichtungen mit unverhältnismäßigen Schwierigkeiten verbunden sein, so ist zu berichten.

Zu § 44 BAVG.

Das Gesetz unterscheidet zwischen Viehhöfen und Schlachthöfen. In den Ausführungsvorschriften ist an Stelle dieser Ausdrücke der größeren Deutlichkeit halber der Ausdruck „Nutzviehhöfe und Schlachtviehhöfe" gewählt. Neben diesen Anstalten werden im Gesetz und in den Ausführungsvorschriften die Viehmärkte besonders behandelt. Für die begriffliche Unterscheidung der Veranstaltungen ist folgendes zu beachten:

Als Viehmarkt wird jede Einrichtung anzusehen sein, die dem Zwecke dient, den Kauf und Verkauf von Vieh auf eine bestimmte Zeit und auf einen bestimmten, dem Publikum zugänglichen Ort zu vereinigen. Auch die Nutzvieh- und Schlachtviehhöfe umfassen solche Viehmärkte. Während aber mit den Märkten meistens nur Einrichtungen vorübergehender Art verbunden sind und die Marktplätze außerhalb der Marktzeit auch anderen Zwecken zu dienen bestimmt sind, liegen bei den Viehhöfen abgeschlossene Anlagen vor, die ihrer Hauptzweckbestimmung nach dauernd dem Viehhandelsverkehr dienen sollen. Die Viehhöfe sind daher regelmäßig mit Einrichtungen zur Einstellung des auf dem Markte gehandelten Viehes versehen, während dies bei Märkten nicht oder nur in beschränktem Maße der Fall ist. Hiernach wird im Einzelfalle zu entscheiden sein, ob ein Markt oder ein Viehhof vorliegt. In Zweifelsfällen ist meine Entscheidung anzurufen.

Nutzviehhöfe unterscheiden sich von Schlachtviehhöfen dadurch, daß erstere für den Handelsverkehr mit Nutzvieh, letztere für den Handelsverkehr mit Schlachtvieh bestimmt sind.

Zu §§ 44—46 BAVG.

Bei Neuanlage von öffentlichen Schlachthäusern sind die nach den Vorschriften dieser Paragraphen im veterinärpolizeilichen Interesse zu fordernden Einrichtungen in dem Genehmigungsverfahren nach §§ 16 ff. der Gewerbeordnung den Genehmigungsbehörden mitzuteilen. Hierbei ist darauf zu achten, daß die zu stellenden Anforderungen sämtlich vor Erteilung der Genehmigung geltend gemacht werden, da nachträgliche Auflagen nach Durchführung des Genehmigungsverfahrens unbedingt vermieden werden müssen. Sollte sich im Einzelfalle nicht mit Sicherheit übersehen lassen, ob etwa im veterinärpolizeilichen Interesse späterhin noch weitere Auflagen erforderlich werden können, so ist bei der Genehmigungsbehörde die Aufnahme der Vorbehaltsklausel anzuregen. Falls sich bei diesem Verfahren Schwierigkeiten ergeben, ist zu berichten.

Zu § 45 BAVG.

Für Remontemärkte sind die in den §§ 41 bis 43 vorgesehenen Einrichtungen in der Regel nicht zu fordern. Sollte ein Bedürfnis für Schaffung der Einrichtungen auch auf solchen Märkten bestehen, so ist zu berichten.

Zu § 46 Abs. 2 BAVG.

Bei der Ausdehnung der Vorschriften des Abs. 1 auf bestehende Nutzvieh- und Schlachtviehhöfe ist mit Vorsicht vorzugehen, insbesondere sind auch die wirtschaftlichen Verhältnisse der Unternehmer zu berücksichtigen. Auflagen, die ihnen in finanzieller Hinsicht zu große Lasten auferlegen würden, sind zu vermeiden. Zeigt sich gegen die für notwendig erachteten Auflagen seitens der Unternehmer lebhafter Widerstand, so stelle ich anheim, mir die Angelegenheit vor weiterer Verfolgung vorzutragen.

Zu § 48 BAVG.

Verbote oder Beschränkungen des gewerbsmäßigen Handels mit Vieh an Markttagen außerhalb des Marktplatzes, die auf Grund des Gesetzes, betreffend die Preisfeststellung beim Markthandel mit Schlachtvieh, vom 8. Februar 1909 (Reichs-Gesetzblatt S. 269) erlassen sind, bleiben unberührt. Es ist jedoch in jedem Falle zu prüfen, ob für diese Märkte im veterinärpolizeilichen Interesse weitergehende Vorschriften nötig sind; ferner ist zu erwägen, ob nicht auch bei anderen Märkten ein Handelsverbot im Sinne des § 48 erwünscht erscheint. Hierüber ist zu berichten.

Vormärkte können, soweit sie jetzt schon gebräuchlich sind, einstweilen weiter zugelassen werden, jedoch ist hiervon Anzeige zu erstatten und dabei zu erörtern, ob eine Aufhebung der Vormärkte veterinärpolizeilich zweckmäßig und mit den wirtschaftlichen Verhältnissen vereinbar ist.

Zu § 54 BAVG.

Bei neu einzurichtenden Gast- und Händlerställen ist nach Möglichkeit dafür zu sorgen, daß eine ausreichende Beleuchtung durch Tageslicht vorhanden ist.

Zu § 69 BAVG.

Die Abgabe von Kadaverfleisch aus Abdeckereien als Futtermittel für Tiere wird nur in besonderen Ausnahmefällen und nur für zuverlässig geleitete Abdeckereien, bei denen ein Mißbrauch ausgeschlossen erscheint, zugestanden werden können. Für eine ausreichende Kontrolle ist in jedem Falle Sorge zu tragen.

Zu § 70 BABG.

Von den hier vorgesehenen Befugnissen ist überall da Gebrauch zu machen, wo die Erfüllung der Anforderungen ohne allzu große Erschwernisse für die Abdeckereien möglich ist. Für größere bestehende Abdeckereien werden die Einrichtungen stets zu fordern sein.

Zu § 75 BABG.

Auch für die Beaufsichtigung der Abdeckereien ist ein Zusammenwirken der beamteten Ärzte und Tierärzte ins Auge zu fassen (vgl. oben zu § 6 BABG.). Die über die Beaufsichtigung getroffenen Bestimmungen sind hierher mitzuteilen.

Eine Anzeige über das Vorhandensein bestehender Betriebe wird nur dann vorzuschreiben sein, wenn die Betriebe nicht ohnehin bekannt sind.

Zu § 77 BABG.

Es wird besonders darauf hingewiesen, daß das Arbeiten mit den Erregern von Schweinepest und solchem Materiale, das die Erreger von Schweinepest zu enthalten verdächtig ist, in Zukunft unter die strengeren Vorschriften für das Arbeiten mit Cholera- und Rotzerregern fällt und daß der Erlaß vom 17. September 1908 (MBlMfL. S. 354) insoweit nicht mehr zutrifft. Auch Ärzte und Tierärzte dürfen in Zukunft mit solchen Erregern, außer zu diagnostischen Zwecken, nur mit Erlaubnis der Landeszentralbehörde arbeiten. Das Arbeiten mit Erregern der Maul- und Klauenseuche oder mit solchem Materiale, das diese Erreger zu enthalten verdächtig ist, findet — vorbehaltlich der Erteilung einer Erlaubnis für einzelne besondere Fälle — allgemein und dauernd zunächst nur in dem Seuchenforschungsinstitut auf der Insel

Riems im Regierungsbezirk Stralsund statt. Etwa eingehende Anträge auf Erteilung weiterer Genehmigungen sind mir vorzulegen. Dies gilt auch für Anträge auf Zulassung des Arbeitens mit Erregern der Schweinepest.

Zu §§ 71, 80 Abs. 1, 81 BAVG.

Vor Erteilung einer Genehmigung gemäß §§ 2 bis 4 der Bekanntmachung vom 4. Mai 1904 (Anlage D) wird auch für die in Zukunft neu hinzukommenden Fälle entsprechend dem Erlasse vom 6. August 1904 — MdgA. Nr. 13275 U I, MfL. I. G. a. 6909 — ein Bericht des Kreistierarztes einzufordern sein.

Handelt es sich bei dem Arbeiten mit Viehseuchenerregern um die Herstellung von Impfstoffen, so sind gleichzeitig die Vorschriften der §§ 78 ff. BAVG. zu beachten. Im Zweifel sind die strengeren Bestimmungen maßgebend.

Vor Erteilung einer Erlaubnis auf Grund dieser Vorschriften ist bis auf weiteres meine Entscheidung einzuholen.

Wegen Behandlung der Fälle, in denen bei Herstellung von Impfstoffen zugleich ein Arbeiten mit Viehseuchenerregern in Betracht kommt, wird auf die Bemerkung zu § 77 BAVG. verwiesen.

Zu § 82 BAVG.

Wegen Überwachung der bakteriologischen Institute der Landwirtschaftskammern, soweit sie die Impfstoffgewinnung und -verwendung betreiben, wird von hier aus Bestimmung getroffen werden. Im übrigen wird näheren Vorschlägen für die Beaufsichtigung der Impfstoffanstalten entgegengesehen. Die Überwachung wird im allgemeinen durch den Departementstierarzt stattzufinden haben. Daneben kommt eine laufende Kontrolle durch den Kreistierarzt in Betracht. Soweit bei der Beaufsichtigung auch beamtete Ärzte beteiligt sind, ist zu prüfen und zu berichten, inwieweit ein Zusammenwirken mit den beamteten Tierärzten zweckmäßig erscheint.

Ob eine amtstierärztliche Untersuchung der Tiere, die zur Herstellung von Impfstoffen gedient haben, vor ihrer Veräußerung oder anderweiten Verwertung anzuordnen sein wird, wird nach der Art des Betriebs und namentlich nach der Art der hergestellten Impfstoffe zu beurteilen sein.

Zu § 83 BAVG.

Es wird zunächst beabsichtigt, die Abgabe und Anwendung der Rotlauf-Impfstoffe von einer staatlichen Prüfung abhängig zu machen. Weitere Verfügung hierüber bleibt vorbehalten.

Zu § 88 BAVG.

Die Zulassung von Ausnahmen im Sinne dieser Vorschrift zugunsten von wissenschaftlichen Anstalten wird dortigem Ermessen überlassen. Bei der Gewährung weitergehender Ausnahmen ist Vorsicht geboten. Dies gilt insbesondere auch bei der Abgabe von Rotlaufkulturen an Laien. Wenn es die Interessen der Schweinezucht einerseits und die Verbreitung des Rotlaufs anderseits erfordern, wird die Abgabe von Rotlaufkulturen an Besitzer zur Vornahme von Impfungen im eigenen Bestande gestattet werden können, sofern die Gewähr für eine zuverlässige Ausführung der Impfung gegeben erscheint. Weitergehende Ausnahmen sind nur mit meiner Genehmigung zuzulassen. Über die Handhabung der Vorschrift ist zu berichten.

Zu § 96 BAVG.

Erfolgt die Ermittelung des Milzbrandes oder des Milzbrandverdachts an einem gefallenen oder getöteten Tiere in Abwesenheit des Besitzers, z. B. in einer Abdeckerei, so ist für umgehende Benachrichtigung des Besitzers von dem Ergebnisse des amtstierärztlichen Befundes zu sorgen, damit dieser von seinem Rechte, einen anderen Tierarzt zuzuziehen, Gebrauch machen kann. Dies gilt namentlich dann, wenn der Besitzer eine Entschädigung wegen Milzbrandes verlangt hat, nach dem amtstierärztlichen Befund aber Milzbrand nicht vorliegt.

Soweit angängig, ist in solchen Fällen für Aufbewahrung der nötigen Kadaverteile zu sorgen (vgl. oben unter Abschnitt I zu § 15 VG.).

Zu § 97 Abs. 4 BAVG.

Die Ortspolizeibehörde wird das Betreten der Räumlichkeiten, in denen sich milzbrandkranke oder der Seuche verdächtige Tiere befinden, nur in besonders dringlichen Fällen und nur dann zu gestatten haben, wenn die Erteilung der Erlaubnis sanitäts- und veterinärpolizeilich unbedenklich erscheint. Soweit tunlich, hat sie vor Erteilung der Erlaubnis den beamteten Tierarzt zu hören. Dasselbe gilt auch für gleichliegende Fälle bei anderen Seuchen (vgl. z. B. § 186 Abs. 1, § 207 Abs. 1, § 265 Abs. 1, § 292 Abs. 1; wegen § 162 Abs. 3, § 164 unter b vgl. die besondere Anweisung zu diesen Paragraphen).

Zu § 104 BAVG.

Sollte die Vornahme von Impfungen gegen Milzbrand im allgemeinen veterinärpolizeilichen Interesse erwünscht sein, so ist bis auf weiteres zunächst in jedem Falle baldigst zu berichten. Soweit die Provinzialverbände oder die ihnen gleichstehenden Verbände die Entschädigung für solche Tiere, die infolge einer von ihnen angeregten Impfung eingegangen sind, in den Entschädigungssatzungen übernommen haben, ist ihrem Ansuchen auf Anordnung von Impfungen nach Möglichkeit zu entsprechen. Die Regierungspräsidenten werden ermächtigt, in solchen Fällen die Impfung gemäß § 23 VG. anzuordnen. Das gleiche gilt, wenn von den Verbänden die Vornahme einer Impfung gegen Rauschbrand beantragt wird. Selbstverständlich ist aber in beiden Fällen zu prüfen, ob das Impfverfahren genügend erprobt ist, um in der Praxis angewendet werden zu können. Über Anträge der Verbände auf Anordnung von Impfungen gegen Wild- und Rinderseuche und, wie hier bereits vorweggenommen wird, gegen

Tollwut oder Maul- und Klauenseuche ist zu berichten. Wegen statistischen Nachweises der Fälle, in denen auf Ansuchen der Verbände Impfungen vorgenommen worden sind, und der damit erzielten Erfolge bleibt Verfügung vorbehalten.

Zu § 105 BAVG.

Nach dieser Vorschrift sind die von milzbrandkranken oder der Seuche verdächtigen Tieren benutzten Standplätze usw. zu desinfizieren. Dieselbe Fassung ist auch bei den Vorschriften über die Desinfektion bei den anderen Seuchen gewählt. Hieraus darf nicht geschlossen werden, daß eine besondere Anordnung der Desinfektion durch die Polizeibehörden entbehrlich werde. Der Besitzer ist vielmehr in jedem einzelnen Falle mit besonderer Anweisung zu versehen.

Zu § 106 BAVG.

Als anerkanntes Impfverfahren im Sinne des Abs. 2 dieses Paragraphen gilt bis auf weiteres das Impfverfahren nach Pasteur und nach Sobernheim. Sind die gefährdeten Tiere nachweislich nach einem solchen Verfahren geimpft, so wird in der Regel die Herabsetzung der Schutzfrist auf eine Woche bewilligt werden können. Es wird angenommen, daß über die Erfordernisse der hiernach staatlich anerkannten beiden Arten des Impfverfahrens Zweifel in der tierärztlichen Praxis nicht obwalten. Sollte dies dennoch der Fall sein, so ist zu berichten.

Zu § 108 BAVG.

Da ein völlig zuverlässiges Impfverfahren zum Schutze gegen Rauschbrand noch nicht bekannt ist, so wird zunächst davon abgesehen, entsprechend der Vorschrift des § 106 Abs. 2 auch bei dieser Seuche ein Verfahren zuzulassen, nach dessen Anwendung die Schutzfrist herabgesetzt werden könnte. Weitere Bestimmung nach Vervollkommnung der Rauschbrand-Impfmethoden bleibt vorbehalten.

Ebenso kann ein zuverlässiges Verfahren für die Desinfektion der Häute von Rauschbrandkadavern zurzeit noch nicht angegeben werden.

Zu § 114 BAVG.

Nach Abs. 8 kann die Tötung frei umherlaufender Hunde im gefährdeten Gebiet angeordnet werden. Es wird in jedem Falle zu erwägen sein, ob eine solche Anordnung verterinärpolizeilich geboten ist. Zugleich wird zu bestimmen sein, wem die Tötung obliegt. Es sind hiermit Polizeivollzugsbeamte, Förster, Feld- und Waldaufseher, in Grenzbezirken im Einvernehmen mit der Zollverwaltung auch Grenzwachtbeamte zu beauftragen. Dasselbe gilt für § 116 BAVG.

Wegen des Verfahrens in den Grenzbezirken an der österreichischen Grenze behält es bei den im Erlasse vom 20. Januar 1911 — I. A. III. e. 5 — gegebenen Bestimmungen sein Bewenden, jedoch mit der Maßgabe, daß in Zukunft auch die Tötung solcher Hunde und Katzen polizeilich anzuordnen ist, bei denen nur der Verdacht der Tollwut festgestellt ist oder bei denen anzunehmen ist, daß sie mit der Tollwut verdächtigen Hunden und Katzen in Berührung gekommen sind.

Zu §§ 131, 132 BAVG.

Die Bestimmungen der Erlasse vom 6. Dezember 1899 und 23. Oktober 1901 — I. G. a. 8687 und 7356 —, wonach mir von jedem neuen Ausbruch und von dem Erlöschen des Rotzes Anzeige zu erstatten ist, bleiben unberührt. Etwaige Änderungen des dem letzterwähnten Erlasse beigefügten Musters werden von hier aus veranlaßt werden.

Nach § 132 BAVG. sollen die Mitteilungen über den Ausbruch des Rotzes an die Landgestüte und die Generalkommandos durch den Landrat erfolgen. Die Landräte werden durch entsprechende Anordnungen dafür zu sorgen haben, daß ihnen die erforderlichen Anzeigen von den Ortspolizeibehörden rechtzeitig zugehen.

Zu § 138 BABG.

Die Bestimmung, wonach zu jeder ersten Feststellung von Rotz in einem Bestande der Departementstierarzt zuzuziehen ist, bleibt unberührt (vgl. Erlasse vom 17. Oktober 1896 und vom 29. November 1897 — I G 8203 und 8987 —).

Zu § 155 BABG.

Von den vorgeschriebenen Ermittelungen und Untersuchungen wird nach Abs. 3 nur abgesehen werden dürfen, wenn und insoweit der Fall so klar liegt, daß über die Art der Einschleppung und die sonstigen für eine Weiterverbreitung der Seuche in Betracht kommenden Verhältnisse kein Zweifel besteht.

Zu §§ 158, 159 BABG.

Bis auf weiteres haben die beamteten Tierärzte jeden ersten Seuchenausbruch in einem bis dahin seuchefreien Kreise mir unmittelbar telegraphisch zu melden; hierbei sind die Größe des Viehbestandes und die Ursache des Seuchenausbruchs anzugeben, zugleich ist anzuzeigen, ob die Gefahr einer weiteren Verbreitung der Seuche vorliegt und ob die Tötung des Bestandes zweckmäßig erscheint, letzterenfalls auch der mutmaßliche Wert des Bestandes.

Ferner ist auch künftig noch halbmonatlich eine Seuchenstandsnachweisung nach dem Muster der dem Erlasse vom 15. März 1911 (MBlMfL. S. 75) beigegebenen Anlage 2 von dem Regierungspräsidenten einzureichen.

Nach den Erlassen vom 24. November 1898, 21. März 1908 und 12. Oktober 1911 — I. G. 8511, I. A. III. e. 1625 und I. A. III. e. 9412 — ist von jedem Ausbruch und von dem Erlöschen der Maul- und Klauenseuche auf bestimmten größeren Viehmärkten das Kaiserliche Gesundheitsamt telegraphisch zu benachrichtigen. Hierbei behält es auch in Zukunft sein Bewenden. Ein Verzeichnis der in Betracht kommenden Märkte nach dem neuesten Stande wird demnächst mitgeteilt werden.

Zu § 159 BAVG.

Kommt nach Lage der Sache die Tötung des verseuchten Bestandes in Frage, so hat der beamtete Tierarzt, unbeschadet der von jedem Seuchenausbruch in einem bis dahin unverseuchten Kreise mir unmittelbar zu erstattenden telegraphischen Anzeige (vgl. zu §§ 158, 159), unter Angabe der Größe des zu tötenden Bestandes und der mutmaßlichen Höhe der Entschädigungssumme an den Regierungspräsidenten telegraphisch zu berichten. Die Entscheidung über die Tötung ist mit größtmöglicher Beschleunigung zu treffen, bei einer mutmaßlichen Höhe der Entschädigung von mehr als 1000 M. allerdings erst nach telegraphischer Einholung meiner Genehmigung.

Wegen des Verfahrens in den Bezirken, in denen sich die Provinzial- und die ihnen gleichstehenden Kommunalverbände durch ihre Entschädigungssatzungen das Recht zum Ankaufe von Klauenviehbeständen aus Anlaß der Maul- und Klauenseuche gesichert haben, bleibt weitere Verfügung vorbehalten.

Zu §§ 162 Abs. 1, 163 Abs. 1 BAVG.

Es wird besonders darauf hingewiesen, daß bei Überführung der Tiere nach einem anderen Orte zum Zwecke der Schlachtung vor der Überführung das Einverständnis der Ortspolizeibehörde des Schlachtorts einzuholen ist (vgl. § 160 Abs. 1 letzter Satz).

Zu § 162 Abs. 3, § 164 unter b BAVG.

Das Betreten der gesperrten Ställe (§ 162 Abs. 3) ist abgesehen von Notfällen anderen als den in § 154 Abs. 1a bezeichneten Personen in der Regel nicht zu gestatten. Nur in besonders dringlichen Fällen und, soweit irgend tunlich, erst nach Anhörung des beamteten Tierarztes sind Ausnahmen zuzulassen.

Zu § 164 unter b ist aus landwirtschaftlichen Kreisen eine weitere Einschränkung des Hausierhandels im Sperrbezirk und Beobachtungsgebiet angeregt worden. Es wird zunächst davon abgesehen, solche weitergehenden Beschränkungen anzuordnen, da sie wirtschaftlich von nicht unerheblicher Bedeutung sind, namentlich dann, wenn die Einschränkungen auch für das Beobachtungsgebiet getroffen werden sollen. Es ist jedoch zu prüfen, ob etwa ein Bedürfnis nach weitergehenden Beschränkungen vorliegt; gegebenenfalls ist hierüber zu berichten. Es würde aber zunächst nur in Aussicht genommen werden können, den Hausierhändlern das Betreten sämtlicher klauenviehhaltender Gehöfte im Sperrbezirke zu verbieten.

Zu § 168 Abs. 1 unter e BAVG.

Soweit bisher auf Grund des Erlasses vom 3. Januar 1911 (MBlMfL. S. 21) für die Erhitzung der aus Sammelmolkereien abzugebenden Milch weitergehende Vorschriften getroffen waren, insbesondere soweit die Erhitzung für sämtliche Sammelmolkereien eines Bezirkes vorgeschrieben war, bin ich damit einverstanden, daß diese Vorschriften aufrecht erhalten werden und erteile hierzu meine Genehmigung (vgl. § 48 Abs. 1 VG.).

Zu § 168 Abs. 2 BAVG.

Bei Gewährung von Erleichterungen nach Abs. 2 ist Vorsicht geboten. Es wird jedoch nicht immer nötig sein, die im Abs. 1 vorgesehenen Maßnahmen regelmäßig für den Seuchenort und für einen Umkreis von 15 km vorzuschreiben. Bei Seuchenausbrüchen in größeren Städten oder in ihrer Nähe könnte ein solches Vorgehen zu unnötigen Härten führen. Daran ist aber jedenfalls festzuhalten, daß für das Beobachtungsgebiet die Anordnungen nach Abs. 1 getroffen werden müssen. Soweit hiervon Ausnahmen zugelassen werden sollen, ist meine Genehmigung einzuholen. Für die über das Beobachtungsgebiet hinausreichende Zone des Umkreises von 15 km werden die Regierungspräsidenten hiermit ermächtigt, Ausnahmen auf Grund des § 168 Abs. 2 nach eigenem Ermessen zuzulassen.

Zu § 169 BABG.

Soll nach dieser Vorschrift die Absonderung der Tiere in den nicht verseuchten Gehöften des Sperrbezirkes vor dem in § 163 Abs. 4 vorgesehenen Zeitpunkt aufgehoben werden, so ist hierzu meine Genehmigung einzuholen. Die Beobachtungsbezirke werden zwar mitunter schon vor Ablauf dieser Frist verkleinert werden können, ihre Aufhebung sowie die Aufhebung der nach § 168 Abs. 1 für die Beobachtungsgebiete angeordneten Beschränkungen werden aber regelmäßig ebenfalls erst zu dem in § 163 Abs. 4 bezeichneten Zeitpunkte zu erfolgen haben.

Zu § 172 Abs. 3 BABG.

Darüber, ob die Tiere am Bestimmungsort Aufnahme finden können, hat die für diesen Ort zuständige Ortspolizeibehörde zu entscheiden. Sie ist nicht verpflichtet, die Tiere aufzunehmen, auch dann nicht ohne weiteres, wenn sich z. B. der Empfänger bereit erklärt, die Unterbringung in einem ihm gehörigen Stalle zu bewirken. Die Ortspolizeibehörde wird vielmehr nach pflichtmäßigem Ermessen zu prüfen haben, ob die Aufnahme der Tiere im Interesse der Seuchenbekämpfung zweckmäßig ist, und ob die Gefahr einer Seuchenverschleppung für den Bestimmungsort verhütet werden kann. Verneinendenfalls wird die Genehmigung zu versagen sein. Die Annahme zur Schlachtung wird in der Regel genehmigt werden können.

Zu § 173 Abs. 2 BABG.

Ob der Abtrieb ansteckungsverdächtigen Schlachtviehs von Schlachtviehmärkten ohne vorherige Anfrage bei der Ortspolizeibehörde des Bestimmungsorts zugelassen werden kann, ist sorgfältig zu prüfen. Bei dieser Ausnahmevorschrift ist hauptsächlich an sogenannte rollende Sendungen gedacht, die bei Ausbruch der Maul- und Klauenseuche auf einem Viehmarkte zwar auf den Entladerampen schon eingetroffen, aber noch nicht entladen sind, und bei denen wegen des

Personenverkehres zwischen dem Entladeort und dem Markt Ansteckungsverdacht vorliegt, obwohl die Sendungen nicht auf den Markt selbst gelangt sind. Für solche Fälle werden in der Regel Erleichterungen in der Behandlung des ansteckungsverdächtigen Viehes zugestanden werden können. Im übrigen aber ist Vorsicht geboten.

Zu § 177 BAVG.

Über jeden Ausbruch von Lungenseuche und über jede Feststellung von Lungenseucheverdacht ist mir sofort zu berichten. Zur Feststellung des ersten Seuchenausbruchs in einem bisher seuchefreien Bestand ist der Departementstierarzt zuzuziehen. Hat die Zerlegung des Tieres stattgefunden (vgl. § 181) und ergibt die Zerlegung kein sicheres Ergebnis, so ist die Lunge mit einem ausführlichen Krankheits- und Zerlegungsbericht an das pathologische Institut der Tierärztlichen Hochschule in Berlin zu senden. Bis zum Eingange des Gutachtens des Instituts sind gegebenenfalls nur die bei Seuchenverdacht vorgeschriebenen Maßnahmen zu treffen. Da die Lungenseuche bereits seit längerer Zeit in Deutschland erloschen ist, so müssen angebliche Feststellungen dieser Seuche in der Regel Zweifeln unterliegen. Deshalb wird sich die Einholung des Gutachtens des genannten Instituts bis auf weiteres regelmäßig empfehlen.

Zu § 201 BAVG.

Von jedem Ausbruche der Pockenseuche und von jeder Feststellung des Pockenseucheverdachts ist mir sofort Anzeige zu erstatten.

Zu § 247 BAVG.

Über den Umfang der Untersuchungen von Schafbeständen sowie über die Erfolge des eingeschlagenen Heilverfahrens ist auch in Zukunft alljährlich bis zum 31. Januar nach den durch die Erlasse vom 21. April 1887 — I. 5291 —, vom 19. März 1904 — I. G. a. 816 — und vom 16. April 1910 (MBlMfL. S. 118) vorgeschriebenen Mustern und unter

Beachtung der Bestimmungen des Erlasses vom 19. März 1904 über die Ausfüllung der Muster zu berichten.

Die Untersuchungen sind möglichst im Frühjahre vorzunehmen; soweit bisher schon Herbstuntersuchungen üblich sind, kann es dabei sein Bewenden behalten.

Zu § 249 BABG.

Eine von der technischen Deputation für das Veterinärwesen aufgestellte Liste wirksam befundener Räudebäder ist durch Erlaß vom 29. März 1903 — I. G. a. 533 II — mitgeteilt. Es ist jedoch dem beamteten Tierarzt unbenommen, im Einzelfall auch andere Arzneimittel zur Herstellung der Bäder auszuwählen.

Zu § 267 Abs. 4 BABG.

Von der hier vorgesehenen Erlaubnis der Ausfuhr ansteckungsverdächtiger fetter Schweine wird, sofern nicht im Einzelfalle besondere Bedenken vorliegen, regelmäßig Gebrauch zu machen sein.

Zu § 274 BABG.

Es wird besonders darauf hingewiesen, daß, wenn lediglich Ansteckungsverdacht von Schweineseuche in einem Gehöfte vorliegt, veterinärpolizeiliche Maßnahmen nicht anzuwenden sind.

Zu § 287 BABG. Abs. 2.

Zurzeit findet bereits eine staatliche Prüfung von Rotlaufserum und zwar zum Teil im Hygienischen Institute der Tierärztlichen Hochschule in Berlin, zum Teil im Institute für experimentelle Therapie in Frankfurt a. M. statt. Sofern dort geprüftes Serum verwendet ist, wird von der Abkürzung der Frist regelmäßig Gebrauch zu machen sein.

Zu § 300 BABG.

Es wird darauf hingewiesen, daß bei dem Verfahren zur Bekämpfung der Tuberkulose zu unterscheiden ist zwischen den Fällen, in denen der Viehbestand des Besitzers einem freiwilligen, staatlich anerkannten Tuberkulosetilgungsverfahren angeschlossen ist (§ 302), und den Fällen, in denen außerhalb einer solchen Herde Tuberkulose festgestellt wird. Im letzteren Falle tritt nur der beamtete Tierarzt in Tätigkeit, und das Verfahren regelt sich nach den §§ 300 ff. Im ersteren Falle kommen die Vorschriften des Anhangs B zu § 302 zur Anwendung, und der beamtete Tierarzt hat alsdann die ihm dort zugewiesenen Obliegenheiten auszuüben. Dies gilt aber nur für diejenigen Tuberkulosefälle und Tuberkuloseverdachtsfälle, die in den angeschlossenen Herden bei den regelmäßigen Untersuchungen (vgl. Anhang B unter I, 1) ermittelt werden. Gelangen in solchen Herden Tuberkuloseverdachtsfälle unabhängig von den regelmäßigen Untersuchungen zur Anzeige, so hat der beamtete Tierarzt zu verfahren wie bei einer dem Tilgungsverfahren nicht unterworfenen Herde.

Zu § 301 BAVG.

Die hier vorgeschriebene Untersuchung des Rindviehbestandes auf Tuberkulose bedarf nicht besonderer Beschleunigung. Sie ist möglichst gelegentlich anderer Dienstgeschäfte vorzunehmen.

Zu § 302 Abs. 1 BAVG.

Voraussetzung für die Anordnung der Tötung ist, daß der Rindviehbestand des Besitzers zur Zeit der Anordnung dem Tuberkulosetilgungsverfahren angeschlossen ist. Wann die Beitrittserklärung abgegeben ist, ist gleichgültig. Es ist danach nicht unzulässig, von der Tötungsbefugnis auch dann Gebrauch zu machen, wenn der Beitritt erst nach der Feststellung der Tuberkulose in dem Bestand erfolgt ist. Der Beitritt wird durch eine Bescheinigung der leitenden Stelle (vgl. Anhang B) nachzuweisen oder durch eine Anfrage bei ihr festzustellen sein.

Als zum Bestande gehörig werden im Falle des § 302 Abs. 1 sämtliche Tiere anzusehen sein, die auf einem eine Wirtschaftseinheit bildenden Gute gehalten werden. Bestände auf Vorwerken werden danach dem Bestande regelmäßig zuzurechnen sein, sofern nicht eine gänzlich getrennte Bewirtschaftung des Vorwerkes stattfindet. Über die staatliche Anerkennung des Tuberkulosetilgungsverfahrens in den einzelnen Provinzen wird demnächst Bestimmung getroffen werden. Es bleibt ferner vorbehalten, im Anschluß hieran die Liste der in § 300 Abs. 4 für die bakteriologische Untersuchung zugelassenen Institute zu ändern und zu ergänzen.

Zu § 302 Abs. 2 u. 3 BAVG.

Rindvieh, bei dem das Vorhandensein von Tuberkulose in hohem Grade wahrscheinlich ist, wird im Falle des § 302 Abs. 2 regelmäßig zu töten sein, wenn nicht etwa besondere Bedenken dagegen vorliegen. Sofern jedoch anzunehmen ist, daß für die wegen hoher Wahrscheinlichkeit der Tuberkulose zu tötenden Tiere eines Bestandes nach Abzug der nach § 68 Abs. 2 VG. anzurechnenden Beträge eine Entschädigung von mehr als 1000 M. zu zahlen sein wird, ist meine Genehmigung einzuholen.

Zur Anordnung der Tötung von Kühen, bei denen das Vorhandensein von Eutertuberkulose festgestellt oder im hohen Grade wahrscheinlich ist, bedarf es in den Fällen, in denen die Tötung nicht im Zusammenhange mit einem staatlich anerkannten Tuberkulosetilgungsverfahren erfolgen soll, bis auf weiteres meiner Genehmigung.

Zu § 305 Abs. 2 u. § 311 Abs. 4 BAVG.

Dem Besitzer ist hier die Pflicht auferlegt, von verdächtigen Erscheinungen an Tieren, die schon wegen Verdachts der Tuberkulose unter veterinärpolizeiliche Sperrmaßnahmen gestellt sind, Anzeige zu erstatten. Da eine derartige Anzeigepflicht aus § 9 des Viehseuchengesetzes nicht sicher hergeleitet werden kann, so wird im Falle von Zuwiderhandlungen des Besitzers gegen die ihm gemachte Auflage eine strafrechtliche Verfolgung zu unterbleiben haben. Die Vorschrift stellt sich nur als eine Auflage dar, die aus Zweckmäßigkeitsgründen den Viehbesitzern gemacht werden soll.

Zum Anhang zu Abschnitt II Nr. 3 (§ 138 Abs. 2) unter 6b I.

Von der Entnahme einer zweiten Blutprobe bei ansteckungsverdächtigen Pferden ist nur dann abzusehen, wenn außer allem Zweifel steht, daß die Ansteckungsgefahr länger als 14 Tage vor der Entnahme der ersten Blutprobe nicht mehr bestand. Erscheint dies nicht unbedingt sicher, so ist in jedem Fall eine zweite Blutprobe zu entnehmen. Eine Freigabe verdächtiger Pferde muß unter allen Umständen vermieden werden.

Zu Anhang B zu Abschnitt II Nr. 12 (§ 302 Abs. 1) unter I. 1 Abs. 2.

Es ist nicht nötig, daß bei der bakteriologischen Untersuchung der Proben aus dem Gesamtgemelke der dem Verfahren angeschlossenen Kühe jede Mischprobe aus jedem einzelnen Bestande für sich untersucht wird. Dies würde namentlich dann, wenn viele kleine Bestände dem Verfahren unterworfen sind, eine erhebliche Verteuerung des Verfahrens zur Folge haben. Soweit dafür ein Bedürfnis vorliegt, kann entsprechend einer auch jetzt schon bei den Landwirtschaftskammern bestehenden Übung zugelassen werden, daß die Proben mehrerer kleinerer Bestände vereinigt und gemeinschaftlich untersucht werden. Die Vereinigung der Proben kann schon bei der Einsendung geschehen, vorausgesetzt, daß eine Gewähr für eine zuverlässige Handhabung dieses Verfahrens gegeben erscheint, sie kann aber auch erst im bakteriologischen Institute selbst erfolgen. Zu beachten ist jedenfalls, daß nicht die Milch zu vieler Kühe gemeinschaftlich untersucht wird, da sonst die Feststellung der tuberkulösen Tiere erschwert wird, sowie ferner, daß die Bestände, deren Milch gemeinschaftlich untersucht wird, örtlich so untergebracht sind, daß eine gemeinsame klinische Untersuchung der Bestände leicht durchführbar ist. Die Gesamtzahl der Kühe, deren Milch zu einer Mischprobe vereinigt wird, wird auf nicht mehr als 100 zu bemessen sein.

Die Probe aus dem Gesamtgemelk eines Bestandes kann

statt von dem Besitzer auch von der Molkerei, an die der Besitzer angeschlossen ist, entnommen werden. Ebenso kann hier die etwa zugelassene Vereinigung der gemeinschaftlich zu untersuchenden Milchproben kleinerer Bestände erfolgen. Nähere Anweisungen hierüber werden die das Verfahren leitenden Stellen zu erlassen haben.

Zu Anhang B zu Abschnitt II Nr. 12 (§ 302 Abs. 1) unter II. 1.

Nach der hier gegebenen Vorschrift soll bei Feststellung des Tuberkuloseverdachts durch den untersuchenden Tierarzt der beamtete Tierarzt vor Anordnung der veterinärpolizeilichen Maßnahmen eine Untersuchung der verdächtigen Tiere vornehmen. Es wird darauf hingewiesen, daß diese Untersuchungen nicht dringlicher Natur sind, und daß sie daher möglichst gelegentlich anderer Dienstgeschäfte zu erledigen sind. Hierauf ist — auch im Interesse der Verminderung der Reisekosten — zu achten.

Zu Anhang B zu Abschnitt II Nr. 12 (§ 302 Abs. 1) unter III Abs. 2.

Die Zuziehung des Tierarztes, der die erste Untersuchung ausgeführt hat, zu der Nachuntersuchung ist zwar nur für den Fall vorgeschrieben, wenn ein beamteter Tierarzt die Untersuchung ausgeführt hat. Es erscheint jedoch zweckmäßig, daß in derselben Weise verfahren wird, wenn ein anderer, nicht beamteter Tierarzt die Tiere klinisch untersucht hat.

Zu Anlage C (Anweisung für die unschädliche Beseitigung von Kadavern und Kadaverteilen) § 4 Abs. 3.

Als nicht beamtete Tierärzte im Sinne dieser Vorschrift sind auch diejenigen beamteten Tierärzte anzusehen, die nicht in ihrer amtlichen Eigenschaft, sondern außerhalb ihres Amtsbezirkes oder bei Ausübung ihrer Privatpraxis von den hier den Tierärzten eingeräumten Befugnissen Gebrauch machen wollen.

Preußische Ausführungsanweisung und viehseuchenpolizeiliche Anordnung.

Vom 1. Mai 1912.

Vorbemerkung.

Wo in nachstehenden Vorschriften vom Gesetze die Rede ist, ist darunter das Viehseuchengesetz vom 26. Juni 1909 (Reichsgesetzbl. S. 519), wo vom Minister die Rede ist, ist darunter der Minister für Landwirtschaft, Domänen und Forsten zu verstehen.

Auf Grund der §§ 16, 17, 78 des Viehseuchengesetzes vom 26. Juni 1909 (Reichsgesetzbl. S. 519),

ferner auf Grund der §§ 18 ff. desselben Gesetzes zum Schutze gegen

1. den Milzbrand, den Rauschbrand, die Wild- und Rinderseuche,
2. die Tollwut,
3. den Rotz,
4. die Maul- und Klauenseuche,
5. die Lungenseuche des Rindviehs,
6. die Pockenseuche der Schafe,
7. die Beschälseuche der Pferde, den Bläschenausschlag der Pferde und des Rindviehs,
8. die Räude der Einhufer und der Schafe,
9. die Schweineseuche, sofern sie mit erheblichen Störungen des Allgemeinbefindens der erkrankten Tiere verbunden ist, und die Schweinepest,

10. den Rotlauf der Schweine einschließlich des Nesselfiebers (Backsteinblattern),
11. die Geflügelcholera und die Hühnerpest,
12. die äußerlich erkennbare Tuberkulose des Rindviehs, sofern sie sich in der Lunge in vorgeschrittenem Zustande befindet oder Euter, Gebärmutter oder Darm ergriffen hat,

wird gemäß § 79 Abs. 2 desselben Gesetzes und §§ 1, 3 des Ausführungsgesetzes zum Viehseuchengesetze vom 25. Juli 1911 (Gesetzsamml. S. 149) vom 1. Mai 1912 ab folgendes bestimmt:

§ 1. Für die Anwendung und Ausführung der nach den §§ 16 bis 30, 78 des Gesetzes zulässigen Maßregeln gelten die nachstehenden unter Berücksichtigung der §§ 32 bis 65 des Gesetzes und der Ausführungsvorschriften des Bundesrats vom 7. Dezember 1911 (Reichsgesetzbl. 1912 S. 4) erlassenen Vorschriften.

Die Anwendung und Ausführung der im Abs. 1 bezeichneten Bestimmungen nach Maßgabe der nachfolgenden Vorschriften liegt, soweit nichts anderes gesagt ist, den Ortspolizeibehörden ob.

Weitergehende Anordnungen innerhalb der Schranken des Gesetzes können mit Ermächtigung des Ministers von dem Regierungspräsidenten getroffen werden. An die Stelle des Regierungspräsidenten tritt in diesen wie in allen anderen Fällen, wo von dem Regierungspräsidenten die Rede ist, für den Landespolizeibezirk Berlin der Polizeipräsident von Berlin.

§§ 2—5[1]) abgedruckt S. 115—116.

---

[1]) Diejenigen Paragraphen, die hier nicht abgedruckt sind, stimmen mit den Paragraphen der Bundesratsvorschriften in Ziffer und Wortlaut völlig überein. Es wird daher auf die entsprechenden Paragraphen der Bundesratsvorschriften lediglich verwiesen. Ferner sind die Muster I—IX nicht abgedruckt.

I. Vorschriften zum Schutze gegen die ständige Seuchengefahr.

(§§ 16, 17, 78 des Gesetzes.)

1. Amtstierärztliche Beaufsichtigung der Viehmärkte usw.

(§ 16 des Gesetzes.)

§ 6. Die Viehmärkte, die Nutzviehhöfe und Schlachtviehhöfe, sowie die öffentlichen Schlachthäuser, ferner die öffentlichen Tierschauen mit Ausnahme der Katzen-, Kaninchen- und Brieftaubenausstellungen, die Ställe und Betriebe von Viehhändlern, desgleichen die Betriebe von Abdeckern sind durch beamtete Tierärzte zu beaufsichtigen. Das gleiche gilt für Gastställe, die in regelmäßiger Wiederkehr und in größerem Umfange zur Einstellung von Handelsvieh benutzt werden und für größere gewerbliche Schweinemästereien. Die hiernach der Beaufsichtigung unterliegenden Gastställe und Schweinemästereien werden von dem Regierungspräsidenten bestimmt.

Jahr- und Wochenmärkte, auf denen Vieh nur in geringem Umfange gehandelt wird, können von dem Regierungspräsidenten ausnahmsweise von der Beaufsichtigung befreit werden. Auch kann der Regierungspräsident anordnen, daß öffentliche Tierschauen — insbesondere Hunde- und Geflügelausstellungen —, die nur aus dem Ausstellungsort oder einem beschränkten Umkreise beschickt werden, sofern dies nach dem Seuchenstand in diesem Gebiet unbedenklich erscheint, der Beaufsichtigung nicht unterliegen. Er kann ferner Ställe und Betriebe von Viehhändlern, deren Geschäftsumfang nicht beträchtlich ist, von der Beaufsichtigung frei lassen.

Die Beaufsichtigung kann von dem Regierungspräsidenten für die zu Handelszwecken oder zum öffentlichen Verkaufe zusammengebrachten Viehbestände, ferner für die zu Zuchtzwecken aufgestellten männlichen Zuchttiere, für Katzen-, Kaninchen- und Brieftaubenausstellungen, für die durch obrigkeitliche Anordnung veranlaßten Zusammenziehungen von

Vieh, für private Schlachthäuser und für die nicht unter Abs. 1 fallenden Gastställe und gewerblichen Viehmästereien angeordnet werden.

§ 7. Die Besitzer oder Unternehmer der Betriebe, Unternehmungen und Veranstaltungen, die nach § 6 Abs. 1 der Beaufsichtigung unterliegen, haben von der Eröffnung oder Einstellung ihrer Betriebe, unbeschadet der ihnen nach den Vorschriften der Gewerbeordnung etwa obliegenden Anzeigepflicht, der Ortspolizeibehörde Anzeige zu erstatten. Die Anzeige von der Eröffnung hat spätestens zwei Wochen vorher, von der Einstellung spätestens gleichzeitig mit dieser zu erfolgen.

Der Regierungspräsident kann die gleiche Anzeigepflicht auch für die nach § 6 Abs. 3 der Beaufsichtigung unterstellten Betriebe, Unternehmungen und Veranstaltungen vorschreiben. Er kann ferner anordnen, daß über das Vorhandensein, den Ab- und Zugang oder über Ortsveränderungen von Tieren, die der Beaufsichtigung unterstellt sind oder sich in den zu beaufsichtigenden Betrieben, Unternehmungen und Veranstaltungen befinden, bei einer von ihm zu bezeichnenden Stelle Anzeige erstattet wird. Soweit es zur Ermittelung der der Beaufsichtigung unterliegenden Betriebe, Unternehmungen und Veranstaltungen noch notwendig erscheint, kann er eine Anzeige auch über das Vorhandensein der Betriebe, Unternehmungen und Veranstaltungen anordnen.

Die Ortspolizeibehörden in Landkreisen haben die ihnen erstatteten Anzeigen an den Landrat weiterzugeben.

2. Viehuntersuchung beim Eisenbahn- und Schiffsverkehre.

(§ 17 Nr. 1 des Gesetzes.)

§ 8. Mit der Eisenbahn in Wagenladungen zur Versendung kommendes Geflügel muß bei oder unmittelbar nach dem Entladen einer amtstierärztlichen Untersuchung unterworfen werden, wobei sich die Besichtigung auf alle Tiere zu erstrecken hat.

Solche Sendungen sind jedoch von dem Untersuchungszwange befreit, sofern sie innerhalb der letzten 12 Stunden vor dem Entladen durch einen deutschen beamteten Tierarzt untersucht worden sind.

§ 9. Inwieweit im übrigen eine amtstierärztliche Untersuchung von Vieh vor dem Verladen und vor oder nach dem Entladen im Eisenbahn- und Schiffsverkehre stattzufinden hat, bestimmt der Regierungspräsident. Die Anordnung bedarf der Genehmigung des Ministers.

§ 10. Im Falle des § 8 hat der Besitzer oder Begleiter des Geflügels von dem Zeitpunkte des Entladens spätestens 12 Stunden vorher dem für den Entladeort zuständigen beamteten Tierarzt Anzeige zu erstatten. Bei Anordnungen auf Grund des § 9 hat der Regierungspräsident über die Anzeigepflicht Bestimmung zu treffen. Er kann in beiden Fällen vorschreiben, daß die Anzeige einer anderen Stelle zu erstatten ist.

3. Verbot oder Beschränkung des Treibens von Vieh.
(§ 17 Nr. 2 des Gesetzes.)

§ 11. Das Treiben der im Besitze von Viehhändlern befindlichen Schweine und Gänse auf öffentlichen Wegen ist verboten. Der Regierungspräsident kann es für kürzere Strecken gestatten.

Das Treiben alles anderen im Besitze von Viehhändlern befindlichen Viehes auf öffentlichen Wegen kann durch den Regierungspräsidenten verboten werden. Die Anordnung bedarf der Genehmigung des Ministers.

§ 12 abgedruckt S. 117.

§ 13. Das Treiben von Wanderschafherden, d. h. von Schafherden, die zum Zwecke des Aufsuchens von Weideflächen über mehrere Feldmarken getrieben werden, bedarf der Genehmigung der Ortspolizeibehörde, in deren Bezirke das Treiben beginnt.

Die Genehmigung ist von dem Führer vor Beginn des Treibens unter Angabe der Kopfzahl der Herde und des Triebwegs einzuholen. Sie darf nur erteilt werden, wenn die Seuchenfreiheit der Wanderherde durch ein amtstierärztliches Zeugnis bescheinigt ist, das nicht älter als drei Wochen ist. Die Genehmigung erlischt mit Beendigung des Treibens.

Der Führer hat über Triebweg, Beginn und Ende des Treibens sowie über Bestand, über Zu- und Abgang der Herde nach anliegendem Muster I Buch zu führen[1]); er hat dieses Buch, in das die ortspolizeiliche Genehmigung und das amtstierärztliche Zeugnis einzutragen sind, stets bei sich zu führen und auf Verlangen den Polizeibeamten und beamteten Tierärzten zur Einsicht vorzulegen.

Der Regierungspräsident kann für Herden kleineren Umfanges und solche Herden, die nur über benachbarte Feldmarken getrieben werden, Ausnahmen zulassen.

§ 14. Die Bestimmungen des § 13 können vom Regierungspräsidenten mit Genehmigung des Ministers auf Wanderherden anderer Viehgattungen ausgedehnt werden. Der Regierungspräsident kann ferner anordnen, daß Wanderherden von Zeit zu Zeit amtstierärztlich untersucht werden.

§ 15. Das Treiben der Wanderherden kann vom Regierungspräsidenten auf bestimmte Wege oder Triebflächen sowie auf bestimmte Tageszeiten beschränkt werden.

4. Ursprungs- und Gesundheitszeugnisse für Vieh.

(§ 17 Nr. 3 des Gesetzes.)

§ 16. Der Regierungspräsident kann für das auf öffentliche Tierschauen gebrachte Vieh, mit Genehmigung des Ministers auch für das im Besitze von Viehhändlern befindliche und für das auf Märkte gebrachte Vieh die Beibringung von Ursprungs- und von Gesundheitszeugnissen, und zwar vorbehaltlich der Vorschrift des § 18 nach anliegenden Mustern II und III anordnen.

---

[1]) Die Muster sind in dieser Ausgabe nicht abgedruckt.

§ 17. Die Ursprungszeugnisse sind von den Gemeinde- (Guts-) Vorstehern auszustellen. Aus ihnen müssen bei Pferden und Rindern Geschlecht, Farbe, Abzeichen und das ungefähre Alter, bei Schweinen, Schafen, Ziegen und Geflügel die Art und Stückzahl sowie bei sämtlichen Tiergattungen etwaige besondere Kennzeichen (Ohrmarke, Hautbrand, Hornbrand, Farbzeichen, Haarschnitt usw.), ferner der Ursprungsort, der Name desjenigen, aus dessen Bestande das Vieh stammt, und der Tag der Entfernung des Viehes aus dem Ursprungsort ersichtlich sein Die Gültigkeitsdauer der Ursprungszeugnisse beträgt 30 Tage, von der Ausstellung an gerechnet.

In den Gesundheitszeugnissen muß amtstierärztlich bescheinigt sein, daß das darin näher zu bezeichnende Vieh frei von Erscheinungen ist, die auf das Vorhandensein einer der Anzeigepflicht unterliegenden Seuche schließen oder ihren Ausbruch befürchten lassen. Die Gesundheitszeugnisse haben bei Wiederkäuern, Schweinen und Geflügel eine Gültigkeitsdauer von fünf Tagen, bei Einhufern eine solche von acht Tagen, von der Ausstellung an gerechnet.

Der Regierungspräsident kann mit Genehmigung des Ministers eine Abkürzung der Frist für die Gültigkeitsdauer der Ursprungs- und der Gesundheitszeugnisse anordnen. Die Gültigkeitsdauer ist in den Zeugnissen anzugeben.

§ 18 abgedruckt S. 119.

§ 19. Die Ursprungszeugnisse und die von beamteten Tierärzten ausgestellten Gesundheitszeugnisse sind, unbeschadet der von den einzelnen Bundesstaaten über die Gültigkeitsdauer erlassenen Sondervorschriften, für das ganze Reichsgebiet gültig.

5. Viehkontrollbücher und Kennzeichnung von Vieh.

(§ 17 Nr. 4 des Gesetzes.)

§ 20 abgedruckt S. 119.

§ 21. In die Kontrollbücher sind Pferde und Rinder, ausgenommen Kälber bis zu drei Monaten, einzeln unter

Angabe des Geschlechts, der Farbe, der Abzeichen, des ungefähren Alters, besonderer Kennzeichen (Ohrmarke, Hautbrand, Hornbrand, Farbzeichen, Haarschnitt usw.) und unter Angabe des Tages und Ortes der Übernahme, des bisherigen Besitzers und seines Wohnorts sowie des Tages des Weiterverkaufs, des Namens und Wohnorts des Käufers einzutragen. Kälber bis zu drei Monaten und Schweine sind in einzelnen Posten unter Angabe der Stückzahl und des ungefähren Alters (Ferkel, Läufer usw.) einzutragen; im übrigen sind bei solchen Kälbern und bei Schweinen die gleichen Angaben über Herkunft und Verbleib wie bei den Pferden und Rindern zu machen.

Die gleiche Art der Eintragung wie für Kälber und Schweine ist für die über drei Monate alten Rinder gestattet, wenn sie mit einem haltbaren Kennzeichen (Ohrmarke, Hautbrand, Hornbrand, Haarschnitt) versehen sind und die Kennzeichnung in die Kontrollbücher eingetragen ist.

§§ 22, 23 abgedruckt S. 120.

§ 24. Durch den Regierungspräsidenten kann mit Genehmigung des Ministers für Rinder und Schweine eine Kennzeichnung vorgeschrieben werden.

6. Molkereien.

(§ 17 Nr. 5 des Gesetzes.)

§§ 25, 26 abgedruckt S. 120.

§ 27. Die Sammelmolkereien müssen mit Einrichtungen versehen sein, mit denen Milch sicher und nachweislich auf 90° erhitzt werden kann. Die Gefäße, in denen die Milch zur Sammelmolkerei gebracht und aus ihr abgegeben wird, müssen so beschaffen sein, daß sie leicht und sicher gereinigt und desinfiziert werden können. In den Sammelmolkereien müssen für eine leichte und gründliche Desinfektion dieser Gefäße geeignete Einrichtungen vorhanden sein.

Für die Beschaffung der im Abs. 1 vorgeschriebenen Erhitzungseinrichtungen in bestehenden Sammelmolkereien kann von dem Regierungspräsidenten eine Frist bis zu einem Jahre, die in besonderen Fällen auf zwei Jahre verlängert werden kann, nach Inkrafttreten des Gesetzes gewährt werden.

§ 28. Milch und Milchrückstände aus Sammelmolkereien dürfen nur nach vorheriger ausreichender Erhitzung als Futtermittel für Tiere abgegeben oder als solche im eigenen Betriebe der Molkerei verbraucht werden.

Ausnahmen von dem Erhitzungszwange können von dem Regierungspräsidenten für solche Molkereien zugelassen werden, deren Viehbestände sämtlich einem staatlich anerkannten Tuberkulosetilgungsverfahren (vgl. § 302) unterworfen sind. Auch kann der Regierungspräsident mit Genehmigung des Ministers in besonderen Ausnahmefällen, wenn die wirtschaftlichen Verhältnisse es geboten erscheinen lassen, Befreiung von dem Erhitzungszwange gewähren.

Als ausreichende Erhitzung der Milch (§ 52, § 154 Abs. 1 b und c, § 162 Abs. 1 e, § 163 Abs. 5, § 168 Abs. 1 e, § 305 Abs. 1 b, § 311 Abs. 2 b) ist anzusehen:

a) Erhitzung über offenem Feuer bis zum wiederholten Aufkochen;

b) Erhitzung durch unmittelbar oder mittelbar einwirkenden strömenden Wasserdampf auf 85°;

c) Erhitzung im Wasserbad auf 85° für die Dauer einer Minute.

Ausnahmsweise kann von dem Regierungspräsidenten auch die Erhitzung auf 70° für die Dauer einer halben Stunde zugelassen werden, wenn nach Lage der Verhältnisse eine sorgfältige Durchführung dieses Erhitzungsverfahrens gewährleistet erscheint.

§ 29 abgedruckt S. 122.

§ 30. Eröffnung und Einstellung des Betriebs einer Sammelmolkerei sind dem Landrat, in Stadtkreisen der Ortspolizeibehörde anzuzeigen.

Die Sammelmolkereien unterliegen der Beaufsichtigung durch die beamteten Tierärzte.

Hierbei ist die Durchführung der nach § 28 vorgeschriebenen Erhitzung durch regelmäßige Besichtigung der Einrichtung und des Betriebs der Sammelmolkereien und durch Prüfung entnommener Proben von Milch und Milchrückständen sicherzustellen. Auch ist die Beachtung der Vorschriften der §§ 25, 27, 29 zu prüfen.

Es bleibt vorbehalten, weitere Bestimmungen über die Beaufsichtigung zu treffen.

7. Verkehr und Handel mit Vieh im Umherziehen.

(§ 17 Nr. 6 des Gesetzes.)

§ 31. Das Umherziehen mit Zuchthengsten zum Decken von Stuten kann vom Regierungspräsidenten verboten werden.

§ 32. Für den Handel mit Vieh ohne vorgängige Bestellung kann vom Regierungspräsidenten oder mit dessen Genehmigung angeordnet werden, daß der Verkauf außerhalb des Gemeindebezirkes der gewerblichen Niederlassung des Händlers oder ohne Begründung einer solchen nur an bestimmten Verkaufsplätzen (Standort, Stall usw.) stattfinden darf. Der Regierungspräsident kann ferner mit Genehmigung des Ministers anordnen, daß beim Aufsuchen von Bestellungen Vieh nicht mitgeführt werden darf, sowie daß das bei dem Handel mitgeführte Vieh einer regelmäßigen amtstierärztlichen Untersuchung unterliegt.

8. Zugtiere im Bergwerks-, Schiffahrts- und Hausierbetriebe.

(§ 17 Nr. 7 des Gesetzes.)

§ 33. Für die beim Schiffahrtsbetrieb oder beim Gewerbebetrieb im Umherziehen, in besonderen Fällen auch für die beim Bergwerksbetriebe benutzten Zugtiere kann von dem

Regierungspräsidenten eine amtstierärztliche, in bestimmten Zeiträumen zu wiederholende Untersuchung angeordnet werden.

In diesem Falle ist das Ergebnis der Untersuchung unter Angabe des Tages in ein Untersuchungsbuch nach anliegendem Muster V einzutragen, in dem die untersuchten Tiere einzeln nach Geschlecht, Farbe, Abzeichen und Alter bezeichnet sein müssen. Das Untersuchungsbuch ist sechs Monate lang, von der letzten Eintragung an gerechnet, aufzubewahren. Der Führer der Tiere beim Schiffahrtsbetrieb und beim Gewerbebetrieb im Umherziehen hat es stets mit sich zu führen.

9. Hundehalsbänder.

(§ 17 Nr. 8 des Gesetzes.)

§ 34. Frei umherlaufende Hunde müssen mit Halsbändern versehen sein, die Namen und Wohnort, in größeren Orten nach näherer Anordnung des Regierungspräsidenten auch die Wohnung des Besitzers ersehen lassen, oder an denen eine Steuermarke mit Angabe des Versteuerungsorts und der Nummer des Hundes in der Steuerliste befestigt ist.

10. Deckregister.

(§ 17 Nr. 9 des Gesetzes.)

§ 35. Personen, die einen Hengst oder Bullen (Stier, Farren) zum Decken fremder Pferde oder fremden Rindviehs verwenden, oder die Beauftragten dieser Personen, desgleichen die Vorsteher oder Tierhalter von Gemeinden, Verbänden oder Vereinen, die Hengste oder Bullen zur Zucht halten, haben Deckregister nach Maßgabe des beigefügten Musters VI zu führen und den Polizeibeamten und beamteten Tierärzten auf Verlangen zur Einsicht vorzulegen. Soweit schon jetzt Deckregister geführt werden, die inhaltlich den Vorschriften des Musters genügen, können sie bis zum Verbrauche der vorhandenen Vordrucke weiter verwendet werden. Erweiterungen des Musters sind zulässig.

Als fremdes Vieh gilt nicht das Vieh derjenigen Personen, die in dem Betriebe des Hengst- oder Bullenbesitzers beschäftigt sind.

§ 36. Personen, die einen Hengst oder Bullen zum Decken fremder Pferde oder fremden Rindviehs verwenden, desgleichen die Vorsteher oder Tierhalter von Gemeinden, Verbänden oder Vereinen, die Hengste oder Bullen zur Zucht halten, haben dies der Ortspolizeibehörde anzuzeigen.

11. Viehladestellen.

(§ 17 Nr. 10 des Gesetzes.)

§ 37. Die für den öffentlichen Verkehr benutzten Viehladestellen müssen mit undurchlässigem Boden versehen sein.

Der Regierungspräsident kann für Viehladestellen mit geringerem Verkehr, die von ihm zu bezeichnen sind, Ausnahmen von vorstehender Bestimmung zulassen.

Für schon bestehende Viehladestellen hat der Regierungspräsident eine angemessene Frist zur Herstellung des undurchlässigen Bodens zu gewähren.

Soweit es sich bei den nach Abs. 2, 3 zu treffenden Anordnungen um Eisenbahnviehladestellen handelt, sind die Anordnungen im Einvernehmen mit der Eisenbahnverwaltung zu treffen.

12. Reinigung und Desinfektion beim Viehtransporte.

(§ 17 Nr. 11, § 81 des Gesetzes.)

§ 38 abgedruckt S. 124 u. 125.

§ 39. Durch den Regierungspräsidenten kann mit Genehmigung des Ministers bestimmt werden, daß auch die zur Beförderung von tierischen Rohstoffen und tierischen Erzeugnissen dienenden Fahrzeuge und Behältnisse sowie die zur Beförderung von Vieh dienenden Fähren nach dem Gebrauche gereinigt und desinfiziert werden.

§ 40 abgedruckt S. 125.

18. Einrichtung und Betrieb von Viehausstellungen, Viehmärkten, Viehhöfen, Schlachthöfen und gewerblichen Schlachtstätten.

(§ 17 Nr. 12 des Gesetzes.)

Einrichtung.

§ 41. Die für Viehausstellungen und Viehmärkte bestimmten Plätze müssen durch eine Einfriedigung derart abgeschlossen sein, daß das zugeführte Vieh den Platz nur an den amtstierärztlich überwachten Eingängen betreten kann. Solange der Zutrieb zum Markte andauert, darf Vieh vom Marktplatz nicht durch die Eintriebstellen, sondern nur durch gesonderte, polizeilich überwachte Ausgänge abgeführt werden.

Größere Viehmärkte müssen mit einer festen Einfriedigung, auch müssen die Standplätze für Großvieh auf solchen Märkten mit Einrichtungen zum Anbinden der Tiere versehen sein, möglichst derart, daß die Tiere in Reihen stehen, und daß vor ihren Köpfen ein Gang freibleibt; für Schafe und Schweine müssen die einzelnen Ferche und Buchten reihenweise so aufgestellt sein, daß zwischen ihnen ein Gang freibleibt. Die Viehmärkte, auf die diese Vorschriften Anwendung finden, sind vom Regierungspräsidenten zu bezeichnen.

Die Viehmarktplätze sind so instandzusetzen und so imstande zu erhalten, daß sie rasch und gründlich gereinigt werden können. Die Eintriebstellen sind in ihrer ganzen Breite und auf eine Länge von mindestens 10 m mit ebenem, hartem Boden zu versehen.

Für Plätze, auf denen regelmäßig stark beschickte Viehmärkte stattfinden, kann die zweckentsprechende Pflasterung der Eingänge, in besonderen Fällen auch des ganzen Viehmarktplatzes, vorgeschrieben werden.

§§ 42, 43 abgedruckt S. 127.

§ 44. Für Nutzviehhöfe und Schlachtviehhöfe kann die Anlage getrennter Ent- und Verladerampen und getrennter Zu- und Abfuhrwege sowie die zweckentsprechende Pflasterung der Triebstraßen, für öffentliche Schlachthäuser die Anlage getrennter Ent- und Verladerampen, für Viehmärkte diejenige getrennter Zu- und Abfuhrwege durch den Regierungspräsidenten angeordnet werden.

Für die Neuanlage von Betrieben der in Abs. 1 bezeichneten Art sind die dort genannten Einrichtungen regelmäßig vorzuschreiben. Ausnahmen sind nur für kleinere Betriebe zulässig, wenn veterinärpolizeiliche Bedenken nicht vorliegen. Inwieweit die Einrichtungen für bestehende Betriebe vorzuschreiben sind, bestimmt der Regierungspräsident, und zwar für öffentliche Schlachthäuser mit Genehmigung des Ministers.

§ 45. Für die Herstellung der in den §§ 41 bis 43 vorgeschriebenen Einrichtungen kann vom Regierungspräsidenten eine Frist bis längstens zwei Jahre nach Inkrafttreten des Gesetzes gewährt werden.

Für Jahr- und Wochenmärkte, die von der amtstierärztlichen Beaufsichtigung befreit sind (§ 6 Abs. 2), sowie für Remontemärkte, endlich für Viehausstellungen und Viehmärkte von beschränktem Umfang, die nur aus dem Ausstellungs- (Markt-) Ort oder dessen näherer Umgebung beschickt sind, kann nach Bestimmung des Regierungspräsidenten von der Herstellung der Einrichtungen ganz oder teilweise abgesehen werden.

§ 46. Für die Neuanlage von Nutzviehhöfen, Schlachtviehhöfen und von öffentlichen Schlachthäusern gelten neben § 44 folgende Bestimmungen:

a) Wenn ein öffentliches Schlachthaus mit einem Schlachtviehhofe verbunden ist, so müssen Einrichtungen getroffen sein, die einen Abschluß der Betriebe gegeneinander ermöglichen.

b) Auf Nutz- oder Schlachtviehhöfen mit stärkerem Viehverkehr und bei öffentlichen Schlachthäusern müssen für das mit der Eisenbahn ankommende Vieh auf den Ausladerampen Buchten zur vorläufigen Unterbringung der Tiere vorhanden sein. Wenn Ausladungen zur

Nachtzeit vorgenommen werden, müssen die Rampen mit ausreichender Beleuchtung versehen sein.

c) Bei größeren Nutz- oder Schlachtviehhöfen sind gegen die übrigen Anlagen vollkommen abgeschlossene Seuchenhöfe zur Aufnahme seuchenkranker oder verdächtiger Tiere sowie besondere von dem übrigen Viehverkehre getrennt liegende Restbestandhöfe zur Unterbringung des von einem zum anderen Markte verbleibenden Viehes herzustellen. Der Regierungspräsident kann die Herstellung von Restbestandhöfen auch für kleinere Nutz- und Schlachtviehhöfe vorschreiben.

Welche Nutz- und Schlachtviehhöfe als solche mit stärkerem Viehverkehr oder als größere im Sinne der Vorschriften unter b oder c anzusehen sind, bestimmt der Regierungspräsident.

Vorstehende Bestimmungen können von dem Regierungspräsidenten auf bereits bestehende Nutz- oder Schlachtviehhöfe und mit Genehmigung des Ministers auf bestehende öffentliche Schlachthäuser ausgedehnt werden, soweit es nach Lage der örtlichen Verhältnisse angängig und veterinärpolizeilich geboten erscheint. Gegebenenfalls ist für die Herstellung der Einrichtungen eine angemessene Frist zu gewähren.

Betrieb.

§ 47. Der Beginn der Viehmärkte und des Auftriebs ist auf eine bestimmte Tageszeit festzusetzen und darf, sofern nicht für eine ausreichende künstliche Beleuchtung gesorgt ist, nicht vor Tageshelle stattfinden. Der Auftrieb kann auf bestimmte Stunden beschränkt werden. Die Tiere müssen vor oder bei dem Auftrieb auf den Markt amtstierärztlich untersucht werden. Nötigenfalls kann auch die Untersuchung vor oder bei dem Abtrieb angeordnet werden. Die Viehmarktplätze und die anstoßenden Teile der Zu- und Abtriebwege sind alsbald nach Schluß des Marktes zu reinigen und erforderlichenfalls zu desinfizieren.

§ 48. Am Marktort und in dessen unmittelbarer Umgebung kann der Regierungspräsident mit Genehmigung des Ministers den gewerbsmäßigen Handel mit Vieh bestimmter Gattungen an Markttagen außerhalb des Marktplatzes verbieten oder beschränken. Die Abhaltung sogenannter Vormärkte ist nur mit Genehmigung des Regierungspräsidenten zulässig.

§ 49. Für Viehmärkte kann angeordnet werden, daß sämtliche Tiere vor dem Abtrieb unter Angabe des Bestimmungsorts und des Käufers bei der Marktpolizeibehörde gemeldet werden und daß von dieser Behörde ein Abtriebregister geführt wird, aus dem Zahl und Art der abgetriebenen Tiere, Name und Wohnort des Besitzers, Bestimmungsort, Name und Wohnort des Empfängers hervorgehen müssen.

§ 50. Der Viehabtrieb von Schlachtviehmärkten kann, sofern er nicht zur Schlachtung oder zum Auftrieb auf andere Schlachtviehmärkte erfolgt, von dem Regierungspräsidenten mit Genehmigung des Ministers verboten werden.

§§ 51, 52, 53 abgedruckt S. 129.

14. Einrichtung und Betrieb von Gast- und Händlerställen.

(§ 17 Nr. 13 des Gesetzes).

§ 54 Abs. 1 abgedruckt S. 129.

Inwieweit diese Vorschriften auf bestehende Stellungen Anwendung finden, bestimmt der Regierungspräsident.

§ 55. Für größere Händlerstallungen muß ein besonderer Raum zur Unterbringung kranker oder verdächtiger Tiere vorgesehen sein.

Die Händlerstallungen, auf die diese Vorschrift Anwendung findet, sind vom Regierungspräsidenten zu bezeichnen.

§ 56. Gast- und Händlerställe, in denen Schweine oder Geflügel untergebracht sind, müssen nach jeder Benutzung gereinigt und desinfiziert werden. Bei größeren Ställen kann diese Maßregel auf die benutzten Teile beschränkt werden.

Gast- und Händlerställe sind im übrigen sauber zu halten und außerdem mindestens in den ersten 10 Tagen eines jeden Vierteljahrs zu reinigen und zu desinfizieren. Von der Desinfektion können für kleinere Gast- oder Händlerställe, in denen nur selten fremdes Vieh untergebracht wird, von dem Landrat, in Stadtkreisen von der Ortspolizeibehörde, Ausnahmen zugelassen werden.

Der Regierungspräsident kann anordnen, daß die Inhaber größerer Gastställe über das bei ihnen eingestellte Vieh ein Buch führen, aus dem die Zahl und Art der eingestellten Tiere, der Name und Wohnort des Besitzers, der Herkunftsort und der Bestimmungsort sowie der Tag der Einstellung und der Tag der Entfernung der Tiere ersichtlich sind.

15. Abdeckereien.

(§ 17 Nr. 14 des Gesetzes.)

Einrichtung.

§§ 57, 58, 59 abgedruckt auf S. 130.

§ 60. Den Abdeckereien müssen die nötigen Transportwagen für Kadaver und Tierteile nebst den erforderlichen Gerätschaften zur Abhäutung und Zerlegung von Kadavern und die erforderlichen Desinfektionsmittel sowie Verbandmaterial zur Verfügung stehen.

Größere Abdeckereien müssen mit Fernsprechanschluß versehen sein. Der Regierungspräsident bestimmt, auf welche Betriebe diese Vorschrift Anwendung findet.

§ 61. Der Regierungspräsident kann für die Herstellung der in den §§ 57 bis 60 angegebenen Einrichtungen eine Frist bis zu 1 Jahr, in besonderen Ausnahmefällen bis zu 2 Jahren, nach Inkrafttreten des Gesetzes gewähren.

§ 62. Der Regierungspräsident kann anordnen, daß

a) die Räume, in denen Tiere getötet oder Tierkörper abgehäutet, zerlegt und weiterverarbeitet werden, nach oben abzuschließen sowie mit Türen und Fenstern zu versehen sind;

b) der Hofraum des Abdeckereigrundstücks zu pflastern ist;

c) wenn Tierteile gekocht werden sollen, hierfür besondere Einrichtungen in einem besonderen Raume herzustellen sind;

d) ein besonderer Raum zum Trocknen und Lagern verwendbarer Tierteile einzurichten ist.

§ 63. Neu zu errichtende Abdeckereien müssen folgende besondere Betriebsräumlichkeiten enthalten:

a) einen Raum zur Tötung, Abhäutung und Zerlegung der Tiere;

b) besondere Räumlichkeiten zur Verarbeitung der Tierteile, insbesondere zum Kochen sowie zum Trocknen und Lagern verwendbarer Teile;

c) einen Käfig zur Absperrung und Beobachtung wutkranker oder -verdächtiger Hunde oder Katzen;

d) einen Umkleide- und Waschraum für das Arbeitspersonal;

e) einen heizbaren Raum für die Vornahme von Zerlegungen und von mikroskopischen Untersuchungen.

§ 64. Für kleinere Abdeckereien kann der Regierungspräsident von den Vorschriften der §§ 57 bis 60, 63 Ausnahmen zulassen; von der Vorschrift des § 63 unter e ist bei kleineren Abdeckereien regelmäßig abzusehen.

Betrieb.

§§ 65, 66, 67, 68 abgedruckt S. 132.

§ 69. Soweit veterinärpolizeiliche Bestimmungen nicht entgegenstehen, dürfen von Kadavern außer den Häuten (§ 66) verwendet werden:

Fett nach Kochung oder Ausschmelzung,

Knochen, Hörner, Hufe, Klauen, Haare, Wolle, Borsten und Federn nach Auskochung oder Trocknung,

Flechsen (Sehnen, Muskelstreifen) nach völliger Trocknung.

Jedoch müssen die Verarbeitung und die Lagerung in besonderen Räumen stattfinden, damit eine Beschmutzung nach erfolgter Verarbeitung durch unverarbeitete Kadaver oder tierische Teile vermieden wird.

Unbeschadet der Vorschrift im Abs. 1 ist die Abgabe von Fleisch aus Abdeckereien verboten. Jedoch kann, soweit veterinärpolizeiliche Bedenken nicht entgegenstehen, ausnahmsweise von dem Regierungspräsidenten die Abgabe von Fleisch als Futtermittel für Tiere unter der Bedingung gestattet werden, daß das Fleisch vor der Abgabe gekocht und hierauf durch Einspritzung auffälliger, von der Fleischfarbe abweichender Farbstoffe vollständig gefärbt wird. Die bestimmungsgemäße Verwendung des Fleisches ist von der Ortspolizeibehörde zu überwachen. Das Kochen des Fleisches ist nur dann als genügend anzusehen, wenn das Fleisch unter der Einwirkung der Hitze auch in den innersten Schichten grau oder grauweiß verfärbt ist und wenn der von frischen Schnittflächen abfließende Saft eine rötliche Farbe nicht mehr besitzt.

§ 70. Der Regierungspräsident kann auch bei schon bestehenden Abdeckereien anordnen, daß für die Lagerung von unverarbeiteten tierischen Teilen und für die Zerlegung von Kadavern ein besonderer Raum verwendet wird, der von dem Raume getrennt ist, wo die tierischen Teile gekocht oder sonst verarbeitet werden.

§ 71. Transportwagen, Geräte und Betriebsräume sind nach jedesmaliger Benutzung gründlich zu reinigen und, wenn es sich um die Beseitigung des Kadavers eines mit einer Seuche behafteten oder eines seuchenverdächtigen Tieres gehandelt hat, zu desinfizieren.

§ 72. Der Inhalt der Sammelgrube (§ 59) ist entsprechend dem im § 14 Abs. 1 Nr. 2 der Anweisung für das Desinfektionsverfahren für die Desinfektion von Jauche angegebenen Verfahren zu desinfizieren, nach Bedarf zu entleeren und nach näherer Bestimmung der Ortspolizeibehörde wegzuschaffen.

Weitergehende Vorschriften über die Behandlung des Abflußwassers aus den Abdeckereien bleiben vorbehalten.

§§ 73, 74 abgedruckt S. 135.

Beaufsichtigung.

§ 75. Die Abdeckereien einschließlich der Anlagen zur gewerbsmäßigen Beseitigung oder Verarbeitung von Kadavern oder tierischen Teilen unterliegen der amtstierärztlichen Beaufsichtigung (vgl. auch § 6 Abs. 1). Hierbei ist insbesondere zu prüfen, ob die vorgeschriebenen Einrichtungen sämtlich vorhanden sind und ob der Betrieb den Bestimmungen der §§ 65 bis 73 entsprechend geregelt ist. Es bleibt vorbehalten, nähere Vorschriften über die Beaufsichtigung zu treffen.

Von der Neueinrichtung oder Einstellung der im Abs. 1 genannten Betriebe ist, unbeschadet der Vorschriften der Gewerbeordnung über die Anzeigepflicht, der Ortspolizeibehörde Anzeige zu erstatten, und zwar von der Eröffnung spätestens zwei Wochen vorher, von der Einstellung spätestens gleichzeitig mit dieser. Der Regierungspräsident kann eine Anzeige auch über das Vorhandensein der bestehenden Betriebe vorschreiben.

§ 76. Inhaber von Abdeckereien oder von Anlagen zur gewerbsmäßigen Beseitigung oder Verarbeitung von Kadavern und tierischen Teilen oder sonstige Personen, die zur Beseitigung von Kadavern und tierischen Teilen amtlich bestellt sind, müssen Kontrollbücher nach Maßgabe des beigefügten Musters VII führen.

Insoweit in den Abdeckereien und sonstigen Anlagen eine Buchführung besteht, die inhaltlich den Vorschriften des Musters genügt, kann es bei dieser Buchführung sein Bewenden behalten.

Der Regierungspräsident ist befugt, weitergehende Vorschriften über die Buchführung zu erlassen, insbesondere Angaben über die Zeit der Anmeldung und Abholung der Kadaver und die Art ihrer Verarbeitung vorzuschreiben.

16. Verkehr mit Viehseuchenerregern.

(§ 17 Nr. 16 des Gesetzes.)

§ 77. Für den Verkehr mit Viehseuchenerregern und für ihre Aufbewahrung sowie für die bei der Ausführung wissenschaftlicher Arbeiten mit solchen Erregern zu beobachtenden Vorsichtsmaßregeln gilt die Bekanntmachung des Reichskanzlers, betreffend Vorschriften über das Arbeiten und den Verkehr mit Krankheitserregern, ausgenommen Pesterreger, vom 4. Mai 1904 (Reichs-Gesetzbl. S. 159) mit folgenden Maßgaben:

a) Die Vorschriften des § 1 dieser Bekanntmachung finden auch auf die Erreger der Maul- und Klauenseuche und Schweinepest sowie auf Material, das diese Erreger enthält, Anwendung. Landeszentralbehörde im Sinne des § 1 Abs. 1 ist in diesen Fällen der Minister für Landwirtschaft, Domänen und Forsten, zuständige Behörde im Sinne des § 1 Abs. 3 der Regierungspräsident.

b) Die Vorschriften der §§ 2 bis 6, 8 daselbst finden auch auf die Erreger solcher Viehseuchen, für die vom Reichskanzler die Anzeigepflicht, sei es auch nur für einen Teil des Reichsgebiets, besonders eingeführt ist, und auf Material, das diese Erreger enthält, Anwendung. Zuständige Polizeibehörde im Sinne dieser Vorschriften ist die Ortspolizeibehörde. Vor Erteilung der Genehmigung nach Maßgabe der §§ 2 bis 4 hat diese Behörde die Zustimmung des Regierungspräsidenten einzuholen.

c) Bei der Versendung (§§ 7, 8 daselbst) müssen größere Organe und kleinere Tierkadaver, die lebende Seuchenerreger enthalten oder zu enthalten verdächtig erscheinen, in starke, dichte, sicher verschlossene Behälter verpackt werden. Die Tierkörper und Körperteile müssen in ein mit einem geeigneten Desinfektionsmittel durchtränktes Tuch eingehüllt und in den Behälter mit aufsaugenden Stoffen (Torfmull, Kleie, Holzmehl, Watte oder dergleichen) fest und derart eingebettet sein, daß ein Durchsikern von Flüssigkeit verhindert wird. Bei Sendungen, die Rotzerreger enthalten oder zu enthalten verdächtig sind, muß der Behälter in eine starke, dichte Überkiste verpackt sein. Der Zwischenraum zwischen beiden muß mit aufsaugenden Stoffen fest ausgefüllt sein.

17. Herstellung und Verwendung von Impfstoffen.

(§ 17 Nr. 17 des Gesetzes.)

§ 78. Wer gewerbsmäßig zum Zwecke des Verkaufs Impfstoffe herstellen will, die zum Schutze gegen Viehseuchen oder zu deren Heilung bestimmt sind, bedarf hierzu besonderer Erlaubnis. Die Erlaubnis ist für Anstalten von Körperschaften des öffentlichen Rechts vom Minister, im übrigen vom Regierungspräsidenten zu erteilen. Sie darf nur solchen Personen gewährt werden, welche die erforderliche Zuverlässigkeit und Sachkunde nachweisen.

§ 79 abgedruckt S. 137.

§ 80. Die Erlaubnis gilt nur für die genehmigten Impfstoffe. Wenn der Unternehmer außer den nach § 79 angemeldeten noch weitere Impfstoffe herstellen und verkaufen will, so hat er hierfür erneut die Erlaubnis einzuholen.

Der Regierungspräsident hat die von ihm erteilte Erlaubnis zurückzunehmen, wenn aus Handlungen oder Unterlassungen des Unternehmers der Mangel derjenigen Eigenschaften, die bei der Erteilung der Erlaubnis nach § 78 vorausgesetzt werden mußten, klar erhellt, oder wenn die baulichen oder sonstigen technischen Einrichtungen der Anstalt den Anforderungen nicht mehr genügen. Von der Zurücknahme der Erlaubnis ist dem Minister Anzeige zu erstatten.

§ 81. Für bestehende Anstalten ist die im § 78 vorgesehene Erlaubnis binnen zwei Monaten nach Inkrafttreten des Gesetzes nachzusuchen. Für die Erfüllung der zu stellenden Anforderungen kann von der die Erlaubnis erteilenden Behörde eine Frist bis zu sechs Monaten gewährt werden.

§ 82. Der Betrieb der Anstalten unterliegt der amtstierärztlichen Überwachung. Nähere Bestimmung hierüber bleibt vorbehalten. Die Tiere, die zur Gewinnung von Impfstoffen bestimmt sind, müssen frei von übertragbaren Krankheiten sein und vor ihrer Verwendung durch einen Tierarzt untersucht werden. Die Veräußerung oder anderweitige Verwertung von Tieren, die zur Herstellung von Impfstoffen gedient haben, kann von dem Regierungspräsidenten von einer amtstierärztlichen Untersuchung abhängig gemacht oder sonstigen Beschränkungen unterworfen werden.

§ 83. Es bleibt vorbehalten, die Abgabe oder Anwendung bestimmter Impfstoffe zu verbieten oder von dem Ergebnis einer staatlichen Prüfung abhängig zu machen.

§ 84 abgedruckt S. 138.

§ 85. Es bleibt vorbehalten, über die Bedingungen für die Zulassung von Impfstoffen zur staatlichen Prüfung und über das Verfahren, nach dem die Prüfung der Impfstoffe vorzunehmen ist, sowie über die zur Vornahme der Prüfung berechtigten Stellen und über die Art der Verwendung der Impfstoffe Bestimmung zu treffen.

§ 86. Von einer Anstalt, die der staatlichen Prüfung unterstellte Impfstoffe in den Verkehr bringt, dürfen gleichartige ungeprüfte Impfstoffe nicht abgegeben werden.

Die Gefäße, in denen die staatlich geprüften Impfstoffe in den Verkehr gebracht werden, müssen mit Kennzeichen und Vermerken versehen sein, aus denen die Kontrollnummer, der Tag der staatlichen Prüfung, die Herstellungs- und Prüfungsstätte sowie die längste zulässige Dauer der Verwendnng des Impfstoffs zu ersehen sind; auch müssen sie die deutliche Aufschrift tragen: „Staatlich geprüft." Ferner sind den Impfstoffen gedruckte Anweisungen für die Art ihrer Verwendung und Aufbewahrung und die bei ihrer Anwendung etwa besonders zu beachtenden Vorsichtsmaßregeln beizugeben.

§ 87. Es bleibt vorbehalten, die Einfuhr von Impfstoffen aus dem Ausland, soweit sie nicht auf Grund des

§ 7 des Gesetzes verboten wird, von einer staatlichen Prüfung abhängig zu machen.

§ 88. Impfstoffe, die lebende Erreger von Viehseuchen enthalten, dürfen nur an Tierärzte abgegeben und nur von Tierärzten zur Impfung benutzt werden. Der Regierungspräsident kann Ausnahmen, insbesondere für wissenschaftliche Anstalten, zulassen.

18. Viehkastrierer.

(§ 17 Nr. 18 des Gesetzes.)

§§ 89, 90 abgedruckt S. 139.

§ 91. Es bleibt vorbehalten, nötigenfalls die Vorschriften im § 90 auf andere der Anzeigepflicht unterstellte Seuchen (§ 10 des Gesetzes) auszudehnen.

§ 92 abgedruckt S. 140.

§ 93 abgedruckt S. 141.

II. Vorschriften zur Bekämpfung der einzelnen Seuchen.

(§§ 18 bis 61, 78 des Gesetzes.)

1. Milzbrand, Rauschbrand, Wild- und Rinderseuche.

A. Milzbrand.

I. Schutzmaßregeln.

§ 94. Ist der Ausbruch des Milzbrandes oder der Verdacht dieser Seuche festgestellt, so hat die Ortspolizeibehörde die Absonderung, nötigenfalls auch die Bewachung der milzbrandkranken oder der Seuche verdächtigen Tiere anzuordnen (§ 19 Abs. 1, 4 des Gesetzes).

Sofern sich die Absonderung nicht wirksam durchführen läßt, kann die Polizeibehörde die Sperre des Stalles oder sonstigen Standorts, wo sich ein milzbrandkrankes oder der Seuche verdächtiges Tier befindet, anordnen (§ 22 Abs. 1, 4 des Gesetzes).

§ 95. Stellt der beamtete Tierarzt den Ausbruch des Milzbrandes oder den Verdacht dieser Seuche in Abwesenheit der Polizeibehörde fest, so hat er die sofortige vorläufige Absonderung der milzbrandkranken oder der Seuche verdächtigen Tiere, nötigenfalls auch deren Bewachung, anzuordnen. Von diesen Anordnungen, die dem Besitzer oder dessen Vertreter entweder zu Protokoll oder durch schriftliche Verfügung zu eröffnen sind, hat der beamtete Tierarzt unverzüglich der Ortspolizeibehörde Mitteilung zu machen.

§ 96. Erfolgt die Ermittlung des Milzbrandes oder des Milzbrandverdachts an einem gefallenen oder getöteten Tiere und erklärt der Besitzer oder dessen Vertreter bei Mitteilung des amtstierärztlichen Befundes sofort, daß er das Gutachten eines anderen Tierarztes einzuholen beabsichtige, so ist der Kadaver nach Anweisung des beamteten Tierarztes unter sicherem Verschluß oder unter polizeilicher Überwachung auf Kosten des Besitzers so lange aufzubewahren, bis ihn der vom Besitzer zugezogene Tierarzt untersucht hat. Die Untersuchung ist jedoch mit möglichster Beschleunigung, und zwar spätestens binnen zwei Tagen vorzunehmen. Die Ortspolizeibehörde kann diese Frist abkürzen, wenn sich die Untersuchung nach Lage der Verhältnisse ohne Schwierigkeit in kürzerer Zeit ausführen läßt. Nach Beendigung der Untersuchung oder nach fruchtlosem Ablauf der Frist ist der Kadaver sofort unschädlich zu beseitigen.

§ 97. Die Ortspolizeibehörde und der beamtete Tierarzt haben dafür Sorge zu tragen, daß der Besitzer oder der Vertreter des Besitzers der milzbrandkranken oder der Seuche verdächtigen Tiere über die Empfänglichkeit des Menschen für Milzbrand, über die gefährlichen Folgen eines unvorsichtigen Umgehens mit solchen Tieren und der Benutzung ihrer Erzeugnisse sowie über die beim Umgehen mit milzbrandkranken oder der Seuche verdächtigen Tieren zu beobachtenden Vorsichtsmaßregeln in geeigneter Weise belehrt wird.

Für milzbrandkranke oder der Seuche verdächtige Tiere sind tunlichst eigene Wärter zu bestellen und besondere Futter- und Tränkgeschirre sowie besondere Stallgerätschaften zu verwenden.

Personen, die Verletzungen an den Händen oder an anderen unbedeckten Körperteilen haben, dürfen zur Wartung solcher Tiere nicht verwendet werden.

Räumlichkeiten, in denen sich solche Tiere befinden, dürfen, abgesehen von Notfällen, ohne ortspolizeiliche Genehmigung nur von dem Besitzer der Tiere oder der Räumlichkeiten, von dessen Vertreter, von den mit der Beaufsichtigung, Wartung und Pflege der Tiere betrauten Personen und von Tierärzten betreten werden.

Die Räumlichkeiten dürfen von Personen mit bloßen Füßen nicht betreten werden.

§§ 98, 99, 100 abgedruckt S. 143.

§ 101. Die Kadaver und Kadaverteile (Fleisch, Häute, Blut, Eingeweide, Hörner, Klauen usw.) gefallener oder getöteter milzbrandkranker oder der Seuche verdächtiger Tiere müssen sofort nach Anweisung des beamteten Tierarztes unschädlich beseitigt werden.

Das Abhäuten der Kadaver ist verboten.

Eine Öffnung der Kadaver darf ohne ortspolizeiliche Erlaubnis, die anders als in besonderen Notfällen nicht erteilt werden darf, nur von Tierärzten oder unter deren Leitung vorgenommen werden.

Bis zu ihrer unschädlichen Beseitigung sind die Kadaver oder Kadaverteile nach amtstierärztlicher Anweisung dicht zu bedecken und tunlichst unter sicherem Verschlusse so aufzubewahren, daß ihre Berührung durch Tiere oder Menschen und eine anderweitige Verschleppung von Krankheitskeimen nach Möglichkeit vermieden wird. Die Bewachung der Kadaver oder Kadaverteile kann von der Ortspolizeibehörde angeordnet werden.

Zum Wegschaffen der Kadaver oder Kadaverteile sollen möglichst nur solche Fahrzeuge oder Behältnisse verwendet werden, die für Blut und tierische Abgänge undurchlässig sind. Beim Transport müssen die natürlichen Körperöffnungen der Kadaver durch Einschieben von Werg, Tuchstücken oder dergleichen gegen das Abfließen von Blut möglichst dicht abgeschlossen werden; auch müssen die Kadaver oder Kadaverteile so dicht zugedeckt sein, daß sie für Fliegen unzugänglich sind.

Die Vorschriften im § 97 Abs. 3, 5 finden auch bei dem Transport, der Zerlegung und der unschädlichen Beseitigung der Kadaver oder Kadaverteile sinngemäß Anwendung.

§ 102. Ist in dem Rinder- oder Schafbestand eines Gehöfts oder einer Weide oder in einer aus Rindern oder Schafen mehrerer Gehöfte bestehenden Herde Milzbrand festgestellt, so kann angeordnet werden, daß vor dem Erlöschen der Seuche (§ 106) kein Tier des Bestandes oder der Herde ohne ortspolizeiliche Erlaubnis lebend oder tot aus dem Gehöft, aus der Weide oder über die Grenzen der Feldmark ausgeführt oder, abgesehen von Notfällen, geschlachtet werden darf. Vor Erteilung der Erlaubnis zur Ausfuhr oder Schlachtung ist der beamtete Tierarzt zu hören.

Die in Abs. 1 vorgesehene Anordnung ist stets zu treffen, wenn in einem Bestand ein nach der Schlachtung als milzbrandkrank ermitteltes Tier unter Umständen geschlachtet oder zerlegt worden ist, die eine Gefahr der Weiterverbreitung der Seuche in sich schließen.

Wird die Erlaubnis zur Überführung von Tieren in einen anderen Polizeibezirk erteilt, so ist die Ortspolizeibehörde des Bestimmungsorts von dem bevorstehenden Eintreffen der Tiere rechtzeitig zu benachrichtigen.

§ 103 abgedruckt S. 144.

II. Impfung.

§ 104. Es bleibt vorbehalten, darüber Bestimmung zu treffen, in welchen Fällen die Impfung milzbrandkranker oder für Milzbrand empfänglicher Tiere polizeilich angeordnet werden kann. Die polizeilich angeordneten Impfungen sind vom beamteten Tierarzt auszuführen.

Schutzimpfungen, die nicht auf polizeiliche Anordnung erfolgen, dürfen nur von Tierärzten vorgenommen werden und sind von diesen alsbald der Ortspolizeibehörde anzuzeigen.

Mit ansteckungsfähigen Erregern des Milzbrandes geimpfte Tiere dürfen während einer Woche nach der Impfung nur mit ortspolizeilicher Genehmigung ausgeführt oder, abgesehen von Notfällen, geschlachtet werden. Vor Erteilung der Genehmigung ist der beamtete Tierarzt zu hören. Im Falle der Schlachtung darf die Fleischbeschau nur durch den tierärztlichen Beschauer vorgenommen werden.

III. Desinfektion.

§ 105 abgedruckt S. 145.

IV. Aufhebung der Schutzmaßregeln.

§ 106. Der Milzbrand gilt als erloschen, und die angeordneten Schutzmaßregeln sind aufzuheben, wenn

a) sämtliche für Milzbrand empfänglichen Tiere des Bestandes gefallen, getötet oder entfernt worden sind,

oder

b) binnen zwei Wochen nach Beseitigung oder Genesung der milzbrandkranken oder der Seuche verdächtigen Tiere kein neuer Milzbrand- oder Milzbrandverdachtsfall in dem Bestande vorgekommen ist,

und

c) in beiden Fällen die Desinfektion vorschriftsmäßig ausgeführt und durch den beamteten Tierarzt abgenommen ist.

Die Frist von zwei Wochen (Abs. 1 unter b) kann mit Zustimmung des beamteten Tierarztes auf eine Woche herabgesetzt werden, wenn die gefährdeten Tiere nach einem vom Minister als geeignet anerkannten Verfahren geimpft worden sind.

V. Anwendung der Maßregeln auf Wild.

§ 107 abgedruckt S. 146.

B. Rauschbrand.

§ 108. Für den Rauschbrand gelten die für den Milzbrand erlassenen Bestimmungen mit Ausnahme der Vorschriften im § 94 Abs. 2, § 97 Abs. 1, 3, 5, § 101 Abs. 6 und mit der Maßgabe, daß an Stelle der Vorschrift im § 101 Abs. 2 folgende Bestimmung tritt:

Das Abhäuten der Kadaver ist verboten. Es kann jedoch unter der Bedingung gestattet werden, daß es in Abdeckereien erfolgt. Die Verwertung der Häute ist nur unter der Voraussetzung zu genehmigen, daß sie sofort durch ein vom Minister zugelassenes Verfahren unter polizeilicher Überwachung desinfiziert werden. Diese Vorschrift gilt auch für die Verwertung der Häute von Tieren, bei denen der Rauschbrand erst nach der Abhäutung festgestellt worden ist.

C. Wild- und Rinderseuche.

§ 109 abgedruckt S. 146.

2. Tollwut.

I. Verfahren bei Tollwut der Hunde.

§ 110 abgedruckt S. 147.

§ 111. Die Ortspolizeibehörde hat sofort zu veranlassen, daß Hunde, die auf Grund des § 110 eingesperrt worden sind, amtstierärztlich untersucht werden.

Läßt die amtstierärztliche Untersuchung Zweifel über den Zustand eines Hundes, so muß die Einsperrung in der Regel auf eine Woche, nötigenfalls auf zwei Wochen, ausgedehnt werden. Nach Ablauf dieser Fristen und vor Aufhebung der angeordneten Schutzmaßregeln ist der Hund einer erneuten amtstierärztlichen Untersuchung zu unterwerfen.

Der Besitzer eines unter Beobachtung gestellten Hundes oder sein Vertreter hat das Auftreten verdächtiger Krankheitserscheinungen an dem Hunde oder dessen Verenden der Ortspolizeibehörde ohne Verzug anzuzeigen und den Kadaver gemäß § 110 Abs. 4 aufzubewahren.

Wenn der Besitzer vor Ablauf der Beobachtungsfrist durch amtstierärztliche Bescheinigung nachweist, daß der Verdacht beseitigt ist, so sind die Einsperrung und polizeiliche Beobachtung schon vorher wieder aufzuheben.

§ 112. Für Hunde, bei denen die Tollwut oder der Verdacht der Seuche amtstierärztlich festgestellt ist, ist die sofortige Tötung von der Ortspolizeibehörde anzuordnen. Wenn ein der Seuche verdächtiger Hund einen Menschen gebissen hat, so kann angeordnet werden, daß das Tier, sofern dies ohne Gefahr geschehen kann, in einem sicheren Behältnis, wenn möglich unter fester Ankettung, eingesperrt und bis zur Bestätigung oder Beseitigung des Verdachts polizeilich beobachtet wird. Von der Einsperrung ist in Landkreisen dem Landrat sofort Anzeige zu erstatten. Dieser hat zu prüfen, ob die Einsperrung unbedenklich ist, oder ob die Tötung des Hundes geboten erscheint.

Ferner ist die sofortige Tötung aller derjenigen Hunde anzuordnen, von denen feststeht oder anzunehmen ist, daß sie mit wutkranken Tieren oder der Seuche verdächtigen Hunden oder Katzen in Berührung gekommen sind. Ausnahmsweise kann für solche Hunde statt der Tötung eine mindestens dreimonatige Einsperrung gestattet werden, falls sie nach dem Ermessen der Ortspolizeibehörde mit genügender Sicherheit durchzuführen ist und der Besitzer des Hundes die daraus und aus der polizeilichen Überwachung erwachsenden Lasten trägt.

Die polizeiliche Genehmigung zur Einsperrung eines der Ansteckung verdächtigen Hundes (Abs. 2) ist an die weitere Bedingung zu knüpfen, daß der Besitzer der Ortspolizeibehörde mindestens alle vier Wochen eine amtstierärztliche Bescheinigung über den Gesundheitszustand des Hundes sowie darüber einreicht, daß die Fortsetzung der Einsperrung ohne Gefahren für Menschen und Tiere durchführbar ist. Wird diese Bedingung nicht eingehalten, oder werden die angeordneten Einsperrungsmaßregeln nicht genau befolgt, so ist die sofortige Tötung des Hundes anzuordnen.

Der Besitzer eines mit polizeilicher Genehmigung eingesperrten Hundes oder dessen Vertreter hat das Auftreten verdächtiger Krankheitserscheinungen an dem Hunde oder dessen Verenden der Ortspolizeibehörde sofort anzuzeigen und im letzteren Falle den Kadaver gemäß § 110 Abs. 4 aufzubewahren.

§§ 113, 114 abgedruckt S. 149.

§ 115. Den Ausbruch der Tollwut hat die Ortspolizeibehörde auf ortsübliche Weise und in dem für ihre amtlichen Veröffentlichungen bestimmten Blatte bekannt zu machen.

Ferner hat die Ortspolizeibehörde jeden in ihrem Bezirke festgestellten ersten Ausbruch der Tollwut sofort den örtlichen Polizeiverwaltungen aller dem Seuchenorte benachbarten deutschen Gemeinden mitzuteilen.

Es kann angeordnet werden, daß an den Ausgängen der in dem gefährdeten Bezirke vorhandenen Bahnhöfe, Schiffsanlegestellen usw. Tafeln mit der deutlichen und haltbaren Aufschrift „Hundesperre" leicht sichtbar anzubringen sind.

Ist anzunehmen, daß ein wutkranker oder der Seuche verdächtiger Hund in einen anderen Bezirk übergelaufen ist, oder ist der Verbleib eines solchen Hundes unbekannt, so hat die Ortspolizeibehörde auch den in Betracht kommenden deutschen örtlichen Polizeiverwaltungen ohne Rücksicht auf Kreis-, Bezirks- oder Landesgrenze unter Beschreibung des Hundes (Größe, Farbe, Rasse, besondere Kennzeichen) und Angabe der von dem Hunde vermutlich eingeschlagenen Richtung sofort Mitteilung zu machen. Die beteiligten Polizeibehörden haben hierauf Nachforschungen nach dem Verbleibe des Hundes anzustellen.

Für besonders gefährdete Gegenden kann der Regierungspräsident eine Anzeige über das Vorhandensein, den Ab- und

Zugang oder über Ortsveränderungen von Hunden vorschreiben.

§ 116 abgedruckt S. 151.

II. Verfahren bei Tollwut der Katzen.

§ 117 abgedruckt S. 151.

III. Verfahren bei Tollwut anderer Haustiere.

§ 118. Für andere Haustiere, bei denen die Tollwut festgestellt wird, ist die sofortige Tötung von der Ortspolizeibehörde anzuordnen.

§ 119. Der Seuche verdächtige andere Haustiere müssen von dem Besitzer oder demjenigen, unter dessen Aufsicht sie stehen, sofort getötet oder bis zu polizeilichem Einschreiten in einem sicheren Behältnis eingesperrt werden. Die Ortspolizeibehörde hat hierauf sinngemäß nach den §§ 111, 113 zu verfahren.

§§ 120, 121 abgedruckt S. 152.

§ 122. Während der Dauer der polizeilichen Beobachtung darf ein Wechsel des Standorts der Tiere ohne ortspolizeiliche Genehmigung nicht stattfinden. Im Falle eines Wechsels ist die Beobachtung an dem neuen Standort fortzusetzen.

Wenn die Erlaubnis zur Überführung der Tiere in einen andern Polizeibezirk erteilt wird, so muß die Ortspolizeibehörde des Bestimmungsorts zur Fortsetzung der Beobachtung von dem bevorstehenden Eintreffen der Tiere rechtzeitig benachrichtigt werden.

§ 123. Die Benutzung und der Weidegang der unter polizeiliche Beobachtung gestellten Tiere sind gestattet. Der Besitzer der Tiere oder sein Vertreter hat jedoch von dem Auftreten von Krankheitserscheinungen, die den Ausbruch der Tollwut befürchten lassen, der Ortspolizeibehörde ungesäumt Anzeige zu erstatten. Im übrigen ist nach § 119 zu verfahren.

Das Schlachten der unter polizeiliche Beobachtung gestellten Tiere ist gestattet (vgl. jedoch § 125). Im Falle der Schlachtung sind Körperteile, an denen sich verdächtige Wunden oder Narben befinden, unschädlich zu beseitigen.

IV. Maßregeln, die bei Tollwut aller Arten von Tieren Anwendung zu finden haben.

§§ 124, 125, 126, 127 abgedruckt S. 153.

3. Rotz.

A. Pferde.

I. Allgemeine Vorschriften.

§ 128. Ist der Ausbruch des Rotzes oder der Verdacht dieser Seuche festgestellt, so haben die Ortspolizeibehörde und der beamtete Tierarzt so bald als möglich Ermittlungen darüber anzustellen, wie lange die verdächtigen Erscheinungen schon bestanden haben, ob, an wen und wohin seit dem vermutlichen Bestehen des Rotzes oder der verdächtigen Erscheinungen Pferde aus dem Bestande verkauft oder sonst weggegeben worden sind, ferner, ob die kranken oder der Seuche verdächtigen Pferde mit anderen Pferden Berührung gehabt und namentlich Fütterungs- oder Tränkeinrichtungen gemeinsam benutzt haben, ob und wo sie erworben und in wessen Besitze sie früher gewesen sind.

Nach dem Ergebnis dieser Ermittlungen sind die erforderlichen Maßregeln ohne Verzug zu treffen und nötigenfalls die beteiligten Ortspolizeibehörden in Kenntnis zu setzen.

§§ 129, 130 abgedruckt S. 154.

§ 131. Stellt der beamtete Tierarzt den Ausbruch des Rotzes oder den Verdacht dieser Seuche in Abwesenheit der Polizeibehörde fest, so hat er die sofortige vorläufige Einsperrung und Absonderung der kranken oder der Seuche verdächtigen Pferde anzuordnen. Die gleichen Maßnahmen können von ihm auch für die der Ansteckung verdächtigen

Tiere angeordnet werden. Die getroffenen vorläufigen Anordnungen sind dem Besitzer der Pferde oder dessen Vertreter entweder zu Protokoll oder durch schriftliche Verfügung zu eröffnen, auch ist davon der Ortspolizeibehörde unverzüglich Mitteilung zu machen.

§ 132. Der Landrat, in Stadtkreisen die Ortspolizeibehörde, hat von jedem ersten Seuchenverdacht und von jedem ersten Seuchenausbruch in einer Ortschaft sowie von dem Verlauf und von dem Erlöschen der Seuche dem Generalkommando desjenigen Armeekorps sowie dem Vorstand desjenigen Landgestüts, in dessen Bezirke der Seuchenort liegt, sofort schriftlich Mitteilung zu machen. Ist der Seuchenort ein Truppenstandort, so ist die Mitteilung auch dem Gouverneur, Kommandanten oder Garnisonältesten zu machen.

§§ 133, 134 abgedruckt S. 155.

II. Verfahren mit rotzkranken Pferden.

§ 135. Ist der Rotz bei Pferden festgestellt, so hat die Ortspolizeibehörde, soweit erforderlich nach vorgängiger Ermittelung der zu leistenden Entschädigung, die unverzügliche Tötung der Tiere anzuordnen.

Der Ausbruch des Rotzes ist von der Ortspolizeibehörde auf ortsübliche Weise und in dem für ihre amtlichen Veröffentlichungen bestimmten Blatte bekannt zu machen.

Die Ortspolizeibehörde hat außerdem jeden in ihrem Bezirke festgestellten ersten Ausbruch des Rotzes den örtlichen Polizeiverwaltungen aller dem Seuchenorte benachbarten deutschen Gemeinden unverzüglich mitzuteilen; diese haben den Seuchenausbruch in ihren Bezirken ortsüblich bekannt zu machen.

Der Stall, in dem sich rotzkranke Pferde befinden, ist an der Haupteingangstür oder an einer sonstigen geeigneten Stelle mit der deutlichen und haltbaren Aufschrift „Rotz" leicht sichtbar zu versehen.

§ 136 abgedruckt S. 156.

§ 137. Die Tötung der rotzkranken Pferde muß an einem von der Ortspolizeibehörde für geeignet erachteten Orte erfolgen. Bei dem Transporte nach diesem Orte muß dafür Sorge getragen werden, daß jede Berührung der rotzkranken Pferde mit anderen Pferden vermieden wird.

III. Verfahren mit der Seuche verdächtigen Pferden.

§ 138. Die Tötung und Zerlegung der der Seuche verdächtigen Pferde sind anzuordnen:

a) wenn von dem beamteten Tierarzte der Ausbruch des Rotzes auf Grund der vorliegenden Anzeichen für wahrscheinlich erklärt wird;

b) wenn durch anderweitige, den Vorschriften des Gesetzes entsprechende Maßregeln ein wirksamer Schutz gegen die Verbreitung der Seuche nach Lage des Falles nicht erzielt werden kann;

c) wenn die beschleunigte Unterdrückung der Seuche im öffentlichen Interesse erforderlich ist.

Ist das Vorliegen des Rotzes bei den der Seuche verdächtigen Pferden nicht schon auf Grund der klinischen Anzeichen wahrscheinlich und liegt keiner der Fälle zu b und c vor, so ist eine Untersuchung des Blutes der seuchenverdächtigen Pferde auf Agglutination und Komplementablenkung vorzunehmen. Wegen der Vornahme der Prüfung und des dabei zu beobachtenden Verfahrens und der Beurteilung der Ergebnisse gelten die Vorschriften des Anhanges zu diesem Abschnitt.

Die Anordnung der Tötung erfolgt im Falle zu a durch die Ortspolizeibehörde, in den Fällen zu b und c durch den Regierungspräsidenten.

§ 139 abgedruckt S. 157.

§ 140. Der Absonderungsraum darf zur Unterbringung anderer Pferde nicht benutzt werden.

Eine Entfernung der der Absonderung unterworfenen Pferde aus dem Absonderungsraume darf nur mit ortspolizeilicher Erlaubnis stattfinden. Ferner dürfen die zur Wartung abgesonderter Pferde benutzten Stallgeräte, Krippen, Raufen und sonstigen Gegenstände vor erfolgter Desinfektion (§ 151) aus dem Absonderungsraume nicht entfernt werden.

Die unter Absonderung gestellten Pferde müssen mindestens alle zwei Wochen amtstierärztlich untersucht werden.

§ 141. Ist ein wegen Seuchenverdachts unter Absonderung gestelltes Pferd verendet oder auf Veranlassung des Besitzers getötet worden, so hat die Ortspolizeibehörde die Zerlegung des Pferdes durch den beamteten Tierarzt anzuordnen.

Der Kadaver eines verendeten oder auf Veranlassung des Besitzers getöteten, unter Absonderung gestellten Pferdes darf ohne ortspolizeiliche Genehmigung weder geöffnet noch beseitigt werden.

§ 142 abgedruckt S. 157.

IV. Verfahren mit der Ansteckung verdächtigen Pferden.

§ 143 abgedruckt S. 158.

§ 144. Die unter Beobachtung gestellten Pferde müssen mindestens alle zwei Wochen amtstierärztlich untersucht werden.

Ferner ist sofort bei diesen Pferden eine Blutuntersuchung auf Agglutination und Komplementablenkung vorzunehmen. Für das Verfahren und die Beurteilung der Ergebnisse gelten die Vorschriften des im § 138 Abs. 2 erwähnten Anhanges.

Die Dauer der polizeilichen Beobachtung ist auf mindestens sechs Monate festzusetzen. Jedoch ist die polizeiliche Beobachtung vor Ablauf der Frist aufzuheben, wenn sämtliche Tiere des Bestandes nach den klinischen Anzeichen und nach dem Ergebnisse der Blutuntersuchung auf Agglutination und Komplementablenkung unverdächtig erscheinen und die Blutuntersuchung als abgeschlossen anzusehen ist (vgl. den Anhang unten S. 429).

§ 145. Der Besitzer hat von dem Auftreten verdächtiger Krankheitserscheinungen an einem Pferde der Ortspolizeibehörde ohne Verzug Anzeige zu machen und das erkrankte Pferd sofort von den übrigen abzusondern und im Stalle zu halten.

Die Polizeibehörde hat auf die Anzeige unverzüglich eine amtstierärztliche Untersuchung des Pferdes zu veranlassen.

§ 146. In die Stallräume, in denen die der polizeilichen Beobachtung unterliegenden Pferde untergebracht sind, dürfen andere Pferde nicht eingestellt werden.

Solange die Pferde frei von verdächtigen Erscheinungen befunden werden, ist ihre Benutzung innerhalb der Grenzen des Ortes und der Feldmark unter der Bedingung zu gestatten, daß sie nicht in andere Stallungen eingestellt und nicht mit unverdächtigen Pferden in Berührung gebracht, insbesondere nicht zusammengespannt werden, und daß ferner für sie fremde Futterkrippen, Tränkeimer oder sonstige Gerätschaften nicht benutzt werden.

Der Gebrauch der Pferde außerhalb des Ortes und der Feldmark darf nur mit ortspolizeilicher Erlaubnis stattfinden. Die Erlaubnis darf nur unter den im Abs. 2 angegebenen Bedingungen erteilt werden.

Beim Vorliegen zwingender wirtschaftlicher Gründe kann ausnahmsweise vom Regierungspräsidenten gestattet werden, daß andere Pferde in die Stallräume der der polizeilichen Beobachtung unterliegenden Pferde eingestellt oder mit ihnen gemeinschaftlich zur Arbeit benutzt werden. Diese Pferde sind alsdann ebenfalls als ansteckungsverdächtig zu behandeln und der Blutuntersuchung (§ 144 Abs. 2) zu unterwerfen.

Die Gewährung der in den Abs. 3, 4 vorgesehenen Erleichterungen kann von dem Ergebnis der Blutuntersuchung auf Agglutination und Komplementablenkung abhängig gemacht werden. Die Erleichterung des Abs. 4 ist an die weitere Bedingung zu knüpfen, daß der Besitzer für die in die Stallungen neu eingestellten oder mit den ansteckungsverdächtigen gemeinschaftlich benutzten Pferde auf die Entschädigungsansprüche, die ihm bei Erkrankung dieser Pferde an Rotz oder bei ihrer Tötung wegen Rotzverdachts etwa zustehen würden, Verzicht leistet.

§ 147. Die Pferde dürfen ohne Erlaubnis der Ortsbehörde nicht in andere Stallungen oder Räumlichkeiten gebracht werden.

Im Falle der mit polizeilicher Erlaubnis bewirkten Überführung ist die Beobachtung in den neuen Stallungen oder Räumlichkeiten fortzusetzen. Die Unterbringung hat dort entsprechend den Bestimmungen des § 143 zu erfolgen.

Wird die Erlaubnis zur Überführung der Pferde in einen anderen Polizeibezirk erteilt, so muß die Ortspolizeibehörde des Bestimmungsorts von dem bevorstehenden Eintreffen der Tiere rechtzeitig benachrichtigt werden.

§ 148 abgedruckt S. 160.

§ 149. Ist ein unter Beobachtung gestelltes Pferd verendet oder auf Veranlassung des Besitzers getötet worden, so hat die Ortspolizeibehörde die Zerlegung des Pferdes durch den beamteten Tierarzt anzuordnen.

Der Kadaver eines verendeten oder auf Veranlassung des Besitzers getöteten unter Beobachtung gestellten Pferdes darf ohne ortspolizeiliche Genehmigung weder geöffnet noch beseitigt werden.

§ 150. Der Regierungspräsident kann die Tötung der Ansteckung verdächtiger Pferde anordnen, wenn die beschleunigte Unterdrückung der Seuche im öffentlichen Interesse erforderlich ist. Die Anordnung bedarf der Genehmigung des Ministers.

V. Desinfektion.

§ 151 abgedruckt S. 160.

VI. Aufhebung der Schutzmaßregeln.

§ 152 abgedruckt S. 161.

B. Andere Einhufer.

§ 153 abgedruckt S. 161.

4. Maul- und Klauenseuche.

I. Vorläufige Maßregeln und Ermittlung.

§ 154. Sobald der Ausbruch der Maul- und Klauenseuche oder der Verdacht des Ausbruchs dieser Seuche in einer bis dahin seuchenfreien Ortschaft durch Anzeige oder sonst zur amtlichen Kenntnis gelangt, hat die Ortspolizeibehörde sofort die Zuziehung des beamteten Tierarztes zu veranlassen und inzwischen folgende vorläufigen Maßregeln zu treffen:

a) Das Klauenvieh des verdächtigen Gehöfts ist in seinen Ställen oder sonstigen Standorten abzusondern (§ 19 Abs. 1, 4 des Gesetzes). Der Zutritt zu den Ställen (Standorten) ist, abgesehen von Notfällen, nur dem Besitzer der Tiere oder der Ställe (Standorte), dessen Vertreter, den mit der Beaufsichtigung, Wartung und Pflege der Tiere betrauten Personen und Tierärzten gestattet.

b) Das verdächtige Gehöft ist in der Weise abzusperren, daß, abgesehen von Notfällen, weder Tiere eingestellt, noch von Klauenvieh stammende Erzeugnisse und Rohstoffe, noch Stallgerätschaften, Dünger, Jauche oder Futter- und Streuvorräte weggebracht werden dürfen. Milch darf nur nach vorheriger Abkochung oder anderer ausreichender Erhitzung (§ 28 Abs. 3) weggegeben werden. Für die Abgabe von Milch an Sammelmolkereien, in denen eine wirksame Erhitzung der gesamten Milch gewährleistet ist, können Ausnahmen zugelassen werden.

c) Ist die Milch des verdächtigen Viehbestandes bisher an eine Sammelmolkerei (§ 26) abgeliefert worden, so ist sofort jedes weitere Weggeben von nicht ausreichend erhitzter Milch aus dieser Molkerei an landwirtschaftliche Betriebe, in denen Klauenvieh gehalten wird, sowie die Verwertung solcher Milch in den eigenen Viehbeständen der Molkerei zu untersagen. Desgleichen ist die Abgabe von nicht erhitzter Milch aus der Molkerei zum Genusse für Menschen zu verbieten, sobald und solange anzunehmen ist, daß Milch aus dem verdächtigen Viehbestand in die abzugebende Milch aufgenommen oder verarbeitet worden ist. Ferner ist anzuordnen, daß die zur Anlieferung der Milch und zur Ablieferung der Milchrückstände benutzten Gefäße aus der Molkerei nicht entfernt werden dürfen, bevor sie desinfiziert sind (§ 11 Abs. 1 Nr. 9, 10 der Anweisung für das Desinfektionsverfahren).

Befindet sich die Molkerei in einem andern Polizeibezirke, so ist die Ortspolizeibehörde dieses Bezirkes unverzüglich von der Sachlage zu benachrichtigen.

Das Wegbringen von Klauenvieh aus der Ortschaft ist zu verbieten. Das Durchtreiben von solchem Vieh sowie das Fahren mit angespannten fremden Wiederkäuern durch die Ortschaft kann verboten werden.

Die vorläufigen Maßregeln sind mit dem Vorbehalt anzuordnen, daß sie sofort außer Wirksamkeit treten, wenn der beamtete Tierarzt feststellt, daß Maul- und Klauenseuche nicht vorliegt und daß auch der Verdacht dieser Seuche nicht begründet ist.

§ 155. Ist der Ausbruch der Maul- und Klauenseuche oder der Verdacht dieser Seuche festgestellt, so haben die Ortspolizeibehörde und der beamtete Tierarzt so bald als möglich Ermittlungen darüber anzustellen,

a) ob das seuchenkranke oder der Seuche verdächtige Vieh neu eingestellt ist, oder ob in den letzten zwei Wochen vor dem Auftreten der ersten Krankheitserscheinungen sonst eine unmittelbare oder mittelbare Berührung mit ansteckungsfähigen fremden Tieren stattgefunden hat, oder ob etwa Tiere, die die Seuche überstanden haben, dem Viehbestand einverleibt worden sind, und wer der frühere Besitzer des neu eingestellten oder der Besitzer des fremden Viehes ist;

b) wohin die übrigen Tiere des für die Einschleppung etwa in Betracht kommenden Viehtransports verbracht worden sind;

c) ob seit der Einschleppung oder, falls dieser Zeitpunkt nicht sicher feststellbar ist, in den letzten zwei Wochen vor dem Auftreten der ersten Krankheitserscheinungen Klauenvieh aus dem betroffenen Gehöfte geschlachtet oder ausgeführt oder sonst entfernt worden ist, und wohin das Vieh gekommen ist;

d) ob innerhalb der unter c bezeichneten Frist Klauenvieh des betroffenen Gehöfts mit fremdem Klauenvieh sonst unmittelbar oder mittelbar in Berührung gekommen ist. Bei dieser Ermittlung ist insbesondere auch das Deckregister (§ 35 Abs. 1) einzusehen.

Alle Viehbestände, in denen sich nach den angestellten Ermittlungen der Ansteckung verdächtige Tiere befinden, müssen amtstierärztlich untersucht werden. Zu diesem Zwecke sind die beteiligten Ortspolizeibehörden, in außerpreußischen Bundesstaaten die zuständigen örtlichen Polizeiverwaltungen von der Sachlage unverzüglich zu benachrichtigen. Als der Ansteckung verdächtig gilt alles Klauenvieh, das mit einem seuchenkranken oder der Seuche verdächtigen Tiere in dem gleichen Gehöfte sich befindet oder in den letzten zwei Wochen befunden hat oder in dieser Zeit nachweislich sonst in unmittelbare oder mittelbare Berührung gekommen ist.

Von den in den Abs. 1, 2 genannten Ermittlungen und Untersuchungen kann in besonderen Fällen mit Genehmigung des Regierungspräsidenten ganz oder teilweise abgesehen werden.

§ 156. Stellt der beamtete Tierarzt den Ausbruch oder den Verdacht der Maul- und Klauenseuche in Abwesenheit der Polizeibehörde fest, so hat er die sofortige vorläufige Absonderung der erkrankten und verdächtigen Tiere, nötigenfalls auch deren Einsperrung oder Bewachung, anzuordnen sowie ferner die im § 154 Abs. 2 Satz 1, § 162 Abs. 1 unter a bis k, Abs. 2 bis 4 angegebenen Maßnahmen zu treffen. Die getroffenen vorläufigen Anordnungen sind dem Besitzer der Tiere oder dessen Vertreter entweder zu Protokoll oder durch schriftliche Verfügung zu eröffnen, auch ist davon der Ortspolizeibehörde unverzüglich Mitteilung zu machen.

§ 157 abgedruckt S. 164.

II. Schutzmaßregeln.

a) Verfahren nach Feststellung der Seuche.

§ 158. Den Ausbruch der Maul- und Klauenseuche hat die Ortspolizeibehörde auf ortsübliche Weise und in dem für ihre amtlichen Veröffentlichungen bestimmten Blatte bekannt zu machen.

Ferner hat die Polizeibehörde jeden in ihrem Bezirke festgestellten ersten Ausbruch sofort den örtlichen Polizeiverwaltungen aller dem Seuchenorte benachbarten deutschen Gemeinden mitzuteilen. Diese Polizeibehörden haben den Seuchenausbruch in ihren Bezirken ortsüblich bekannt zu machen.

An den Haupteingängen des Seuchengehöfts und an den Eingängen der Ställe oder sonstigen Standorte, wo sich seuchenkrankes oder der Seuche verdächtiges Klauenvieh befindet, sind Tafeln mit der deutlichen und haltbaren Aufschrift „Maul- und Klauenseuche" leicht sichtbar anzubringen.

§ 159. Wenn die Maul- und Klauenseuche in einer sonst seuchenfreien Gegend nur vereinzelt herrscht, so kann der Regierungspräsident die Tötung der seuchenkranken und der verdächtigen Tiere, soweit erforderlich nach vorgängiger Ermittlung der zu leistenden Entschädigung, anordnen, sofern anzunehmen ist, daß die Seuche dadurch getilgt werden kann. Ist anzunehmen, daß für die zu tötenden Tiere nach Abzug der nach § 68 Abs. 2 des Gesetzes anzurechnenden Beträge eine Entschädigung von mehr als 1000 M. zu zahlen ist, so ist vor der Anordnung die Genehmigung des Ministers, in der Regel telegraphisch, einzuholen.

§ 160. Die Schlachtung der Tiere, deren Tötung angeordnet ist, hat unter Beobachtung etwaiger vom beamteten Tierarzt getroffenen Anordnungen und unter seiner Leitung sowie unter polizeilicher Aufsicht, soweit angängig im Seuchengehöft, sonst in anderen geeigneten Gehöften des Seuchenorts zu erfolgen. Ausnahmen von dem Zwange der Schlachtung im Seuchenorte können für die ansteckungsverdächtigen Tiere von dem Regierungspräsidenten oder mit dessen Ermächtigung vom Landrate zugelassen werden. In diesem Falle ist vor der Überführung der Tiere das Einverständnis der Ortspolizeibehörde des Schlachtorts einzuholen.

Abs. 2–5 abgedruckt S. 165.

§ 161. Jede verseuchte Ortschaft bildet in der Regel einen Sperrbezirk mit den aus den §§ 162 bis 164 sich ergebenden Wirkungen. Benachbarte, nach ihrer Lage oder ihren Verkehrsverhältnissen besonders stark gefährdete Einzelanwesen, Ortsteile oder Orte sind in den Sperrbezirk einzubeziehen. Bei großen Orten kann der Sperrbezirk auf Ortsteile, bei vereinzelt liegenden verseuchten Gehöften auf diese beschränkt werden, wenn nach Lage der Sache und den wirtschaftlichen und Verkehrsverhältnissen der Seuchenverschleppung dadurch genügend vorgebeugt werden kann.

An den Haupteingängen des Sperrbezirks sind Tafeln mit der deutlichen und haltbaren Aufschrift „Maul- und Klauenseuche-Sperrbezirk. Einfuhr und Durchtreiben von Klauenvieh sowie Durchfahren mit Wiederkäuergespannen verboten" leicht sichtbar anzubringen.

Die Einhaltung der getroffenen Anordnungen ist durch fortgesetzte polizeiliche Überwachung sicherzustellen. Zu diesem Zwecke ist nach Möglichkeit in jede verseuchte ländliche Ortschaft ein Gendarm zu legen, der für die Beachtung der Sperrmaßregeln Sorge zu tragen hat.

§ 162. Die verseuchten Gehöfte sind gegen den Verkehr mit Tieren und mit solchen Gegenständen, die Träger des Ansteckungsstoffs sein können, in folgender Weise abzusperren:

a) Über die Ställe oder sonstigen Standorte, wo Klauenvieh steht, ist die Sperre zu verhängen (§ 22 Abs. 1, 4 des Gesetzes). Befindet sich das Vieh auf der Weide, so ist in der Regel die Aufstallung anzuordnen. In besonderen Ausnahmefällen kann beim Vorliegen eines zwingenden wirtschaftlichen Bedürfnisses die Entfernung der abgesperrten Tiere aus dem Stalle (Standort) zum Zwecke der sofortigen Schlachtung gestattet werden. Über die Erteilung der Genehmigung entscheidet, wenn die Schlachtung im Seuchenort erfolgen soll, der Landrat, in Stadtkreisen die Ortspolizeibehörde, andernfalls der Regierungspräsident. Ich übrigen finden auf die Schlachtung die Vorschriften des § 160 Anwendung. Jedoch kann von der amtstierärztlichen Leitung der Schlachtung (§ 160 Abs. 1) Abstand genommen werden. Die Bestimmungen des § 160 Abs. 3 bis 5 sind auch dann zu beachten, wenn von dem Besitzer Vieh im Stalle (Standorte) geschlachtet worden ist (Notschlachtung).

b) Die Verwendung der auf dem Gehöfte befindlichen Pferde und sonstigen Einhufer außerhalb des gesperrten Gehöfts ist zu gestatten, jedoch, insoweit diese Tiere in gesperrten Ställen untergebracht sind, nur unter der Bedingung, daß ihre Hufe vor dem Verlassen des Gehöfts desinfiziert werden.

c) Geflügel ist so zu verwahren, daß es das Gehöft nicht verlassen kann. Für Tauben gilt dies insoweit, als die örtlichen Verhältnisse die Verwahrung ermöglichen.

d) Fremdes Klauenvieh ist von dem Gehöfte fernzuhalten.

e) Das Weggeben von Milch aus dem Gehöft ist an die Bedingung der vorherigen Abkochung oder einer anderen ausreichenden Erhitzung (§ 28 Abs. 3) zu knüpfen. Kann eine wirksame Erhitzung nicht gewährleistet werden, so ist das Weggeben von Milch aus dem Gehöfte zu verbieten. Für die Abgabe von Milch an Sammelmolkereien, in denen eine wirksame Erhitzung der gesamten Milch gewährleistet ist, können von dem Regierungspräsidenten Ausnahmen zugelassen werden.

f) Die Entfernung des Düngers aus den verseuchten Ställen und die Abfuhr von Dünger und Jauche von Klauenvieh aus dem verseuchten Gehöfte dürfen nur nach den Vorschriften des § 19 Abs. 3, 4 der Anweisung für das Desinfektionsverfahren erfolgen.

g) Futter- und Streuvorräte dürfen während der Dauer der Seuche nur mit Erlaubnis des Landrats, in Stadtkreisen der Ortspolizeibehörde, und nur insoweit aus dem Gehöft ausgeführt werden, als sie nachweislich nach dem Orte ihrer Lagerung und der Art des Transports Träger des Ansteckungsstoffs nicht sein können.

h) Gerätschaften, Fahrzeuge, Behältnisse und sonstige Gegenstände müssen, soweit sie mit den kranken oder verdächtigen Tieren oder deren Abgängen in Berührung gekommen sind, desinfiziert werden, bevor sie aus dem Gehöfte herausgebracht werden. Milchtransportgefäße sind nach ihrer Entleerung zu desinfizieren (§ 154 Abs. 1 c, § 168 Abs. 1 e).

i) Wolle darf nur in festen Säcken verpackt aus dem Gehöft ausgeführt werden.

k) Von gefallenen seuchenkranken oder der Seuche verdächtigen Tieren sind die veränderten Teile einschließlich der Unterfüße samt Haut bis zum Fesselgelenke, des Schlundes, Magens und Darmkanals samt Inhalt, sowie des Kopfes und der Zunge unschädlich zu beseitigen. Häute und Hörner sind nach § 160 Abs. 4 zu behandeln.

Erleichterungen von diesen Vorschriften sind nur aus zwingenden wirtschaftlichen Gründen und nur mit Genehmigung des Ministers zulässig.

Die Stallgänge der verseuchten Ställe des Gehöfts, die Plätze vor den Türen dieser Ställe und vor den Eingängen des Gehöfts, die Wege an den Ställen und in den zugehörigen Hofräumen sowie die etwaigen Abläufe aus der Dungstätte oder dem Jauchebehälter sind täglich mindestens einmal mit dünner Kalkmilch zu übergießen. Bei Frostwetter kann an Stelle des Übergießens mit Kalkmilch Bestreuen mit gepulvertem frisch gelöschtem Kalk erfolgen.

Die gesperrten Ställe (Standorte) dürfen, abgesehen von Notfällen, ohne ortspolizeiliche Genehmigung nur von den im § 154 Abs. 1 a bezeichneten Personen betreten werden. Personen, die in abgesperrten Ställen verkehrt haben, dürfen erst nach vorschriftsmäßiger Desinfektion das Seuchengehöft verlassen.

Zur Wartung des Klauenviehs in dem Gehöfte dürfen Personen nicht verwendet werden, die mit fremdem Klauenvieh in Berührung kommen.

Das Abhalten von Veranstaltungen in dem Seuchengehöfte, die eine Ansammlung einer größeren Zahl von Personen im Gefolge haben, kann vor erfolgter Schlußdesinfektion (§ 175) verboten werden.

Auf den an dem Seuchengehöfte vorbeiführenden Straßen kann der Landrat, in Stadtkreisen die Ortspolizeibehörde, Beschränkungen des Transports und der Benutzung von Tieren jeder Art anordnen.

§ 163. Sämtliches Klauenvieh nicht verseuchter Gehöfte des Sperrbezirkes unterliegt der Absonderung im Stalle (§ 19 Abs. 1, 4 des Gesetzes). Jedoch darf das abgesonderte Klauenvieh zur sofortigen Schlachtung entfernt werden, sofern unmittelbar vor der Ausführung der Tiere zur Schlachtstätte durch amtstierärztliche Untersuchung festgestellt wird, daß der gesamte Klauenviehbestand des Gehöfts noch seuchenfrei ist. Über die Erteilung der Genehmigung entscheidet, wenn die Schlachtung im Seuchenort erfolgen soll, der Landrat, in Stadtkreisen die Ortspolizeibehörde, andernfalls der Regierungspräsident. Auf die Schlachtung finden die Vorschriften des § 160 mit der Maßgabe Anwendung, daß von der amtstierärztlichen Leitung und von den im § 160 Abs. 4, 5 vorgeschriebenen Desinfektionsmaßnahmen abgesehen werden darf. Sollen die Tiere mit der Eisenbahn befördert werden, so ist von der Erteilung der Ausfuhrgenehmigung die Eisenbahnstation, auf der die Verladung erfolgen soll, unverzüglich in Kenntnis zu setzen. Die für die Beförderung benutzten Eisenbahnwagen sind durch gelbe Zettel mit der Aufschrift „Sperrvieh" zu kennzeichnen. Ein gleicher Vermerk ist auf den für die Versendung benutzten Frachtbriefen anzubringen. Dem Frachtbrief ist ferner die Erlaubnis des Regierungspräsidenten beizuheften. Klauenvieh, das in den so gekennzeichneten Eisenbahnwagen befördert wird, darf nur nach der auf dem Frachtbrief angegebenen Eisenbahnstation verbracht werden. Ein Entladen oder Umladen ist unterwegs nur insoweit zulässig, als es zur Erreichung des auf dem Frachtbrief bezeichneten Bestimmungsorts notwendig ist. Die Ortspolizeibehörde des Schlachtorts ist von dem bevorstehenden Eintreffen der Tiere rechtzeitig telegraphisch oder telephonisch zu benachrichtigen. Sie hat auf das Eintreffen zu achten und gegebenenfalls über den Verbleib weitere Ermittlungen anzustellen.

Sofern dringende wirtschaftliche Gründe der Aufstallung oder die uneingeschränkte Durchführung der Absonderung des Klauenviehs der nicht verseuchten Gehöfte untunlich erscheinen lassen, können mit Genehmigung des Ministers Erleichterungen zugelassen werden.

In diesem Falle dürfen, um die Verwendung der Tiere zur Feldarbeit oder ihren Auftrieb auf die Weide zu ermöglichen oder zu erleichtern, von den Tieren zu benutzende öffentliche Wege vorübergehend gegen den Verkehr auch von Personen gesperrt werden.

Die Absonderung der Tiere ist so lange aufrechtzuerhalten, bis aus allen Seuchengehöften sämtliches Klauenvieh beseitigt worden, oder die Seuche abgeheilt und in allen Fällen die vorschriftsmäßige Desinfektion (§ 175) bewirkt ist. Ausnahmen sind mit Genehmigung des Ministers zulässig.

Für das Weggeben von Milch können die gleichen Anordnungen getroffen werden wie für die Seuchengehöfte (§ 162 Abs. 1 unter e). Jedoch ist die Abgabe von Milch an Sammelmolkereien, in denen eine ausreichende Erhitzung (§ 28 Abs. 3) der gesamten Milch gewährleistet ist, in der

Regel auch ohne vorherige Abkochung oder andere ausreichende Erhitzung zu gestatten.

§ 164. Für den ganzen Bereich des Sperrbezirkes gelten folgende Beschränkungen:

a) Sämtliche Hunde sind festzulegen. Der Festlegung ist das Führen an der Leine und bei Ziehhunden die feste Anschirrung gleich zu erachten. Die Verwendung von Hirtenhunden zur Begleitung von Herden und von Jagdhunden bei der Jagd ohne Leine kann gestattet werden.

b) Schlächtern, Viehkastrierern sowie Händlern und anderen Personen, die gewerbsmäßig in Ställen verkehren, ferner Personen, die ein Gewerbe im Umherziehen ausüben, ist das Betreten aller Ställe und sonstiger Standorte von Klauenvieh im Sperrbezirke, desgleichen der Eintritt in die Seuchengehöfte verboten. In besonders dringlichen Fällen kann die Ortspolizeibehörde Ausnahmen zulassen.

c) Dünger und Jauche von Klauenvieh, ferner Gerätschaften und Gegenstände aller Art, die mit solchem Vieh in Berührung gekommen sind, dürfen aus dem Sperrbezirke nur mit ortspolizeilicher Erlaubnis unter den polizeilich anzuordnenden Vorsichtsmaßregeln ausgeführt werden.

d) Die Einfuhr von Klauenvieh in den Sperrbezirk sowie das Durchtreiben von solchem Vieh durch den Bezirk ist verboten. Dem Durchtreiben von Klauenvieh ist das Durchfahren mit Wiederkäuergespannen gleichzustellen. Die Einfuhr von Klauenvieh zur sofortigen Schlachtung kann von dem Landrat, in Stadtkreisen von der Ortspolizeibehörde unter der Bedingung gestattet werden, daß die Einfuhr zu Wagen erfolgt. Die Einfuhr von Klauenvieh zu Nutz- oder Zuchtzwecken ist nur im Falle eines besonders dringenden wirtschaftlichen Bedürfnisses mit Genehmigung des Regierungspräsidenten zulässig. Im Seuchengehöfte darf die Einfuhr von Klauenvieh auch ausnahmsweise nicht stattfinden.

e) Die Ver- und Entladung von Klauenvieh auf den Eisen- und Schiffsstationen im Sperrbezirk ist verboten. Ausnahmen hiervon können von dem Regierungspräsidenten zugelassen werden. Die Vorstände der vom Verbote betroffenen Stationen sind zu benachrichtigen.

§ 165. Um den Sperrbezirk ist ein nach der Größe der Gefahr und den örtlichen und Verkehrsverhältnissen zu begrenzendes Beobachtungsgebiet mit den aus den §§ 166, 167 sich ergebenden Wirkungen zu bilden.

§ 166. Aus dem Beobachtungsgebiete darf Klauenvieh, abgesehen von den Fällen der Abs. 2, 3, nicht entfernt werden. Auch sind das Durchtreiben von Klauenvieh und das Durchfahren mit fremden Wiederkäuergespannen durch das Beobachtungsgebiet sowie der Auftrieb von Klauenvieh aus dem Beobachtungsgebiet auf Märkte verboten.

Die Ausfuhr von Klauenvieh zum Zwecke der Schlachtung ist, wenn die frühestens am Tage vor dem Abgange der Tiere vorzunehmende tierärztliche Untersuchung ergibt, daß der gesamte Viehbestand des Gehöfts noch seuchenfrei ist, von dem Landrat, in Stadtkreisen von der Ortspolizeibehörde zu gestatten, und zwar:

a) nach Schlachtstätten in der Nähe liegender Orte,
b) nach in der Nähe liegenden Eisenbahnstationen oder Häfen (Schiffsanlegestellen) zur Weiterbeförderung nach Schlachtviehhöfen oder öffentlichen Schlachthäusern, vorausgesetzt, daß diesen die Tiere auf der Eisenbahn oder mit dem Schiffe unmittelbar oder von der Entladestation aus zu Wagen zugeführt werden.

Für den Transport nach in der Nähe liegenden Orten, Eisenbahnstationen oder Häfen (Schiffsanlegestellen) kann angeordnet werden, daß er zu Wagen oder auf solchen Wegen erfolgt, die von anderem Klauenvieh nicht betreten werden. Durch Vereinbarung mit der Eisenbahn- oder sonstigen Betriebsverwaltung und, soweit nötig, durch polizeiliche Begleitung ist dafür Sorge zu tragen, daß eine Berührung mit anderem Klauenvieh, sofern dies nicht gleichfalls aus einem Beobachtungsgebiete stammt, auf dem Transporte nicht stattfinden kann. Zu diesem Zwecke ist von jeder Erteilung der Ausfuhrerlaubnis die Eisenbahnstation, auf der die Verladung erfolgen soll, unverzüglich in Kenntnis zu setzen. Die für die Beförderung benutzten Eisenbahnwagen sind durch gelbe Zettel mit der Aufschrift „Beobachtungsvieh" zu kennzeichnen. Ein gleicher Vermerk ist auf dem für die Versendung benutzten Frachtbrief anzubringen. Dem Frachtbrief ist ferner die Ausfuhrerlaubnis der zuständigen Behörde beizuheften. Klauenvieh, das in den so gekennzeichneten Eisenbahnwagen befördert wird, darf nur nach der auf dem Frachtbrief angegebenen Eisenbahnstation verbracht werden. Ein Entladen oder Umladen unterwegs ist nur insoweit zulässig, als es zur Erreichung des auf dem Frachtbriefe bezeichneten Bestimmungsorts notwendig ist. Die Ortspolizeibehörde des Schlachtorts ist von dem bevorstehenden Eintreffen der Tiere rechtzeitig telegraphisch oder telephonisch zu benachrichtigen. Sie hat auf das Eintreffen zu achten und gegebenenfalls über den Verbleib weitere Ermittlungen anzustellen.

Die Ausfuhr von Klauenvieh zu Nutz- oder Zuchtzwecken darf nur mit Genehmigung des Regierungspräsidenten erfolgen. Diese Genehmigung darf nur unter der Bedingung erteilt werden, daß eine frühestens 24 Stunden vor dem Abgange der Tiere vorzunehmende amtstierärztliche Untersuchung die Seuchenfreiheit des gesamten Viehbestandes des Gehöfts ergibt und daß sich die Ortspolizeibehörde des Bestimmungsorts mit der Einfuhr einverstanden erklärt hat. Am Bestimmungsorte sind die Tiere auf die Dauer von zwei Wochen der polizeilichen Beobachtung (§ 19 Abs. 1, 4 des Gesetzes) zu unterstellen. Auf den Transport und die Anmeldung der Tiere finden die Bestimmungen des Abs. 2 sinngemäße Anwendung.

§ 167. Im ganzen Bereiche des Beobachtungsgebiets kann der gemeinschaftliche Weidegang von Klauenvieh aus den Beständen verschiedener Besitzer, die gemeinschaftliche Benutzung von Brunnen, Tränken und Schwemmen für Klauenvieh und das Treiben von Klauenvieh auf öffentlichen Straßen verboten werden. In besonders gefährdeten Teilen des Beobachtungsgebiets kann die Festlegung der Hunde in der im § 164 Abs. 1a angegebenen Weise angeordnet werden.

§ 168 abgedruckt S. 172.

§ 169 abgedruckt S. 178.

b) Verfahren nach Feststellung eines Verdachts.

§ 170. Wird in einem seuchenfreien Gehöfte der Verdacht der Seuche festgestellt, so sind die im § 162 vorgesehenen Anordnungen zu treffen und so lange aufrechtzuerhalten, bis die Unverdächtigkeit der Tiere amtstierärztlich festgestellt ist. Jedoch kann in Fällen eines dringenden wirtschaftlichen Bedürfnisses der Regierungspräsident auch ohne Genehmigung des Ministers Erleichterungen zulassen.

§ 171. Befinden sich lediglich der Ansteckung verdächtige Tiere in einem nicht verseuchten Gehöfte, so sind sie, wenn möglich in besonderen Stallräumen, auf die Dauer von zwei Wochen der polizeilichen Beobachtung (§ 19 Abs. 1, 4 des Gesetzes) mit der Maßgabe zu unterstellen, daß sie aus den für sie bestimmten Räumlichkeiten mit Erlaubnis der Ortspolizeibehörde zur sofortigen, unter polizeilicher Aufsicht vorzunehmenden Schlachtung unter Beobachtung der Vorschriften des § 163 Abs. 1 entfernt werden dürfen. Für die Bezettelung der Eisenbahnwagen gelten die Vorschriften des § 166. Ist die Unterbringung in besonderen, eine strenge Absonderung gewährleistenden Stallräumen nicht möglich, so darf aus dem Gehöfte, soweit nicht für einzelne Ställe nach der Erklärung des beamteten Tierarztes die Gefahr einer Seuchenübertragung ausgeschlossen erscheint, Klauenvieh vor der im Abs. 5 vorgeschriebenen Untersuchung nicht ausgeführt werden.

Die Beobachtungsfrist läuft vom Tage der Ausfuhr der

Tiere aus dem Seuchengehöft oder der letzten sonstigen Berührung mit einem seuchenkranken oder der Seuche verdächtigen Tiere, jedoch ist die Beobachtung sofort aufzuheben, sobald die Unverdächtigkeit des der Seuche verdächtigen Tieres, das etwa den Anlaß zur Annahme des Ansteckungsverdachts gab, festgestellt ist (§ 170).

Der Besitzer der unter polizeiliche Beobachtung gestellten Tiere hat von dem Auftreten verdächtiger Krankheitserscheinungen der Ortspolizeibehörde sofort Anzeige zu erstatten.

Die Ortspolizeibehörde hat auf die Anzeige ohne Verzug die im § 154 vorgesehenen vorläufigen Maßnahmen zu treffen und ungesäumt den beamteten Tierarzt zuzuziehen.

Nach Ablauf der zweiwöchigen Beobachtungsfrist ist sämtliches Klauenvieh des Gehöfts, in dem sich die der Ansteckung verdächtigen Tiere befinden, amtstierärztlich zu untersuchen. Ergibt sich bei dieser Untersuchung die Unverdächtigkeit aller Tiere, so gilt die polizeiliche Beobachtung als aufgehoben.

c) Besondere Vorschriften für Wiederkäuer und Schweine, die sich auf dem Transport, auf dem Markte, auf Tierschauen oder dergleichen befinden.

§ 172. Wenn der Ausbruch oder der Verdacht der Seuche der Treibherden oder bei Tieren, die sich auf dem Transporte befinden, angezeigt oder festgestellt worden ist, so ist die Weiterbeförderung der kranken und der verdächtigen Tiere zu verbieten und deren Absonderung anzuordnen (§ 19 Abs. 1, 4 des Gesetzes).

Können die Tiere binnen 24 Stunden einen Standort erreichen, wo sie durchseuchen oder abgeschlachtet werden sollen, so kann die Ortspolizeibehörde die Weiterbeförderung dorthin unter der Bedingung gestatten, daß die kranken und verdächtigen Tiere unterwegs weder fremde Gehöfte betreten noch mit anderen Wiederkäuern und Schweinen in Berührung kommen, und daß sie zu Wagen, mit der Eisenbahn oder zu Schiff befördert werden. Die Durchführung dieser Vorschriften ist durch Vereinbarung mit der Eisenbahn- oder sonstigen Betriebsverwaltung und, soweit nötig, durch polizeiliche Begleitung sicherzustellen. Für die Bezettelung der Eisenbahnwagen gelten die Vorschriften der §§ 163, 166.

Vor Erteilung der Erlaubnis zur Überführung der Tiere in einen anderen Polizeibezirk ist bei der Ortspolizeibehörde des Bestimmungsorts anzufragen, ob die Tiere dort Aufnahme finden können. Zutreffendenfalls ist die Polizeibehörde des Bestimmungsorts von dem bevorstehenden Eintreffen der Tiere rechtzeitig zu benachrichtigen.

§ 173. Wird der Ausbruch oder der Verdacht der Seuche auf Märkten, Tierschauen oder ähnlichen Veranstaltungen festgestellt, so ist mit den kranken und verdächtigen Tieren nach § 172 Abs. 1 zu verfahren. Jedoch kann vom Regierungspräsidenten der Abtrieb der verdächtigen, ausnahmsweise auch der kranken Tiere unter den im § 172 Abs. 2, 3 vorgesehenen näheren Bedingungen gestattet werden, deren Erfüllung, wie dort vorgeschrieben, sicherzustellen ist. Bei ansteckungsverdächtigen Tieren kann unter besonderen Umständen die Beförderung mittels Fußtransports zugelassen werden.

Von der vorherigen Anfrage bei der Ortspolizeibehörde des Bestimmungsorts kann bei dem Abtrieb ansteckungsverdächtigen Schlachtviehs von einem Schlachtviehmarkt abgesehen werden, wenn der Abtrieb nach einem öffentlichen Schlachthause zur sofortigen Abschlachtung erfolgen soll, und wenn das Vieh mit dem kranken oder dem seuchenverdächtigen Vieh nicht unmittelbar in Berührung gekommen ist. In diesem Falle ist die Ortspolizeibehörde des Bestimmungsorts unter Mitteilung des Sachverhalts von dem Eintreffen rechtzeitig zu benachrichtigen.

d) Verbotswidrige Benutzung von Tieren.

§ 174 abgedruckt S. 176.

III. Desinfektion.

§ 175 abgedruckt S. 176.

IV. Aufhebung der Schutzmaßregeln.

§ 176 abgedruckt S. 177.

5. Lungenseuche des Rindviehs.

I. Ermittlung.

§ 177. Ist der Ausbruch der Lungenseuche oder der Verdacht dieser Seuche festgestellt, so haben die Ortspolizeibehörde und der beamtete Tierarzt so bald als möglich Ermittlungen darüber anzustellen, wie lange die verdächtigen Erscheinungen schon bestanden haben, und ob das kranke oder der Seuche verdächtige Tier oder ein anderes Stück des verseuchten oder verdächtigen Rindviehbestandes mit anderem Rindvieh in Berührung gekommen ist. Ferner ist festzustellen, ob und wann Rindvieh aus dem Bestande verendet, geschlachtet, ausgeführt oder sonst entfernt worden und wohin es gekommen ist. Des weiteren ist nachzuforschen, ob und wo die seuchenkranken oder der Seuche verdächtigen und die übrigen Tiere des Bestandes sowie die aus dem verseuchten oder verdächtigen Bestande entfernten Tiere erworben und in wessen Besitz sie früher gewesen sind.

Nach dem Ergebnis dieser Ermittlungen, die in der Regel nicht über einen Zeitraum von mehr als sechs Monaten zurückgreifen sollen, sind die erforderlichen Maßregeln ohne Verzug zu treffen und nötigenfalls die beteiligten Ortspolizeibehörden zu benachrichtigen.

§ 178. Der beamtete Tierarzt hat unverzüglich den gesamten Rindviehbestand des Seuchengehöfts aufzunehmen und die Tiere zu ermitteln, die an der Lungenseuche erkrankt oder der Seuche oder der Ansteckung verdächtig sind.

Die Ortspolizeibehörde kann erforderlichenfalls die Kennzeichnung der Tiere anordnen.

§ 179. Stellt der beamtete Tierarzt den Ausbruch der Lungenseuche oder den Verdacht dieser Seuche in Abwesenheit der Polizeibehörde fest, so hat er die sofortige vorläufige Einsperrung und Absonderung der erkrankten und verdächtigen Tiere, nötigenfalls auch deren Bewachung, anzuordnen. Die getroffenen vorläufigen Anordnungen sind dem Besitzer der Tiere oder dessen Vertreter entweder zu Protokoll oder durch schriftliche Verfügung zu eröffnen, auch ist davon der Ortspolizeibehörde unverzüglich Mitteilung zu machen.

§ 180. Ist anzunehmen, daß eine Verbreitung der Lungenseuche stattgefunden hat, so kann der Regierungspräsident eine amtstierärztliche Untersuchung sämtlicher Rindviehbestände des Seuchenorts, seiner Umgegend oder einzelner Ortsteile anordnen.

§ 181. Wenn in einem bisher seuchenfreien Gehöft ein Tier unter Erscheinungen, die den Ausbruch der Lungenseuche befürchten lassen, erkrankt, nach amtstierärztlichem Gutachten aber nur durch Zerlegung des Tieres Gewißheit darüber zu erlangen ist, ob ein Fall von Lungenseuche vorliegt, so hat der Regierungspräsident die Tötung des Tieres, soweit erforderlich nach vorgängiger Ermittlung der zu leistenden Entschädigung, anzuordnen.

II. Schutzmaßregeln.

a) Verfahren nach Feststellung der Seuche.

§ 182. Den Ausbruch der Lungenseuche hat die Ortspolizeibehörde auf ortsübliche Weise und in dem für ihre amtlichen Veröffentlichungen bestimmten Blatte bekannt zu machen.

Ferner hat die Polizeibehörde jeden in ihrem Bezirke festgestellten ersten Ausbruch sofort den örtlichen Polizeiverwaltungen aller dem Seuchenorte benachbarten deutschen Gemeinden mitzuteilen. Diese Polizeibehörden haben den Seuchenausbruch in ihren Bezirken ortsüblich bekannt zu machen.

An den Haupteingängen des Seuchengehöfts und an den Eingängen der verseuchten Stallungen oder sonstigen Standorte sind Tafeln mit der deutlichen und haltbaren Aufschrift „Lungenseuche" leicht sichtbar anzubringen.

§ 183. Die Ortspolizeibehörde hat, soweit erforderlich nach vorgängiger Ermittlung der zu leistenden Entschädigung, die alsbaldige Tötung der nach dem Gutachten des beamteten Tierarztes an der Lungenseuche erkrankten und der Seuche verdächtigen Tiere anzuordnen.

Die Tötung der Ansteckung verdächtiger Tiere kann durch den Regierungspräsidenten angeordnet werden.

§ 184. Die an der Lungenseuche erkrankten oder der Seuche verdächtigen Tiere, deren Tötung angeordnet ist, sind unter polizeilicher Aufsicht im Seuchengehöft oder in anderen geeigneten Gehöften des Seuchenorts zu schlachten. Ausnahmen von dem Zwange der Schlachtung im Seuchenorte können vom Regierungspräsidenten zugelassen werden. In diesem Fall ist vor der Überführung der Tiere das Einverständnis der Ortspolizeibehörde des Schlachtorts einzuholen. Bei dem Transport und der Schlachtung ist nach den Vorschriften des § 160 Abs. 2, 5 zu verfahren.

Die Lungen der geschlachteten oder gefallenen lungenseuchekranken Tiere sind unschädlich zu beseitigen.

Das Fleisch lungenseuchekranker Rinder darf vor völligem Erkalten aus dem Schlachtgehöfte nicht ausgeführt werden.

Häute solcher Rinder dürfen aus dem Gehöft oder dem Schlachthaus nur in vollkommen getrocknetem Zustand oder zur umittelbaren Ablieferung an eine Gerberei ausgeführt werden.

§ 185 abgedruckt S. 180.

§ 186. Die Räumlichkeiten, in denen sich die lungenseuchekranken oder seuchenverdächtigen Tiere befinden, dürfen, abgesehen von Notfällen, ohne ortspolizeiliche Genehmigung nur von dem Besitzer der Tiere oder der Räumlichkeiten, von dessen Vertreter, von den mit der Beaufsichtigung,

Wartung und Pflege der Tiere betrauten Personen und von Tierärzten betreten werden.

Personen, die mit den kranken oder seuchenverdächtigen Tieren in Berührung gekommen sind, dürfen erst nach vorschriftsmäßiger Desinfektion das Seuchen- oder Schlachtgehöft verlassen.

Stroh, Heu und andere Futtervorräte, die nach dem Orte ihrer Lagerung als Träger des Ansteckungsstoffs anzusehen sind, dürfen aus dem Seuchengehöfte nicht entfernt werden.

Gerätschaften oder sonstige Gegenstände, die sich in den im Abs. 1 erwähnten Räumlichkeiten befunden haben, dürfen aus dem Gehöfte nicht entfernt werden, bevor sie desinfiziert sind.

§ 187. Gesunde unverdächtige Rinder dürfen in das Seuchengehöft weder eingeführt noch vorübergehend eingestellt werden. Ausnahmen hiervon können vom Regierungspräsidenten zugelassen werden.

§ 188. Der Besitzer oder dessen Vertreter hat von dem Auftreten verdächtiger Krankheitserscheinungen bei einem der Ansteckung verdächtigen Rinde des Seuchengehöfts der Ortspolizeibehörde sofort Anzeige zu machen und das erkrankte Tier abzusondern.

Die Verpflichtung zur sofortigen Anzeige liegt dem Besitzer auch ob, wenn ein der Ansteckung verdächtiges Tier plötzlich verendet oder notgeschlachtet werden muß.

Auf die Anzeige hat die Ortspolizeibehörde unverzüglich eine amtstierärztliche Untersuchung des Tieres herbeizuführen.

Abgesehen von Notfällen und von den Fällen der polizeilich angeordneten Tötung darf die Schlachtung eines der Ansteckung verdächtigen Tieres nur mit Genehmigung der Ortspolizeibehörde erfolgen. Diese hat die Untersuchung des geschlachteten Tieres durch den beamteten Tierarzt zu veranlassen.

§ 189 abgedruckt S. 181.

§ 190. Der Landrat, in Stadtkreisen die Ortspolizeibehörde, kann die Ausfuhr der der Ansteckung verdächtigen Tiere zum Zwecke sofortiger Schlachtung gestatten:

a) nach Schlachtstätten am Orte oder in dessen Umgebung;
b) nach in der Nähe liegenden Eisenbahnstationen oder Häfen (Schiffsanlegestellen) zur Weiterbeförderung nach einem öffentlichen Schlachthaus, vorausgesetzt, daß die Tiere diesem auf der Eisenbahn oder zu Schiff unmittelbar oder von der Entladestation aus zu Wagen zugeführt werden.

Nötigenfalls ist anzuordnen, daß auch die Überführung nach den unter a und b erwähnten Schlachtstätten, Eisenbahnstationen und Häfen zu Wagen erfolgt.

Durch Vereinbarung mit der Eisenbahn- oder sonstigen Betriebsverwaltung und, soweit nötig, durch polizeiliche Begleitung ist dafür Sorge zu tragen, daß eine Berührung mit anderem Rindvieh auf dem Transporte nicht stattfinden kann.

Die Ortspolizeibehörde des Schlachtorts ist von dem bevorstehendem Eintreffen der Tiere rechtzeitig zu benachrichtigen.

Die Schlachtung muß unter polizeilicher Überwachung stattfinden, wenn sie nicht in einem öffentlichen Schlachthaus vorgenommen wird, wo die Schlachtvieh- und Fleischbeschau durch Tierärzte erfolgt. Vom beamteten Tierarzt ist festzustellen, ob und welche Tiere mit der Lungenseuche behaftet waren.

§§ 191, 192 abgedruckt S. 182.

§ 193. Wird die Lungenseuche oder der Verdacht dieser Seuche bei Tieren festgestellt, die sich auf dem Transport befinden, so ist deren Weiterbeförderung zu verbieten und die Tiere sind abzusondern; ebenso ist mit den der Ansteckung verdächtigen Tieren zu verfahren (§ 19 Abs. 1, 4 des Gesetzes).

Können die Tiere innerhalb 24 Stunden einen Standort erreichen, an dem sie zum Zwecke der Absperrung untergebracht oder geschlachtet werden sollen, so kann die Ortspolizeibehörde die Weiterbeförderung dorthin unter der Bedingung gestatten, daß die Tiere unterwegs weder in fremde Gehöfte gebracht werden noch mit anderem Rindvieh in Berührung kommen, und daß sie zu Wagen, mit der Eisenbahn oder zu Schiff befördert werden. Die Durchführung dieser Vorschriften ist durch Vereinbarung mit der Eisenbahn- oder sonstigen Betriebsverwaltung und, soweit nötig, durch polizeiliche Begleitung sicherzustellen.

Vor Erteilung der Erlaubnis zur Überführung in einen anderen Polizeibezirk zum Zwecke der Absperrung ist bei der Ortspolizeibehörde des Bestimmungsorts anzufragen, ob die Tiere dort Aufnahme finden können. Zutreffendenfalls ist die Polizeibehörde des Bestimmungsorts von dem bevorstehenden Eintreffen der Tiere rechtzeitig zu benachrichtigen.

Bei der Überführung in einen anderen Ortspolizeibezirk zum Zwecke der Schlachtung ist nach § 190 Abs. 4, 5 zu verfahren.

§ 194. Ist der Ausbruch der Lungenseuche festgestellt, so kann der Regierungspräsident um das Seuchengehöft (Standort) Beobachtungsgebiete bilden, und zwar

a) ein engeres Beobachtungsgebiet aus dem verseuchten Orte oder Teilen davon mit der Wirkung, daß aus diesem Gebiete die Ausfuhr von Rindvieh nur mit Genehmigung des Landrats, in Stadtkreisen der Ortspolizeibehörde, nach tierärztlicher Untersuchung des Bestandes und nur zum Zwecke der Schlachtung nach vorheriger Benachrichtigung der Ortspolizeibehörde des Bestimmungsorts erfolgen darf, und daß das ausgeführte Rindvieh nach der Schlachtung amtstierärztlich untersucht wird;

b) erforderlichenfalls ein weiteres Beobachtungsgebiet mit der Wirkung, daß aus diesem Gebiete Rindvieh nur mit Genehmigung der Ortspolizeibehörde nach tierärztlicher Untersuchung des Bestandes, jedoch ohne weitere Beschränkung, ausgeführt werden darf.

In den Beobachtungsgebieten dürfen Rindviehmärkte nicht abgehalten werden.

Der Verkehr mit Rindvieh auf den in den Beobachtungsgebieten gelegenen Eisenbahnstationen oder auf benachbarten Stationen kann vom Regierungspräsidenten verboten oder beschränkt werden. Die Eisenbahnverwaltung ist sofort zu benachrichtigen, und die Beschränkung ist öffentlich bekanntzumachen.

Die Beschränkungen des Verkehrs mit Rindvieh in den Beobachtungsgebieten sind aufzuheben, sobald die Gefahr der Seuchenverschleppung aus diesen Gebieten beseitigt ist.

b) Verfahren nach Feststellung eines Verdachts.

§ 195 abgedruckt S. 184.

§ 196. Der Besitzer oder sein Vertreter ist verpflichtet:

a) anderes Rindvieh nicht in die Räumlichkeiten einzustellen, in denen die unter Beobachtung stehenden Tiere untergebracht sind, auch ohne ortspolizeiliche Genehmigung kein Tier des Rindviehbestandes in andere Stallungen oder Gehöfte zu bringen oder schlachten zu lassen;

b) Vorsorge zu treffen, daß fremdes Rindvieh nicht auf das Gehöft kommt;

c) von dem Auftreten verdächtiger Krankheitserscheinungen bei einem Tiere oder von dem Tode eines Tieres des Bestandes der Ortspolizeibehörde sofort eine Anzeige zu machen.

Im Notfall kann der Besitzer ein unter Beobachtung gestelltes Tier ohne ortspolizeiliche Genehmigung schlachten lassen, hat aber dann der Ortspolizeibehörde nach erfolgter Schlachtung sofort Anzeige zu erstatten.

Auf die Anzeige von dem Auftreten verdächtiger Krankheitserscheinungen bei einem der unter polizeiliche Beobachtung gestellten Tiere oder von dem Tode oder der Notschlachtung eines Tieres hat die Ortspolizeibehörde dessen amtstierärztliche Untersuchung anzuordnen. Eine solche Untersuchung hat auch stattzufinden, wenn ein unter polizeiliche Beobachtung gestelltes Tier mit Genehmigung der Polizeibehörde geschlachtet wird.

§ 197 abgedruckt S. 186.

III. Impfung.

§ 198. Die Lungenseucheimpfung darf nur auf Anordnung des Ministers und unter Beobachtung der in dieser Anordnung vorzuschreibenden Schutzmaßregeln erfolgen.

IV. Desinfektion.

§ 199 abgedruckt S. 186.

V. Aufhebung der Schutzmaßregeln.

§ 200 abgedruckt S. 187.

6. Pockenseuche der Schafe.

I. Ermittlung.

§ 201. Ist der Ausbruch der Pockenseuche der Schafe oder der Verdacht dieser Seuche festgestellt, so haben die Ortspolizeibehörde und der beamtete Tierarzt so bald als möglich Ermittlungen darüber anzustellen, wie lange die verdächtigen Erscheinungen schon bestanden haben, und ob seit dem vermutlichen Bestehen der Seuche oder der verdächtigen Erscheinungen Schafe aus dem verseuchten oder verdächtigen Bestande verkauft oder sonst entfernt worden sind. Ferner ist festzustellen, wann und wo die an Pocken erkrankten oder der Seuche verdächtigen Schafe mit anderen Schafen in Berührung gekommen, ob und wo sie erworben und in wessen Besitze sie früher gewesen sind.

Nach dem Ergebnis dieser Ermittlungen sind die erforderlichen Maßregeln ohne Verzug zu treffen und nötigenfalls die beteiligten Ortspolizeibehörden zu benachrichtigen.

§ 202. Stellt der beamtete Tierarzt den Ausbruch der Pockenseuche oder den Verdacht dieser Seuche in Abwesenheit der

Polizeibehörde fest, so hat er die sofortige vorläufige Einsperrung und Absonderung der erkrankten oder verdächtigen Schafe, nötigenfalls auch deren Bewachung, anzuordnen. Die getroffenen vorläufigen Anordnungen sind dem Besitzer oder dessen Vertreter zu Protokoll oder durch schriftliche Verfügung zu eröffnen, auch ist davon der Ortspolizeibehörde unverzüglich Mitteilung zu machen.

§ 203. Nach Feststellung des ersten Falles von Pockenseuche in einer Ortschaft hat die Ortspolizeibehörde die amtstierärztliche Untersuchung sämtlicher Schafe des Seuchenorts anzuordnen. Bei größeren Ortschaften kann die Untersuchung auf Ortsteile beschränkt werden.

Im Falle größerer Seuchengefahr kann die amtstierärztliche Untersuchung auf die in der Umgegend des Seuchenorts vorhandenen Schafe ausgedehnt werden.

II. Schutzmaßregeln.

a) Verfahren nach Feststellung der Seuche.

§ 204. Den Ausbruch der Pockenseuche hat die Ortspolizeibehörde auf ortsübliche Weise und in dem für ihre amtlichen Veröffentlichungen bestimmten Blatte bekannt zu machen.

Die Ortspolizeibehörde hat auch jeden in ihrem Bezirke festgestellten ersten Ausbruch sofort den örtlichen Polizeiverwaltungen aller dem Seuchenorte benachbarten deutschen Gemeinden mitzuteilen. Diese Polizeibehörden haben den Seuchenausbruch in ihren Bezirken ortsüblich bekannt zu machen.

An den Haupteingängen des Seuchengehöfts und an den Eingängen der verseuchten Ställe oder sonstigen Standorte sind Tafeln mit der deutlichen und haltbaren Aufschrift „Schafpocken" leicht sichtbar anzubringen.

An den Haupteingängen des Seuchenorts sind Tafeln mit der gleichen Aufschrift leicht sichtbar aufzustellen. In größeren Orten ist die Aufstellung der Tafeln in der Regel auf einzelne Straßen oder Teile des Ortes zu beschränken.

§ 205 abgedruckt S. 189.

§ 206. Die Schafe dürfen aus dem abgesperrten Stalle nicht entfernt werden. Jedoch kann nach der amtstierärztlich festgestellten Abheilung der Pocken in dem Bestande der Weidegang der Schafe unter der Bedingung gestattet werden, daß diese keine Wege und Weiden betreten, die von Schafen aus unverseuchten Gehöften benutzt werden, und daß sie auf der Weide sowie auf dem Wege dahin nicht in die Nähe solcher Schafe kommen. Erforderlichenfalls hat die Ortspolizeibehörde die Hütungsgrenzen für die letzteren und für die verseucht gewesenen Bestände festzusetzen.

Unter den gleichen Bedingungen kann ausnahmsweise der Weidegang schon vor erfolgter Abheilung gestattet werden, wenn die Voraussetzungen des § 205 Abs. 2 vorliegen.

Um den Auftrieb der Schafe aus dem abgesperrten Stalle auf die Weide zu ermöglichen oder zu erleichtern, dürfen die von den Schafen zu benutzenden Wege vorübergehend gegen den Verkehr auch von Personen gesperrt werden.

§ 207. Ställe und sonstige Standorte, wo sich pockenkranke oder verdächtige Schafe befinden, dürfen, abgesehen von Notfällen, ohne ortspolizeiliche Genehmigung nur von dem Besitzer der Tiere oder der Räumlichkeiten, von dessen Vertreter, von den mit der Beaufsichtigung, Wartung und Pflege der Tiere betrauten Personen und von Tierärzten betreten werden.

Zur Wartung und Pflege der kranken oder verdächtigen Schafe dürfen Personen nicht herangezogen werden, die mit anderen Schafen in Berührung kommen.

Personen, die mit den kranken oder verdächtigen Schafen im Seuchengehöft in Berührung gekommen sind, dürfen erst nach vorschriftsmäßiger Desinfektion das Gehöft verlassen.

§ 208. Die Einfuhr von Schafen in das Seuchengehöft ist verboten. Ausnahmen können in dringenden Fällen von dem Landrat, in Stadtkreisen von der Ortspolizeibehörde zugelassen werden.

Der Zutritt fremder Schafe zum Seuchengehöft ist verboten und der Besitzer verpflichtet, Vorsorge zu treffen, daß er verhütet wird.

§ 209. Die zu den Schafherden des Seuchengehöfts gehörigen Hunde sind nach den Vorschriften des § 164 Abs. 1 a festzulegen, soweit sie nicht zur Begleitung der Herden benutzt werden.

§ 210 abgedruckt S. 190.

§ 211. Schafhäute und Wolle dürfen unbeschadet der Vorschriften des § 210 aus dem Seuchengehöfte nur mit Genehmigung der Ortspolizeibehörde ausgeführt werden.

Die Genehmigung ist für Häute nur dann zu erteilen, wenn sie vollkommen trocken sind oder wenn ihre unmittelbare Ablieferung an eine Gerberei erfolgt, für Wolle nur dann, wenn sie in festen Säcken verpackt ist.

Rauhfutter und Stroh, das nach dem Orte seiner Lagerung als Träger des Ansteckungsstoffs anzusehen ist, darf aus dem Seuchengehöft nicht ausgeführt werden.

Die Ausfuhr von sonstigem Rauhfutter oder Stroh aus dem Seuchengehöfte darf nur mit Genehmigung der Ortspolizeibehörde erfolgen. Vor Erteilung der Genehmigung hat die Polizeibehörde den beamteten Tierarzt darüber zu hören, ob die Ausfuhr unbedenklich ist.

Geräte, die zur Wartung und Pflege der Schafe des Seuchengehöfts benutzt worden sind, dürfen aus dem Seuchengehöft nur entfernt werden, wenn sie desinfiziert worden sind.

Der Dünger muß bis zur Ausführung der Desinfektion in dem Seuchenstalle verbleiben. Wird seine Herausschaffung erforderlich, so ist er nach § 21 Abs. 2 der Anweisung für das Desinfektionsverfahren zu behandeln.

§ 212 abgedruckt S. 191.

§ 213. Für die Schlachtung noch seuchenfreier Schafe eines verseuchten Bestandes gelten folgende Vorschriften:

Wenn die Schlachtung nicht im Seuchengehöfte selbst vorgenommen wird, so darf mit ortspolizeilicher Genehmigung die Ausfuhr zum Zwecke sofortiger Schlachtung erfolgen:

a) nach Schlachtstätten am Orte oder in dessen Umgebung, wobei die Überführung zu Wagen zu geschehen hat;

b) nach in der Nähe liegenden Eisenbahnstationen, Häfen (Schiffsanlegestellen) zur Weiterbeförderung nach einem öffentlichen Schlachthaus, vorausgesetzt, daß die Tiere diesem auf der Eisenbahn oder zu Schiff unmittelbar oder von der Entladestation aus zu Wagen zugeführt werden.

Der Transport nach den in der Nähe liegenden Eisenbahnstationen oder Häfen (Schiffsanlegestellen) hat zu Wagen zu geschehen. Durch Vereinbarung mit der Eisenbahn- oder sonstigen Betriebsverwaltung und, soweit nötig, durch polizeiliche Begleitung ist dafür Sorge zu tragen, daß eine Berührung mit anderen Schafen auf dem Transport nicht stattfinden kann. Ausnahmsweise kann bei der Ausfuhr der Schafe ein kurzer Fußtransport zugelassen werden, wenn dies ohne Gefahr der Seuchenverschleppung geschehen kann.

Die Ortspolizeibehörde des Schlachtorts ist von dem bevorstehenden Eintreffen der Tiere rechtzeitig zu benachrichtigen.

Die Schlachtung der Schafe muß, sofern sie nicht in einem öffentlichen Schlachthaus vorgenommen wird, wo die Schlachtvieh- und Fleischbeschau durch Tierärzte erfolgt, unter polizeilicher Aufsicht stattfinden.

Die zur Beförderung verwendeten Fahrzeuge sind sofort nach dem Entladen zu desinfizieren.

Mit den Häuten der geschlachteten Schafe ist nach der Vorschrift des § 211 Abs. 1, 2 zu verfahren.

§ 214 abgedruckt S. 192.

§ 215. Nach der amtstierärztlich festgestellten Abheilung der Pocken kann die Ortspolizeibehörde die Ausfuhr aller den Absperrungsmaßregeln unterworfenen Schafe zum Zwecke sofortiger Abschlachtung unter den im § 213 angegebenen Bedingungen gestatten.

§ 216. Wird die Seuche bei Treibherden oder bei Tieren festgestellt, die sich auf dem Transport befinden, so hat die

Ortspolizeibehörde die Weiterbeförderung zu verbieten und die Absonderung der Tiere anzuordnen (§ 19 Abs. 1, 4 des Gesetzes).

Auf Antrag des Besitzers kann die Ortspolizeibehörde, wenn die Herden oder Tiere binnen 24 Stunden einen Standort erreichen können, wo sie durchseuchen oder abgeschlachtet werden sollen, die Weiterbeförderung dorthin unter der Bedingung gestatten, daß die Herden oder Tiere unterwegs weder fremde Gehöfte betreten noch mit anderen Schafen in Berührung kommen. Die Polizeibehörde hat in diesem Falle die Sicherungsmaßregeln anzugeben, unter denen die Weiterbeförderung erfolgen darf (vgl. § 213).

Vor Erteilung der Erlaubnis zur Überführung der Herden oder Tiere in einen anderen Polizeibezirk zum Zwecke der Durchseuchung ist bei der Ortspolizeibehörde des Bestimmungsorts anzufragen, ob die Tiere dort Aufnahme finden können. Zutreffendenfalls ist ebenso wie im Falle der Überführung in einen anderen Polizeibezirk zum Zwecke der Schlachtung die Ortspolizeibehörde des Bestimmungsorts von dem bevorstehenden Eintreffen der Tiere rechtzeitig zu benachrichtigen.

§ 217. Bei größerer Seuchengefahr (vgl. § 223) können neben den in den §§ 205 bis 218 für die verseuchten Gehöfte vorgeschriebenen Maßregeln noch folgende Anordnungen für die verseuchten Orte und deren Feldmarken, nötigenfalls auch für ein größeres, ohne Rücksicht auf Feldmarkgrenzen zu bemessendes Gebiet vom Regierungspräsidenten getroffen werden:

a) Alle Schafe des Seuchenorts sind unter polizeiliche Beobachtung zu stellen mit der Wirkung, daß ihre Ausfuhr nur mit polizeilicher Genehmigung und zum Zwecke der sofortigen Schlachtung unter Einhaltung der Vorschriften des § 213 erfolgen darf.

b) Die Einfuhr von Schafen in den Seuchenort ist nur mit ortspolizeilicher Genehmigung und nur zum Zwecke der sofortigen Schlachtung, in dringenden Fällen auch zu Zuchtzwecken, zu gestatten.

c) Der Auftrieb von Schafen des Seuchenorts auf Wochen- und Viehmärkte ist zu verbieten.

d) Für den Seuchenort und seine Feldmark ist das Treiben von Schafen zu anderen als Weidezwecken zu verbieten. Das Treiben von Schafen aus unverseuchten Gehöften des Seuchenorts zum Weidegang und zur Schlachtung ist unter der Voraussetzung zu gestatten, daß hierbei eine unmittelbare oder mittelbare Berührung mit Schafen aus anderen Ortschaften nicht stattfinden kann.

e) Das Durchtreiben von Schafen durch den Seuchenort und seine Feldmark ist zu verbieten. Die Durchfuhr ist nur mit ortspolizeilicher Genehmigung und nur unter der Bedingung zu gestatten, daß die Transporte in dem Seuchenort und seiner Feldmark nicht anhalten.

f) Die Ausfuhr von Schafhäuten und Schafwolle aus dem Seuchenort ist nur unter den Bedingungen des § 211 Abs. 1, 2 zu gestatten.

g) Die Ausfuhr von Schafdünger über die Grenzen der Feldmark ist zu verbieten.

In großen Ortschaften können die Anordnungen des Abs. 1 auf Teile des Ortes oder der Feldmark beschränkt werden.

§§ 218, 219 abgedruckt S. 194.

b) Verfahren nach Feststellung eines Verdachts.

§ 220 abgedruckt S. 194.

§ 221. Der Standort der abgesperrten Bestände darf ohne ortspolizeiliche Genehmigung nicht gewechselt werden. Ferner dürfen ohne ortspolizeiliche Genehmigung Schafe weder aus den Beständen verkauft, geschlachtet oder sonst entfernt, noch in die Bestände gebracht werden.

In Notfällen kann die Schlachtung ohne polizeiliche Genehmigung erfolgen. In diesen Fällen ist ebenso wie beim Auftreten verdächtiger Krankheitserscheinungen bei der Ansteckung verdächtigen Tieren und beim Verenden von Tieren in den abgesperrten Beständen der Ortspolizeibehörde sofort Anzeige zu erstatten, worauf diese Behörde unverzüglich eine amtstierärztliche Untersuchung der Tiere zu veranlassen hat.

III. Impfung.

§ 222. Die Ortspolizeibehörde hat die Impfung aller noch seuchenfreien Stücke einer Herde anzuordnen, in der die Pockenseuche festgestellt ist.

Auf den Antrag des Besitzers der Herde oder seines Vertreters kann für die Vornahme der Impfung eine Frist gewährt werden, wenn nach amtstierärztlichem Gutachten mit Rücksicht auf den Zustand der Tiere oder auf äußere Verhältnisse die sofortige Impfung nicht zweckmäßig ist.

Auch kann auf den Antrag des Besitzers oder seines Vertreters von der Anwendung der Impfung ganz Abstand genommen werden, sofern die Abschlachtung der noch seuchenfreien Stücke der Herde binnen zehn Tagen nach Feststellung des Seuchenausbruchs gesichert ist.

§ 223. Gewinnt die Seuche eine größere Ausdehnung oder ist nach den örtlichen Verhältnissen die Gefahr einer Verschleppung der Seuche in die benachbarten Schafherden nicht auszuschließen, so kann der Regierungspräsident die Impfung der von der Seuche bedrohten Herden und aller in demselben Orte befindlichen Schafe anordnen.

§§ 224, 225, 226 abgedruckt S. 196.

IV. Desinfektion.

§ 227 abgedruckt S. 196.

V. Aufhebung der Schutzmaßregeln.

§ 228 abgedruckt S. 196.

7. Beschälseuche der Pferde, Bläschenausschlag der Pferde und des Rindviehs.

A. Beschälseuche der Pferde.

I. Ermittlung.

§ 229. Ist der Ausbruch der Beschälseuche oder der Verdacht dieser Seuche festgestellt, so haben die Ortspolizeibehörde und der beamtete Tierarzt Ermittlungen darüber anzustellen, welche Pferde mit den erkrankten oder der Seuche verdächtigen Pferden in geschlechtliche Berührung gekommen sind. Die Ermittlungen haben sich in der Regel auf den Zeitraum von mindestens einem Jahre zu erstrecken, sofern nicht festgestellt ist, daß die Möglichkeit einer Ansteckung anderer Pferde nur während eines kürzeren Zeitraums bestanden hat.

Nach dem Ergebnis dieser Ermittlungen sind die erforderlichen Maßregeln ohne Verzug zu treffen und nötigenfalls die beteiligten Ortspolizeibehörden zu benachrichtigen.

§ 230 abgedruckt S. 197.

§ 231. Die Ortspolizeibehörde hat von jedem ersten Seuchenausbruch und von jedem ersten Seuchenverdacht in einer Ortschaft dem Vorstand desjenigen Landgestüts, in dessen Bezirke der Seuchenort liegt, ferner sämtlichen in Betracht kommenden Beschälstationen und Hengsthaltern (§ 35) sofort Mitteilung zu machen.

§ 232. Ist anzunehmen, daß eine Verbreitung der Beschälseuche stattgefunden hat, so kann eine amtstierärztliche Untersuchung sämtlicher an dem Seuchenort oder in dessen Umgegend vorhandenen Hengste und Stuten und erforderlichenfalls zu diesem Zwecke die Vorführung der Pferde an bestimmten Stellen von der Ortspolizeibehörde angeordnet werden.

II. Schutzmaßregeln.

a) Verfahren nach Feststellung der Seuche.

§ 233 abgedruckt S. 198.

§ 234. Pferde, die an der Beschälseuche leiden, dürfen so lange nicht zur Begattung zugelassen werden, als nicht durch den beamteten Tierarzt ihre vollständige Heilung und Unverdächtigkeit festgestellt ist.

Es bleibt vorbehalten, eine Kennzeichnung dieser Pferde anzuordnen.

§ 235. Die seuchenkranken Pferde sind, sofern der Besitzer nicht ihre Tötung vorzieht, für die Dauer der sichtbaren Erkrankung und außerdem von dem durch den beamteten Tierarzt festgestellten Verschwinden der sichtbaren Krankheitserscheinungen an noch für drei Jahre folgenden Beschränkungen zu unterwerfen:

a) Die seuchenkranken Hengste dürfen nicht mit gesunden Stuten und die seuchenkranken Stuten nicht mit gesunden Hengsten in einem Stallraum untergebracht werden. Der Besitzer hat Anordnungen und Einrichtungen zu treffen, die eine geschlechtliche Berührung der kranken Pferde mit gesunden wirksam verhindern.

b) Ein Wechsel des Gehöfts darf ohne ortspolizeiliche Genehmigung nicht stattfinden. Wird die Genehmigung zur Überführung in einen anderen Polizeibezirk erteilt, so ist die Ortspolizeibehörde des Bestimmungsorts von dem bevorstehenden Eintreffen der Pferde rechtzeitig zu benachrichtigen.

c) Die Kastration seuchenkranker Hengste darf nur von Tierärzten vorgenommen werden.

§ 236. Tritt die Beschälseuche in größerer Ausdehnung auf, so kann der Regierungspräsident für die Dauer der Gefahr

a) im gefährdeten Bezirke die Zulassung von Pferden zur Begattung zeitweise verbieten oder allgemein von einer amtstierärztlichen Untersuchung der Pferde abhängig machen; im letzteren Falle kann er auch anordnen, daß alle deckfähigen Hengste alle zwei Wochen amtstierärztlich untersucht werden;

b) ein Beobachtungsgebiet bilden, aus dem die Ausfuhr von deckfähigen Hengsten und Stuten nur mit Genehmigung des Landrats, in Stadtkreisen der Ortspolizeibehörde, erfolgen darf. Die Genehmigung darf nur auf Grund einer amtstierärztlichen Bescheinigung über die Unverdächtigkeit der Pferde erteilt werden.

Als deckfähig sind in diesen Fällen in der Regel Hengste im Alter von mehr als einem Jahre und Stuten im Alter von mehr als zwei Jahren anzusehen.

b) Verfahren mit der Seuche verdächtigen Pferden.

§§ 237, 238, 239 abgedruckt S. 200.

c) Verfahren mit der Ansteckung verdächtigen Pferden.

§ 240. Für Hengste und Stuten, die mit seuchenkranken oder der Seuche verdächtigen Stuten oder Hengsten in geschlechtliche Berührung gekommen sind, aber noch keine sichtbaren Krankheitserscheinungen zeigen, ist für die Dauer von mindestens einem Jahre seit der Begattung anzuordnen, daß

a) die Pferde zur Begattung nicht zugelassen werden dürfen;
b) ein Wechsel des Gehöfts ohne ortspolizeiliche Genehmigung nicht stattfinden darf.

Wird die Genehmigung zur Überführung in einen anderen Polizeibezirk erteilt, so ist die Ortspolizeibehörde des Bestimmungsorts von dem bevorstehenden Eintreffen der Pferde rechtzeitig zu benachrichtigen.

§ 241. Die Ortspolizeibehörde hat die Pferde in der Regel alle vier Wochen durch den beamteten Tierarzt untersuchen zu lassen.

Zum Zwecke der Untersuchung kann die Vorführung der Pferde an bestimmten Stellen angeordnet werden.

§ 242. Der Besitzer der Pferde oder sein Vertreter ist verpflichtet, von dem Auftreten verdächtiger Krankheitserscheinungen an einem Pferde, insbesondere von allen Veränderungen an den Geschlechtsteilen, von Anschwellungen in der Haut (Quaddeln), Lähmungserscheinungen und Abmagerung, der Ortspolizeibehörde ohne Verzug Anzeige zu machen.

Die Polizeibehörde hat auf die Anzeige eine amtstierärztliche Untersuchung der Pferde anzuordnen.

III. Aufhebung der Schutzmaßregeln.

§ 243 abgedruckt S. 201.

B. Bläschenausschlag der Pferde und des Rindviehs.

§ 244 abgedruckt S. 201.

§ 245. Ein Wechsel des Gehöfts der kranken Tiere darf ohne ortspolizeiliche Genehmigung nicht stattfinden.

Wird die Genehmigung zur Überführung in einen anderen Polizeibezirk erteilt, so ist die Ortspolizeibehörde des Bestimmungsorts von dem bevorstehenden Eintreffen der Tiere rechtzeitig zu benachrichtigen.

8. Räude der Einhufer und der Schafe.

A. Räude bei Pferden und Schafen.

I. Ermittlung.

§ 246. Ist der Ausbruch der Räude bei Schafen (Dermatocoptes-Räude) festgestellt, so haben die Ortspolizeibehörde und der beamtete Tierarzt Ermittlungen darüber anzustellen, wie lange die verdächtigen Erscheinungen schon bestanden haben, ob die kranken Stücke des verseuchten Bestandes aus einer anderen Herde stammen, und wer ihr früherer Besitzer ist. Ferner ist nachzuforschen, ob seit dem vermutlichen Bestehen der Räude die Herde in fremde Ställe eingestellt gewesen ist, ob Tiere aus der verseuchten Herde mit fremden Schafen in Berührung gekommen sowie, ob Tiere aus der Herde ausgeführt oder sonst entfernt worden und wohin sie gekommen sind.

Nach dem Ergebnis dieser Ermittlungen sind die erforderlichen Maßregeln ohne Verzug zu treffen und nötigenfalls die beteiligten Ortspolizeibehörden zu benachrichtigen.

Wird in einer Schafherde nur Räudeverdacht festgestellt, so ist die Herde in Zwischenräumen von etwa drei Wochen amtstierärztlich zu untersuchen. Der Verdacht gilt als beseitigt, wenn in der Herde nicht innerhalb acht Wochen nach Feststellung des Verdachts der Ausbruch der Räude festgestellt wird.

§ 247. Wenn die Räude bei Schafen in einem Bezirke ständig oder in größerer Ausdehnung herrscht, oder wenn der Verdacht besteht, daß die Seuche verheimlicht wird, so ist die amtstierärztliche Untersuchung aller Schafbestände des verseuchten Bezirkes zu veranlassen.

Diese Untersuchung ist in ständig verseuchten Bezirken jährlich mindestens einmal auszuführen.

Im übrigen sind verdächtig erscheinende Schafbestände nach Anordnung des Landrats, in Stadtkreisen der Ortspolizeibehörde, durch den beamteten Tierarzt unvermutet zu besichtigen.

II. Schutzmaßregeln.

§ 248. Den Ausbruch der Räude bei Pferden (**sarcoptes**- oder **dermatocoptes**-Räude) oder Schafen (**dermatocoptes**-Räude) hat die Ortspolizeibehörde auf ortsübliche Weise und in dem für ihre amtlichen Veröffentlichungen bestimmten Blatte bekannt zu machen.

§ 249. Ist die Räude bei Pferden oder Schafen festgestellt, so muß der Besitzer die erkrankten und der Seuche verdächtigen Pferde und sämtliche zu dem Bestand oder der Herde, in denen die Räude herrscht, gehörigen Schafe sofort dem Heilverfahren eines Tierarztes unterwerfen, sofern er nicht die Tötung der Tiere vorzieht.

Bei Schafherden, in denen die Räude herrscht, soll die Auswahl des Heilverfahrens dem Besitzer auf dessen Verlangen zunächst überlassen werden. Wird durch das vom Besitzer gewählte Heilverfahren die Räude nicht binnen drei Monaten nach ihrer Feststellung getilgt, so hat die Ortspolizeibehörde die Anwendung eines bestimmten Heilverfahrens vorzuschreiben. Als Heilverfahren ist in der Regel das Badeverfahren anzuordnen. Wenn dieses Verfahren wegen ungünstiger

Witterungsverhältnisse oder wegen anderer besonderer Umstände nicht ausführbar erscheint, kann ausnahmsweise statt des Badeverfahrens die Schmierkur vorgeschrieben werden. Jedoch ist zu dem Badeverfahren überzugehen, sobald es nach Lage der Sache ausführbar erscheint.

In Verbindung mit dem Heilverfahren ist eine Desinfektion der Stallungen, der Hürden, der Ausrüstungs-, Gebrauchs- sowie sonstigen Gegenstände, die mit den kranken oder verdächtigen Tieren in Berührung gekommen sind, nach der Vorschrift des § 23 Abs. 1 der Anweisung für das Desinfektionsverfahren auszuführen.

Auf die Anzeige des Besitzers von der Beendigung des Heilverfahrens, bei Schafherden auch ohne dies, sobald drei Monate seit der Feststellung der Räude verflossen sind, hat die Ortspolizeibehörde eine amtstierärztliche Untersuchung der Pferde oder Schafe zu veranlassen. Die Polizeibehörde kann verlangen, daß der Anzeige eine Bescheinigung des behandelnden Tierarztes über den Erfolg des Heilverfahrens beigefügt wird. Wenn der beamtete Tierarzt das Heilverfahren geleitet hat, kann von einer besonderen amtstierärztlichen Untersuchung abgesehen werden.

Wenn bei der amtstierärztlichen Untersuchung noch Erscheinungen der Räude wahrgenommen werden, so ist der Besitzer der Tiere zur Fortsetzung des Heilverfahrens und zur Wiederholung der im Abs. 3 vorgeschriebenen Desinfektionsmaßnahmen anzuhalten.

§ 250. Die räudekranken und die der Seuche verdächtigen Pferde und sämtliche zu dem Bestand oder der Herde, in denen die Räude herrscht, gehörigen Schafe dürfen bis zur Aufhebung der Schutzmaßregeln weder in fremde Ställe gestellt, noch auf eine Weide gebracht werden, die mit Tieren derselben Gattung aus unverseuchten Beständen beweidet wird.

Erforderlichenfalls hat die Ortspolizeibehörde dafür Sorge zu tragen, daß auf den Weideflächen die Hütungsgrenzen für das gesunde und für das kranke Vieh festgestellt und beachtet werden.

Vor Beendigung des Heilverfahrens dürfen räudekranke Pferde innerhalb der Feldmark zur Arbeit verwendet, aber mit gesunden Pferden weder zusammengespannt noch sonst in unmittelbare Berührung gebracht werden.

Geschirre, Decken und Putzzeuge, die bei kranken Pferden benutzt worden sind, dürfen vor erfolgter Desinfektion bei unverdächtigen Pferden nicht verwendet werden.

Ein Wechsel des Gehöfts der räudekranken und der Seuche verdächtigen Pferde und der zu dem Bestand oder der Herde, in denen die Räude herrscht, gehörigen Schafe darf bis zur Aufhebung der Schutzmaßregeln ohne ortspolizeiliche Erlaubnis nicht stattfinden. Die Erlaubnis ist nur dann zu erteilen, wenn nach amtstierärztlichem Gutachten mit dem Wechsel des Standorts die Gefahr einer Seuchenverschleppung nicht verbunden ist.

§ 251. Die Ortspolizeibehörde kann die Ausfuhr der zu einem räudekranken Bestand oder einer räudekranken Herde gehörigen Schafe zum Zwecke sofortiger Schlachtung gestatten:

a) nach Schlachtstätten am Orte und in dessen Umgebung,

b) nach in der Nähe liegenden Eisenbahnstationen oder Häfen (Schiffsanlegestellen) zur Weiterbeförderung nach öffentlichen Schlachthäusern, vorausgesetzt, daß die Tiere diesen auf der Eisenbahn oder zu Schiff unmittelbar oder von der Entladestation aus zu Wagen zugeführt werden.

Durch vorherige Vereinbarung mit der Eisenbahn- oder sonstigen Betriebsverwaltung und, soweit erforderlich, durch polizeiliche Begleitung ist dafür Sorge zu tragen, daß eine Berührung mit anderen Schafen auf dem Transport nicht stattfinden kann.

Erfolgt die Schlachtung in einem anderen Polizeibezirke, so ist die Ortspolizeibehörde des Schlachtors von dem bevorstehenden Eintreffen der Tiere rechtzeitig zu benachrichtigen.

§ 252 abgedruckt S. 204.

§ 253. Ist das Heilverfahren bei Pferden nicht binnen zwei Monaten und bei Schafen nicht binnen vier Monaten nach Feststellung der Seuche beendet, so kann die Ortspolizeibehörde anordnen, daß die Tiere (verseuchten Herden) im Stalle zu halten sind und daß, wenn es sich um verseuchte Schafherden handelt, andere Schafe nicht in den Stall gebracht werden dürfen.

In größeren Städten können räudekranke Pferde von der Ortspolizeibehörde sogleich nach Feststellung der Krankheit bis zur Beendigung des Heilverfahrens der Absonderung im Stalle unterworfen werden (§ 19 Abs. 1, 4 des Gesetzes).

§ 254. Es kann angeordnet werden, daß Ställe und Weideflächen, die von räudekranken Schafen benutzt worden sind, zur Unterbringung von Schafen für eine von der Ortspolizeibehörde zu bestimmende, in der Regel auf acht Wochen zu bemessende Zeitdauer nicht benutzt werden dürfen.

§ 255. Wird die Seuche bei Pferden, Schafen oder in Schafherden, die sich auf dem Transport, auf Märkten oder in Gastställen befinden, festgestellt, so hat die Ortspolizeibehörde die Absonderung (§ 19 Abs. 1, 4 des Gesetzes) der kranken und der Seuche verdächtigen Pferde sowie sämtlicher zu dem Bestand oder der Herde, in denen die Räude herrscht, gehörigen Schafe bis zur Beendigung des Heilverfahrens anzuordnen, sofern nicht der Besitzer die Tötung der Tiere vorzieht.

Nach Beendigung des Heilverfahrens dürfen die Tiere mit ortspolizeilicher Genehmigung in andere Stallungen oder Gehöfte gebracht werden.

Auf Antrag des Besitzers oder seines Vertreters kann die Ortspolizeibehörde gestatten, daß die nach Abs. 1 der Absonderung zu unterwerfenden Pferde und Schafe zum Zwecke der Heilung oder Schlachtung nach ihrem bisherigen oder einem anderen Standort gebracht werden, falls die Gefahr einer Seuchenverschleppung bei dem Transporte durch geeignete Maßregeln beseitigt wird.

Wenn in den Fällen der Abs. 2, 3 die Überführung der Tiere in einen anderen Polizeibezirk stattfindet, so ist die Ortspolizeibehörde des Bestimmungsorts von dem bevorstehenden Eintreffen der Tiere rechtzeitig zu benachrichtigen.

III. Desinfektion.

(Vgl. auch § 249 Abs. 3)

§ 256 abgedruckt S. 206.

IV. Aufhebung der Schutzmaßregeln.

§ 257 abgedruckt S. 206.

B. Räude bei anderen Einhufern.

§ 258 abgedruckt S. 207.

9. Schweineseuche und Schweinepest.

Vorbemerkung abgedruckt S. 207.

I. Ermittlung.

§ 259. Ist der Ausbruch der Schweineseuche oder Schweinepest oder der Verdacht dieser Seuchen festgestellt, so haben die Ortspolizeibehörde und der beamtete Tierarzt Ermittlungen darüber anzustellen, wie lange die verdächtigen Erscheinungen schon bestanden haben, ob, wohin und an wen neuerdings Schweine aus dem Bestande verkauft oder sonst entfernt worden sind, ob, wann und wo die kranken oder seuchenverdächtigen oder diejenigen Schweine, auf deren Einbringung in den Bestand der Seuchenausbruch nach Lage der Sache zurückzuführen ist, erworben sind, und wer ihr früherer Besitzer ist. Der beamtete Tierarzt hat den Schweinebestand nach Zahl und Art (Ferkel, Läufer, Eber, Zuchteber, und Mastschweine) aufzunehmen.

Nach dem Ergebnis dieser Ermittlungen sind die erforderlichen Maßregeln ohne Verzug zu treffen und nötigenfalls die beteiligten Ortspolizeibehörden sofort zu benachrichtigen.

§ 260. Sind Schweine unter Erscheinungen der Schweineseuche oder Schweinepest gefallen oder wegen Verdachts dieser Seuchen getötet oder geschlachtet worden, oder finden sich verdächtige Erscheinungen nach der Schlachtung, so sind die Kadaver oder bei geschlachteten Schweinen die für die Feststellung der Seuche erforderlichen Teile (Brust- und Baucheingeweide) bis zur amtstierärztlichen Untersuchung aufzubewahren, wobei jede Berührung der aufbewahrten Stücke mit anderen Tieren oder durch unbefugte Personen zu verhüten ist.

Aus Beständen, bei denen Schweineseuche- oder Schweinepestverdacht besteht, dürfen Schweine vor der amtstierärztlichen Untersuchung nicht abgegeben werden.

§ 261. Ist anzunehmen, daß eine Verbreitung der Schweineseuche oder Schweinepest in einem Orte stattgefunden hat, so kann der Landrat, in Stadtkreisen die Ortspolizeibehörde eine amtstierärztliche Untersuchung sämtlicher Schweinebestände des Seuchenorts oder einzelner Ortsteile anordnen.

§ 262. Stellt der beamtete Tierarzt den Ausbruch der Schweineseuche oder Schweinepest oder den Verdacht dieser Seuchen in Abwesenheit der Polizeibehörde fest, so hat er, soweit tunlich, die sofortige vorläufige Einsperrung und Absonderung der erkrankten und verdächtigen Tiere, nötigenfalls auch deren Bewachung, anzuordnen. Die getroffenen vorläufigen Anordnungen sind dem Besitzer der Schweine oder dessen Vertreter entweder zu Protokoll oder durch schriftliche Verfügung zu eröffnen; auch ist davon der Ortspolizeibehörde unverzüglich Mitteilung zu machen.

II. Schutzmaßregeln.

a) Verfahren nach Feststellung der Schweineseuche oder der Schweinepest oder des Verdachts dieser Seuchen.

§ 263. Ist der Ausbruch der Schweineseuche oder Schweinepest festgestellt, so müssen am Haupteingange des Seuchengehöfts oder an einer anderen geeigneten Stelle und an den Eingängen des verseuchten Stalles oder sonstigen Standorts Tafeln mit der deutlichen und haltbaren Aufschrift „Schweineseuche“ oder „Schweinepest“ leicht sichtbar angebracht werden.

Jeder Ausbruch der Schweinepest ist sofort auf ortsübliche Weise und in dem für amtliche Veröffentlichungen bestimmten Blatte bekannt zu machen. In bisher unverseuchten Bezirken ist jeder erste Ausbruch von Schweinepest sofort den örtlichen Polizeiverwaltungen aller dem Seuchenorte benachbarten deutschen Gemeinden mitzuteilen.

§ 264. Die an Schweineseuche oder Schweinepest erkrankten oder dieser Seuchen verdächtigen Tiere sind, soweit tunlich im Stalle, abzusondern (§ 19 Abs. 1, 4 des Gesetzes). Das Gehöft, auf dem sie sich befinden, ist mit den aus den §§ 265 bis 269 sich ergebenden Wirkungen abzusperren.

§ 265. Räumlichkeiten, in denen sich seuchenkranke oder seuchenverdächtige Schweine befinden, dürfen, abgesehen von Notfällen, ohne ortspolizeiliche Genehmigung nur von dem Besitzer der Tiere oder der Räumlichkeiten, von dessen Vertreter, von den mit der Beaufsichtigung, Wartung und Pflege betrauten Personen und von Tierärzten betreten werden.

Der Besitzer hat Vorsorge zu treffen, daß das Betreten des Gehöfts durch Schweine anderer Besitzer verhütet wird.

§ 266. In dem abgesperrten Gehöfte befindliche Schweine, die verenden, getötet oder geschlachtet werden, dürfen ohne vorgängige Anzeige bei der Ortspolizeibehörde weder verwendet noch beseitigt, noch aus dem Gehöft entfernt werden.

Die Kadaver der an Schweineseuche oder Schweinepest gefallenen Schweine sind unschädlich zu beseitigen.

Die Kadaver sind auf Fahrzeugen oder in Behältnissen, die möglichst dicht schließen, zu befördern. Die Fahrzeuge und Behältnisse sind nach jedesmaligem Gebrauche zu desinfizieren.

Gerätschaften, Fahrzeuge, Behältnisse und sonstige Gegenstände müssen, soweit sie mit den kranken oder verdächtigen

Tieren oder deren Abgängen in Berührung gekommen sind, desinfiziert werden, bevor sie aus dem Gehöfte herausgebracht werden.

§ 267. Die an Schweineseuche oder Schweinepest erkrankten oder dieser Seuchen oder der Ansteckung verdächtigen Schweine dürfen aus dem abgesperrten Gehöfte nur mit ortspolizeilicher Genehmigung und nur zur sofortigen Schlachtung entfernt werden. Die Schlachtung darf außer auf dem abgesperrten Gehöft in einer am Orte oder in dessen Umgebung befindlichen Schlachtstätte oder in einem öffentlichen Schlachthaus stattfinden.

Die Ortspolizeibehörde hat bei Genehmigung der Ausfuhr von Schweinen zur sofortigen Schlachtung folgende Bedingungen vorzuschreiben:

a) Die aus dem abgesperrten Gehöft ausgeführten Schweine müssen auf Fahrzeugen oder in Behältnissen, die möglichst dicht schließen, oder auf der Eisenbahn oder zu Schiff befördert werden und dürfen unterwegs weder mit anderen Schweinen in Berührung kommen noch in fremde Gehöfte gebracht werden. Die Durchführung dieser Vorschrift ist durch Vereinbarung mit der Eisenbahn- oder sonstigen Betriebsverwaltung und, soweit nötig, durch polizeiliche Begleitung sicherzustellen. Bei der Beförderung schweinepestkranker oder dieser Seuche oder der Ansteckung verdächtiger Schweine auf der Eisenbahn sind die Eisenbahnwagen durch gelbe Zettel mit der Aufschrift: „Sperrvieh — Schweinepest" zu kennzeichnen. Ein gleicher Vermerk ist auf den Frachtbriefen anzubringen. Dem Frachtbrief ist ferner die Ausfuhrerlaubnis der Ortspolizeibehörde beizuheften. Schweine, die in den so gekennzeichneten Eisenbahnwagen befördert werden, dürfen nur nach dem auf dem Frachtbrief angegebenen Bestimmungsorte verbracht werden. Ein Entladen oder Umladen ist unterwegs nur insoweit zulässig, als es zur Erreichung des auf dem Frachtbriefe bezeichneten Bestimmungsorts notwendig ist.

b) Die Schlachtung der ausgeführten Schweine muß unter polizeilicher Überwachung stattfinden, wenn sie nicht in einem öffentlichen Schlachthaus vorgenommen wird, an dem die Schlachtvieh- und Fleischbeschau durch Tierärzte erfolgt. Erfolgt die Schlachtung in einem öffentlichen Schlachthause, so hat die Schlachthausverwaltung der Ortspolizeibehörde des Schlachtorts eine Bescheinigung über die Schlachtung einzureichen.

c) Die zur Beförderung der Schweine benutzten Fahrzeuge, Behältnisse oder Schiffsräume sind sofort nach dem Entladen zu desinfizieren.

Die Ortspolizeibehörde des Schlachtorts ist von dem bevorstehenden Eintreffen der Tiere rechtzeitig zu benachrichtigen. Sie hat auf das Eintreffen zu achten und gegebenenfalls über den Verbleib Ermittlungen anzustellen.

Die Ortspolizeibehörde kann gestatten, daß aus Beständen, in denen nur die Schweineseuche herrscht,

a) der Ansteckung verdächtige fette Schweine ausgeführt und in den freien Verkehr gebracht werden, wenn die Gesundheit und die Schlachtreife der Schweine durch tierärztliche Bescheinigung nachgewiesen und seit der Untersuchung, auf Grund deren diese Bescheinigung ausgestellt ist, nicht mehr als zwei Tage verflossen sind;

b) andere der Ansteckung verdächtige Schweine unter der gleichen Bedingung zur Fortsetzung der Absperrung in ein anderes Gehöft gebracht werden, sofern dies ohne die Gefahr einer Verschleppung der Seuche geschehen kann. Die Ortspolizeibehörde hat in diesem Falle die Sicherungsmaßregeln zur Verhütung einer Verschleppung der Seuche vorzuschreiben.

§§ 268, 269 abgedruckt S. 212.

§ 270. Wird die Schweineseuche oder Schweinepest oder der Verdacht dieser Seuchen bei Schweinen festgestellt, die sich auf dem Transport befinden, so hat die Ortspolizeibehörde die Weiterbeförderung aller Schweine des Transports zu verbieten und ihre Absonderung (§ 19 Abs. 1, 4 des Gesetzes) anzuordnen, sofern es der Besitzer nicht vorzieht, die Tiere sofort schlachten zu lassen.

Falls die Schweine innerhalb 24 Stunden einen Standort erreichen können, an dem sie durchseuchen oder geschlachtet werden sollen, so kann die Ortspolizeibehörde die Weiterbeförderung dorthin unter der Bedingung gestatten, daß die Schweine auf Fahrzeugen oder in Behältnissen, die möglichst dicht schließen, oder auf der Eisenbahn oder zu Schiff befördert werden, und daß sie unterwegs weder mit anderen Schweinen in Berührung kommen noch auf fremde Gehöfte gebracht werden. Die Durchführung dieser Vorschrift ist durch Vereinbarung mit der Eisenbahn- oder sonstigen Betriebsverwaltung und, soweit nötig, durch polizeiliche Begleitung sicherzustellen.

Vor Erteilung der Erlaubnis zur Überführung in einen anderen Polizeibezirk zum Zwecke der Durchseuchung ist bei der Ortspolizeibehörde des Bestimmungsorts anzufragen, ob die Tiere dort Aufnahme finden können. Zutreffendenfalls ist ebenso wie im Falle der Überführung in einen anderen Polizeibezirk zum Zwecke der Schlachtung die Ortspolizeibehörde des Bestimmungsorts von dem bevorstehenden Eintreffen der Tiere rechtzeitig zu benachrichtigen.

Die Schlachtung muß unter polizeilicher Überwachung stattfinden, wenn sie nicht in einem öffentlichen Schlachthaus vorgenommen wird, in dem die Schlachtvieh- und Fleischbeschau durch Tierärzte erfolgt. Im Falle der Schlachtung in einem öffentlichen Schlachthause hat die Schlachthausverwaltung der Ortspolizeibehörde eine Bescheinigung über die Schlachtung einzureichen.

Die zur Beförderung der Schweine benutzten Fahrzeuge, Behältnisse oder Schiffsräume sind sofort nach dem Entladen zu desinfizieren.

§ 271. Gewinnt die Schweineseuche oder Schweinepest in einer Ortschaft eine größere Verbreitung, so kann vom

Landrat, in Stadtkreisen von der Ortspolizeibehörde, die Abhaltung von Schweinemärkten, Schweineversteigerungen und Schweineschauen sowie der Auftrieb von Schweinen auf Wochen-, Jahr- oder Viehmärkte in dem Seuchenort und dessen Umgebung verboten werden.

Schweineversteigerungen auf dem eigenen nicht gesperrten Gehöfte des Besitzers dürfen nur dann verboten werden, wenn Schweine zum Verkaufe kommen, die sich weniger als drei Monate im Besitze des Versteigerers befinden.

§ 272. Wenn im Falle des § 271 eine größere und allgemeinere Gefahr der Seuchenausbreitung besteht, so können vom Landrat, in Stadtkreisen von der Ortspolizeibehörde, für den Ort oder für Ortsteile folgende Sperrmaßregeln angeordnet werden:

a) An der Grenze des gesperrten Ortes oder der gesperrten Ortsteile sind Tafeln mit der deutlichen und haltbaren Aufschrift „Gesperrt wegen Schweineseuche" oder „Gesperrt wegen Schweinepest" leicht sichtbar anzubringen.
b) Auf die Ausfuhr von Schweinen aus dem Sperrgebiete finden die Vorschriften des § 267 sinngemäß Anwendung.
c) Die Einfuhr von Schweinen darf nur mit ortspolizeilicher Genehmigung erfolgen.
d) Durch das Sperrgebiet dürfen Schweine nicht getrieben und nur unter der Bedingung durchgefahren werden, daß die Transporte darin nicht anhalten.
e) Der gemeinschaftliche Weidegang von Schweinen aus den Beständen verschiedener Besitzer und die gemeinschaftliche Benutzung von Schwemmen können verboten werden.

§ 273 abgedruckt S. 214.

b) Verfahren mit der Ansteckung an Schweinepest verdächtigen Schweinen in nicht gesperrten Gehöften.

§ 274. Tiere, die infolge der Berührung mit schweinepestkranken Schweinen der Ansteckung verdächtig sind und sich in nicht gesperrten Gehöften befinden, unterliegen der polizeilichen Beobachtung mit der Wirkung, daß sie aus dem Gehöfte nur unter den im § 267 Abs. 2, 3 angegebenen Bedingungen entfernt werden dürfen. Der Besitzer hat von dem Auftreten verdächtiger Krankheitserscheinungen sowie vom Abgang von Tieren durch Verenden oder Abschlachtung sofort der Ortspolizeibehörde Anzeige zu machen. Die polizeiliche Beobachtung ist aufzuheben, wenn die Tiere nach Ablauf von drei Wochen, vom letzten Tage der Berührung mit den seuchenkranken Schweinen an gerechnet, durch den beamteten Tierarzt für unverdächtig erklärt werden. Wird der Ansteckungsverdacht durch amtliche Ermittlungen schon vor Ablauf der dreiwöchigen Frist beseitigt, so ist die polizeiliche Beobachtung sogleich wieder aufzuheben.

III. Desinfektion.

§ 275 abgedruckt S. 214.

IV. Aufhebung der Schutzmaßregeln.

§ 276 abgedruckt S. 215.

10. Rotlauf der Schweine einschließlich des Nesselfiebers (Backsteinblattern).

I. Ermittlung.

§ 277 abgedruckt S. 215.

II. Schutzmaßregeln.

§ 278. Ist der Ausbruch des Rotlaufs in einem Schweinebestande festgestellt, so hat die Ortspolizeibehörde anzuordnen, daß am Haupteingange des Seuchengehöfts oder an einer anderen geeigneten Stelle und an den Eingängen des verseuchten Stalles oder sonstigen Standorts Tafeln mit der deutlichen und haltbaren Aufschrift „Schweinerotlauf" leicht sichtbar angebracht werden.

§ 279 abgedruckt S. 216.

§ 280. Räumlichkeiten, in denen sich seuchenkranke oder seuchenverdächtige Schweine befinden, dürfen, abgesehen von von Notfällen, ohne ortspolizeiliche Genehmigung nur von dem Besitzer der Tiere oder der Räumlichkeiten, von dessen Vertreter, von den mit der Beaufsichtigung, Wartung und Pflege betrauten Personen und von Tierärzten betreten werden.

§ 281. In den abgesperrten Gehöften befindliche Schweine, die verenden oder geschlachtet werden, dürfen ohne vorgängige Anzeige bei der Ortspolizeibehörde weder verwendet noch beseitigt noch aus dem Gehöft entfernt werden.

Die Kadaver an Rotlauf gefallener Schweine sind unschädlich zu beseitigen.

Die Kadaver sind auf Fahrzeugen oder in Behältnissen zu befördern, die möglichst dicht schließen. Die Fahrzeuge und die Behältnisse sind nach dem Gebrauche zu desinfizieren.

§ 282. Die an Rotlauf erkrankten oder dieser Seuche oder der Ansteckung verdächtigen Schweine dürfen aus dem abgesperrten Gehöfte nur mit ortspolizeilicher Genehmigung und nur zur sofortigen Schlachtung entfernt werden.

Die Schlachtung der an Rotlauf erkranken oder dieser Seuche verdächtigen Schweine darf nur im Seuchengehöft oder in einer am Seuchenorte befindlichen Schlachtstätte geschehen.

Die Ausfuhr von der Ansteckung verdächtigen Schweinen zur Schlachtung ist zu gestatten

a) nach Schlachtstätten am Seuchenort oder in dessen Umgebung,

b) nach in der Nähe liegenden Eisenbahnstationen oder Häfen (Schiffsanlegestellen) zur Weiterbeförderung nach öffentlichen Schlachthäusern.

Die Ortspolizeibehörde des Schlachtorts ist von dem bevorstehenden Eintreffen der Schweine rechtzeitig zu benachrichtigen.

Der Transport der Tiere, deren Ausfuhr aus dem Seuchengehöfte gestattet ist, darf, abgesehen vom Eisenbahn-

oder Schiffstransport, nur auf Fahrzeugen oder in Behältnissen geschehen die möglichst dicht schließen. Die Fahrzeuge, Behältnisse oder Schiffsräume sind nach der Entladung zu desinfizieren.

§ 283. Die Einfuhr von Schweinen in das Seuchengehöft ist nur mit ortspolizeilicher Genehmigung gestattet.

§ 284. Wird der Rotlauf oder der Verdacht dieser Seuche bei Schweinen festgestellt, die sich auf dem Transport befinden, so hat die Ortspolizeibehörde die Weiterbeförderung aller Schweine des Transports zu verbieten und ihre Absonderung anzuordnen (§ 19 Abs. 1, 4 des Gesetzes), sofern es der Besitzer nicht vorzieht, die Tiere sofort schlachten zu lassen.

Falls die Schweine innerhalb 24 Stunden einen Standort erreichen können, an dem sie durchseuchen oder geschlachtet werden sollen, so kann die Ortspolizeibehörde die Weiterbeförderung dorthin unter der Bedingung gestatten, daß die Schweine auf Fahrzeugen oder in Behältnissen, die möglichst dicht schließen, oder auf der Eisenbahn oder zu Schiff befördert werden, und daß sie unterwegs weder mit fremden Schweinen in Berührung kommen noch auf fremde Gehöfte gebracht werden. Beim Eisenbahn- oder Schiffstransport ist die Durchführung dieser Vorschrift durch Vereinbarung mit der Eisenbahn- oder sonstigen Betriebsverwaltung sicherzustellen.

Vor Erteilung der Erlaubnis zur Überführung der Tiere in einen anderen Polizeibezirk zum Zwecke der Durchseuchung ist bei der Ortspolizeibehörde des Bestimmungsorts anzufragen, ob die Tiere dort Aufnahme finden können. Zutreffendenfalls ist ebenso wie im Falle der Überführung in einen anderen Polizeibezirk zum Zwecke der Schlachtung die Ortspolizeibehörde des Bestimmungsorts von dem bevorstehenden Eintreffen der Tiere rechtzeitig zu benachrichtigen.

Die zum Transport benutzten Fahrzeuge, Behältnisse oder Schiffsräume sind nach der Entladung zu desinfizieren.

III. Impfung.

§ 285. Gewinnt der Rotlauf der Schweine eine größere Ausdehnung, so kann nach näherer Bestimmung des Ministers, die nötigenfalls nachzusuchen ist, die Impfung der gefährdeten Schweinebestände eines Gehöfts, einer Ortschaft oder eines größeren Bezirkes angeordnet werden.

Es bleibt weitere Bestimmung darüber vorbehalten, ob und unter welchen Bedingungen eine Schutzimpfung in anderen Fällen polizeilich angeordnet werden darf.

IV. Desinfektion.

§ 286. Die Standplätze, bei gehäuftem Auftreten der Seuche auch die Stallabteilungen oder Ställe, der rotlaufkranken oder der Seuche verdächtigen Schweine sind zu desinfizieren, die Ausrüstungs-, Gebrauchs- sowie sonstigen Gegenstände, von denen anzunehmen ist, daß sie den Ansteckungsstoff enthalten (§ 25 Abs. 1 der Anweisung für das Desinfektionsverfahren), sind zu desinfizieren oder unschädlich zu beseitigen.

Mit Genehmigung des Ministers können bei allgemeiner Anordnung der Impfung für verseuchte Orte und Bezirke in der Ausführung der Desinfektion Erleichterungen gestattet werden.

V. Aufhebung der Schutzmaßregeln.

§ 287. Die Seuche gilt als erloschen, und die angeordneten Schutzmaßregeln sind aufzuheben, wenn

a) der gesamte Schweinebestand gefallen, getötet oder entfernt worden ist,

oder

b) binnen sechs Tagen nach Beseitigung oder Genesung der kranken oder der Seuche verdächtigen Tiere eine Neuerkrankung nicht vorgekommen,

und

c) in beiden Fällen die Desinfektion vorschriftsmäßig ausgeführt ist.

Die sechstägige Frist (Abs. 1 unter b) kann auf drei Tage ermäßigt werden, wenn alle verdächtigen Tiere des Bestandes mit einem staatlich geprüften Schutzserum von einem Tierarzte geimpft sind.

VI. Sonderbestimmungen für das Nesselfieber (Backsteinblattern).

§ 288. Es bleibt vorbehalten, Ausnahmen von den vorstehenden Bestimmungen für das Nesselfieber (Backsteinblattern) zuzulassen.

11. Geflügelcholera und Hühnerpest.

I. Ermittlung.

§ 289 abgedruckt S. 219.

II. Schutzmaßregeln.

§ 290. Den Ausbruch der Geflügelcholera oder der Hühnerpest in einer bis dahin seuchenfreien Ortschaft hat die Ortspolizeibehörde auf ortsübliche Weise bekannt zu machen.

Am Haupteingange des Seuchengehöfts oder an einer sonst geeigneten Stelle ist eine Tafel mit der deutlichen und haltbaren Aufschrift „Geflügelcholera" oder „Hühnerpest" leicht sichtbar anzubringen.

§ 291 abgedruckt S. 220.

§ 292. Räumlichkeiten, in denen sich erkranktes oder der Seuchen verdächtiges Geflügel befindet, dürfen, abgesehen von Notfällen, ohne ortspolizeiliche Genehmigung nur von dem Besitzer der Tiere oder der Räumlichkeiten, von dessen Vertreter, von den mit der Beaufsichtigung, Wartung und Pflege betrauten Personen und von Tierärzten betreten werden.

Der ganze Geflügelbestand des Seuchengehöfts ist von öffentlichen Wegen und von Wasserläufen fernzuhalten.

§ 293. Aus dem abgesperrten Gehöfte dürfen lebendes oder geschlachtetes Geflügel oder Teile von solchem nur mit ortspolizeilicher Erlaubnis ausgeführt werden.

Die Ausfuhr lebenden Geflügels ist zum Zwecke der sofortigen Schlachtung oder der Durchseuchung an einem anderen Orte unter der Bedingung zu gestatten, daß die Tiere in Behältnissen, auf Fahrzeugen, auf der Eisenbahn oder zu Schiff befördert werden, und daß sie unterwegs weder mit anderem Geflügel in Berührung kommen noch in fremde Gehöfte gebracht werden. Beim Eisenbahn- oder Schiffstransport ist die Durchführung dieser Vorschrift durch Vereinbarung mit der Eisenbahn- oder sonstigen Betriebsverwaltung sicherzustellen.

Vor Erteilung der Erlaubnis zur Überführung in einen anderen Polizeibezirk zum Zwecke der Durchseuchung ist bei der Ortspolizeibehörde des Bestimmungsorts anzufragen, ob die Tiere dort Aufnahme finden können. Zutreffendenfalls ist ebenso wie im Falle der Überführung in einen anderen Polizeibezirk zum Zwecke der Schlachtung die Ortspolizeibehörde des Bestimmungsorts von dem bevorstehenden Eintreffen der Tiere unter Angabe ihrer Gattung und Stückzahl rechtzeitig zu benachrichtigen. Die Abschlachtung des zu diesem Zwecke ausgeführten Geflügels ist am Bestimmungsorte polizeilich zu überwachen.

Die zum Transport benutzten Behältnisse, Fahrzeuge oder Schiffsräume sind nach der Entladung zu desinfizieren.

Abfälle, Dünger, Kot sowie Futterreste von Geflügel dürfen während des Herrschens der Seuche nur mit ortspolizeilicher Genehmigung und unter Beobachtung der Vorschriften im § 297 Abs. 1 aus dem abgesperrten Gehöft entfernt werden. Federn dürfen nur mit ortspolizeilicher Genehmigung in lufttrockenem Zustand und in dichten Säcken verpackt aus dem abgesperrten Gehöft ausgeführt werden.

§ 294. Die Einfuhr von Geflügel in das abgesperrte Gehöft ist nur mit ortspolizeilicher Genehmigung gestattet.

§ 295. Wenn unter Geflügel, das sich auf dem Transport befindet, Todesfälle oder andere Erscheinungen auftreten, die den Ausbruch der Geflügelcholera oder der Hühnerpest befürchten lassen, so sind die Kadaver zur amtstierärztlichen Untersuchung aufzubewahren. Die Abgabe von Geflügel aus solchen Transporten vor der amtstierärztlichen Untersuchung ist verboten.

Wird der Ausbruch oder der Verdacht der Geflügelcholera oder der Hühnerpest unter solchem Geflügel festgestellt, so hat die Ortspolizeibehörde die Weiterbeförderung zu verbieten und die Absonderung aller Tiere des Transports (§ 19 Abs. 1, 4 des Gesetzes) anzuordnen, sofern es der Besitzer nicht vorzieht, sie schlachten zu lassen.

Wenn die Tiere binnen 24 Stunden einen Standort erreichen können, wo sie durchseuchen oder geschlachtet werden sollen, so kann die Ortspolizeibehörde die Weiterbeförderung dorthin unter den in § 293 angegebenen Bedingungen gestatten. In besonderen Ausnahmefällen kann die Weiterbeförderung auch dann gestattet werden, wenn die Erreichung des neuen Standorts eine längere Frist als 24 Stunden beansprucht.

§ 296. Bei größerer Seuchengefahr für ein weiteres Gebiet kann die Ausfuhr von lebendem, für die Seuche empfänglichem Geflügel aus dem Seuchenorte, das Durchtreiben von Geflügel durch den Seuchenort sowie das Abhalten von Geflügelmärkten und Geflügelausstellungen im Seuchenorte, erforderlichenfalls auch der Handel mit Geflügel innerhalb des bedrohten Gebiets, der ohne vorgängige Bestellung entweder außerhalb des Gemeindebezirkes der gewerblichen Niederlassung des Händlers oder ohne Begründung einer solchen stattfindet, vom Landrat, in Stadtkreisen von der Ortspolizeibehörde, verboten werden. Die Durchfuhr von Handelsgeflügel durch den Seuchenort kann überhaupt verboten oder von der Bedingung abhängig gemacht werden, daß jeder Aufenthalt im Seuchenorte vermieden wird.

In größeren Orten können diese Anordnungen auf einzelne Ortsteile beschränkt werden.

III. Desinfektion.

§ 297 abgedruckt S. 223.

IV. Aufhebung der Schutzmaßregeln.

§ 298 abgedruckt S. 223.

V. Anwendung der Maßregeln auf Wildgeflügel.

§ 299 abgedruckt S. 223.

12. Tuberkulose des Rindviehs.

Vorbemerkung.

Wo in diesen Ausführungsvorschriften von Tuberkulose die Rede ist, ist darunter die Tuberkulose des Rindviehs im Sinne des § 10 Abs. 1 Nr. 12 des Gesetzes zu verstehen.

I. Ermittlung der Seuche.

§ 300. Einfacher Tuberkuloseverdacht (§ 1 Abs. 4 des Gesetzes) ist als festgestellt anzusehen, wenn die im Anhang A zu diesem Abschnitt unter I Nr. 1 bezeichneten klinischen Merkmale vorliegen.

Das Vorhandensein der Tuberkulose ist als in hohem Grade wahrscheinlich anzusehen (§ 61 Abs. 1 des Gesetzes), wenn die im Anhang A unter I Nr. 2 bezeichneten klinischen Merkmale vorliegen.

Das Vorhandensein der Tuberkulose ist als festgestellt anzusehen, wenn bei einem dieser Seuche nach Abs. 1 oder 2 verdächtigen Tiere in den Ausscheidungen aus der Lunge, aus dem Euter, aus der Gebärmutter oder aus dem Darme Tuberkelbazillen ermittelt sind. Werden Tuberkelbazillen bei einem Tiere ermittelt, bei dem die klinischen Verdachtsmerkmale nach Abs. 1 oder 2 nur zum Teil vorliegen, so ist das Vorhandensein der Tuberkulose als festgestellt anzusehen, wenn bei einer frühestens vier Wochen nach der ersten Untersuchung vorgenommenen zweiten Untersuchung abermals Tuberkelbazillen in den Ausscheidungen ermittelt werden.

Für die Art der Ermittlung der klinischen Merkmale (Abs. 1, 2) ist die im Anhang A unter II gegebene Anweisung maßgebend. Liegt nach dem Ergebnisse der klinischen Untersuchung Tuberkuloseverdacht oder hohe Wahrscheinlichkeit der Tuberkulose vor, so ist eine bakteriologische Untersuchung von geeigneten Ausscheidungen der verdächtigen Tiere vorzunehmen. Die Entnahme der Proben hat gemäß der im Anhang A unter III Nr. 1 gegebenen Anweisung von dem beamteten Tierarzte zu erfolgen (vgl. jedoch Anhang B zu § 302 Abs. 1). Die bakteriologische Untersuchung findet für die Provinz Hannover und für den Regierungsbezirk Kassel im Hygienischen Institute der Tierärztlichen Hochschule in Hannover, für die Provinzen Westpreußen und Posen in der Abteilung für Tierhygiene am Kaiser-Wilhelms-Institute für Landwirtschaft in Bromberg, für den Stadtkreis Berlin in dem Hygienischen Institute der Tierärztlichen Hochschule in Berlin, für die übrigen Provinzen in den für diese eingerichteten Tierseucheninstituten der Landwirtschaftskammern, für den Regierungsbezirk Wiesbaden und den Regierungsbezirk Sigmaringen in dem Institute der Landwirtschaftskammmer für die Rheinprovinz in Bonn statt. Die beamteten Tierärzte haben die Proben an diese Institute einzusenden. Für die Ausführung der Untersuchung ist die im Anhang A unter III Nr. 2 gegebene Anweisung maßgebend. Das Ergebnis der Untersuchung ist dem beamteten Tierarzte mitzuteilen.

Ist die Entnahme geeigneter Proben bei der ersten klinischen Untersuchung nicht möglich, so ist die Probeentnahme so bald als möglich nachzuholen (vgl. § 314 Abs. 2).

Wenn bei einem Rinde, bei dem das Vorhandensein der Tuberkulose nach den klinischen Anzeichen in hohem Grade wahrscheinlich ist, durch die bakteriologische Untersuchung Tuberkelbazillen nicht ermittelt werden, so ist diese Untersuchung binnen einer Frist von wenigstens vier Wochen zu wiederholen, es sei denn, daß die klinischen Merkmale der hohen Wahrscheinlichkeit verschwunden sind.

§ 301. Ist bei einem Rinde das Vorhandensein der Tuberkulose festgestellt oder in hohem Grade wahrscheinlich, oder ist ein Rind der Tuberkulose verdächtig, so hat der beamtete Tierarzt zur Ermittlung des Standes der Seuche die übrigen Rinder des Bestandes auf Tuberkulose zu untersuchen (vgl. jedoch Anhang B zu § 302 Abs. 1 unter II Nr. 1). Über den Befund hat der beamtete Tierarzt der Ortspolizeibehörde Mitteilung zu machen und sein Gutachten darüber abzugeben, welche besonderen Maßregeln zur Bekämpfung der Seuche erforderlich erscheinen.

Wird das Vorhandensein, die hohe Wahrscheinlichkeit oder der einfache Verdacht der Tuberkulose bei einem Rinde festgestellt, das sich auf dem Transport, auf dem Markte, auf einem Nutzviehhof oder Schlachtviehhof oder in einem öffentlichen Schlachthaus befindet oder frisch angekauft ist, oder wird die Tuberkulose erst bei einem geschlachteten oder verendeten Rinde erkannt, so findet eine Ermittlung des Standes der Seuche bei den Rindern, mit denen sich das kranke oder der Seuche verdächtige Tier vorher in einem Stalle befunden hat, nicht statt.

II. Schutzmaßregeln.

a) Verfahren mit Rindern, bei denen das Vorhandensein der Tuberkulose festgestellt oder in hohem Grade wahrscheinlich ist.

§ 302. Der Regierungspräsident hat, soweit erforderlich, nach vorgängiger Ermittlung der zu leistenden Entschädigung, die Tötung von Rindvieh anzuordnen, bei dem das Vorhandensein der Tuberkulose festgestellt ist, wenn der Rindviehbestand des Besitzers einem staatlich anerkannten Tuberkulosetilgungsverfahren angeschlossen ist, das den im Anhange B zu diesem Abschnitt angegebenen Grundsätzen entspricht.

Unter den gleichen Voraussetzungen kann der Regierungspräsident die Tötung von Rindvieh anordnen, bei dem das Vorhandensein der Tuberkulose in hohem Grade wahrscheinlich ist. Die Anordnung darf jedoch erst dann erfolgen, wenn nach der zweiten bakteriologischen Untersuchung (§ 300 Abs. 6) die Merkmale der hohen Wahrscheinlichkeit der Tuberkulose fortbestehen.

Im übrigen kann der Regierungspräsident die Tötung sämtlicher Kühe anordnen, bei denen das Vorhandensein von Eutertuberkulose festgestellt oder in hohem Grade wahrscheinlich ist, letzterenfalls jedoch nur unter den Voraussetzungen des Abs. 2 Satz 2.

Von der Anordnung der Tötung ist in allen Fällen abzusehen, wenn es sich um Schlachtvieh (§ 1 Abs. 3 des Gesetzes) handelt.

§ 303. Auf Antrag des Besitzers oder seines Vertreters kann der Regierungspräsident die im § 302 vorgesehene Tötung nach Anhörung des beamteten Tierarztes für eine bestimmte Frist aufschieben, wenn ein dringendes wirtschaftliches Bedürfnis vorliegt, und wenn nach Lage der Verhältnisse die Gefahr einer Verschleppung der Tuberkulose nicht erheblich ist.

Die Frist für den Aufschub der Tötung soll in der Regel nicht mehr als sechs Wochen nach Feststellung der Seuche betragen.

Wird die Tötung in einem anderen Ortspolizeibezirke vorgenommen, als in dem des bisherigen Standorts des Rindes, so ist die Ortspolizeibehörde des Schlachtorts von dem bevorstehenden Eintreffen des Tieres rechtzeitig zu benachrichtigen.

§ 304 abgedruckt S. 226.

§ 305. Die abgesonderten Rinder unterliegen folgenden Verkehrs- und Nutzungsbeschränkungen:

a) Ihre Unterbringung an einen anderen Standplatz darf, abgesehen von Notfällen, ohne ortspolizeiliche Genehmigung nicht stattfinden. Sie dürfen weder aus dem Gehöft entfernt noch mit den übrigen Rindern des Bestandes aus einer gemeinsamen Tränkvorrichtung getränkt werden.

b) Die Milch abgesonderter Kühe darf nicht weggegeben oder verwertet werden, bevor sie ausreichend erhitzt worden ist (vgl. § 28 Abs. 3). Die Milch von Kühen, bei denen das Vorhandensein von Eutertuberkulose festgestellt oder in hohem Grade wahrscheinlich ist, darf, gleichviel ob es sich um die Erkrankung eines oder mehrerer Viertel des Euters handelt, auch nach dem Erhitzen weder als Nahrungsmittel für Menschen weggegeben noch zur Herstellung von Molkereierzeugnissen verwertet werden.

c) Die Milch abgesonderter Kühe ist in ein besonderes Gefäß zu melken, das vor jeder anderweitigen Benutzung nach § 11 Abs. 1 Nr. 9, 10 der Anweisung für das Desinfektionsverfahren zu desinfizieren ist.

Die Ortspolizeibehörde und der beamtete Tierarzt haben dafür Sorge zu tragen, daß der Besitzer oder sein Vertreter auf die Gefahr der Tuberkuloseübertragung durch unzureichend erhitzte Milch der kranken Kühe hingewiesen und auch mit den freiwilligen Maßnahmen zur Tuberkulosebekämpfung bekanntgemacht wird. Dem Besitzer oder seinem Vertreter ist aufzugeben, falls bei einer wegen Lungen-, Gebärmutter- oder Darmtuberkulose abgesonderten Kuh am Euter verdächtige Veränderungen auftreten, der Ortspolizeibehörde Anzeige zu erstatten.

Bei dringendem wirtschaftlichen Bedürfnis kann die Ortspolizeibehörde die Benutzung der abgesonderten Rinder zum Zuge unter der Bedingung gestatten, daß sie nicht in fremde Ställe oder auf eine Weide oder Weideabteilung gebracht werden, die von anderen Rindern beweidet wird. Die Polizeibehörde kann auch zulassen, daß abgesonderte Rinder auf eine Weide oder Weideabteilung gebracht werden, die von anderen Rindern nicht beweidet wird.

§ 306. Die im § 304 Abs. 1 angeordnete Kennzeichnung hat durch Anbringung einer Metallmarke (sog. Ohrmarke) im linken Ohr oder durch Anbringung eines Brandzeichens auf dem linken Oberschenkel zu geschehen.

Die Ohrmarke muß so beschaffen sein, daß sie nur einmal gebraucht werden kann, und muß als Inschrift die Buchstaben Tb., den Anfangsbuchstaben des Kreises (Oberamtsbezirkes), in dem die Ermittlung erfolgt, und eine laufende Nummer enthalten. Das Brandzeichen erhält folgende Gestalt:

§ 307. Wird bei einem Rinde, das sich auf dem Transport oder auf einem Markte befindet, das Vorhandensein der Tuberkulose festgestellt oder als in hohem Grade wahrscheinlich ermittelt, so hat die Ortspolizeibehörde die Weiterbeförderung zu verbieten und die Absonderung des Tieres anzuordnen, sofern der Besitzer nicht vorzieht, es sofort schlachten zu lassen.

Auf Antrag des Besitzers oder seines Vertreters kann die Ortspolizeibehörde nach Aufnahme des Tatbestandes und, sofern es zur Vermeidung von Verwechslungen erforderlich ist, nach Kennzeichnung des Rindes (§ 306) dessen Weiterbeförderung an einen anderen Ort zum Zwecke der Schlachtung oder Absonderung gestatten. Wird die Erlaubnis zur Überführung in einen anderen Polizeibezirk erteilt, so ist die Ortspolizeibehörde des Bestimmungsorts von dem bevorstehenden Eintreffen des Tieres rechtzeitig zu benachrichtigen.

§ 308. Die Schlachtung oder das Verenden eines der Absonderung unterworfenen Rindes hat der Besitzer der Ortspolizeibehörde sofort anzuzeigen. Im Falle der Schlachtung hat die Fleischbeschau durch einen Tierarzt zu geschehen, der den Befund der Ortspolizeibehörde alsbald mitzuteilen hat.

Wird die Schlachtung in einem anderen Polizeibezirk als dem bisherigen Standort des Rindes vorgenommen, so ist die Ortspolizeibehörde des Schlachtorts von dem bevorstehenden Eintreffen des Tieres rechtzeitig zu benachrichtigen.

§ 309. Wenn der Besitzer eines Rindes die polizeilich angeordneten Verkehrs- und Nutzungsbeschränkungen übertritt, so kann die Ortspolizeibehörde die sofortige Tötung des Tieres anordnen.

§ 310. Die wegen hoher Wahrscheinlichkeit des Vorhandenseins der Tuberkulose getroffenen Anordnungen sind wieder aufzuheben, sofern nach amtstierärztlichem Gutachten die Krankheitserscheinungen, die das Vorhandensein der Tuberkulose in hohem Grade wahrscheinlich machten, verschwunden sind (vgl. § 300 Abs. 6).

b) Verfahren bei einfachem Tuberkuloseverdachte.

§ 311 abgedruckt S. 229.

§ 312 abgedruckt S. 229.

§ 313. Wenn der Besitzer eines verdächtigen Rindes die polizeilich angeordneten Verkehrs- und Nutzungsbeschränkungen übertritt, so kann die Ortspolizeibehörde die Tötung des Tieres anordnen.

§ 314 abgedruckt S. 230.

III. Desinfektion.

§ 315 abgedruckt S. 230.

Anhang zu Abschnitt II Nr. 3 (§ 138 Abs. 2).

Verfahren bei der Untersuchung des Blutes rotzverdächtiger oder der Ansteckung mit Rotz verdächtiger Pferde.

1. Die Untersuchung findet für die Provinzen Ostpreußen, Westpreußen, Posen, Schlesien und für den Regierungsbezirk Köslin in der Abteilung für Tierhygiene am Kaiser-Wilhelms-Institute für Landwirtschaft in **Bromberg**, für die übrigen Landesteile in dem Pathologischen Institute der Tierärztlichen

Hochschule in Berlin oder in einer noch näher zu bezeichnenden Untersuchungsanstalt statt, die an dessen Stelle treten soll.

2. Zum Zwecke der Untersuchung ist von jedem der Seuche verdächtigen Pferde, dessen Blut nach § 138 Abs. 2 zu untersuchen ist, sowie von jedem der Ansteckung verdächtigen Pferde (vgl. § 144 Abs. 2) eine Blutprobe zu entnehmen. Die Blutentnahme hat, falls sich in dem Bestande Pferde befinden, deren Tötung wegen Rotz oder Rotzverdacht angeordnet werden muß, am Tage der Tötung dieser Pferde, im übrigen möglichst bald nach Feststellung des Seuchen- oder des Ansteckungsverdachts zu erfolgen.

Vor der Blutentnahme hat der Kreistierarzt der zuständigen Anstalt die Zahl der zu untersuchenden Pferde mitzuteilen. Die Anstalt hat hierauf dem Kreistierarzte die für die Entnahme der Blutproben notwendigen Gläser, Instrumente und Muster zu übersenden. Bei der Entnahme der Blutproben ist die Anweisung auf dem anliegenden Muster IX zu beachten.

3. Der Kreistierarzt hat bei jeder ersten Blutentnahme in einem Bestand ein Verzeichnis der Pferde nach dem Muster IX unter Beachtung der aufgedruckten Anweisung anzufertigen.

Alle an den Tieren vorhandenen krankhaften Erscheinungen sowie alle für die Beurteilung der Einschleppung, des Alters und der Verbreitung des Rotzes in dem Bestande wichtigen Umstände sind in Spalte 4 oder 8 genau anzugeben. Der Zeitpunkt, bis zu dem die Pferde der Ansteckung ausgesetzt waren, bei seuchenverdächtigen Pferden der Zeitpunkt, zu dem die klinischen Anzeichen des Verdachts zuerst beobachtet worden sind, ist möglichst genau zu ermitteln und einzutragen.

Das Verzeichnis ist mit den Blutproben der Anstalt zu übersenden.

4. Die Anstalt hat das Ergebnis der Untersuchungen in das Verzeichnis einzutragen. Das Ergebnis der Agglutinationsprüfung ist durch die allgemein üblichen Ver-

hältniszahlen zu kennzeichnen. Für die Komplementablenkung sind nachstehend erläuterte Bezeichnungen zu wählen:

a) ein Strich bedeutet, daß das in Mengen von 0,2 ccm zugesetzte Serum nicht ablenkt,

b) die Zahlen 0,02, 0,05, 0,1, 0,2 bedeuten, daß in Mengen von ebensoviel Kubikzentimeter zugesetztes Serum vollständig ablenkt;

c) die gleichen Zahlen mit dem Beiwort „unvollständig" bedeuten, daß die Ablenkung unvollständig eintritt.

Die Anstalt hat über das Ergebnis unter Beifügung der Verzeichnisse dem Minister zu berichten und die erforderlichen Anträge zu stellen.

5. Der Ausbruch des Rotzes ist als wahrscheinlich anzusehen:

a) bei Pferden, deren Serum in der Menge bis zu 0,2 ccm eine vollständige oder unvollständige Ablenkung des Komplements hervorruft, ohne Rücksicht auf die Höhe des Agglutinationswerts;

b) bei Pferden, deren Serum in der Menge von 0,2 ccm keine Ablenkung des Komplements hervorruft, wenn der Agglutinationswert mehr als 1000 beträgt.

6. Für das weitere Verfahren gelten folgende Vorschriften:

a) Wird auf Grund der Blutuntersuchung der Ausbruch der Rotzkrankheit als wahrscheinlich ermittelt, und wird demgemäß die Tötung von Pferden angeordnet (§ 138 Abs. 1 a), so ist am Tage der Tötung bei sämtlichen Pferden des Restbestandes eine weitere Blutentnahme vorzunehmen und die Untersuchung des Blutes zu veranlassen. In derselben Weise ist zu verfahren, solange nach dem Ergebnisse der weiteren Untersuchung der Ausbruch des Rotzes als wahrscheinlich ermittelt wird.

Werden nach dem Ergebnisse der weiteren Untersuchung Pferde, bei denen der Ausbruch der Rotzkrankheit wahrscheinlich ist, nicht mehr ermittelt, so ist zunächst

14 Tage nach der letzten Blutentnahme eine weitere Blutprobe zu entnehmen und deren Untersuchung zu veranlassen. Hat auch diese Untersuchung ein negatives Ergebnis, so ist 14 Tage nach der letzten Blutentnahme abermals eine Blutprobe zu entnehmen und zur Untersuchung zu stellen. Wenn auch deren Untersuchung ein negatives Ergebnis hat, ist die Untersuchung als abgeschlossen zu betrachten.

b) Werden durch das Ergebnis der ersten Blutuntersuchung Pferde, bei denen der Ausbruch des Rotzes wahrscheinlich ist, nicht ermittelt, so ist zu unterscheiden:

I. Steht mit Sicherheit fest, daß die Blutentnahme mindestens 14 Tage nach Aufhebung der Ansteckungsgefahr bei klinisch seuchenverdächtigen Pferden mindestens 14 Tage nach dem ersten Auftreten der verdächtigen Krankheitserscheinungen stattgefunden hat, so ist die Untersuchung als abgeschlossen anzusehen.

II. Trifft die Voraussetzung zu I nicht zu, so ist eine weitere Blutprobe 14 Tage nach der ersten zu entnehmen. Liegen nach dem Ergebnisse der Untersuchung auch dieser Blutprobe Anzeichen des Rotzes nicht vor, so ist die Untersuchung als abgeschlossen anzusehen.

7. Vor dem Abschlusse der Blutuntersuchung dürfen die zu untersuchenden Pferde nicht mit Mallein behandelt werden.

8. Der Zerlegungsbefund der auf Grund der Untersuchungen getöteten Pferde ist kurz, aber vollständig in Spalte 4 und, falls der Raum nicht ausreicht, in Spalte 8 des Musters zu vermerken.

9. Nach Abschluß der Untersuchungen ist das Verzeichnis mit dem Zerlegungsberichte dem Minister einzureichen.

10. Alle Untersuchungsangelegenheiten sind mit größtmöglicher Beschleunigung zu erledigen.

Anhang A zu Abschnitt II Nr. 12 (§ 300 Abs. 1).

Anweisung für die tierärztliche Feststellung der Tuberkulose.

I. Klinische Merkmale, die den Verdacht der Tuberkulose begründen, und Merkmale, die das Vorhandensein der Seuche in hohem Grade wahrscheinlich machen.

1. Einfacher Verdacht der Tuberkulose.

Ein Rind ist als verdächtig der Tuberkulose anzusehen, wenn durch die Untersuchung festgestellt ist, daß mindestens folgende Krankheitsmerkmale bestehen:

a) Rasselgeräusche im Bereiche der Lungen und freiwilliger Husten bei Ausschluß anderer Ursachen — wie z. B. Bronchialkatarrh infolge von Erkältung auf der Weide oder bei Transporten, ansteckende Lungenentzündung, Lungenwurmkrankheit, traumatische Lungenentzündung — sowie Störung der Ernährung (Verdacht der äußerlich erkennbaren Lungentuberkulose in vorgeschrittenem Zustande);

b) harte, schmerzlose, nicht vermehrt warme Anschwellung eines oder mehrerer Euterviertel[1]), ohne daß die Milch aus dem oder den erkrankten Eutervierteln sinnfällig verändert ist oder anfänglich verändert war, sowie Vergrößerung der zugehörigen Euterlymphdrüsen (Verdacht der äußerlich erkennbaren Eutertuberkulose);

c) Umrindern oder unregelmäßiges Rindern und schleimig-eitriger, seltener rein eitriger, nicht übelriechender, in

---

[1]) Der bezeichneten Anschwellung eines oder mehrerer Euterviertel ist das Vorhandensein harter, schmerzloser Knoten im Innern eines oder mehrerer Euterviertel gleich zu erachten, die sich erst nach dem Ausmelken beim Durchtasten der Euterviertel bemerkbar machen.

der Regel nur spärlicher Ausfluß aus der Scheide bei Ausschluß einer anderen Ursache — wie namentlich ansteckender Scheidenkatarrh, seuchenhaftes Verkalben — sowie Schwellung der inneren Darmbeinlymphdrüsen (Verdacht der äußerlich erkennbaren Gebärmuttertuberkulose);

d) chronischer Durchfall mit starker Störung der Ernährung bei Ausschluß anderer Ursachen — wie namentlich Verabreichung abführend wirkenden Futters, Vorliegen der sogenannten spezifischen (paratuberkulösen) Darmentzündung — [Verdacht der äußerlich erkennbaren Darmtuberkulose[1])].

2. Hohe Wahrscheinlichkeit des Vorhandenseins der Tuberkulose.

Bei einem Rinde ist das Vorhandensein der Tuberkulose als in hohem Grade wahrscheinlich anzusehen, wenn durch die Untersuchung festgestellt ist, daß mindestens folgende Krankheitsmerkmale bestehen:

a) Rasselgeräusche im Bereiche der Lungen in erheblicherer Ausbreitung und anfallsweise auftretender, matter und tonloser Husten bei Ausschluß anderer Ursachen sowie starke und fortschreitende Störung der Ernährung,

oder Rasselgeräusche im Bereiche der Lungen mit freiwillig auftretendem Husten, ferner Störung der Ernährung und Vorhandensein harter, scharf abgegrenzter Knoten in fühlbaren Lymphdrüsen oder unzweifelhafter Erscheinungen der Tuberkulose eines anderen Organs — wie eines Gelenkes, der Augen, Gehirnhäute, Hoden —

oder Rasselgeräusche im Bereiche der Lungen mit freiwillig auftretendem Husten, ferner Störung der Ernährung und häufigerem, ohne erkennbare Ursache auf-

---

[1]) Äußerlich erkennbare Darmtuberkulose ist beim Rinde sehr selten.

tretendem Aufblähen, sofern vollkommen zuverlässige Angaben hierüber vorliegen

(hohe Wahrscheinlichkeit des Vorliegens der äußerlich erkennbaren Lungentuberkulose);

b) harte, knotige, schmerzlose, nicht vermehrt warme Anschwellung eines oder mehrerer Euterviertel[1]), ohne daß die Milch aus dem oder den erkrankten Eutervierteln sinnfällig verändert ist oder anfänglich verändert war, und Vergrößerung der Euterlymphdrüsen sowie stark fortschreitende Störung der Ernährung,

oder die gleichen Erscheinungen an dem Euter und den Euterlymphdrüsen und Vorhandensein von harten, scharf abgegrenzten Knoten in den vergrößerten Euterlymphdrüsen

(hohe Wahrscheinlichkeit des Vorliegens der Eutertuberkulose);

c) schleimig-eitriger oder eitriger, nicht übelriechender, in der Regel nur spärlicher Ausfluß aus der Scheide bei Ausschluß einer anderen Ursache oder Umrindern oder unregelmäßiges Rindern auch ohne Ausfluß aus der Scheide, sofern daneben gleichzeitig festzustellen sind:

entweder starre Beschaffenheit der Gebärmutterhörner oder Eileiter,

oder harte, scharf abgegrenzte Knoten in den inneren Darmbeinlymphdrüsen

(hohe Wahrscheinlichkeit des Vorliegens der Gebärmuttertuberkulose);

d) chronischer Durchfall mit starker Störung der Ernährung und erhebliche Vergrößerung der Gekrösdrüsen sowie Vorhandensein harter, scharf abgegrenzter Knoten in ihnen

---

[1]) Der bezeichneten Anschwellung eines oder mehrerer Euterviertel ist das Vorhandensein harter, schmerzloser Knoten im Innern eines oder mehrerer Euterviertel gleich zu erachten, die sich erst nach dem Ausmelken beim Durchtasten der Euterviertel bemerkbar machen.

(hohe Wahrscheinlichkeit des Vorliegens der äußerlich erkennbaren Darmtuberkulose).

II. Ausführung der klinischen Untersuchung.

Bei der klinischen Untersuchung auf das Vorhandensein der im § 10 Abs. 1 Nr. 12 des Gesetzes bezeichneten Tuberkuloseformen ist folgendes zu beachten:

Die Auskultation der Lungen ist im Stande der Ruhe und nach kurzem Trabenlassen oder nach vorübergehender Unterbrechung der Atmung durch geeignetes Zuhalten der Nase und des Maules vorzunehmen.

Bei Verdacht der Eutertuberkulose sind das Eutergewebe nach vorherigem Ausmelken und die Euterlymphdrüsen sorgfältig abzutasten[1].

Bei Verdacht der Gebärmutter- und Darmtuberkulose ist zur Feststellung etwaiger Veränderungen der Gebärmutter, der Eileiter, inneren Darmbein- und Gekrösdrüsen stets eine Untersuchung vom Mastdarm aus vorzunehmen. Diese Untersuchung empfiehlt sich auch bei Tieren, die wegen Verdachts der Lungentuberkulose untersucht werden, zur Ermittlung einer tuberkulösen Erkrankung der Hinterleibsorgane, die das Vorhandensein der Lungentuberkulose in hohem Grade wahrscheinlich machen kann (vgl. I Nr. 2 unter a).

Handelt es sich um die Untersuchung ansteckungsverdächtiger Tiere in einem Bestande (§ 301), so sind diejenigen Tiere besonders genau zu untersuchen, bei denen nach den vorliegenden Angaben verdächtige Krankheitserscheinungen — wie häufiger freiwilliger Husten, Rückgang in der Ernährung, wiederholtes Aufblähen, Atembeschwerden im Stande der Ruhe oder bei der Arbeit, Knoten im Euter,

[1]) Um die Euterlymphdrüsen in ausreichender Weise abtasten zu können, ist es zunächst erforderlich, die Haut an der der Innenfläche des Schenkels zugekehrten Euterfläche mit den Spitzen des Zeige-, Mittel- und Ringfingers bis zur Schenkeleuterfalte in die Höhe zu schieben.

Umrindern, unregelmäßiges Rindern, Ausfluß aus der Scheide, Vorhandensein von Krusten und Borken an dem der Scham zugekehrten Teile der Schwanzfläche — bestehen, sowie diejenigen Tiere, die neben seuchenkranken und der Seuche verdächtigen längere Zeit gestanden haben.

III. Bakteriologische Untersuchung.

Für die zur Feststellung der Tuberkulose erforderlichen bakteriologischen Untersuchungen von Ausscheidungen tuberkuloseverdächtiger Tiere (§ 300 Abs. 3) gelten folgende Grundsätze:

1. Entnahme der Proben.

Die Proben sind so zu entnehmen, daß eine Verunreinigung von außen ausgeschlossen ist. Insbesondere müssen Instrumente, die zur Probenentnahme verwendet werden, desgleichen Gefäße, in denen die Proben zu einer Untersuchungsstelle gesandt werden, vor jedem Gebrauche sorgfältig gereinigt und durch strömenden Dampf, kochendes Wasser oder über der Flamme sterilisiert werden. Es hat sich auch der die Proben Entnehmende vor jeder Probenentnahme die Hände mit warmem Wasser und Seife zu waschen, mit einem geeigneten Desinfektionsmittel nachzuspülen und hierauf zu trocknen.

Bei Verdacht der Lungentuberkulose ist als Probe zur bakteriologischen Untersuchung Material zu entnehmen, das nach einem Hustenstoß aus der Lunge ausgeworfen wird (Entnahme aus der Rachenhöhle mit einem Rachenlöffel oder mit der eingeführten Hand oder Entnahme auf andere geeignete Weise).

Bei Verdacht der Eutertuberkulose wird eine Milchprobe in der Menge von etwa 100 ccm entnommen, nachdem das Euter mit warmem Wasser und Seife abgewaschen und hierauf mit 50 prozentigem Spiritus abgerieben und mit steriler Watte oder einem frisch gewaschenen Tuche abgetrocknet worden ist. Die erste Milch aus den Strichen der erkrankten Viertel wird beseitigt und erst die weitere in die Probeflasche gemolken. Läßt sich aus den verdächtigen Vierteln eine hinreichende Menge Milch nicht ermelken, so ist Milch aus den unverdächtigen Vierteln hinzuzumelken. Beim Versand der Milch an eine Untersuchungsstelle ist den 100 ccm Milch 0,5 g Borsäure zur Verhütung der Zersetzung zuzufügen.

Bei Verdacht der Gebärmuttertuberkulose ist Ausflußmaterial aus der Scheide mit einem Scheidenlöffel zu entnehmen, nachdem die Schamgegend mit warmem Wasser und Seife abgewaschen, mit 50prozentigem Spiritus nachgerieben und mit steriler Watte oder einem frischgewaschenen Tuche abgetrocknet worden ist. Gelingt es nicht gleich, mit dem Löffel Material zu erhalten, so ist der Versuch mehrmals zu wiederholen. Es kann auch durch wiederholtes Zusammendrücken der Gebärmutter mit der in den Mastdarm eingeführten Hand die Entleerung etwaigen ungewöhnlichen Inhalts herbeigeführt und dadurch die Entnahme von Untersuchungsmaterial aus der Scheide erleichtert werden.

Bei Verdacht der Darmtuberkulose ist eine Kotprobe aus dem Mastdarm zu entnehmen.

2. Ausführung der bakteriologischen Untersuchung.

Die bakteriologische Untersuchung von Ausscheidungen tuberkuloseverdächtiger Rinder geschieht durch mikroskopische Prüfung gefärbter Ausstrichpräparate und durch Verimpfung von Material an Versuchstiere. Bei klinischem Verdacht der Darmtuberkulose hat die Untersuchung lediglich durch Verimpfung stattzufinden.

a) Mikroskopische Prüfung.

Zur mikroskopischen Prüfung auf Tuberkelbazillen eignen sich Ausscheidungen tuberkuloseverdächtiger Tiere aus den Lungen und der Gebärmutter sowie Milch, nicht dagegen Kot, weil in diesem Bazillen vorkommen können, die hinsichtlich ihrer Größe und Form sowie ihres Verhaltens gegenüber Farbstoffen und Entfärbungsmitteln (Säuren) mit den Tuberkelbazillen so große Übereinstimmung zeigen, daß sie im gefärbten Präparate von ihnen nicht unterschieden werden können. Mit diesen tuberkelbazillenähnlichen säurefesten Stäbchen ist auch bei der mikroskopischen Untersuchung von Lungenauswurf, Gebärmutterausflußmaterial und Milch tuberkuloseverdächtiger Tiere zu rechnen, in letzterer dann, wenn sie nicht unter den erforderlichen Vorsichtsmaßregeln (vgl. III Nr. 1) entnommen worden ist.

Vor Anfertigung der Ausstrichpräparate für die mikroskopische Untersuchung ist eine Vorprüfung oder Vorbereitung des Materials notwendig.

Lungenauswurf und Ausflußmaterial aus der Gebärmutter werden in eine sterilisierte, auf einer schwarzen Unterlage ruhende Glasschale gebracht und nach Eiterflöckchen durchsucht. Wenn solche vorhanden sind, werden aus ihnen, sonst aus Proben der Gesamtmasse des Materials, mindestens zwei Ausstrichpräparate auf Objektträgern angefertigt.

Falls sich im Lungenauswurf und Ausflußmaterial aus der Gebärmutter Eiterflöckchen nicht finden, kann auch die Antiformin- oder eine ähnlich wirkende Methode zur Vorbereitung des Materials für den mikroskopischen Nachweis der Tuberkelbazillen angewandt werden, vorausgesetzt, daß Untersuchungsmaterial in ausreichender Menge zur Verfügung steht. Zur Ausführung der Antiforminmethode wird ein Teil des für diesen Zweck zur Verfügung stehenden Materials mit zwei Teilen einer 50prozentigen Lösung von Antiformin in destilliertem Wasser versetzt. Unter öfterem Umschütteln des Gemisches tritt die Verflüssigung des Lungenauswurf- oder Gebärmutterausflußmaterials in $^1/_2$ bis 1 Stunde ein. Nachdem zu der dünnflüssigen Mischung des Antiformins mit dem Material unter gutem Umschütteln die gleiche Menge von 96- oder 50prozentigem Alkohol oder auch Brennspiritus hinzugefügt ist, können die etwa darin enthaltenen Tuberkelbazillen mit Hilfe einer Zentrifuge ausgeschleudert werden.

Das Zentrifugieren hat in einer Zentrifuge, die etwa 3000 Umdrehungen in der Minute macht, mindestens $^1/_4$ Stunde, in einer Zentrifuge, die etwa 1500 Umdrehungen in der Minute macht, mindestens $^1/_2$ Stunde lang zu geschehen. Nach $^1/_4$ ($^1/_2$) stündigem Zentrifugieren wird die in den Zentrifugenröhrchen über dem Bodensatze stehende Flüssigkeit abgegossen, durch destilliertes Wasser ersetzt und von neuem $^1/_4$ ($^1/_2$) Stunde lang zentrifugiert, um das Antiformin aus dem Bodensatze zu entfernen. Nunmehr werden aus dem Bodensatze mindestens zwei Ausstrichpräparate auf Objektträgern angefertigt.

Milch ist in der Weise zur mikroskopischen Untersuchung auf Tuberkelbazillen vorzubereiten, daß mindestens 20 ccm mit Hilfe einer Zentrifuge $^1/_4$ ($^1/_2$) Stunde lang ausgeschleudert und aus dem hierbei sich abscheidenden Bodensatze mindestens zwei Ausstrichpräparate auf Objektträgern hergestellt werden.

Zur Anfertigung der Ausstrichpräparate für die mikroskopische Untersuchung wird das Material auf sorgfältig gereinigten ungebrauchten Objektträgern möglichst gleichmäßig ausgestrichen. Sobald das auf den Objektträgern ausgestrichene Material lufttrocken geworden ist, wird es in der üblichen Weise über der Flamme oder durch fünf Minuten langes Einlegen in Methyl- oder Äthylalkohol fixiert. Wenn das ausgestrichene Material nicht genügend gerinnungsfähiges Eiweiß enthält, um die Fixierung möglich zu machen, ist dem Material etwas Hühnereiweiß oder Blutserum zuzusetzen. Durch Untersuchung von Kontrollpräparaten ist vorher festzustellen, daß die zugesetzte einweißhaltige Flüssigkeit frei von säurefesten Bazillen ist. Die Färbung geschieht wie folgt:

1. Färben mit Karbolfuchsin (filtrierte Mischung von 100 ccm 5 prozentiger Karbolsäure und 10 ccm gesättigter alkoholischer Fuchsinlösung) während zwei Minuten über der Flamme unter wiederholtem Aufkochen;
2. Behandlung mit 3 prozentigem Salzsäurealkohol, bis das Präparat farblos erscheint (etwa 30 Sekunden lang), und Nachspülen mit Wasser;

3. Nachfärben mit gesättigter wässeriger Methylenblaulösung etwa 10 bis 15 Sekunden lang;
4. Abspülen in Wasser.

Der negative mikroskopische Befund in gefärbten Ausstrichpräparaten schließt nicht aus, daß das Material, aus dem die Ausstrichpräparate angefertigt wurden, trotzdem Tuberkelbazillen enthält. Ein sicheres Ergebnis liefert nur die Verimpfung des Materials an Tiere. Deshab ist die Entscheidung stets vom Ergebnis des Tierversuchs abhängig zu machen, wenn der mikroskopische Befund in den gefärbten Ausstrichpräparaten negativ ist, desgleichen wenn der mikroskopische Befund irgendeinen Zweifel läßt, ob etwa in den Präparaten vorhandene tuberkelbazillenähnliche Stäbchen Tuberkelbazillen sind oder nicht.

b) Verimpfung von Material auf Versuchstiere.

Lungenauswurf und Ausflußmaterial aus der Gebärmutter können unmittelbar, ohne weitere Vorbereitung, zur Verimpfung auf Versuchstiere (Meerschweinchen) verwendet werden. Es empfiehlt sich, falls wenig Material zur Verfügung steht, dieses mit sterilisierter physiologischer Kochsalzlösung so zu verdünnen, daß auf jedes Versuchstier mindestens 2 ccm Impfmaterial entfallen.

Milch ist vor der Verimpfung auszuschleudern, und zwar sind für je ein Versuchstier mindestens 20 ccm Milch zu verwenden, die in einer Zentrifuge mit etwa 3000 Umdrehungen in der Minute mindestens $^1/_4$ Stunde, in einer Zentrifuge mit etwa 1500 Umdrehungen in der Minute mindestens $^1/_2$ Stunde lang auszuschleudern sind. Der hierbei sich abscheidende Rahm und Bodensatz sind nach Abgießen der Magermilch zu mischen und als Impfmaterial zu verwenden. Stehen zur Impfung für ein Meerschweinchen 80 ccm Milch oder mehr zur Verfügung, so kann von der Verimpfung der Rahmschicht Abstand genommen werden.

Kot ist vor der Verimpfung zur Abtötung von Begleit=

bakterien, die Meerschweinchen rasch töten können, mit Antiformin zu behandeln. Etwa 30 g des zu untersuchenden Kotes werden mit 15 ccm Antiformin und 55 ccm destilliertem Wasser vermischt, die Mischung wird zwei bis drei Stunden stehen gelassen und während dieser Zeit öfters umgeschüttelt. Nach zwei- bis dreistündigem Stehen wird die Mischung $^1/_4$ ($^1/_2$) Stunde lang zentrifugiert und sodann die hierbei in den Zentrifugenröhrchen von dem Bodensatze sich abscheidende Flüssigkeit abgegossen. Ist dies geschehen, so wird der Bodensatz mit 10 ccm destilliertem Wasser aufgeschwemmt, durch sterilisierte (ausgekochte) Gaze oder grobe Leinewand geseiht und je die Hälfte der durchgeseihten Flüssigkeit an Meerschweinchen verimpft.

Die vorgängige Behandlung mit Antiformin kann auch bei Lungenauswurf und Ausflußmaterial aus der Gebärmutter angewandt werden, wenn sich zeigen sollte, daß nach Verimpfung dieses Materials häufiger vorzeitige Todesfälle bei den Impftieren eintreten. Bei Lungenauswurf und Ausflußmaterial aus der Gebärmutter ist jedoch das Antiformin in etwa 5 prozentiger Mischung zu verwenden.

Zu jedem Tierversuche sind mindestens zwei Meerschweinchen zu verwenden. Die Verimpfung des Impfmaterials hat in der Regel in die Muskulatur der inneren und hinteren Fläche eines Hinterschenkels zu erfolgen.

Die geimpften Meerschweinchen können zum Zwecke der Feststellung des Impfergebnisses getötet werden, sobald die der Impfstelle benachbarten Lymphknoten als harte, schmerzlose, von der Umgebung scharf abgegrenzte Knoten von Kleinerbsengröße und darüber hervortreten. Dies kann schon am zehnten Tage nach der Impfung der Fall sein. Treten die Lymphdrüsenveränderungen nicht auf, dann sind die Versuchstiere frühestens sechs Wochen nach Vornahme der Impfung zu töten.

Tuberkulose bei den Impftieren ist als festgestellt anzusehen, wenn in tuberkuloseverdächtigen Veränderungen der Tiere einwandfrei Tuberkelbazillen nachgewiesen sind.

Läßt die bakteriologische Untersuchung tuberkuloseverdächtiger Herde bei den Versuchstieren ausnahmsweise einen Zweifel bestehen, so sind die verdächtigen Herde an mindestens zwei weitere Meerschweinchen zu verimpfen, und außerdem ist neues Material von dem in Frage kommenden tuberkuloseverdächtigen Rinde zur Untersuchung einzufordern.

Anhang B zu Abschnitt II Nr. 12 (§ 302 Abs. 1).

Grundsätze für das Tuberkulose-Tilgungsverfahren.

I. Verpflichtungen des Besitzers.

1 Die dem Tuberkulose-Tilgungsverfahren angeschlossenen Herden sind jährlich wenigstens einmal einer klinischen Untersuchung durch einen Tierarzt, der von der das Verfahren leitenden Stelle zu bezeichnen ist, zu unterwerfen. Die Untersuchung hat sich auf alle Tiere im Alter von mehr als sechs Monaten zu erstrecken. Mastvieh kann von der Untersuchung ausgenommen werden, sofern es in einem besonderen Stall untergebracht und der Verkauf zur Schlachtung mit Sicherheit in Kürze zu erwarten ist. Für die Ausführung der Untersuchung sind die Vorschriften der Anweisung im Anhang A zu Abschnitt II Nr 12 unter II maßgebend.

Außerdem hat jährlich wenigstens dreimal eine bakteriologische Untersuchung einer Probe aus dem Gesamtgemelke der zu dem Bestande gehörigen Kühe auf Tuberkelbazillen stattzufinden. Die Proben sind von dem Besitzer oder dessen Vertreter nach näherer Anweisung der für die Untersuchung zuständigen Anstalt an diese einzusenden. Läßt das Ergebnis der Untersuchung darauf schließen, daß sich in dem Bestande tuberkulöse Tiere befinden, so ist eine Nachuntersuchung des

Bestandes, nötigenfalls durch einen anderen Tierarzt, anzuordnen.

2. Der Besitzer ist verpflichtet, Anweisungen des untersuchenden Tierarztes über die Absonderung und sonstige Behandlung etwaiger verdächtiger Tiere unverzüglich Folge zu leisten.

3. Die Kälber sind von ihrem zweiten Lebenstag an von ihren Müttern abgesondert aufzustellen und nur mit ausreichend erhitzter Milch (§ 28 Abs. 3a bis c) zu ernähren. Soweit die Unterbringung der Kälber nicht in einem Stall, in dem Rinder noch nicht gestanden haben, z. B. in einem früheren Schaf- oder Pferdestall erfolgen kann, ist ein von dem Hauptrindviehstalle getrennt gelegener Rinderstall oder eine durch eine Abschlußwand getrennte Abteilung des Hauptrindviehstalls als Kälberstall einzurichten. Letzterenfalls hat vor der Einrichtung eine Desinfektion der zur Verfügung gestellten Abteilung stattzufinden. Die Desinfektion ist nach tierärztlicher Anweisung und unter tierärztlicher Aufsicht auszuführen.

Der Besitzer oder sein Vertreter hat die ausreichende Erhitzung der für die Kälber bestimmten Milch regelmäßig mit Guajactinktur, die ihm von der Anstalt zu liefern ist, nach näherer Angabe des untersuchenden Tierarztes zu prüfen.

In den Fällen, in denen die erhitzte Milch von den Kälbern nicht vertragen wird oder die Erhitzung wegen erheblicher wirtschaftlicher Schwierigkeiten nicht durchführbar ist, kann die Ernährung statt mit erhitzter Milch durch die rohe Milch von Ammenkühen erfolgen, die gut genährt sind, ein gleichmäßig weiches, knotenfreies Euter haben und im übrigen frei von tuberkuloseverdächtigen Erscheinungen sind.

4. Den Besitzern kann nach näherer Anweisung des Ministers die weitere Verpflichtung auferlegt werden, die tuberkulosefrei aufgezogenen Kälber mit Tuberkulin impfen zu lassen und die reagierenden zu schlachten.

5. Die Besitzer haben zur Bestreitung der Kosten des Ver-

fahrens, insbesondere der Kosten für die Untersuchungen einen von der leitenden Stelle festzusetzenden, nach der Kopfzahl der untersuchten Rinder zu berechnenden Betrag zu zahlen. Der Betrag ist so zu bemessen, daß die Summe der Beiträge zur Deckung der Unkosten ausreicht, soweit diese nicht aus anderen Mitteln bestritten werden.

6. Ein Ausscheiden aus dem Tuberkulosetilgungsverfahren darf nur nach vorheriger sechsmonatiger Kündigung zum Schlusse des Rechnungsjahres erfolgen. Vor Ablauf einer Frist von drei Jahren vom Beginne des Rechnungsjahres ab gerechnet, in dem der Beitritt erfolgt, ist das Ausscheiden unzulässig.

II. Verfahren.

1. Werden bei der klinischen Untersuchung Rinder ermittelt, bei denen die Merkmale des Tuberkuloseverdachts oder der hohen Wahrscheinlichkeit der Tuberkulose vorliegen (§ 300 Abs. 1, 2), so hat der Tierarzt den Besitzer auf seine Verpflichtung, die Tiere abzusondern, hinzuweisen und der Ortspolizeibehörde von der Feststellung des Verdachts unter Mitteilung des Ergebnisses der Untersuchung des übrigen Viehbestandes Anzeige zu erstatten. Die Ortspolizeibehörde hat hierauf die Zuziehung des beamteten Tierarztes, sofern dieser nicht selbst die Untersuchung ausgeführt hat, zu veranlassen. Der beamtete Tierarzt hat die Rinder, bei denen der Verdacht oder die hohe Wahrscheinlichkeit der Tuberkulose ermittelt ist, zu untersuchen und gemäß § 301 Abs. 2 sein Gutachten darüber abzugeben, welche Maßregeln zur Bekämpfung der Seuche zu treffen sind. Von der Entnahme von Proben aus den Ausscheidungen der verdächtigen Tiere ist abzusehen, sofern der untersuchende Tierarzt solche Proben schon entnommen hat (vgl. Ziffer 2). Ebenso ist von der Untersuchung der übrigen Tiere des Bestandes durch den beamteten Tierarzt Abstand zu nehmen.

Die Ortspolizeibehörde hat auf Grund des Gutachtens

des beamteten Tierarztes die erforderlichen Anordnungen zu treffen.

2. Der untersuchende Tierarzt hat von den Ausscheidungen der Rinder, bei denen Verdacht oder hohe Wahrscheinlichkeit der Tuberkulose ermittelt ist, nach Maßgabe der Anweisung im Anhang A zu Abschnitt II Nr. 12 unter II Nr. 1 Proben zu entnehmen und an die Anstalt, die von der leitenden Stelle mit den Untersuchungen beauftragt ist, einzusenden.

In besonderen Fällen können Proben auch von den Ausscheidungen solcher Rinder entnommen werden, bei denen zwar nicht sämtliche klinischen Verdachtsmerkmale vorliegen, bei denen aber nach den vorhandenen Merkmalen und in Berücksichtigung der besonderen Verhältnisse nach Ansicht des untersuchenden Tierarztes die Annahme der Tuberkulose begründet erscheint. Bei der Einsendung dieser Proben ist die Anstalt darauf hinzuweisen, daß sie von klinisch nicht in vollem Umfang verdächtigen Tieren stammen.

3. Für die bakteriologische Untersuchung ist die Anweisung der Anlage B zu Abschnitt II Nr. 12 unter III Nr. 2 maßgebend. Bei Untersuchung von Ausscheidungen von Rindern, bei denen nicht sämtliche klinischen Verdachtsmerkmale vorliegen (vgl. Nr. 2), ist der Impfversuch in der Regel auch bei positivem Ausfalle der mikroskopischen Untersuchung vorzunehmen.

Bedarf die Anstalt zur Ausführung der Untersuchung einer weiteren Probe aus den Ausscheidungen, so ist mit der Probeentnahme der untersuchende Tierarzt zu beauftragen.

Die Anstalt hat über die Ausführung der Untersuchungen Buch zu führen. Nähere Bestimmung hierüber bleibt vorbehalten.

4. Von dem Ergebnisse der bakteriologischen Untersuchung sind der beamtete Tierarzt und der Tierarzt, der die klinische Untersuchung ausgeführt hat, in Kenntnis zu setzen. Ersterer hat hierauf unter Berücksichtigung des klinischen Befundes bei der ersten Untersuchung und des Ergebnisses der bakterio-

logischen Untersuchung sein Gutachten über die zu ergreifenden Maßnahmen abzugeben (vgl. § 301 Abs. 2).

Sind durch die bakteriologische Untersuchung Tuberkelbazillen festgestellt, hat aber der beamtete Tierarzt auf Grund der klinischen Untersuchung erhebliche Bedenken dagegen, die Tuberkulose als festgestellt anzusehen, so kann er eine nochmalige bakteriologische Untersuchung veranlassen. In diesem Falle hat er die Proben aus den Ausscheidungen zu entnehmen und an die zuständige Anstalt einzusenden. Werden bei der zweiten bakteriologischen Untersuchung wiederum Tuberkelbazillen ermittelt, so ist die Tuberkulose als festgestellt anzusehen.

Im übrigen ist mit den Tieren, bei denen die Tuberkulose als festgestellt anzusehen ist, nach §§ 302 ff., mit den Tieren, bei denen die Tuberkulose in hohem Grade wahrscheinlich ist, nach § 300 Abs. 6, § 302 Abs. 2, §§ 304 ff., 310, mit den verdächtigen Tieren nach § 314 zu verfahren.

III. Staatsaufsicht.

Das gesamte Verfahren unterliegt der Aufsicht des Ministers, der mit der Überwachung der Ausführung der bakteriologischen Untersuchungen in den Anstalten einen höheren Veterinärbeamten beauftragen wird.

Wird die Nachprüfung einer klinischen Untersuchung angeordnet (vgl. I Nr. 1 Abs. 2), die von einem beamteten Tierarzt ausgeführt ist, so ist diesem und dem Departementstierarzte so rechtzeitig von dem Zeitpunkte der Nachprüfung Kenntnis zu geben, daß sie sich an der Untersuchung beteiligen können.

Die Annahme des tierärztlichen Leiters der Anstalt, in der die bakteriologischen Untersuchungen ausgeführt werden sollen, bedarf der Bestätigung des Ministers.

Anlage A (§ 3).

Anweisung für das Desinfektionsverfahren bei Viehseuchen.

Abgedruckt S. 231 ff.

Anlage B (§ 4).

Anweisung für das Zerlegungsverfahren bei Viehseuchen.

I. Allgemeines.

§ 1. Die Zerlegung eines verendeten oder getöteten Tieres hat den Zweck, über den Ausbruch einer Seuche Gewißheit zu verschaffen oder die Krankheit eines Tieres wegen der etwa in Betracht kommenden Entschädigungsleistung festzustellen.

§ 2. Die Zerlegung muß möglichst bald nach dem Tode des Tieres vorgenommen werden.

§ 3. Der beamtete Tierarzt hat dafür zu sorgen, daß die für die Zerlegung eines Tieres erforderlichen Instrumente in gutem Zustand zur Stelle sind, nämlich in der Regel mehrere Messer, zwei Scheren, zwei Pinzetten, eine Darmschere, zwei Sonden, eine Säge, ein Meißel nebst Schlegel, ein Maßstab, ein Meßgefäß, eine Lupe, erforderlichenfalls ein brauchbares Mikroskop, Instrumente und geeignete Färbemittel zur Herstellung frischer mikroskopischer Präparate sowie einige reine Glas- und Porzellangefäße zur Aufbewahrung von Kadaverteilen, die mikroskopisch oder chemisch untersucht werden sollen.

§ 4. Die Zerlegungen sind an einem vom beamteten Tierarzt für geeignet erachteten Orte auszuführen. Zerlegungen bei künstlichem Lichte sind nur ausnahmsweise zulässig. Die

Ausnahme ist in der Niederschrift anzuführen und besonders zu begründen. Die Ortspolizeibehörde hat für die zur Ausführung der Zerlegungen etwa erforderliche Hilfsmannschaft zu sorgen.

§ 5. Der beamtete Tierarzt hat die Verpflichtung, sich über alle Verhältnisse (Krankheitsverlauf und an den Tieren beobachtete Krankheitserscheinungen), die für die Zerlegung und das abzugebende Gutachten von Bedeutung sind, vor oder während der Zerlegung zu unterrichten. Die Ergebnisse dieser Ermittlungen sind entweder vor den eigentlichen Untersuchungsbefunden oder im Anschluß daran, jedoch in allen Fällen getrennt davon, in der Niederschrift anzugeben.

§ 6. In Fällen, in denen ein bestimmtes Gutachten erst nach der weiteren Untersuchung einzelner Teile abgegeben und diese Untersuchung aus äußeren Gründen nicht sofort bei der Zerlegung vorgenommen werden kann, sind die betreffenden Teile zurückzulegen und möglichst schnell nachträglich zu untersuchen.

In dem über das Ergebnis der Untersuchung zu erstattenden Bericht ist anzugeben, zu welcher Zeit die nachträgliche Untersuchung vorgenommen und welches Verfahren dabei angewandt worden ist.

II. Gang der Zerlegung.

§ 7. Die folgenden Vorschriften über den Gang der Zerlegung gelten für die gewöhnlichen Fälle. In Fällen, in denen von diesem Gange abgewichen worden ist, sind in der Niederschrift die Gründe anzugeben, die die Abweichung veranlaßt haben.

Bei der Tötung und Zerlegung eines Tieres, dessen Krankheitszustand voraussichtlich die Verwertung des Fleisches zur menschlichen Nahrung gestattet, kann, insoweit dadurch die Feststellung der Krankheit nicht beeinträchtigt wird, das beim Schlachten und bei der Fleischbeschau gebräuchliche Verfahren in Anwendung kommen.

§ 8. Die Zerlegung zerfällt in zwei Teile:
A. Äußere Besichtigung.
B. Innere Besichtigung.

A. Äußere Besichtigung.

§ 9. Die äußere Besichtigung erstreckt sich auf den Körper im allgemeinen und auf seine einzelnen Abschnitte.

Was den Körper im allgemeinen betrifft, so sind anzugeben: Tiergattung, Geschlecht, Farbe der Haare, Abzeichen, Alter, Größe, Körperbau, Ernährungszustand, Zeichen des Todes (Totenstarre) und etwa eingetretene Fäulnis.

Von den einzelnen Abschnitten des Körpers sind zu berücksichtigen: der Kopf mit seinen natürlichen Öffnungen, die Beschaffenheit der Schneidezähne und die Lage und Beschaffenheit der Zunge. Wenn sich Flüssigkeit aus der Nase oder dem Maule ergießt, so ist deren Beschaffenheit genau anzugeben. Dann folgt die Untersuchung des Halses, der Brust, des Bauches, des Rückens, des Schwanzes, des Afters, der äußeren Geschlechtsteile, der Milchdrüsen und der Gliedmaßen.

Zeigt sich an irgendeinem Teile eine Veränderung (Geschwür, Wunde, Anschwellung) so sind ihre Lage, Richtung und Größe anzugeben. Eine genaue Untersuchung der veränderten Teile, wobei Einschnitte herzustellen sind, wird am zweckmäßigsten bei der inneren Besichtigung der Teile ausgeführt.

B. Innere Besichtigung.

1. Allgemeine Bestimmungen.

§ 10. Zum Zwecke der inneren Besichtigung wird der Kadaver in der Regel auf den Rücken gelegt und in dieser Lage während der Zerlegung belassen.

Vor der Öffnung der Höhlen wird entweder die Haut vom Kadaver ganz abgetrennt oder nur ein langer Schnitt durch die Haut gemacht, der am Kinnwinkel beginnt, in der Richtung der Luftröhre, zwischen beiden Vorderschenkeln links vom Nabel bis an den Schlauch oder das Euter verläuft und sich hier in zwei Schenkel teilt, die rechts und links von den genannten Teilen bis an den Sitzbeinausschnitt reichen. Am Bauche ist dieser Schnitt nicht sogleich bis in die Bauchhöhle, sondern nur bis in die Unterhaut zu führen. Vom Halse wird die Haut so weit abgetrennt, daß der Raum zwischen den beiden Unterkieferästen, ferner die Ohrspeicheldrüsen und die Luftröhre bloßgelegt sind. Am Bauche und an der Brust wird die Haut vom Längsschnitt aus in der Richtung gegen die Wirbelsäule abgetrennt. Die Vorderschenkel werden vom Brustkorb und die Hinterschenkel vom Becken abgelöst und zur Seite gelegt.

Zuerst wird die Bauchhöhle, dann die Brusthöhle und zuletzt die Kopfhöhle geöffnet. Die Öffnung des Wirbelkanals oder einzelner Gelenkhöhlen geschieht, wenn in ihnen Abweichungen zu vermuten sind.

Liegt ein bestimmter Verdacht in bezug auf die Krankheit vor, an der das Tier gelitten hat, so ist mit derjenigen Höhle zu beginnen, in der die wichtigsten Veränderungen zu erwarten sind.

In jeder Höhle ist der ungewöhnliche Inhalt (Gas, fremde Körper, Gerinnsel oder Flüssigkeit), in der Bauchhöhle auch der Inhalt des Magens und Darmes zu ermitteln; die Menge der in einer Höhle etwa vorhandenen Flüssigkeit ist nach Maß oder Gewicht zu bestimmen. Ferner sind die Lage der in den Höhlen gelegnen Organe und die Farbe und Beschaffenheit der vorliegenden Teile anzugeben. Schließlich ist jedes Organ äußerlich und innerlich zu prüfen.

2. Öffnung der Bauchhöhle.

§ 11. Die Vorhaut und der Penis oder das Euter sind zurückzulegen, indem ihre Aufhängebänder durchschnitten werden. Dann ist die Bauchhöhle durch einen Längs- und Querschnitt zu öffen. Der Längsschnitt erstreckt sich vom Schaufelknorpel bis zur Schambeinfuge, der Querschnitt vom hinteren Rande der letzten Rippe der einen Seite bis zum hinteren Rande der letzten Rippe der anderen Seite. Bei der Anlegung des Längsschnitts ist jede Verletzung der dicht an der Bauchwand gelegenen Organe zu vermeiden. Es ist deshalb zuerst nur ein ganz kleiner Einschnitt hinter dem Schaufelknorpel in das Bauchfell zu machen und beim Einschneiden darauf zu achten, ob Gas oder Flüssigkeit austritt. Durch den Einschnitt wird zuerst der Zeigefinger und sodann der Mittelfinger der linken Hand in die Bauchhöhle eingeführt und die Bauchdecke von den Eingeweiden der Bauchhöhle abgehoben und zwischen beiden Fingern der Schnitt durch die Bauchwand in der Richtung der Mittellinie und links vom Nabel bis zur Schambeinfuge fortgesetzt. Dann ist der Querschnitt zu machen, der am hinteren Rande der letzten Rippen verläuft und an dem außenseitigen Rande der großen Lendenmuskeln endet.

Nach dieser breiten Öffnung der Bauchhöhle werden die allgemeinen Verhältnisse der Bauchhöhle bestimmt, zu denen ein etwa vorhandener ungewöhnlicher Inhalt, die Lage und Farbe sowie das sonstige Aussehen der vorliegenden Teile und der Stand des Zwerchfells gehören.

Wenn die tödliche Krankheit an den Organen der Bauchhöhle zu suchen ist, empfiehlt es sich, an die Öffnung der Bauchhöhle ihre Untersuchung (§ 13) sofort anzuschließen. In der Regel aber ist nach Öffnung der Bauchhöhle und Feststellung ihrer allgemeinen Verhältnisse die Untersuchung der Brusthöhle vorzunehmen und hierauf erst die weitere Prüfung der Bauchhöhle auszuführen.

3. Öffnung und Untersuchung der Brusthöhle.

§ 12. Zunächst werden die Weichteile vom Brustkorb abgelöst und untersucht. Wenn Veränderungen angetroffen werden, sind Schnitte durch die Brustwände zu legen.

Sodann werden die beiden Brustwände mit dem Messer oder mit einer Säge durchtrennt. Die Trennungslinien verlaufen auf jeder Seite von vorn nach hinten und liegen bei größeren Tieren etwa 10 cm über den Ansatzstellen der Rippenknorpel an die Rippen, bei kleineren Tieren an diesen Ansatzstellen.

Nun wird das Zwerchfell, soweit es zwischen den Endpunkten der Sägelinien angeheftet ist, dicht an den Knorpeln der falschen Rippen und dem Schaufelknorpel abgetrennt, das Brustbein im Zusammenhange mit den Rippenknorpeln und den abgesägten Teilen der Knorpelstücke der Rippen nach aufwärts geschlagen und dabei das Mittelfell und der Herzbeutel mit Vermeidung jeder Verletzung des letzteren abgetrennt.

Darauf werden das Brustbein mit dem Habichts- und Schaufelknorpel, die Knorpel der Rippen, die bei älteren Tieren verknöchert sind, und die abgesägten Teile der Knorpelendstücke der Rippen geprüft.

Nunmehr werden der Zustand der Brustfellsäcke und das Verhalten des Brustfells bestimmt. Die Menge des etwaigen ungewöhnlichen Inhalts ist nach Maß oder Gewicht festzustellen. Dann sind der Ausdehnungszustand, die Lage und das Aussehen der einzelnen Lungenteile und das Verhalten des Mittelfells, namentlich der darin vorhandenen Lymphknoten, und der großen außerhalb des Herzbeutels gelegenen Gefäße anzugeben.

Demnächst wird der Herzbeutel geöffnet und sein Zustand bestimmt. Hierbei sind zu beachten Größe und Form des Herzbeutels, etwa vorhandener ungewöhnlicher Inhalt, Beschaffenheit der sich berührenden Flächen der beiden Herzbeutelblätter und die Dicke der letzteren.

Dann ist die Untersuchung des Herzens vorzunehmen: Lage, Größe, Gestalt, Farbe, Konsistenz (Totenstarre) des Herzens, Blutgehalt der Kranzgefäße und der einzelnen Abschnitte (Vorhöfe und Kammern) und Fettgehalt des subperikardialen Gewebes. Nächstdem folgt die Öffnung des Herzens, das hierbei noch in seinem natürlichen Zusammenhang im Kadaver verbleibt.

Die Zerlegung des Herzens zerfällt in drei Teile:

Zuerst werden Menge und Beschaffenheit des in den einzelnen Herzabschnitten gelegenen Blutes und die Weite der zwischen den Vor- und Herzkammern gelegenen Öffnungen bestimmt. Zu diesem Zwecke werden die Vor- und Herzkammern durch vier getrennte Schnitte geöffnet. Bei der Öffnung ist die Basis des Herzens zu schonen, weil sich an sie die zwischen den Vor- und Herzkammern gelegenen Klappen anheften. Zuerst wird die rechte Herzkammer, dann der rechte Vorhof, ferner der linke Vorhof und endlich die linke Herzkammer geöffnet. Der Inhalt jedes Abschnitts wird nach Menge, Aussehen und Gerinnungszustand bestimmt. Die Weite der Öffnungen wird durch vorsichtiges Einführen der zugespitzten Faust vom Vorhof aus festgestellt.

Dann wird das Herz herausgeschnitten und die Weite des Anfangsteils der Aorta und der Lungenarterie sowie die Dicke seiner Wandungen geprüft. Darauf folgt die Untersuchung der Schlußfähigkeit der an den arteriellen Mündungen gelegenen halbmondförmigen Klappen.

Endlich findet die volle Öffnung der beiden Herzkammern statt, um die Beschaffenheit der zwischen den Vor- und Herzkammern gelegenen Klappen mit den zugehörigen Sehnenfäden und Papillarmuskeln, der halbmondförmigen Klappen der Aorta und Lungenarterie, der Scheidewand der Herz- und Vorkammern, der Innenhaut des Herzens und des Herzmuskels (Dicke, Farbe und sonstige Beschaffenheit) festzustellen. Auch die Untersuchung der Kranzgefäße darf nicht unterbleiben.

Die Untersuchung der übrigen Teile der Lungenarterie ist mit derjenigen der Lunge und die des Brustteils der Aorta mit derjenigen des Bauchteils zu verbinden.

Demnächst folgt die Untersuchung der Lungen. Um die Lungen genau untersuchen zu können, müssen sie aus der Brusthöhle herausgenommen werden. Dies muß vorsichtig geschehen, damit das Lungengewebe nicht zerrissen oder gedrückt wird. Sind Verwachsungen zwischen den Lungen und der Rippenwand vorhanden, so sind sie nicht zu durchschneiden, sondern es ist das Rippenfell an den betreffenden Stellen mitzuentfernen. Nachdem die Lungen herausgenommen worden sind, werden ihre Größe, Gestalt, Farbe und Konsistenz bestimmt. Endlich müssen große, glatte Einschnitte in die Lungen gemacht werden, um ihre innere Einrichtung festzustellen. Soll endlich der Zustand der Blutgefäße und Luftröhrenäste ermittelt werden, so müssen sie mit der Schere aufgeschnitten und bis in ihre Verästelungen verfolgt werden.

An die Untersuchung der Lungen schließt sich diejenige der oberen Abschnitte der Rippen an.

In denjenigen Fällen, in denen eine vollständige Zerlegung der Brustorgane aus irgendeinem Grunde nicht erforderlich erscheint, es aber angezeigt ist, ihre allgemeinen Verhältnisse kennen zu lernen oder nur ein einzelnes Organ genauer zu untersuchen, kann ein verkürztes Verfahren angewandt werden. Man nimmt die Lungen im Zusammenhange mit dem Herzen und den Halsorganen heraus und trennt hierauf die einzelnen Teile je nach Bedürfnis voneinander, um sie zu untersuchen, oder nimmt die Untersuchung vor, ohne den Zusammenhang der Teile aufzuheben.

4. Untersuchung der Bauchhöhle.

§ 13. Bei der Untersuchung der Bauchhöhle und der in ihr gelegenen Organe ist eine bestimmte Reihenfolge einzuhalten, um den Zusammenhang der Teile möglichst wenig aufzuheben und kein Organ unbeachtet zu lassen. Es empfiehlt sich folgende Reihenfolge: Netz und Bauchfell der Bauchwand, Leer- und Hüftdarm, kleiner Grimmdarm, Blind- und großer Grimmdarm, Gekröse nebst Lymphknoten, Milz, Zwölffingerdarm und Magen, Gallengang, Leber, Bauchspeicheldrüse, Nieren, Nebennieren und Harnleiter, Harnblase, Geschlechtsteile (beim männlichen Tiere: Vorsteherdrüse, Samenblase,

Hoden, Samenstrang, Rute und Harnröhre; beim weiblichen Tiere: Eierstöcke, Muttertrompeten, Gebärmutter und Scheide), Mastdarm, Zwerchfell, große Gefäße, Muskeln und Knochen der Wirbelsäule und des Beckens.

Wenn größere Veränderungen in der Verbindung und dem Zusammenhange der in der Bauchhöhle gelegenen Organe eingetreten sind, so ist es zulässig, die Organe im Zusammenhange herauszunehmen und außerhalb des Körpers weiter zu untersuchen. Aber auch in diesen Fällen empfiehlt es sich, diejenigen Organe, die sich ohne Schwierigkeiten erreichen lassen, in der vorgeschriebenen Reihenfolge zu prüfen, um dadurch den Rest der Organe, die im Zusammenhang auszulösen sind, möglichst zu verkleinern.

1. Pferd.

1. Die beiden linken Lagen des großen Grimmdarms und der kleine Grimmdarm (Mastdarm) sind aus der Bauchhöhle herauszunehmen. Die ersteren sind an die rechte und der letztere an die linke Seite des Kadavers zu legen. Dann sind Leer- und Hüftdarm zu untersuchen. Der Untersuchung geht die Prüfung des Gekröses mit seinen Lymphgefäßen und Lymphknoten voraus. Dann ist die äußere Beschaffenheit der genannten Darmteile (Farbe, Ausdehnung und sonstiges Verhalten) zu bestimmen. Der Leerdarm ist an seiner Ursprungsstelle aus dem Zwölffingerdarm zweimal zu unterbinden und zwischen beiden Unterbindungen abzuschneiden. Dann sind Leer- und Hüftdarm längs der Ansatzstelle des Gekröses abzutrennen und der Hüftdarm eine Handbreit vor der Hüftblinddarmöffnung abzuschneiden. Nach der Herausnahme sind beide Darmteile an der Ansatzstelle des Gekröses mit Hilfe einer Darmschere aufzuschlitzen. Ferner ist der kleine Grimmdarm in die Bauchhöhle zurückzunehmen, sein Gekröse mit den Lymphknoten und Lymphgefäßen zu untersuchen und seine äußere Beschaffenheit zu bestimmen. Der kleine Grimmdarm ist dann vom Mastdarm abzuschneiden

und längs der Ansatzstelle des Gekröses abzutrennen. Die Übergangsstelle zwischen dem großen und kleinen Grimmdarm ist zu unterbinden und der letztere hinter der Unterbindung abzuschneiden. Auch der kleine Grimmdarm ist an der Ansatzstelle des Gekröses mit der Darmschere aufzuschneiden. Nachdem ferner das Gekröse des großen Grimmdarms nebst Lymphgefäßen und Lymphknoten untersucht, die äußere Beschaffenheit des Blind- und Grimmdarms ermittelt und Netz und Bauchspeicheldrüse von der magenähnlichen Erweiterung des großen Grimmdarms abgetrennt worden sind, werden beide Darmteile im Zusammenhang aus der Bauchhöhle herausgenommen. Darauf ist der große Grimmdarm dicht neben den Blutgefäßen und in ihrem Verlauf und der Blinddarm im Verlauf eines Bandstreifens mit der Darmschere aufzuschneiden. Schon während des Aufschneidens ist der Inhalt der einzelnen Darmabschnitte festzustellen. Ferner wird nach der Reinigung des Darmes die Beschaffenheit der einzelnen Abschnitte ermittelt, wobei die lymphatischen Haufen im Dünndarm besonders zu beachten sind.

2. Sodann werden Milz und Netz herausgenommen. Bei der Milz sind Länge, Breite und Dicke zu bestimmen. Dann wird die Milz über die äußere Fläche der Länge nach durchschnitten. Wenn einzelne Stellen verändert sind, werden sie noch besonders durchschnitten.

3. Magen und Zwölffingerdarm werden, nachdem ihre äußere Beschaffenheit untersucht worden ist, in ihrer natürlichen Lage geöffnet, und zwar der Magen an seiner großen Krümmung und der Zwölffingerdarm an seiner unteren Fläche. Schon während des Aufschneidens wird der Inhalt des Magens und des Zwölffingerdarms betrachtet und bestimmt. Dann wird die Wegsamkeit des Lebergallenganges, namentlich seines in der Darmwand gelegenen Teiles, ermittelt. Man betrachtet das Vatersche Divertikel, preßt den Inhalt durch sanften Druck hervor und stellt durch Druck auf den Gang die Ausflußmöglichkeit der Galle fest. Schließlich wird der

Gallengang bis zur Leberpforte aufgeschnitten; dabei wird gleichzeitig die Pfortader geprüft. Zur weiteren Untersuchung werden Magen und Zwölffingerdarm herausgenommen.

4. Die Bauchspeicheldrüse wird erst nach dem Magen und Zwölffingerdarm untersucht. Etwaige Veränderungen werden gewöhnlich schon während des Abtrennens von der magenähnlichen Erweiterung des Grimmdarms wahrgenommen. Im allgemeinen ist sie ein Organ von geringer pathologisch-anatomischer Bedeutung.

5. Die Leber wird, nachdem ihre Lage bestimmt ist, herausgenommen und zuerst äußerlich untersucht. Dann wird durch jeden Lappen ein großer, langer Schnitt geführt und darauf der Blutgehalt und die Beschaffenheit des Gewebes bestimmt. Hierbei ist der Zustand der Leberläppchen, namentlich das Verhalten ihrer äußeren und inneren Abschnitte, anzugeben.

6. Um die Nieren und Nebennieren herauszunehmen, wird ein horizontaler Längsschnitt außenwärts von den Nieren durch das Bauchfell gemacht, letzteres nach innen zurückgeschoben und Nieren und Nebennieren ausgelöst. Hierbei ist besondere Aufmerksamkeit auf das Verhalten der Harnleiter zu richten. Wird an den Harnleitern eine Abweichung ermittelt, so sind sie in Verbindung mit den Beckenorganen zu lassen. Nachdem dann die Kapsel von jeder der beiden Nieren entfernt worden ist, werden Größe, Gestalt, Farbe, Festigkeit und etwa vorhandene krankhafte Veränderungen festgestellt. Dann wird über den äußeren gewölbten Rand ein Längsschnitt durch die ganze Dicke jeder Niere bis zum Nierenbecken geführt, und es werden, nachdem die Schnittfläche abgespült worden ist, Mark- und Rindensubstanz, Nierenbecken und Blutgefäße untersucht. Die Nebennieren werden äußerlich und auf dem Durchschnitt geprüft. Die Harnleiter werden bis zu ihrem Eintritt in die Harnblase aufgeschnitten.

7. Nachdem ferner die Harnblase an ihrer unteren Wand

durch einen Längsschnitt geöffnet und ihr Inhalt festgestellt worden ist, werden Harnblase, Mastdarm und die mit ihnen in Verbindung stehenden Geschlechtsorgane im Zusammenhange herausgenommen und untersucht. Bei weiblichen Tieren werden zuerst die Eierstöcke, dann die Scheide und schließlich die Gebärmutter betrachtet. Bei der Gebärmutter sind die Weite und der Inhalt, die Beschaffenheit der inneren Oberfläche, der Wand und der Anhänge zu ermitteln. Das Euter ist von hintenher zu durchschneiden. Bei männlichen Tieren sind der Leistenkanal, der Samenstrang und der Hoden nebst Nebenhoden besonders zu beachten. Der Hoden wird vom freien Rande aus gegen den Nebenhoden durchschnitten. Der Mastdarm wird an der oberen Wand geöffnet.

8. Darauf wird das Zwerchfell herausgeschnitten und untersucht. Außerdem werden die großen Blutgefäße, nämlich der Brust- und Bauchteil der Aorta bis zur Teilung, die Bauchschlagader, die vordere und hintere Gekrösarterie mit ihren Ästen, dann der Milchbrustgang und die Becken- und Darmbeinlymphknoten geprüft

9. Schließlich ist eine Untersuchung der Bauch- und Beckenmuskeln, der Rücken- und Lendenwirbelsäule und der Beckenknochen vorzunehmen. Veränderte Abschnitte der Wirbelsäule und der Beckenknochen werden am zweckmäßigsten nach beendigter Zerlegung herausgenommen.

2. Wiederkäuer.

1. Nachdem das Netz untersucht und abgeschnitten worden ist, werden, um Raum zu gewinnen, Pansen, Haube, Psalter und Labmagen im Zusammenhange herausgenommen. Zu diesem Zwecke wird die Verbindung des Pansens mit dem Zwerchfell gelöst, die Speiseröhre hinter dem Zwerchfell durchschnitten und der Zwölffingerdarm gleich nach seinem Austritt aus dem Labmagen unterbunden und hinter der Unterbindung gleichfalls durchschnitten. Dabei ist auf etwa vorhandene ungewöhnliche Verbindungen der einzelnen Magen-

abteilungen mit benachbarten Organen zu achten. Hierauf wird die Milz vom Pansen abgelöst. Dann werden die vier Magenabteilungen zunächst äußerlich und dann nach Öffnung untersucht. Nachdem alsdann das Gekröse des Dünndarms geprüft worden ist, wird der Hüftdarm in der Nähe der Hüftblinddarmöffnung unterbunden und vor der Unterbindung durchschnitten. Hierauf werden Hüft- und Leerdarm ganz dicht am Gekröse abgetrennt und der Leerdarm, nachdem der Zwölffingerdarm am hinteren Ende unterbunden worden ist, hinter der Unterbindung abgeschnitten. Jetzt werden Leer- und Hüftdarm an derjenigen Stelle, wo sich das Gekröse ansetzt, aufgeschlitzt. Sodann wird das Gekröse des kleinen Grimmdarms untersucht, der letztere vor dem Übergang in den Mastdarm abgeschnitten und bis zu der Stelle, wo er sich mit dem Zwölffingerdarme kreuzt, hart am Gekröse ab- abgelöst. Endlich wird auch der Zwölffingerdarm vom Gekröse abgetrennt, aber nicht geöffnet. Blind- und Grimmdarm werden im Zusammenhange herausgenommen, nachdem die Gekröswurzeln durchschnitten worden sind. Darauf wird das Gekröse untersucht. Dann werden die Windungen des großen Grimmdarmlabyrinths voneinander gelöst und mittels Schere dicht an der Gekrösansatzstelle aufgeschnitten. Schließlich wird der Zwölffingerdarm in seiner natürlichen Verbindung mit der Leber aufgeschnitten und in der gewöhnlichen Weise geprüft.

2. Die weitere Zerlegung und die Untersuchung der in der Bauchhöhle gelegenen Organe erfolgt wie beim Pferde.

3. Schwein.

1. Nachdem der Zwölffingerdarm unter der rechten Niere zweimal unterbunden und zwischen den Unterbindungen durchschnitten worden ist, wird sein hinteres, zwischen den Gekrösplatten gelegenes Ende hervorgezogen und in Verbindung mit dem Leer- und Hüftdarm dicht am Gekröse abgeschnitten. Ferner wird der Hüftdarm in der Nähe der Hüft-Blinddarmöffnung unterbunden und vor der Unterbindung durchschnitten.

Nunmehr wird der ganze Dünndarm an der Ansatzstelle des Gekröses mit einer Darmschere aufgeschlitzt. Blinddarm, großer und kleiner Grimmdarm werden im Zusammenhange herausgenommen, indem man die Gekröswurzeln durchschneidet. Der kleine Grimmdarm wird dicht vor dem Mastdarm abgeschnitten. Dann werden die Windungen des großen Grimmdarms vorsichtig auseinandergezogen und ausgelöst und darauf an der Gekrösansatzstelle aufgeschnitten. Der Untersuchung des Darmkanals hat stets diejenige des Gekröses mit seinen Lymphknoten, Lymph- und Blutgefäßen vorauszugehen. Nächstdem werden Netz und Milz herausgenommen.

2. Die weitere Zerlegung und die Untersuchung der in der Bauchhöhle gelegenen Organe erfolgt wie beim Pferde.

4. Fleischfresser.

1. Der Zwölffingerdarm wird hinter der rechten Niere zweimal unterbunden und zwischen den Unterbindungen durchschnitten. Dann wird das hintere Ende des Zwölffingerdarms im Zusammenhange mit Leer-, Hüft-, Blind- und Grimmdarm herausgeschnitten und der Grimmdarm vor dem Mastdarm abgeschnitten. Nunmehr kann der Darm in gerader Linie ausgestreckt und an der Gekrösansatzstelle aufgeschlitzt werden. Der Untersuchung des Darmkanals hat stets diejenige des Gekröses mit seinen Lymphknoten, Lymph- und Blutgefäßen vorauszugehen. Alsdann wird die Milz vom Netze abgelöst und dieses herausgeschnitten.

2. Die weitere Zerlegung und die Untersuchung der in der Bauchhöhle gelegenen Organe erfolgt wie beim Pferde.

5. Öffnung und Untersuchung des Halses.

§ 14. Zunächst sind die großen Gefäße und Nerven zu untersuchen. Dann wird der Kehlkopf im Zusammenhange mit Zunge, Gaumensegel, Schlundkopf (Schlund), Luftröhre und Speiseröhre herausgeschnitten. Wenn Herz und Lunge schon vor der Untersuchung der Halsorgane herausgenommen worden sind, ist darauf zu achten, daß kein Teil der Speiseröhre oder Luftröhre in der Brusthöhle verbleibt.

Nunmehr werden die einzelnen Teile, z. B. Kehlkopf, Luftröhre, Speiseröhre usw., vollständig geöffnet und ihre Beschaffenheit festgestellt. Dabei sind die Muskeln des Kehlkopfs, die Schleimhaut des Kehlkopfs und der Luftröhre, die Lymphknoten am Halse, die Mandeln, die Schilddrüse, die Speicheldrüsen und die Ohrtrompeten zu beachten. Schließlich ist das Verhalten der Halswirbelsäule und der Halsmuskeln festzustellen. Veränderte Abschnitte der Wirbelsäule werden am besten nach beendigter Zerlegung herausgenommen.

6. Öffnung und Untersuchung der Schädelhöhle.

§ 15. Die Haut ist vom Kopfe abzuziehen, und der Kopf selbst vom ersten Halswirbel abzuschneiden. Nachdem hierauf die Weichteile, die den Schädel bedecken, abgetrennt worden sind, wird die Oberfläche der Schädeldecke geprüft. Dann wird die Schädeldecke durch Sägeschnitte abgetrennt. An der Schädeldecke werden sowohl die Schnittflächen wie die Innenfläche untersucht. Darauf wird die äußere Oberfläche der harten Hirnhaut geprüft. Sodann wird die harte Hirnhaut zunächst auf der einen Seite abgetrennt und zurückgeschlagen, um die Beschaffenheit ihrer inneren Oberfläche und der vorliegenden Abschnitte der weichen Hirnhaut zu bestimmen, und demnächst dasselbe an der anderen Seite ausgeführt. Jetzt wird der Sichelfortsatz vom Siebbein abgetrennt und zurückgeschlagen. Dann wird das Gehirn herausgenommen und die Beschaffenheit der weichen Hirnhaut an den Seitenteilen und am Grunde des Gehirns bestimmt. Nachdem ferner die Größe und Gestalt der Hirnwindungen festgestellt worden ist, werden die Seitenkammern des Gehirns geöffnet. Hat man dann den Inhalt und die Ausdehnung der Seitenkammern, die Beschaffenheit ihrer Wandungen und der Adergeflechte ermittelt, so legt man eine Reihe glatter Schnitte durch die Halbkugeln des Großhirns, die gestreiften Körper und die Sehhügel.

Man spaltet durch einen senkrechten Schnitt die Vierhügel und das Kleinhirn bis in die Sylvische Wasserleitung und die vierte Hirnkammer und durchschneidet die Brücke und das verlängerte Mark. An allen Teilen sind Farbe, Füllung der Gefäße und Festigkeit zu bestimmen. Am Schlusse untersucht man die harte Hirnhaut am Schädelgrunde, die Blutleiter und nach Entfernung der harten Hirnhaut die Knochen an den Seiten und am Grunde der Schädelhöhle.

7. Öffnung und Untersuchung der Nasenhöhle nebst Nebenhöhlen und Maulhöhle.

§ 16. Zunächst sind die Weichteile, die an den Seiten des Kopfes liegen, und die Speicheldrüsen zu untersuchen. Darauf wird der Unterkiefer vom Oberkiefer abgetrennt und dabei die Beschaffenheit der Backen bestimmt. Weiter wird das Verhalten der Zähne, des Zahnfleisches, des harten und weichen Gaumens ermittelt. Darauf wird der Oberkiefer im Pfeildurchmesser dicht neben der Nasenscheidewand durchsägt und die Nasenscheidewand herausgeschnitten. Ferner wird der Inhalt der Nasenhöhle und die Beschaffenheit der Schleimhaut untersucht. Nächstdem werden Stirn- und Oberkieferhöhlen geöffnet und ihr Inhalt und ihre Beschaffenheit bestimmt. Endlich folgt die genaue Untersuchung der übrigen Kopfknochen (vgl. § 15).

Ist die Untersuchung eines Auges vorzunehmen, so wird es aus der Augenhöhle im ganzen entfernt und durch einen Äquatorialschnitt in zwei Hälften zerlegt. Darauf folgt die Untersuchung der einzelnen Teile.

Zur Untersuchung des mittleren und inneren Ohres ist ein senkrechter Sägeschnitt durch die Paukenhöhle zu legen, der den inneren mit dem äußeren Gehörgang verbindet.

8. Untersuchung der Gliedmaßen.

§ 17. Nachdem die Haut abgezogen worden ist, erfolgt die Untersuchung der Gliedmaßen im allgemeinen im Anschluß an die anatomische Einrichtung der Teile und an etwa vorhandene, im einzelnen Falle sich schon von außen kennzeichnende Veränderungen. Insbesondere ist das Verhalten der großen Blutgefäße, die unter Umständen ihrem ganzen Verlaufe nach freigelegt und geöffnet werden müssen, der großen Lymphgefäße mit den sich anschließenden Lymphknoten, die stets durch Einschneiden genau untersucht werden müssen, zu berücksichtigen. Hieraus ergibt sich, daß die zur Untersuchung der Weichteile der Gliedmaßen vorzunehmenden Schnitte möglichst in einer dem Verlaufe der Blut- und Lymphgefäßstämme entsprechenden Richtung geführt werden müssen, und daß die Untersuchung der Gelenke, deren zweckmäßigste Öffnung meist durch Querschnitte zu vollziehen ist, gewöhnlich zuletzt erfolgen muß. Schließlich sind in Fällen, in denen Veränderungen an den inneren Abschnitten der Knochen erwartet werden können, nach genauer Besichtigung der äußeren Knochenweichteile (Beinhaut, Bandapparate) die Knochen herauszuschneiden und nach Durchsägung weiter zu untersuchen. Wo es nötig ist, die inneren Teile der Hufe, Klauen usw. zu untersuchen, sind die Hornkapseln abzutrennen; doch genügt es oft, die Hufe, Klauen usw. im Pfeildurchmesser zu durchsägen oder zu durchschneiden.

9. Die Öffnung des Wirbelkanals.

§ 18. Die Wirbelsäule wird an der Rückenseite geöffnet. Nachdem die Haut vom Rumpfe vollständig abgezogen, die Gliedmaßen und Rippen entfernt und die Muskeln von den Dornfortsätzen und den Bogenstücken abgetrennt worden sind, wobei auf die Beschaffenheit der genannten Teile und namentlich auf Knochenbrüche zu achten ist, werden die Dornfortsätze mit den anstoßenden Teilen der Wirbelbogen abgemeißelt. Hierbei ist jede Verletzung der Rückenmarkshäute sorgfältig zu vermeiden. Darauf untersucht man die äußere Fläche der harten Rückenmarkshaut, und es wird, nachdem sie durch einen Längsschnitt geöffnet worden ist, etwaiger ungewöhnlicher

Inhalt, z. B. Flüssigkeit, ermittelt. Dann prüft man die Beschaffenheit des oberen Abschnitts der weichen Rückenmarkshaut. Demnächst wird die harte Rückenmarkshaut mit dem Rückenmark aus dem Wirbelkanale herausgenommen, indem auf jeder Seite durch einen Längsschnitt die Nervenwurzeln nach und nach durchschnitten werden. Sollte eine Untersuchung des Gehirns noch nicht stattgefunden haben, so wird das Rückenmark mit der harten Rückenmarkshaut hinter dem großen Hinterhauptsloche durchschnitten. Das Rückenmark darf hierbei weder gedrückt noch gequetscht werden. Nunmehr wird die Beschaffenheit der unteren Abschnitte der harten Rückenmarkshaut und diejenige der weichen Rückenmmarkshaut geprüft, demnächst das äußere Verhalten des Rückenmarkes angegeben und endlich eine größere Zahl von Querschnitten mit einem dünnen und scharfen Messer durch das Rückenmark geführt, um seine innere Beschaffenheit zu bestimmen. Schließlich werden die Wirbel und Wirbelscheiben geprüft und, wenn Veränderungen an ihnen ermittelt worden sind, die betreffenden Wirbel herausgenommen und in der Regel in der Richtung des Pfeildurchmessers durchsägt.

III. Besondere Bestimmungen über die Zerlegung bei einzelnen Seuchen.

§ 19. In denjenigen Fällen, in denen es sich allein darum handelt, durch die Zerlegung eines Tieres das Vorhandensein einer Seuche festzustellen, kann ein verkürztes Verfahren in der Weise angewandt werden, daß zunächst gewisse Teile oder Gegenden des Körpers untersucht werden.

Ist bei dieser Untersuchung eine Seuche nicht ermittelt, jedoch der Krankheitszustand des Tieres wegen der etwa in Betracht kommenden Entschädigungsleistung festzustellen, so ist die Zerlegung vollständig auszuführen.

Bei dem verkürzten Verfahren ist, je nachdem die eine oder die andere Seuche vermutet wird, folgendermaßen vorzugehen.

1. Milzbrand, Rauschbrand, Wild- und Rinderseuche.

A. Milzbrand.

§ 20. Zunächst sind Haut und Unterhaut an allen denjenigen Stellen, an denen krankhafte Zustände bei der äußeren Besichtigung des Tieres wahrgenommen oder vermutet werden, zu untersuchen.

Sodann ist die Bauchhöhle zu öffnen, um einen etwaigen ungewöhnlichen Inhalt in ihr sowie das Verhalten des Magens, des Darmes, des Gekröses, der Milz und der in der Bauchhöhle gelegenen Lymphknoten zu ermitteln. Dabei ist auch die Beschaffenheit des Blutes zu bestimmen.

Ferner sind in allen Fällen die Brusthöhle und die Halsorgane zu öffnen und zu untersuchen. Die Untersuchung hat sich auf die Lymphknoten der verschiedenen Körperteile, den Schlundkopf, den Kehlkopf, die Luftröhre, die Lungen und das Herz zu erstrecken. Schließlich ist der Zustand der Leber, der Nieren und bei weiblichen Tieren der Gebärmutter festzustellen.

In der Niederschrift ist anzugeben, ob die Tiere vor der Untersuchung noch ungeöffnet oder ob sie bereits ganz oder teilweise zerlegt waren, und ob vorgeschrittene Fäulnis vorlag.

B. Rauschbrand.

Vor allem ist die Beschaffenheit der Haut, der Unterhaut und der Muskulatur festzustellen. Dann ist der Zustand der zugehörigen Lymphknoten zu bestimmen. Ferner sind Milz, Leber, Nieren und Herz, bei weiblichen Tieren auch Geschlechtsorgane, zu untersuchen. Auch das Verhalten der serösen Häute ist anzugeben.

C. Wild- und Rinderseuche.

Entsprechend den drei Formen, in denen die Wild- und Rinderseuche auftritt, sind besonders zu untersuchen

a) Haut, Unterhaut und Lymphknoten an dem Kopfe, dem Halse und der Zunge,

b) Brusthöhle, Herzbeutel, Lungen und Lymphknoten,
c) Darm.

Zur sicheren Feststellung der unter A bis C genannten Seuchen ist eine mikroskopische Prüfung einzelner Kadaver auf die Anwesenheit der Erreger erforderlich. Die Untersuchung hat sich bei Milzbrand auf eine Blutprobe, bei notgeschlachteten Tieren auf veränderte Teile der Milz oder den Gewebssaft der blutig veränderten Teile, bei Rauschbrand auf den Gewebssaft der Rauschbrandgeschwülste und auf Stücke der erkrankten Muskulatur oder des erkrankten Unterhautbindegewebes, bei Wild- und Rinderseuche auf veränderte Teile der Muskulatur und auf die Milz zu erstrecken.

Bleibt das Ergebnis der mikroskopischen Prüfung zweifelhaft, so ist eine weitere Untersuchung in besonderen Untersuchungsstellen durch Anlegung von Kulturen oder durch Verimpfung auf geeignete Versuchstiere vorzunehmen. Nähere Bestimmung hierüber sowie wegen etwaiger Ausführung der Präzipitationsmethode bleibt vorbehalten.

2. Tollwut.

§ 21. Auf die Feststellung des Inhalts des Magens und Darmes ist besonderer Wert zu legen. Dann ist der Zustand der Schleimhaut des Magens und Darmes zu bestimmen. Nunmehr folgt die Untersuchung der Maulhöhle, des Schlundkopfs, der Mandeln und der an den Halsorganen gelegenen Lymphknoten. Weiter sind Nieren, Leber und Milz zu prüfen. Auch die Beschaffenheit des Blutes ist zu beachten.

Sind von tollwutkranken oder tollwutverdächtigen Tieren Menschen gebissen worden, so hat der beamtete Tierarzt sofort nach der Zerlegung das Gehirn einschließlich des verlängerten Marks in unverletztem, aber von der Muskulatur befreiten Knochengerüste (Schädel nebst Atlas) an den Direktor des Königlichen Instituts für Infektionskrankheiten in Berlin N 39, Föhrerstraße 2, in den Provinzen Posen und Schlesien an die Tollwutschutzstation in Breslau VII, Maxstr. 4, zu senden.

3. Rotz.

§ 22. Es hat eine genaue Untersuchung der ganzen Körperoberfläche und besonders der schon von außen sichtbaren oder zu vermutenden krankhaften Stellen der Haut und Unterhaut einschließlich der zugehörigen Lymphgefäße und Lymphknoten stattzufinden. Sodann ist die Schleimhaut der Nasenhöhle, des Schlundkopfs, des Kehlkopfs und der Luftröhre zu untersuchen. Weiter folgt die Untersuchung der am Kopfe und Halse gelegenen Lymphknoten und der Lungen mit ihren Lymphknoten. Endlich ist der Zustand der Milz, der Leber, des Herzens und der Muskeln zu ermitteln.

4. Maul- und Klauenseuche.

§ 23. Sollte zur Feststellung der Maul- und Klauenseuche die Zerlegung eines Tieres erforderlich sein, so ist die Haut an der Krone der Klauen, an den Ballen, im Klauenspalt und an der hinteren Fläche der Zehenglieder sorgfältig zu untersuchen. Ferner ist zu ermitteln, ob die Zitzen des Euters erkrankt sind. Weiter ist die Beschaffenheit des Flotzmauls oder der Rüsselscheibe festzustellen. Dann wird die Schleimhaut des Maules und bei jüngeren Tieren auch diejenige der vier Magenabteilungen und des Darmes geprüft Schließlich ist auch noch eine Untersuchung des Herzens und der großen drüsigen Organe (der Leber und der Nieren) vorzunehmen.

5. Lungenseuche.

§ 24. Nach Öffnung der Brusthöhle sind der etwaige ungewöhnliche Inhalt, die Beschaffenheit des Brustfells und der Ausdehnungszustand der Lungen festzustellen. Nachdem die Lungen herausgenommen worden sind, wird die Oberfläche betrachtet und auf das Vorhandensein entzündlicher Ausschwitzungen geprüft. Dann werden Farbe und Festigkeit der einzelnen Lungenteile bestimmt und schließlich große glatte Einschnitte gemacht, um die innere Beschaffenheit der Lungen zu ermitteln. Bei der Untersuchung der Schnittflächen ist das Verhalten des zwischen den Läppchen gelegenen Gewebes, der Lungenbläschen, der Lymphgefäße und Lymphknoten zu beachten. Auch der Inhalt der Luftröhrenäste und die Beschaffenheit der Schleimhaut sowie das Verhalten der Blutgefäße sind anzugeben.

6. Pockenseuche.

§ 25. Zunächst ist eine genaue äußere Besichtigung vorzunehmen. Es ist namentlich die Beschaffenheit der Haut am Kopfe, besonders um das Maul und die Augen, ferner an der inneren Fläche der Schenkel, am Bauche, an der Brust und an der unteren Fläche des Schwanzes anzugeben. Ferner ist der Zustand der Schleimhaut der Nasenhöhle, des Kehl- und Schlundkopfs und der Luftröhre festzustellen, dann sind Lungen, Herz, Milz, Leber, Nieren, Magen und Darm zu untersuchen.

7. Schweineseuche und Schweinepest.

A. Schweineseuche.

§ 26. Beim schnellen Verlaufe der Schweineseuche zeigen sich oft nur Veränderungen, die der Blutvergiftung zuzurechnen sind. Es sind deshalb besonders die äußere Haut, die serösen Häute, sowie Milz, Leber, Nieren, Herz, Muskeln und Lymphknoten zu untersuchen. Häufiger aber findet sich gleichzeitig eine schwere Lungen-, Brustfell- und Herzbeutelentzündung. Deshalb ist auch eine Untersuchung der Lungen, der Luftröhrenäste, der zugehörigen Lymphknoten, des Brustfells, des Herzbeutels und des Bauchfells vorzunehmen.

In Fällen, wo die Schweineseuche einen langsamen Verlauf genommen hat, ist auf die Untersuchung der Lungen, der Luftröhrenäste, des Lungen- und Rippenfells, des Herzbeutels und der nachbarlichen Lymphknoten besondere Sorgfalt zu verwenden. Auch sind der allgemeine Ernährungszustand und die Beschaffenheit der äußeren Haut zu beachten.

B. Schweinepest.

Hat die Schweinepest einen schnellen Verlauf genommen, so ist der Zustand der äußeren Haut, der Milz, der Leber, der Nieren, des Herzens, der Muskeln und des Brust- und Bauchfells zu ermitteln Gleichzeitig ist die Beschaffenheit des Magens und Darmes, namentlich des Blind- und Grimmdarms, und der in den Gekrösen gelegenen Lymphknoten festzustellen.

In Fällen, wo die Schweinepest einen langsamen Verlauf genommen hat, ist von besonderer Bedeutung die Untersuchung des Magens und Darmes und der zugehörigen Lymphknoten. In diesen Fällen ist die Untersuchung auch auf die übrigen Organe der Bauchhöhle sowie auf die Organe der Brusthöhle und auf die Halsorgane auszudehnen. Dabei ist der allgemeine Ernährungszustand nicht außer acht zu lassen.

8. Rotlauf der Schweine einschließlich des Nesselfiebers (Backsteinblattern).

§ 27. Es wird zunächst die Beschaffenheit der Haut und Unterhaut und hierauf der Schleimhaut des Magens und Darmes, der in der Schleimhaut gelegenen Lymphapparate und der Gekröslymphknoten festgestellt. Dann wird das Verhalten der Milz, der Nieren, der Leber, des Herzens und der Muskeln ermittelt. In Zweifelsfällen ist eine bakteriologische Untersuchung des Blutes vorzunehmen. Beim Nesselfieber (Backsteinblattern) ist eine Untersuchung derselben Organe vorzunehmen, der Zustand der Haut aber besonders genau festzustellen.

9. Geflügelcholera und Hühnerpest.

A. Geflügelcholera.

§ 28. Es ist der Darm, namentlich der Zwölffingerdarm, zu untersuchen. Dabei ist auf Inhalt und Beschaffenheit der Schleimhaut zu achten. Dann folgt die Untersuchung der Lungen und des Herzbeutels, erforderlichenfalls der großen

Luftzellen, der Milz, der Leber und der Nieren. Die mikroskopische Untersuchung des Blutes auf das Vorhandensein der Krankheitserreger ist nicht zu unterlassen. Auch ist in Zweifelsfällen die Verimpfung einer Blutprobe auf eine Taube vorzunehmen.

B. Hühnerpest.

Nach Untersuchung des Darmes sind die Halsorgane auf ihre Beschaffenheit zu prüfen. Dann sind Drüsenmagen, Leber, Milz, Nieren und Geschlechtsorgane zu untersuchen. In Zweifelsfällen ist die Verimpfung einer Blutprobe auf ein Huhn und eine Taube vorzunehmen.

10. Tuberkulose des Rindviehs.

§ 29. Es hat stets eine genaue Untersuchung der Atmungs- und Verdauungsorgane und bei weiblichen Tieren auch der Geschlechtsorgane mit den zugehörigen Lymphknoten stattzufinden. Erforderlichenfalls ist die Untersuchung auf andere Organe und Körperteile auszudehnen. Wenn Tuberkulose der Lungen ermittelt wird, ist festzustellen, ob es sich um Lungentuberkulose in vorgeschrittenem Zustand (§ 10 Abs. 1 Nr. 12 des Gesetzes) handelt. Das Vorliegen solcher Tuberkulose ist dann anzunehmen, wenn in der Lunge das Vorhandensein wenigstens eines tuberkulösen Erweichungsherdes, der in offener Verbindung mit den Bronchien oder deren Verzweigungen steht, ermittelt wird, oder wenn sich tuberkulöse Veränderungen im Bronchialbaum selbst finden. In Zweifelsfällen ist eine mikroskopische Untersuchung der Krankheitsprodukte vorzunehmen. Falls es zweckmäßig erscheint, diese Untersuchung an einer besonderen Prüfungsstelle stattfinden zu lassen, so hat die Untersuchung in den im § 300 Abs. 4 bezeichneten Anstalten zu erfolgen. Die beamteten Tierärzte haben diesen das nötige Untersuchungsmaterial zu übersenden.

Bei der Untersuchung geschlachteter Tiere ist das bei der Fleischbeschau gebräuchliche Verfahren (vgl. § 7 Abs. 2) anzuwenden.

IV. Schlußbestimmungen.

§ 30. Nach beendigter Zerlegung sind alle Teile und deren Abgänge, soweit nicht eine Verwertung zugelassen ist oder eine Aufbewahrung oder eine Verwendung nach § 4 der Anweisung für die unschädliche Beseitigung von Kadavern in Frage kommt, sofort unschädlich zu beseitigen.

§ 31. Die nach Feststellung einer Seuche etwa notwendige Desinfektion der Zerlegungsplätze und der zur Ausführung der Zerlegung benutzten Gerätschaften erfolgt nach der Anweisung für das Desinfektionsverfahren.

V. Abfassung der Niederschrift über die Zerlegung und des Gutachtens.

1. Anfertigung der Niederschrift.

§ 32. Über die bei der Zerlegung eines Tieres ermittelten Befunde ist eine Niederschrift nach Maßgabe des § 38 anzufertigen.

Der beamtete Tierarzt hat dafür zu sorgen, daß die bei der Zerlegung eines Tieres ermittelten Befunde genau in die Niederschrift aufgenommen werden. Zu diesem Zwecke hat der beamtete Tierarzt die ermittelten Befunde entweder während der Zerlegung zu diktieren oder nach der Zerlegung sobald als möglich schriftlich aufzunehmen.

2. Fassung der Niederschrift.

§ 33. Die Niederschrift muß übersichtlich und klar abgefaßt sein. Es sind darin die anwesenden Personen, Tag und Stunde des natürlichen Todes oder der Tötung sowie Tag und Stunde der Zerlegung des Tieres anzugeben.

Die erste Abteilung der Niederschrift handelt über die äußere, die zweite über die innere Besichtigung. Die Anordnung in der zweiten Abteilung ergibt sich aus der Reihenfolge, in der die Organe untersucht worden sind. Der Befund jeder Körperhöhle bildet einen Abschnitt für sich, und jeder Abschnitt trägt den Namen der zur Untersuchung gelangten Höhle als Überschrift.

Das Ergebnis der Untersuchung jedes einzelnen Organs ist in einem besonderen Absatz, der mit einer Nummer zu bezeichnen ist, in der Niederschrift anzugeben. Die Nummern laufen in ununterbrochener Reihenfolge bis zum Schlusse der Niederschrift fort.

Die Befunde an den einzelnen Organen sind kurz und genau und unter möglichster Vermeidung von Kunstausdrücken mitzuteilen. Es genügt nicht, die Beschaffenheit der Organe in Form von bloßen Urteilen, z. B. „gesund, normal, entzündet" usw., zu kennzeichnen.

Ferner empfiehlt es sich, auf die Beschreibung der wichtigsten Befunde eine besondere Sorgfalt zu verwenden, die weniger wichtigen Befunde aber in kurzen Bemerkungen zusammenzufassen

Die Beschreibung erstreckt sich zunächst auf Größe, Gestalt, Farbe und Festigkeit der Teile; erst wenn diese allgemeinen Verhältnisse geschildert worden sind, werden die inneren Verhältnisse der Teile angegeben

Wenn die Zerlegung eines Tieres nicht in der vorgeschriebenen Form erfolgt ist, sind die Gründe für diese Abweichung kurz anzuführen.

Ein Muster für die Niederschrift ist in der Anlage zu dieser Anweisung*) enthalten (vgl. jedoch § 32 Abs. 2).

3. Das Gutachten.

§ 34. Der beamtete Tierarzt hat nach Beendigung der Zerlegung ein Gutachten über den Fall ohne weitere Begründung in der Niederschrift abzugeben. Die Krankheit, an der das Tier gelitten hat, ist ausdrücklich zu bezeichnen. Wenn sich über die Beurteilung des Falles eine Meinungsverschiedenheit zwischen dem beamteten Tierarzt und dem

*) Hier nicht abgedruckt.

von dem Besitzer etwa zugezogenen Tierarzt ergibt, so ist die abweichende Ansicht des letzteren in die Niederschrift aufzunehmen. In zweifelhaften Fällen und in Fällen, in denen weitere Untersuchungen einzelner Teile notwendig sind, ist ein besonderes Gutachten mit Begründung vorzubehalten, das in folgender Form zu erstatten ist:

Es wird mit einer kurzen Geschichtserzählung des Falles begonnen. Sodann wird der Inhalt der Niederschrift über die Zerlegung des Tieres, soweit er für die Beurteilung von Bedeutung ist, wörtlich oder zusammengefaßt wiederholt und hieran das Gutachten mit Begründung angeschlossen. Die Begründung des Gutachtens muß auch für Nichttierärzte verständlich und, soweit es unbeschadet der Deutlichkeit möglich ist, unter Vermeidung von Kunstausdrücken abgefaßt sein.

Anlage C (§ 5).

Anweisung für die unschädliche Beseitigung von Kadavern und Kadaverteilen.

Abgedruckt S. 259.

Anlage D (§ 77).

Bekanntmachung, betreffend Vorschriften über das Arbeiten und den Verkehr mit Krankheitserregern, ausgenommen Pesterregern.

Vom 4. Mai 1904 (RGBl. S. 159).

Der Bundesrat hat in seiner Sitzung vom 28. April d. J. auf Grund des § 27 des Gesetzes, betreffend die Bekämpfung gemeingefährlicher Krankheiten, vom 30. Juni 1900 (Reichs

Gesetzbl. S. 306) die nachstehenden Vorschriften über das Arbeiten und den Verkehr mit Krankheitserregern, ausgenommen Pesterreger, beschlossen.

Berlin, den 4. Mai 1904.

Der Stellvertreter des Reichskanzlers.
Graf von Posadowsky.

Vorschriften über das Arbeiten und den Verkehr mit Krankheitserregern, ausgenommen Pesterreger.

§ 1. Wer mit den Erregern der Cholera oder des Rotzes oder mit Material, welches solche Erreger enthält, arbeiten will, ferner, wer derartige Erreger in lebendem Zustand aufbewahren oder abgeben will, bedarf dazu der Erlaubnis der Landeszentralbehörde. An Stelle der letzteren treten für das Kaiserliche Gesundheitsamt das Reichsamt des Innern, für Militäranstalten das zuständige Kriegsministerium, für Marineanstalten das Reichsmarineamt. Die Erlaubnis darf nur für bestimmte Räume und nur nach Ausweis der erforderlichen wissenschaftlichen Ausbildung erteilt werden. Die den Leitern öffentlicher Anstalten erteilte Erlaubnis gilt auch für die unter ihrer Leitung in diesen Anstalten beschäftigten Personen.

Der Erlaubnis bedarf es nicht bei Untersuchungen, welche der behandelnde Arzt oder Tierarzt zu ausschließlich diagnostischen Zwecken in seiner Praxis bis zur Feststellung der Krankheitsart nach den üblichen diagnostisch-bakteriologischen Untersuchungsmethoden vornimmt.

Lebende Erreger der Cholera oder des Rotzes dürfen nur an Personen und Stellen, die von der zuständigen Behörde die Erlaubnis zur Annahme erhalten haben, abgegeben werden.

§ 2. Wer mit anderen als den im § 1 bezeichneten Erregern von Krankheiten, welche auf Menschen übertragbar sind, oder von Tierkrankheiten, welche der Anzeigepflicht unterliegen, oder mit Material, welches solche Erreger enthält, arbeiten will, ferner wer derartige Erreger in lebendem Zustand aufbewahren will, bedarf dazu der Erlaubnis der zuständigen Polizeibehörde des Ortes, in welchem der Arbeits- oder Aufbewahrungsraum liegt. Die Erlaubnis darf nur für bestimmte Räume und nur nach Ausweis der erforderlichen wissenschaftlichen Ausbildung erteilt werden.

Auf Ärzte und Tierärzte finden die Vorschriften im Abs. 1 mit der Einschränkung Anwendung, daß sie der Polizeibehörde nur eine Anzeige von ihrem Vorhaben unter Angabe des Raumes nach Lage und Beschaffenheit zu erstatten und später jeden Wechsel des Raumes in gleicher Weise anzuzeigen haben.

Weder der Erlaubnis noch der Anzeige bedarf es, wenn die Arbeit und die Aufbewahrung

a) in öffentlichen Krankenhäusern, welche mit den zur Verhinderung einer Verschleppung von Krankheitskeimen erforderlichen Einrichtungen versehen sind, oder

b) in staatlichen Anstalten, welche zu einschlägigem Fachunterrichte dienen oder behufs Bekämpfung der Infektionskrankheiten zur Anstellung von Untersuchungen oder zur Herstellung von Schutz- oder Heilstoffen bestimmt sind, oder

c) vom behandelnden Arzte oder Tierarzt ausschließlich zu diagnostischen Zwecken in seiner Praxis vorgenommen werden.

§ 3. Wer lebende Kulturen von den im § 2 Abs. 1 bezeichneten Krankheitserregern oder Material, welches solche Erreger enthält, feilhalten oder verkaufen will, bedarf dazu der Erlaubnis der zuständigen Polizeibehörde des Ortes, in welchem das Geschäft betrieben wird. Die Erlaubnis darf nur für bestimmte Räume und nur an zuverlässige Personen erteilt werden.

Der Händler hat über die Abgabe von Kulturen oder Material ein Verzeichnis zu führen, in welches die Art der Krankheitserreger, der Tag der Abgabe, der Name und die Wohnung des Erwerbers sowie des etwaigen Überbringers sofort nach der Verabfolgung vom Abgebenden selbst einzutragen sind, und zwar stets in unmittelbarem Anschluß an die nächst vorhergehende Eintragung. Das Verzeichnis ist drei Jahre lang nach Abschluß aufzubewahren.

§ 4. Wer eine Tätigkeit der im § 1 Abs. 1, § 2 Abs. 1 und § 3 Abs. 1 bezeichneten Art in einem ihm zur Verfügung stehenden Raume einer anderen Person gestattet oder aufträgt, hat dies der zuständigen Polizeibehörde (§ 2 Abs. 1 und § 3 Abs. 1) unter Angabe des Raumes sowie der Wohnung, des Berufs, des Vor- und Zunamens dieser Person, ferner jeden Wechsel des Raumes sofort anzuzeigen. Diese Bestimmung findet auf Leiter der im § 2 Abs. 3 bezeichneten öffentlichen Krankenhäuser und staatlichen Anstalten keine Anwendung.

Die sich für die andere Person aus den Bestimmungen in §§ 1 bis 3 ergebenden Pflichten bleiben unberührt.

§ 5. Die im § 1 Abs. 1, § 2 Abs. 1 und § 3 Abs. 1 bezeichnete Tätigkeit sowie die nach § 4 gestattete oder aufgetragene Ausübung solcher Tätigkeit durch andere ist einzustellen, wenn die Erlaubnis der Landeszentralbehörde oder Polizeibehörde zurückgenommen oder wenn die Tätigkeit von der zuständigen Behörde untersagt wird. Die Zurücknahme der Erlaubnis oder die Untersagung soll erfolgen, wenn aus Handlungen oder Unterlassungen der betreffenden Person der Mangel derjenigen Eigenschaften erhellt, welche für jene Tätigkeit vorausgesetzt werden müssen.

§ 6. Wer eine der im § 1 Abs. 1, § 2 Abs. 1 und § 3 Abs. 1 bezeichneten Handlungen vornimmt, hat — auch wenn er von der Einholung der Erlaubnis oder von der Anzeigepflicht entbunden ist — die Erreger so aufzubewahren, daß sie Unberufenen unzugänglich sind; auch hat er sonst alle Vorkehrungen zu treffen, um eine Verschleppung der Krankheitserreger, insbesondere durch Versuchstiere, zu verhüten. Kulturen, infizierte Versuchstiere und deren Organe sowie sonstiges die Krankheitserreger enthaltendes Material müssen, sobald sie entbehrlich geworden sind, derart beseitigt werden, daß jede Verschleppung der Krankheitskeime tunlichst ausgeschlossen wird. Instrumente, Gefäße usw., welche mit infektiösen Gegenständen in Berührung waren, sind sorgfältig zu desinfizieren.

§ 7. Die Versendung von lebenden Kulturen der Cholera- oder Rotzerreger hat in zugeschmolzenen Glasröhren zu erfolgen, die, umgeben von einer weichen Hülle (Filtrierpapier und Watte oder Holzwolle), in einem durch übergreifenden Deckel gut verschlossenen Blechgefäße stehen; das letztere ist seinerseits noch in einer Kiste mit Holzwolle, Heu, Stroh oder Watte zu verpacken. Es empfiehlt sich, nur frisch angelegte Agarkulturen zu versenden.

Material, welches lebende Krankheitserreger dieser Art enthält oder zu enthalten verdächtig erscheint, ist so zu verpacken, daß eine Verschleppung des Krankheitskeims tunlichst ausgeschlossen wird. Zur Aufnahme des Materials sind besonders geeignet starkwandige Pulvergläser mit eingeschliffenem Glasstöpsel und weitem Halse oder in deren Ermangelung Gläser mit glattem zylindrischen Halse, zu deren Verschluß gut passende, frisch ausgekochte Korke zu verwenden sind. Nach der Aufnahme des Materials sind die Gläser sicher zu verschließen, der Stöpsel ist mit Pergamentpapier oder dergleichen zu überbinden; auch ist an jedem Glase ein Zettel fest aufzukleben oder sicher anzubinden, der genaue Angaben über den Inhalt enthält. Zum Verpacken dürfen nur feste Kisten — keine Zigarrenkisten, Pappschachteln und dergleichen — benutzt werden. Die Gläser und sonstigen Behälter sind in den Kisten mittels Holzwolle, Heu, Stroh, Watte und dergleichen so zu verpacken, daß sie unbeweglich liegen und nicht aneinanderstoßen.

Die Vorschriften über die Entnahme choleraverdächtiger Untersuchungsobjekte behufs bakteriologischer Feststellung der Cholera und über die Versendung des Materials an eine Untersuchungsstelle werden durch vorstehende Bestimmungen nicht berührt.

Die Sendungen (Abs. 1 und 2) müssen mit starkem Bindfaden umschnürt, versiegelt und mit der deutlich geschriebenen Adresse sowie mit dem Vermerke „Vorsicht" versehen werden. Bei Beförderungen durch die Post sind die Sendungen als

„dringendes Paket" aufzugeben und den Empfängern telegraphisch anzukündigen. Bei Versendung lebender Kulturen hat der Empfänger dem Absender den Empfang der Sendung sofort mitzuteilen.

§ 8. Die Versendung von lebenden Kulturen der im § 2 Abs. 1 bezeichneten Krankheitserreger hat in wasserdicht verschlossenen Glasröhren zu erfolgen. Diese Röhren sind entweder in angepaßten Hülsen oder, mit einer weichen Hülle (Holzwolle, Watte und dergleichen) umgeben, derart in festen Kästen zu verpacken, daß sie unbeweglich liegen und nicht aneinanderstoßen. Der Empfänger hat dem Absender den Empfang der Sendung sofort mitzuteilen.

Material, welches lebende Krankheitserreger dieser Art enthält oder zu enthalten verdächtig erscheint, ist so zu verpacken, daß eine Verschleppung des Krankheitskeims ausgeschlossen wird.

Die Sendungen (Abs. 1 und 2) müssen fest verschlossen und mit deutlicher Adresse sowie mit dem Vermerke „Vorsicht" versehen werden.

Sachregister.

(Die Zahlen verweisen auf die Seiten).

A.

B.

C. Schulze & Co., G. m. b. H., Gräfenhainichen.

Guttentag'sche Sammlung

Deutscher Reichsgesetze.

Text-Ausgaben mit Anmerkungen. Taschenformat.

1. **Verfassung des Deutschen Reichs.** Von Dr. **L. von Rönne. 10. Aufl.** von Landrat **P. von Rönne** und Regierungsassessor **von Dobbeler.** 1912. 2 M. 60 Pf.

2. **Strafgesetzbuch** für das Deutsche Reich. Von Dr. **H. Rüdorff. 23. Aufl.** bearbeitet von Prof. Dr. **Franz v. Liszt** und Dr. **Ernst Delaquis.** 1910. 1 M. 80 Pf.

3. **Militärstrafgerichtsordnung** nebst Einführungsgesetz. Von Wirkl. Geheimen Kriegsrat Dr. jur. **A. Romen** und Kriegsgerichtsrat Dr. jur. **Carl Rissom.** 1910. 6 M.

4. **Handelsgesetzbuch vom 10. Mai 1897** unter Ausschluß des Seerechts. **14. Aufl.** Herausgegeben von Geh. Justizrat Prof. Dr. **A. Mosse.** 8°. 1911. 5 M.

5. **Wechselordnung vom 3. Juni 1908. Kommentar** von Justizrat Dr. **J. Stranz** und Rechtsanwalt Dr. **M. Stranz,** und das **Wechselstempelsteuergesetz vom 15. Juli 1909** von Geh. Regierungsrat **P. Loeck. 10. Aufl.** 1909. 3 M.

5 a. **Wechselstempelsteuergesetz** apart. **10. Aufl.** 1 M. 25 Pf.

6. **Reichsgewerbeordnung** nebst Ausführungsbestimmungen. Von **Berger** und **Wilhelmi. 18. veränderte und sehr vermehrte Auflage** von Stadtrat Dr. **Karl Flesch** in Verbindung mit Dr. **Friedr. Hiller** und Dr. **Herm. Luppe.** 1910. 4 M.

7. **Post- und Telegraphen-Gesetzgebung.** Nebst Weltpostvertrag und internationalem Telegraphenvertrag. **6. Aufl.** von Geh. Ober-Postrat Dr. **M. König.** 1908. 4 M.

8. Die Reichsgesetze über den **Unterstützungswohnsitz, die Freizügigkeit, den Erwerb und Verlust der Bundes- und Staatsangehörigkeit.** Von Geheimrat Dr. **J. Krech,** Mitglied des Bundesamtes für das Heimatwesen. 8. **Aufl.** 1912. 3 M. 60 Pf.

9. Sammlung **kleinerer strafrechtlicher Reichsgesetze.** Von Dr. **R. H. Kriegsmann,** Privatdozent in Kiel. **3. Aufl.** 1910. 4 M.

10. Das **Reichsbeamtengesetz** von **J. Pieper. 2. Aufl.** 1901. 4 M. 50 Pf.

Reichsbeamtengesetz von 1907 siehe Nr. 82.

11. **Zivilprozeßordnung mit Gerichtsverfassungsgesetz** in der Fassung vom 1. Juni 1910. Von **R. Sydow.** Fortgeführt von **L. Busch. 13. Aufl.** 8°. 1910. 7 M.

12. **Strafprozeßordnung und Gerichtsverfassungsgesetz** nebst den Gesetzen, betr. die Entschädigung der im Wiederaufnahmeverfahren freigesprochenen Personen und die Entschädigung für unschuldig erlittene Untersuchungshaft. Von Dr. **A. Hellweg,** Reichsgerichtsrat. **16. Aufl.** von Professor Dr. **Kohlrausch.** 1912. 3 M.

13. **Konkursordnung und Anfechtungsgesetz.** Von **R. Sydow.** Fortgeführt von **L. Busch. 11. Aufl.** 1911. 2 M. 80 Pf.

14. **Gerichtsverfassungsgesetz** mit Einführungsgesetz. Herausgegeben von **R. Sydow.** Fortgeführt von **L. Busch. 9. Aufl.** 1905. Mit Nachtrag, enthaltend die Novelle vom 1. Juni 1909. 1 M. 50 Pf.

15. **Das Deutsche Gerichtskostengesetz** nebst den Gebührenordnungen für Gerichtsvollzieher, Zeugen und Sachverständige. Von **R. Sydow.** Weiter bearbeitet von Reichsgerichtsrat **L. Busch** und Gerichtsassessor **Arno Busch. 9. Aufl.** 1912. 2 M. 60 Pf.

16. **Rechtsanwaltsordnung.** Von **R. Sydow. 5. Aufl.** von Justizrat **M. Jacobsohn.** 1907. Mit Nachtrag, enthaltend die Bestimmungen vom 22. Mai 1910. 1 M. 20 Pf.

17. Die **Deutsche Gebührenordnung für Rechtsanwälte und das Preußische Gebührengesetz** vom 27. September/6. Oktober 1899. Von **R. Sydow.** Fortgeführt von **L. Busch. 10. Aufl.** 1911. 2 M. 70 Pf.

18. **Reichsstempelgesetz** vom 15. Juli 1909 in der durch das Zuwachssteuergesetz vom 14. Februar 1911 geänderten Fassung. (Börsen-, Lotterie- [Spiel- und Wette-], Frachturkunden-, Fahrkarten-, Kraftfahrzeug-, Tantieme-, Scheck- und Grundstücksübertragungssteuer.) Mit den gesamten Ausführungsbestimmungen. **11. Aufl.** von Geh. Regierungsrat **P. Loeck.** 1912. 8°. 6 M.

19. Die **Seegesetzgebung.** Von Dr. **W. E. Knitschky. 4. Aufl.** bearbeitet von Oberlandesgerichtsrat **Otto Rudorff** in Hamburg. 1908. Mit Anhang, enthaltend die Bestimmungen von 1909. 6 M.

20. **Krankenversicherungsgesetz.** Von weil. Dr. **E. von Woedtke. 11. Aufl.** von Geh. Reg.-Rat Dr. **G. Eucken-Addenhausen.** 1905. 3 M.

21. Die **Konsulargesetzgebung. Von** Professor Dr. **Ph. Zorn. 8. Aufl.** bearbeitet von Reg.-Assessor Dr. **A. Zorn.** 1911. 4 M. 50 Pf.

22. **Patentgesetz.** Nebst Ausführungsbestimmungen, völkerrechtlichen Verträgen und der Patentanwalts-Ordnung. 7. **Aufl.** bearbeitet von **R. Lutter**, Geh. Reg.-Rat im Kaiserl. Patentamt. 1908. 2 M. 80 Pf.

23. **Gewerbe-Unfallversicherungsgesetz.** Von weil. Dr. **E. von Woedtke.** 9. **Aufl.** von **Franz Caspar**, Direktor im Reichsamt des Innern. 1907. 2 M. 50 Pf.

24. **Aktiengesellschaft und Kommanditgesellschaften auf Aktien.** Von Kammergerichtsrat Dr. **H. Keyßner** und Justizrat Dr. **H. Veit Simon.** 6. **Aufl.** von Amtsrichter **L. Keyßner.** 1911. 3 M.

25. **Brausteuergesetz.** vom 15. Juli 1909. Von **A. Düffe**, Oberzollrevisor. 2. **Aufl.** 1910. 3 M.

26. Die Reichsgesetzgebung über **Münz- und Notenbankwesen**, Papiergeld, Prämienpapiere und Reichsschulden. Von Dr. jur **R. Koch**, Präsident des Reichsbankdirektoriums. 6. **Aufl.** 1910. 4 M.

27. Die Gesetzgebung, betr. das **Gesundheitswesen** im Deutschen Reich. Von Dr. jur. **C. Goesch** und Dr. med. **J. Karsten.** 1888. 1 M. 60 Pf.

28. **Bau-Unfallversicherungsgesetz.** Vom 30. Juni 1900. Von **R. Chrzescinski**, Kaiserl. Regierungsrat. 3. **Aufl.** 1900. 2 M.

29. **Erwerbs- und Wirtschaftsgenossenschaften.** Von **L. Parisius** und Dr. **H. Crüger. 14. neu bearb. Aufl.** von Dr. **H. Crüger.** 1912. 1 M. 80 Pf.

30. **Invalidenversicherungsgesetz** vom 13. Juli 1899. Von weil. Dr. **E. von Woedtke. 10. Aufl.** von Regierungsrat **H. Follmann.** 1906. 4 M. (Vergriffen!) Neue Fassung S. 109 Reichsversicherungsordnung.

31. **Gewerbegerichtsgesetz.** Von Stadtrat **L. Mugdan. 7. Aufl.** bearbeitet von **W. Cuno,** Oberbürgermeister zu Hagen i. W. 1911. 2 M. 50 Pf.

32. Reichsgesetz, betr. die **Gesellschaften mit beschränkter Haftung.** Von **L. Parisius** und Dr. **H. Crüger. 12. Aufl.** von Dr. **H. Crüger.** 1912. 1 M. 80 Pf.

33. **Vereins- und Versammlungsrecht.** Von Dr. **E. Ball. 2. Aufl.** von Dr. **F. Friedenthal.** 1907. 2 M. 50 Pf.

Reichs-Vereinsgesetz vom 19. April 1908 siehe Nr. 88.

34. Die **Abzahlungsgeschäfte.** Gesetz vom 16. Mai 1894. **8. vermehrte Aufl.** besorgt von Dr. **E. Wilke,** Landgerichtsrat. 1910. 1 M. 25 Pf.

35. Die **Reichs-Eisenbahngesetzgebung.** Von **W. Coermann,** Kaiserl. Amtsrichter. 1895. 2 M. 25 Pf.

36. Gesetze, betr. die **privatrechtlichen Verhältnisse der Binnenschiffahrt und der Flößerei.** Von **E. Löwe,** Landgerichtsrat. **4. Aufl.** 1909. 3 M.

37. Gesetz gegen den **unlauteren Wettbewerb.** Von Justizrat **A. Pinner. 6. Aufl.** 1912. 1 M. 50 Pf.

38/39. **Bürgerliches Gesetzbuch nebst Einführungsgesetz** von Dr. **A. Achilles.** In Verbindung mit Professor Dr. **André,**

Kammergerichtsrat **Ritgen**, Reichsgerichtsrat Dr. **Strecker**, Senatspräsident Dr. **v. Unzner** herausgegeben von Geh. Ober-Justizrat **Greiff**. 7. **Aufl.** 8°. 1912. 7 M.

40. Gesetz, betr. die **Pflichten der Kaufleute bei Aufbewahrung fremder Wertpapiere (Depotgesetz).** Mit Erläuterungen. Von **F. Lusensky**, Geh. Ober-Regierungsrat. 2. **Aufl.** 1905. 1 M.

41. **Börsengesetz.** In der Fassung der Novelle vom 8. Mai 1908. 2. **Aufl.** Von Wirkl. Geh. Ober-Regierungsrat **Th. Hemptenmacher**, Staatskommissar an der Berliner Börse. 1908. 2 M.

42. **Grundbuchordnung** nebst den preußischen Ausführungsbestimmungen. Mit Einleitung. Von Prof. Dr. **O. Fischer.** 6. **Aufl.** 1912. 2 M.

43. **Zwangsvollstreckung in das unbewegliche Vermögen** im Reiche und in Preußen. Mit Einleitung, Kosten- und Gebührentabellen. Von Dr. **F. Krech**, Kaiserl. Geh. Regierungsrat und Professor Dr. **O. Fischer.** 6. **Aufl.** 1910. 2 M.

44. Das Reichsgesetz über das **Auswanderungswesen** vom 9. Juni 1897. Von Professor Dr. **Felix Stoerk.** 1899. 2 M. 25 Pf.

45. Das **Entmündigungsrecht** unter Berücksichtigung der für Preußen geltenden Vorschriften nebst der preußischen Justiz-Ministerial-Verfügung vom 28. November 1899. Von Landgerichtsrat Dr. **P. Kull** in Cöln. 1900. 1 M. 50 Pf.

46. Die Gesetze des Reiches und Preußens über die **freiwillige Gerichtsbarkeit.** Von **Herm. Jastrow,** Amtsgerichtsrat. 5. Aufl. 1911. 3 M. 60 Pf.

47. Das **deutsche Vormundschaftsrecht** und das preuß. Gesetz über die Fürsorgeerziehung Minderjähriger nebst den dazu gehörigen preußischen Nebengesetzen. Von Oberverwaltungsgerichtsrat **Max Schultzenstein** und Amtsgerichtsrat Dr. **Paul Köhne.** 2. Aufl. 1901. 8 M.

48. Gesetze und Verordnungen, betr. den **Drogen-, Gift- und Farbenhandel** außerhalb der Apotheken. Von Dr. **J. Broh,** Rechtsanwalt. 1899. 1 M. 25 Pf.

49. Deutsche **Kolonialgesetzgebung.** Von Professor Dr. **Philipp Zorn.** 1901. 4 M. 50 Pf.

50. Der **Viehkauf** (Viehgewährschaft) nach dem Bürgerlichen Gesetzbuche. Nebst Verordn. betr. die Hauptmängel und Gewährsfristen beim Viehhandel. Von Rechtsanwalt Dr. **H. Stölzle** und Königl. Kreistierarzt **H. Weiskopf.** 4. Aufl. 1908. 4 M.

51. **Hypothekenbankgesetz** vom 13. Juli 1899. Von Dr. **H. Göppert.** 2. Aufl. Bearbeitet von Geh. Reg.-Rat Dr. **Seidel.** 1911. 2 M. 40 Pf.

52. Gesetz, betreffend die gemeinsamen **Rechte der Besitzer von Schuldverschreibungen.** Von Dr. **Heinrich Göppert.** 1900. 2 M.

53. **Reichspreßgesetz** vom 7. Mai 1874. Mit Kommentar von **A. Born,** Erster Bürgermeister der Stadt Marienburg (Westpr.). 1911. 2. Aufl. 2 M.

54. Die Reichsgesetzgebung über den Verkehr mit Nahrungsmitteln, Genußmitteln und Gebrauchsgegenständen. Von Dr. Georg Lebbin, Nahrungsmittelchemiker in Berlin. 1900. 2 M. 25 Pf.

55. Das Recht der Beschlagnahme von Lohn- und Gehaltsforderungen. Von Justizrat Georg Meyer. 4. Aufl. 1910. 2 M. 60 Pf.

56. Gesetz, betr. die Bekämpfung gemeingefährlicher Krankheiten. Nebst Ausführungsbestimmungen. Von Dr. Bruno Burckhardt, Regierungsrat, Mitglied des Kaiserl. Gesundheitsamts. 1900. 1 M. 40 Pf.

57. See-Unfallversicherungsgesetz. Von Dr. Max Mittelstein, Oberlandesgerichtsrat in Hamburg. 1901. 2 M.

58. Das Recht der unehelichen Kinder nach dem BGB. Von Hermann Jastrow, Amtsgerichtsrat. 1901. 1 M. 80 Pf.

59. Reichsgesetz über die Beurkundung des Personenstandes und die Eheschließung. Von Dr. F. Fidler, Amtsgerichtsrat. 1912. 2. Aufl. 2 M. 50 Pf.

60. Gesetz, betreffend das Urheberrecht an Werken der Literatur und der Tonkunst in der Fassung vom 22. Mai 1910. Von Geh. Justizrat Otto Lindemann. 3. Aufl. 1910. 1 M. 60 Pf.

61. Gesetz über das Verlagsrecht. Von Justizrat E. Heinitz. 2. Aufl. Bearbeitet von Rechtsanwalt Dr. Br. Marwitz. 1911. 1 M. 80 Pf.

62. **Gesetz über private Versicherungsunternehmungen.** Von **H. Könige**, Reichsgerichtsrat. **2. Aufl.** 1910. 4 M. 20 Pf.

63. **Gesetzestafel des Deutschen Reichsrechts.** Systematisch geordnete Nachweisung des z. Z. geltenden Reichsrechts. Ergänzungsband zu der Guttentag'schen Sammlung Deutscher Reichsgesetze. Von **Hugo Bruhns**, Syndikus. 1902. 8°. 2 M. 50 Pf.

64. Gesetzsammlung betr. den **Handel mit Drogen und Giften.** Reichsgesetzliche Bestimmungen und Anhang mit den landesgesetzlichen Verordnungen sämtlicher Bundesstaaten. Von Rechtsanwalt **H. Sonnenfeld**, Syndikus der Berliner Drogisten-Innung. **2. Aufl.** 1912. 4 M.

65. Das **Weingesetz** in der Fassung von 1909. Mit Ausführungsbestimmungen von Dr. **Georg Lebbin**, Nahrungsmittelchemiker. **2. Aufl.** 1909. 2 M. 50 Pf.

66. Die **Eisenbahn-Gesetzgebung.** Von **W. Pietsch**, Rechnungsrat im Reichs-Eisenbahn-Amt. 1902. 5 M. Neue Aufl. im Druck.

67. **Militär-Strafgesetzbuch für das Deutsche Reich** vom 20. Juni 1872 nebst dem Einführungsgesetz. Von Wirkl. Geh. Kriegsrat Dr. jur. **A. Romen** und Kriegsgerichtsrat Dr. jur. **C. Rissom.** 1912. 6 M.

68. Das **Fleischbeschaugesetz.** Vom 3. Juni 1900. Von Dr. **Georg Lebbin**, Nahrungsmittelchemiker und Rechtsanwalt Dr. **Georg Baum.** 1903. 4 M.

69. Reichsgesetz über die **Naturalleistungen der bewaffneten Macht im Frieden** nebst den in Preußen geltenden Bestimmungen. Von Regierungsassessor Dr. **Walter v. Hippel.** 1903. 1 M. 25 Pf.

70. Das **Reichs-Haftpflichtgesetz**, vom 7. Juni 1871. Von Regierungsrat Dr. **G. Eger.** 1903. 3 M.

71. **Kinderarbeit in gewerblichen Betrieben**, vom 30. März 1903. Von **H. Spangenberg**, Oberverwaltungsgerichtsrat. **2. Aufl.** 1904. 1 M. 60 Pf.

72. **Unfallversicherungsgesetz für Land- und Forstwirtschaft** von weil. Dr. **E. von Woedtke**, fortgesetzt von **Alfred Radtke**, Geh. Regierungsrat und Senatspräsident im Reichsversicherungsamt. **2. Aufl.** 1904. 4 M. 50 Pf.

73. **Entschädigung für unschuldig erlittene Verhaftung und Bestrafung.** Nebst Anhang, enthaltend die dazu gehörigen Nebengesetze über Schadensersatz. Von Dr. jur. **A. Romen**, Wirkl. Geh. Kriegsrat. 1904. 2 M.

74. Die **Kaufmannsgerichte** nebst den preuß. Ausführungsbestimmungen. Von Professor Dr. **Max Apt**. **2. Aufl.** 1905. 2 M.

75. Reichsgesetz über die **Konsulargerichtsbarkeit.** Von Dr. jur. **A. F. Vorwerk**, Rechtsanwalt in Schanghai. 2. Ausgabe, mit dem Schutzgebietsgesetz und der Ausführungsverordnung, betr. die Rechtsverhältnisse in den Schutzgebieten. 1908. 2 M.

76. **Die Rechtshilfe im Verkehr mit den ordentlichen Gerichten nach deutschem Reichsrecht.** Von Landrichter Dr. **A. Friedländer.** 1906. 1 M. 80 Pf.

77. **Das Reichserbschaftssteuergesetz.** Vom 3. Juni 1906. Von **Ulrich Hoffmann**, Rechnungsrat im Königl. Preuß. Finanzministerium. **2. Aufl.** 1911. 5 M.

78. **Zigarettensteuergesetz.** Vom 15. Juli 1909. Von Dr. **Cuno**, Regierungsassessor. **2. Aufl.** in Vorbereitung, nach Erlaß der sämtlichen Ausführungsbestimmungen.

79. **Die Militärpensionsgesetze** vom 31. Mai 1906 nebst Ausführungsbestimmungen. Zum Gebrauch für Heer, Marine und Schutztruppe von Dr. jur. **A. Romen**, Wirklicher Geheimer **Kriegsrat.**

a) I. Teil: Offizierpensionsgesetz. 1907. 3 M. 50 Pf.

b) II. Teil: Mannschaftsversorgungsgesetz. 1908. 3 M. 50 Pf.

80. Reichsgesetzgebung **über gerichtliche Registerführung.** Von **Otto Lindemann**, Geh. Justizrat. 1906. 3 M.

81. Gesetz, betr. **Urheberrecht an Werken der bildenden Künste und der Photographie.** Von Dr. **Ludwig Fuld**, Rechtsanwalt. 1907. 1 M.

82. **Reichsbeamtengesetz** in der Fassung vom 18. Mai 1907 und seine Ergänzungen von Geheimrat Professor Dr. **Adolf Arndt.** 1908. 3 M.

83. Reichsgesetz über **den Versicherungsvertrag** nebst Einführungsgesetz. Von Dr. **Paul Hager** und Dr. **E. Bruck. 2. vermehrte und verbesserte Auflage.** 1910. 5 M.

84. **Sammlung kleinerer privatrechtlicher Reichsgesetze** von Oberlandesgerichtsrat **Georg Müller.** 1908. 6 M. 50 Pf.

85. **Scheckgesetz** mit Einleitung usw. Von Prof. Dr. **Max Apt. 5. Aufl.** Mit Postscheckordnung vom 6. Nov. 1908 und im Anhang „Besteuerung des Schecks". 1909. 2 M.

Postscheckordnung vom 6. Nov. 1908. Apart mit Erläuterungen und Ausführungsbestimmungen. (30 Pf.)

86. Die Auslieferungsverträge des Deutschen Reiches von Landrichter A. Cohn. 1908. 4 M.

87. Gesetz zum Schutz der Warenbezeichnungen. Von Geh. Reg.-Rat, Mitglied des Patentamts Dr. Freund und Rechtsanwalt Magnus. 5. Aufl. 1909. 3 M. 50 Pf.

88. Vereinsgesetz vom 19. April 1908. Von Dr. jur. A. Rymen, Wirkl. Geh. Kriegsrat. 3. Aufl. 1912. 2 M. 50 Pf.

89. Vogelschutzgesetz vom 30. Mai 1908 nebst den das Flugwild betr. Bestimmungen der Preußischen Jagdordnung von Dr. jur. Leo von Boxberger. 1908. 1 M.

90. Die Haager Abkommen über das Internationale Privatrecht von Dr. G. A. E. Bogeng. 1908. 2 M. 20 Pf.

91. Eisenbahn-Verkehrsordnung vom 23. Dez. 1908. Mit Ausführungsbestimmungen. Von Regierungsassessor bei der Eisenbahndirektion Breslau Dr. Ernst Blume. 1909. 2 M. 50 Pf.

92. Gesetz, betr. den Verkehr mit Kraftfahrzeugen. Von Amtsrichter R. Kirchner. 2. Ausgabe ergänzt durch die Bundesratsverordnung vom 3. Febr. 1910 und das Internationale Uebereinkommen vom 11. Okt. 1909. 1910. 3 M.

93. Gesetz über die Sicherung der Bauforderungen von Justizrat Dr. E. Harnier. 3. Aufl. 1912. 1 M. 60 Pf.

94. Haftpflicht der Reichs- und Staats-Beamten von Dr. H. Delius. 2. Aufl. 1909. Mit dem Nachtrag, enth. das Gesetz über die Haftung des Reichs für seine Beamten vom 22. Mai 1910. 3 M. 50 Pf.

95. Die Berner Uebereinkunft über **internationales Urheberrecht** von Dr. **Herm. Dungs**, vortrag. Rat im Reichsjustizamt. 1910. 1 M.

96. **Branntweinsteuergesetz** vom 15. Juli 1909. Unter Berücksichtigung der für das Reich erlassenen Ausführungsbestimmungen. Von Geh. Reg.-Rat **Johs. Nath**, vortrag. Rat im Reichsschatzamt. 1910. 3 M. 50 Pf.

97. **Schutzgebietsgesetz** nebst der Verordnung betr. die Rechtsverhältnisse in den Schutzgebieten, dem Gesetz über die Konsulargerichtsbarkeit sowie den Ausführungsbest. und ergänzenden Vorschriften. Von **Johs. Gerstmeyer**, Wirkl. Legationsrat und vortrag. Rat im Reichskolonialamt. 1910. 3 M.

98. **Sechs Haager Abkommen** über **Internationales Privatrecht**. Von Dr. **Herm. Dungs**, vortrag. Rat im Reichs-Justizamt. 1910. 1 M. 50 Pf.

99. **Die Abkommen der Haager Friedenskonferenz** von Dr. jur. **Hans Wehberg**. 1910. 3 M.

100. **Gesetz über den Absatz von Kalisalzen**. Von Geh. Bergrat **Carl Voelkel**. 1910. 2 M. 40 Pf.

101. **Zuwachssteuergesetz** vom 14. Februar 1911. Von Dr. **W. Cuno**, Regierungsrat im Reichsschatzamt. 1911. 3 M. 60 Pf.

102. **Urheberrecht an Mustern und Modellen** u. Ges. betr. Schutz v. Gebrauchsmustern von Reg.-Rat **Johs. Neuberg**, Mitgl. d. K. Patentamts. 1911. 2 M. 40 Pf.

103. **Reichs-Viehseuchengesetz** vom 26. Juni 1909 nebst Ausführungsvorschriften u. dem preuß. Ausführungsgesetz. Von Landrat Dr. **Walter v. Hippel**. 1912. 3 M.

104. **Versicherungsgesetz** für Angestellte vom 20. Dez. 1911. Von Rechtsanwalt **O. Bernstein** und Dr. **J. Kupferberg**. 2. Aufl. 1912. 3 M. 50 Pf.

105. **Das Geldwesen in den deutschen Schutzgebieten.** Von **W. Hintze**, Geheimer exped. Sekretär im Reichskolonialamt. 1912. 2 M.

106—109. **Reichs-Versicherungs-Ordnung nebst Einführungsgesetz:** 4 Bände.

106. Erstes, fünftes und sechstes Buch. **Gemeinsame Vorschriften. — Beziehungen der Versicherungsträger zu einander und zu anderen Verpflichteten — Verfahren.** Bearbeitet von Dr. **K. Lippmann**, Reg.-Rat, Geh. Rat Dr. **L. Laß** und **H. Siefart**, vortrag. Räte im Reichsamt des Innern. 1912. Im Druck.

107. Zweites Buch. **Krankenversicherung.** Von Geh. Reg.-Rat **H. Siefart**, vortrag. Rat im Reichsamt des Innern. 1912. Im Druck.

108. Drittes Buch. **Unfallversicherung.** Von Geh. Reg.-Rat **A. Radtke**, Senatsvorsitzender im Reichsversicherungsamt. 1912. Im Druck.

109. Viertes Buch. **Invaliden- und Hinterbliebenenversicherung.** Bearbeitet von Geh. Ober-Regierungs-Rat **B. Jaup**, vortragender Rat im Reichsamt des Innern und **H. Follmann**, Geh. Reg.-Rat im Reichsversicherungsamt. 1912. 4 M.

Guttentag'sche Sammlung

Preußischer Gesetze.

Text-Ausgaben mit Anmerkungen. Taschenformat.

---

1. Die **Verfassungs-Urkunde** für den Preußischen Staat. Mit Einleitung, vollständigem Kommentar. Von Prof. Dr. **Adolf Arndt. 7. Aufl.** 1911. **4 M.**

2. Preußische **Beamten-Gesetzgebung.** Enthaltend die wichtigsten Beamtengesetze in Preußen. Von **C. Pfafferoth. 4., neubearb. Aufl.** 1905. Mit Anhang: Abänderung vom 27. Mai 1907. 2 M.

3. **Die Aufnahme des Nottestaments** durch die bestellten Urkundspersonen. Anweisung mit Musterbeispielen und Abriß des Erbrechts von Amtsgerichtsrat **C. Kurtz.** 1904. 1 M. 50 Pf.

4. **Gebührenordnung** für **Notare** vom 25. Juli 1910. **4. Aufl.** bearbeitet von Justizrat **Rausnitz.** 1910. 2 M. 20 Pf.

5. Gesetz vom **24. April 1854 (betr. die außerehel. Schwängerung).** Von Dr. **Schulze.** 1873. 75 Pf.
   Gültiges Recht siehe: Reichsgesetze Nr. 58.

6. Die Preuß. **Ausführungsgesetze und Verordnungen zu den Reichs-Justizgesetzen.** Von **R. Sydow. 3. vermehrte Aufl.** 1895. 2 M. 40 Pf. Siehe Seite 24, B u s c h - E y l a u, Ausführungsgesetze.

7. Allg. **Gerichtsordnung** und Preuß. **Konkursordnung.** Von **F. Bierhaus.** Vergriffen.

8. **Vormundschaftsordnung.** Von **F. Schultzenstein.**
   Gültiges Recht siehe: Reichsgesetze Nr. 47.

9. Die Preußische **Grundbuchgesetzgebung.** Von Prof. Dr. **Fischer.** Vergriffen. Siehe: Reichsgesetze Nr. 42.

10. **Einkommensteuergesetz.** Von **A. Fernow,** Geh. Ober-Finanzrat. **7. Aufl.** 1908/9. Mit Nachtrag, enth. die Bestimmungen v. 22. März und 26. Mai 1909. 3 M. 25 Pf.

11. **Gewerbesteuergesetz.** Von **A. Fernow,** Geh. Ober-Finanzrat. **5., vermehrte Aufl.** 1910. 3 M.

12. **Allgemeines Berggesetz** für die Preußischen Staaten vom 24. Juni 1865. Von **W. Westhoff** und **W. Schlüter. 2. Aufl.** 1907. Mit Nachtrag von 1909. 5 M.

13. **Ergänzungssteuergesetz** (Vermögenssteuergesetz). Von **A. Fernow,** Geh. Ober-Finanzrat. **4. vermehrte Aufl.** 1907. 2 M. 40 Pf.

14. **Kommunalabgabengesetz.** Vom 14. Juli 1893 und Gesetz wegen Aufhebung direkter Staatssteuern. Von Dr. **F. Adickes,** Oberbürgermeister. **5. Aufl.** Bearbeitet von Stadtrat Dr. **Woell.** 1911. 2 M. 40 Pf.

15. Die **Kreisordnungen** für den Preußischen Staat. Von **O. Kolisch,** Landgerichtsrat. 1894. 4 M.

16. **Konzessionierung gewerblicher Anlagen.** Preuß. Ausführungs-Anweisung zu §§ 16 u. ff. der Gewerbe-Ordnung. Von Dr. **W. v. Rüdiger,** Geh. Regierungs- u. Gewerberat. **2. Aufl.** 1901. 2 M.

17. Preußisches **Gerichtskostengesetz.** Vom 25. Juli 1910. Mit Kostentabellen. Von Dr. **P. Siméon, Kammergerichtsrat. 6. Aufl.** 1910. 3 M. 60 Pf.

18. Preußisches **Stempelsteuergesetz** vom 30. Juni 1909. Mit sämtlichen Ausführungsbestimmungen. Von **P. Loeck**, Geh. Regierungsrat. 7. Aufl. 8°. 1911. 7 M.

19. Das **Jagdscheingesetz**. Mit ausführlichen Erläuterungen. Von **F. Kunze**, Wirklichem Geh. Ober-Regierungsrat. 2. Aufl. 1899. 2 M.

20. Die **preußischen Erbschaftssteuergesetze**. Unter Berücksichtigung der Novelle vom 31. Juli 1895. Von **U. Hoffmann**, Rechnungsrat im Königl. preuß. Finanzministerium. 1905. 4 M.

(**Reichs**-Erbschafts**steuergesetz** s. Reichsgesetze Nr. 77).

21. Gesetz über die **Handelskammern**. Von **F. Lusensky**, Geh. Regierungsrat. 2. Aufl. 1909. 3 M.

22. Gesetz, betr. **Anstellung und Versorgung der Kommunalbeamten**. Von Dr. **W. Ledermann**, Magistratsassessor zu Berlin. 1899. 1 M. 25 Pf.

23. **Ausführungsgesetz zum Bürgerlichen Gesetzbuche**. Von Kammergerichtsrat Dr. **P. Siméon**.. 2. Aufl. 1905. 1 M. 80 Pf. Siehe auch B u s c h - E y l a u S. 24.

24. Die **Hinterlegungsordnung** in der Fassung des Ausführungsgesetzes zum BGB. vom 20. Sept. 1899 nebst Ausführungsbestimmungen. Von Regierungsrat Dr. **Georg Bartels**. 2. Aufl. 1908. 2 M.

25. **Preußische Kommunalbeamtengesetzgebung**. Von Magistrats-Assessor Dr. **Fr. Kremski**, Berlin. 1901. 3 M.

26. **Gesetze über das Diensteinkommen der Lehrer und Lehrerinnen, Ruhegehalt und Fürsorge für Hinterbliebene.** Tabelle zur Berechnung der Ruhegehalts-, Witwen- und Waisenbezüge. Von Dr. **Ed. Cremer**, Beigeordneter. 1900. 2 M. 40 Pf.

27. Gesetz, betreffend die **Warenhaussteuer.** Von Geh. Ober-Finanzrat Dr. **G. Strutz.** 1900. 1 M. 20 Pf.

28. Gesetz über die **Fürsorgeerziehung Minderjähriger.** Von Landgerichtsdirektor Dr. **P. F. Aschrott. 2. umgearbeitete Aufl.** 1907. 2 M. 80 Pf.

29. Gesetz, betr. **die ärztlichen Ehrengerichte, das Umlagerecht und die Kassen der Aerztekammern.** Von Amtsgerichtsrat Dr. **F. Fidler.** 1901. 1 M. 50 Pf.

30. **Das Preußische Staatsschuldbuch** und **Reichsschuldbuch.** Von Wirkl. Geh. Ober-Finanzrat **J. Mücke.** 1902. 2 M.

31a. **Die geltenden Preußischen Gesindeordnungen.** Herausgegeben in zwei Bänden von **Stephan Gerhard**, Rechtsanwalt in Berlin. 1902.

Band I: Gesindeordnung für die altpreußischen Provinzen vom 8. Nov. 1810, mit Erläuterungen unter Berücksichtigung der Ergänzungsgesetze und der Rechtsverhältnisse der Gesindevermieter, sowie die Gesindeordnungen für Neuvorpommern und Rügen und für die Rheinprovinz. 2 M. 50 Pf.

31b. **Band II:** Gesindeordnungen für Hannover, Schleswig-Holstein, Hessen-Nassau und den Regierungsbezirk Hohenzollern. 2 M. 50 Pf.

Siehe auch Seite 25: Ratgeber von Grieben.

Guttentag'sche Sammlung
von Text-Ausgaben mit Sachregister ohne Anmerkungen.

Taschenformat, elegant in Leinen gebunden.

Zivilprozeßordnung mit **Gerichtsverfassungsgesetz** und **Einführungsgesetzen.** Neue Fassung. Mit der Novelle vom 22. Mai 1910. 2 M.

Konkursordnung mit **Einführungsgesetz.** 80 Pf.

Bürgerliches Gesetzbuch nebst **Einführungsgesetz.** 10. Abdruck. 2 M. 50 Pf.

Handelsgesetzbuch nebst **Einführungsgesetz** und **Seerecht.** 8. Abdruck. 1910. 1 M. 80 Pf.

Reichsversicherungsordnung von 1911 (Kranken-, Unfall-, Invaliden- und Hinterbliebenenversicherung). ca 2 M. 50 Pf.

Militärstrafgerichtsordnung nebst **Einführungsgesetz** u. Gesetzen, betr. Dienstvergehen der richterlichen Militärjustizbeamten und unfreiwillige Versetzung derselben usw. mit **Militär-Strafgesetzbuch.***) **2. Aufl.** 1 M. 50 Pf.

*) Ist auch einzeln zu haben. Preis 1 M.

Wechselordnung in der neuesten Fassung mit **Anhang: Wechselprozeß und Ausführungsanweisung.** 1908. 1 M.

Die Preußischen Ausführungsgesetze zum Bürgerlichen Gesetzbuche und Nebengesetze. 5. Aufl. 1 M. 80 Pf.

Reichsfinanzgesetze von 1909 einschließlich der **Reichsstempelgesetze** und des **Erbschaftssteuergesetzes.** 1909. 2 M.

Zuwachssteuergesetz vom 14. Februar 1911. 80 Pf.

Ausführungsbestimmungen zum Zuwachssteuergesetz vom 27. März 1911. 60 Pf.

Versicherungsgesetz für Angestellte vom 20. Dez. 1911. 1 M. 25 Pf.

Strafgesetzbuch. Mit ausführl. Sachregister. 1912. 1 M. 20 Pf.

Struckmann-Koch, Zivilprozeßordnung für das Deutsche Reich nebst den auf den Zivilprozeß bezüglichen Bestimmungen des Gerichtsverfassungsgesetzes und den Einführungsgesetzen. In den neuen Fassungen mit der Novelle von 1910. Kommentar. Herausgegeben unter Mitwirkung von **R. Kasch**, Landgerichtspräsident in Altona, Dr. **P. Koll**, Senatspräsident beim Oberlandesgericht in Cöln, Dr. **Flechtheim**, Rechtsanwalt beim Oberlandesgericht in Cöln. **9., umgearbeitete Auflage.** 1910. Lex.-8°. 24 M., geb. 26 M.

Pinner, Kommentar zum Gesetz **gegen den unlauteren Wettbewerb** vom 7. Juni 1909. **2. Aufl.** Herausgegeben von Justizrat **Albert Pinner** und Rechtsanwalt Dr. **Erich Eyck**. 1910. Gr.-8°. 5 M. 50 Pf., geb. 6 M. 50 Pf.

Deutsches Nahrungsmittelrecht für Juristen, Mediziner, Chemiker und Gewerbetreibende von Dr. **Georg Lebbin**, Nahrungsmittelchemiker und Dr. **Georg Baum**, Rechtsanwalt. 1907. 8°. Zwei Bände. Erster Teil: **Handbuch des Nahrungsmittelrechts.** Von Dr. **Georg Lebbin** und Dr. **Georg Baum.** Preis geb. 8 M. Zweiter Teil: **Amtliche Untersuchungsmethoden für Chemiker.** Zusammengestellt von Dr. **Georg Lebbin.** Preis geb. 8 M.

Kommentar zum Börsengesetz. Im Auftrage des Centralverbandes des Deutschen Bank- und Bankiergewerbes bearbeitet von Dr. **H. Rehm**, Dr. **H. Trumpler**, **Heinrich Dove**, Dr. **Ernst Neukamp**, Dr. **R. Schmidt-Ernsthausen**, Dr. **James Breit.** Mit Vorwort von Dr. **J. Rießer.** 1909. Gr.-8°. 12 M., geb. 13 M.

Patentgesetz und Gesetz, betr. den **Schutz von Gebrauchsmustern.** Von Justizrat Dr. **A. Seligsohn. 4., neubearbeitete Auflage.** 1909. Gr.-8°. 12 M., geb. in Leinen 13 M.

Die Rechtsverhältnisse der öffentlichen Anleihen. Von Geh. Regierungsrat Dr. **G. S. Freund.** Gr.-8°. 7 M., geb. 8 M.

Die Preußischen Ausführungsgesetze, Verordnungen und ministeriellen Verfügungen zu dem Bürgerlichen Gesetzbuche und den Reichs-Justizgesetzen nebst anderen zugehörigen Gesetzen. Von **L. Busch. 2. Aufl.** von Landrichter **O. Eylau.** 8°. Preis geb. 4 M. 50 Pf.

Preußische Bürgerliche Gesetzsammlung. Sammlung der noch geltenden Landesgesetze privatrechtlichen Inhalts. Herausgegeben von den Gerichtsassessoren **O. Fischer** und Dr. **F. Schroeder.** 8°. 2 Bände Preis geb. in ganz Leinen 20 M.

Erster Band: **Das Allgemeine Landrecht mit den Einführungs-Patenten.** Preis 6 M.

Zweiter Band: **Gesetze von 1778—1902.** Preis 14 M.

Preußisches Baupolizeirecht. Mit Kommentar der Baupolizeiverordnung für die Vororte von Berlin. Vom 28. Mai 1907. Von Gemeindebaurat **Carl Saß.** 8°. Preis 6 M.

Straßen- und Baufluchtliniengesetz. Kommentar für den praktischen Gebrauch mit zeichnerischen Darstellungen von Gemeindebaurat **Carl Saß.** 8°. Preis kartonniert 3 M.

Fluchtliniengesetz. —Das Gesetz, betreffend die **Anlegung** und **Veränderung** von Straßen und Plätzen in Städten und ländlichen Ortschaften vom 2. Juli 1875 von Friedrichs. **6., völlig neu bearbeitete Auflage.** Von Senatspräsident Dr. jur. **Hugo von Strauß und Torney.** In Vorbereitung. S. auch Seite 21 Bd. 50.

Die Invaliden- und Hinterbliebenenversicherung nach der **Reichsversicherungsordnung.** Eine systemat. Zusammenstellung der gesetzl. Bestimmungen von Dr. **Richard Freund,** Vorsitzendem der Landes-Versicherungsanstalt Berlin. 1911. 2 M., geb. 3 M.

Wie leitet man eine Versammlung? Geschäftlicher Handweiser für Vorsitzende. Von einem Mitgliede des deutschen Reichstages und des preußischen Abgeordnetenhauses. 2. Aufl. 1908. kart. 1 M.

Praktischer Ratgeber für Dienstherrschaften nach dem Preuß. Gesinderecht unter Berücksichtigung der neueren Entscheidungen bearbeitet von **H. Grieben,** Verwaltungsdirektor a. D. und Bürgermeister. 1908. 1 M.

Das Recht der Handlungsgehilfen und Handlungslehrlinge. Von Rechtsanwalt **Hugo Horrwitz.** 2. Aufl. Geb. 3 M.

Die Registratur. Von **Hermann Kollrack.** 2. Aufl. 1906. 8°. Kart. 1 M. 40 Pf.

Die Pflichten des Waisenrates. Ein praktischer Leitfaden für Waisenräte und Verwaltungsbeamte. Von **F. Baum,** Geh. Justizrat und Vormundschaftsrichter. 8. **vermehrte und verbesserte Auflage.** 1906. 8°. 60 Pf.

Der **Vormund, Gegenvormund, Pfleger und Familienrat.** Nach dem Bürgerlichen Gesetzbuch, dem Reichsgesetz über die Angelegenheiten der freiwilligen Gerichtsbarkeit und dem Ausführungsgesetz zum BGB. Ein praktischer Leitfaden. Von **F. Baum,** Geh. Justizrat und Vormundschaftsrichter. 1899. 8°. 50 Pf.

Schlagwort-Register.

R. = Nummer der Sammlung Deutscher Reichsgesetze.
P. = Nummer der Sammlung Preußischer Gesetze.
S. = Seite.

Schlagwort-Register. (R. = Reichsgesetz, P. = preuß. Gesetz.)

Schlagwort-Register. (R. = Reichsgesetz, P. = preuß. Gesetz.)

 Nr. 15. XI. 1912. 107 000.

FSC
www.fsc.org
MIX
Papier | Fördert
gute Waldnutzung
FSC® C083411

Kolibri 360 GmbH
Ferdinand-Jühlke-Straße 7
99095 Erfurt, Deutschland
produktsicherheit@kolibri360.de